Hildesheim lebt

Zerstörung und Wiederaufbau

Eine Chronik

Menno Aden

Hildesheim lebt

Zerstörung und Wiederaufbau

Eine Chronik

VERLAG GEBRÜDER GERSTENBERG · HILDESHEIM

Text: Menno Aden

Fotos: Archiv der Hildesheimer Allgemeinen Zeitung
(Theo Wetterau, Hans Oestermann, Helmut Wegener) und andere
Markus Döring (Farbfoto, 1. Seite) Marktplatz
Schutzumschlag: HAZ-Archiv (Schwarzweiß) Blick auf den zerstörten Hildesheimer
Marktplatz von der Judenstraße her nach dem Bombenangriff vom 22. März 1945.
Spruch in der Halterung der Lampe:
„Wenn der Wächter nicht wacht, wacht der Dieb".
Otto Klopprogge (Farbfoto) Bäcker- und Knochenhauer-Amtshaus
Andreas Hartmann (Farbfoto, Rückseite) Almsstraße

Verlag Gebrüder Gerstenberg, Hildesheim, Rathausstraße 18-20

Gestaltung und Herstellung: Otto Klopprogge / Helmut Flohr

1. Auflage November 1994

ISBN 3-8067-8551-1

Alle Rechte vorbehalten, auch die der auszugsweisen Vervielfältigung

Printed in Germany

Gerstenberg Druck GmbH, Hildesheim

Inhaltsverzeichnis

Vorwort von Bruno Gerstenberg	7
Im Kranz der Wälle	11
Die gute, alte Zeit	14
Die Stadtsanierung beginnt	20
Keine Kriegsbegeisterung	30
Die NSDAP zieht Bilanz (1943)	38
Die Luftgefahr wächst	42
Zuckerraffinerie in Flammen (29. Juli 1944)	52
Fortschritte im Stollenbau	54
Die letzte Ratssitzung (2. Februar 1945)	58
Der 22. Februar 1945	60
Energieversorgung vor dem Kollaps	74
Der Angriff vom 3. März 1945	76
Bomben auf Senking und Himmelsthür	85
Die Katastrophe vom 22. März 1945	88
Flucht in die Wälder	98
Die Darstellung der Feuerwehr	101
Hitler-Jungen im Einsatz	103
„Wir sanken in die Knie"	106
In der Flammen-Falle	108
Ringsum brennender Phosphor	111
Erwin sollte Erbsensuppe holen	116
Ernst Kirchhoff erinnert sich	118
Galgen auf dem Marktplatz	121
Mehr als 1600 Bombentote	123
„Unser Osterglaube: Das Reich"	135
Die Amerikaner marschieren ein (7. April 1945)	142
Letzte Durchhalte-Parolen	145
Eine Stadt im Frontgebiet	146
Dr. Ehrlicher wieder Oberbürgermeister	150
Hange wird Regierungspräsident	157
Ilse Wittenberg erinnert sich	167
Frauen putzen Trümmersteine	168
Die Versorgungslage wird kritisch	173
Schulkinder ohne Schuhe	175
Leben in der Laube	183
1947: Kälte und Hungersnot	185
Demonstration an der Steingrube	188
Wiederaufbau mit Schwierigkeiten	190
Gotteshäuser von Abriß bedroht	196
Stillstand durch Bausperre	198
Die Währungsreform	201
Der Aufbau der Kirchen	205
Die Eingliederung der Vertriebenen	220
„Pioniere der Innenstadt"	236
Hildesheim lebt	237
Die Luftangriffe auf Hildesheim	238
Quellen und Literatur	239

Das Knochenhauer-Amtshaus vor der Zerstörung.

Vorwort

Sie stiegen Kellertreppen hinab, die in keine Keller führten, weil die Häuser nicht mehr existierten, sie kletterten auf der anderen Seite wieder hinauf, die Hand auf einem geplatzten Gasrohr; sie erklommen Hügel aus Trümmern, über die schon wieder kleine Pfade führten. Und immer begleitete sie der stechende Geruch von Brandstätten, von feuchtem Schutt und verkohltem Holz. Sie brauchten nicht auf einen der Trümmerberge zu steigen, um die Stadt von einem Ende zum anderen in einem Blick zu erfassen. Wenig stellte sich dem Auge entgegen. Hildesheim war wieder zu einem Stück Landschaft geworden, ein nahezu natürliches Bindeglied zwischen Moritzberg und Galgenberg, bestanden mit den Resten menschlicher Behausungen und den Zeichen blinden Zerstörungswahns. Eine Trümmerlandschaft, in der die Trümmer zur Alltäglichkeit geworden waren.

So auch für uns, die Schüler dieser ersten Nachkriegsjahre, die auf ihren weiten Wegen zur irgendwo noch vorhandenen Schule den kürzesten Weg suchten. Quer durch die Stadt, gleichsam einer idealen Luftlinie folgend. Straßenzüge und Häuser lagen nicht mehr hinderlich zwischen dem Ziel, und wenn auch die Eltern vor den gefahrvollen Abkürzungen warnten: es war nicht nur Ungehorsam, sondern auch Ausdruck einer unbekümmerten Form des Lebenswillens trotz aller Zerstörungen. Und ich erinnere mich, daß wir mit einem gewissen Bedauern diese ersten, wilden Pfade aufgeben mußten, als Aufräumung und Wiederaufbau ihre Fortschritte machten.

Diese Trümmerwelt hat uns Schüler damals nicht sonderlich belastet. Das Alte war ausgetilgt, die tägliche Wiederholung der Realität wurde zur Gewohnheit und forderte die menschliche Anpassungsfähigkeit heraus. Die zur Kulturwildnis reduzierte Stadt war so selbstverständlich wie die schlechte Ernährung, die kalten Wohnungen und das abgelaufene Schuhwerk. Man hatte sich arrangiert, und außerdem boten die Trümmer nützliche Holzreste für die Feuerung zu Hause. Später waren sie, vermischt mit den Bombentrichtern, unbegrenzte Spielplätze für die Jugend. Wir machten uns auch wenig Vorstellungen davon, daß diese Ruinen und Schuttberge Symbol waren für die Vernichtung menschlichen Lebens, für großes Leid und Elend. Es zählte nur, was sichtbar war, und dieser heute kaum noch vorstellbare Wille zur Bewältigung und Überwindung. Das gilt für die gesamte Bevölkerung unserer Stadt, für Jung und Alt. Und wie in den folgenden Jahren die Trümmerwelt immer mehr aus dem Blickfeld verschwand, so wurde auch im Sprachgebrauch das Wort „Trümmer" zunehmend verdrängt durch den harmlosen Ausdruck „Wiederaufbau", der späterhin nahezu einer Zauberformel gleichkam.

Hildesheims Zerstörung in den letzten Tagen des 2. Weltkriegs scheint aus der Rückschau von nahezu 50 Jahren ebenso selbstverständlich wie unbegreiflich. Selbstverständlich deswegen, weil es keinen vernünftigen Grund gab, weshalb gerade unsere Stadt vor dem Bombeninferno geschützt sein sollte, das mit jedem Tag neue deutsche Städte einäscherte. Nach der Zerstörung der Großstädte mußte sich zunehmend der Bombenkrieg auf mittlere Ziele verlagern. Dies mag vielen Menschen damals nicht bewußt gewesen sein, und sie ahnten daher nicht, wie nahe sie der Katastrophe schon waren. Das eigentlich Unbegreifliche im historischen Sinn liegt aber in der Tatsache, daß diese Stadt wie nur wenige über fünf Jahrhunderte hinweg allen größeren Zerstörungen durch Brände entgangen war und gerade in einem Zeitalter untergehen mußte, in dem es möglich geworden war, die Macht des Feuers durch den technischen Fortschritt zu beherrschen. Die bürgerlichen Bauten, beginnend mit Fachwerkhäusern aus dem frühen 15. Jahrhundert, waren ein lebendiges Dokument der architektonischen Entwicklung des Bürgerhauses von der Gotik über Renaissance, Barock und Rokoko bis zur Gegenwart. Wobei der Schwerpunkt auf der alten Holzbauweise lag. Und das wurde der Stadt zum Verhängnis, denn während steinerne Häuser häufig nur ausbrannten, so daß die Fassaden noch erhalten blieben, gab es für den Fachwerkbau keine Rettung; er brannte bis auf die Grundmauern nieder und steckte zugleich die Nachbargebäude mit an. Deshalb sind heute auch die Kirchengebäude die markantesten noch erhaltenen Zeugen aus Hildesheims großer Vergangenheit.

Mag diese Stadt auch zuvor niemals abgebrannt sein. Es hat doch eine ständige Veränderung der Bausubstanz im Lauf der Jahrhunderte gegeben. Wie schwer ist es oft, sich anhand alter Fotografien zu orientieren, und es darf wohl vermutet werden, daß ein Spaziergang im Hildesheim von 1795 aus heutiger Sicht eine fremde Stadt entdecken würde. Ausgehend vom stetigen, wenn auch unmerklichen Wandel, könnte die Katastrophe des 22. März 1945 gesehen werden als die zwanghafte Verdichtung auf wenige Minuten einer sonst kulturgegeben langfristigen Veränderung. Selbstverständlich erklärt diese Deutung nicht die Vernichtung menschlichen Lebens, das Leid und den Untergang unersetzlicher Kulturgüter. Bei der Trauer über das Verlöschen Alt-Hildesheims sollte nicht vergessen werden, daß eben diese Stadt ihren Bewohnern zunehmend Probleme bereitet hat. Das lesen wir in den Ratsprotokollen der 30er Jahre, als man den hohen Sanierungsbedarf der Altstadt erkannte. Gestiegene Lebensansprüche hätten auch vor einer drastischen Veränderung der Baustruktur unserer Stadt nicht halt gemacht, wäre sie verschont geblieben, ganz zu schweigen von den Forderungen des Verkehrs. Das Flammeninferno hat die Hildesheimer gezwungen, erbarmungslos mit der Vergangenheit zu brechen. Aber es bot den Überlebenden auch die Möglichkeit, ihre Stadt im Geist einer neuen Zeit aufzubauen.

Es wird gelegentlich behauptet, die Menschen der Nachkriegszeit hätten zuviel gearbeitet und nicht genug nachgedacht. Dieser Vorwurf ist ein sicheres Zeichen dafür, daß jene Zeit längst zur Geschichte geworden ist, es dadurch zu einer Verschiebung der Prioritäten gekommen ist und der heutige Betrachter die damals Handelnden nicht mehr versteht. Festzuhalten bleibt an erster Stelle der Wille zum Wiederaufbau in einer „wohl aufgeräumten Trümmerwüste", wie es Josef Nowak ausdrückt. Viele Menschen standen vor dem absoluten Nichts, die Stadt schien gestorben, aber sie hatten eines gewonnen, gewissermaßen mit ihrer Stadt erkauft: den Frieden. Und dieser setzte Kräfte frei, die in den letzten Kriegsjahren gebunden waren durch Existenzangst und das abstumpfende Gefühl der Macht- und Wehrlosigkeit.

Der Wiederaufbau Hildesheims war auch ein Stück zur Einübung der Demokratie. Hart waren die Diskussionen darüber, wie das Riesenwerk anzugehen war. Sollte eine völlig neue Innenstadt mit veränderten Straßenzügen entstehen, sollten Ruinen abgerissen oder wiederaufgebaut werden, mußte teilweise erhaltene alte Bausubstanz gesprengt werden, um dem Neuen Bahn zu brechen. Man sprach vom Gestalten mit dem Alten und dabei möglichst wenig einzureißen. Die Großräumungen ganzer Stadtviertel waren umstritten. Manch ein Gebäude hätte aus heutiger Sicht damals noch gerettet und saniert werden können. Aber das Gebot der Stunde, weitreichende Entscheidungen zu treffen und die große Wohnungsnot - von 20.000 Wohnungen blieben nur 5.000 unbeschädigt - zwangen zu oft schmerzlichem Handeln. Immerhin waren 1948 von 3.000 zerstörten Häusern schon 700 wiederhergestellt. Das Baulenkungsamt und das Wiederaufbauamt unserer Stadt standen im Zentrum der Verantwortung, aber auch der Kritik. Diese Ämter sorgten dafür, daß möglichst schnell Wohnraum für die Bauhandwerker aus der Umgebung geschaffen wurde, damit diese zum Wiederaufbau eingesetzt werden konnten. Die Behörden stellten auch das Material für den Rohbau privaten Bauherren zur Verfügung, wenn bestimmte Vorbedingungen erfüllt waren. Demgegenüber drohte der Erhalt von Kulturgütern ins Hintertreffen zu geraten, sie hatten wenig Fürsprecher, da sie nicht zur Linderung der Wohnungsnot beitragen konnten. „Ein einziger geretteter Kulturbau wiegt schwerer als Hunderttausend Tonnen geräumten Schutts", sagten die Vertreter, die dem Erhalt der alten Gebäude, besonders der Kirchen, den Vorrang vor der Schaffung von Wohnraum geben wollten.

Aber schließlich obsiegten die Löffelbagger, zerbeulte, schnaubende Ungetüme aus der Kriegszeit, die selbst schon dem Zusammenbruch nahe waren. Unerbittlich griffen ihre eisenbewehrten Körbe in den Schutt, schwenkten rumpelnd auf die Gegenseite, wo die Loren der Kleinbahn standen, die mit fröhlichem Pfiff durch die Almsstraße, die Scheelenstraße und über den Pelizäusplatz dampfte. Die Trümmerberge verschwanden, die Keller darunter traten ans Tageslicht, man grub auch diese aus. Hildesheim hatte sich von einem „Nürnberg des Nordens", wie es einst genannt worden war, zu einem Pompeji des Nordens verändert.

Heute nach fast 50 Jahren gehen die Gedanken zurück. Der Wiederaufbau hat stattgefunden, aber ist er auch gelungen? Das langfristig größere Problem war nicht die Beseitigung der Wohnungsnot, sondern die Notwendigkeit, über Jahrhunderte gewachsene Baustrukturen in einem Atemzug ersetzen zu müssen. Sollte das durch Altes geschehen, durch zweckmäßige, aber schlichte Bauwerke oder kühne, in die Zukunft weisende Baustrukturen? Hildesheim ist hier dem Beispiel aller anderen Städte gefolgt und hat den mittleren Weg beschritten. Es blieb 1945 auch gar keine andere Wahl. Dieser Baustil, der auch im Innenstadtbereich selten über drei Obergeschosse hinauswuchs und deshalb eine gewisse Kleinstädtigkeit auszudrücken schien, bestimmte fortan das Gesicht der Stadt. Einen Vorteil bezogen daraus die Kirchenbauten, die um so sichtbarer aus der Stadt hervorwuchsen. Es ist Großes geleistet worden bei ihrem Wiederaufbau. Sie sind auch neben den in der Neustadt stehengebliebenen Fachwerkhäusern die eigentliche Sehenswürdigkeit unserer Stadt geblieben. Das Zeitalter der „gesicherten" Baustile hat schon vor der Jahrhundertwende sein Ende gefunden. Kurzlebige Trends lösen heute einander ab. Wenn die Gegenwart schweigt, spricht die Geschichte. Da ist es verständlich, wenn man in Hildesheim erkannte, daß die Neugestaltung des Marktplatzes nach der Zerstörung keine Glaubwürdigkeit besaß. Man suchte den Weg zurück in die sichere Vergangenheit und gab damit unserer Stadt wieder einen Mittelpunkt und ein Gesicht. Voller Selbstvertrauen haben unsere Vorfahren auf dem Marktplatz ihre Häuser im jeweiligen Baustil nebeneinander gesetzt. Der Erhalt und die Wiedererrichtung der alten Gebäude ist ein Bekenntnis zur Tradition und Individualität.

Dieses Buch ist entstanden im Gedenken an die Zerstörung und den Wiederaufbau Hildesheims vor 50 Jahren. Es spannt den Bogen von den letzten Kriegsjahren mit der noch unzerstörten Stadt über den 22. März 1945 bis zu den ersten Jahren des Wiederaufbaus. Diese Zeit findet besondere Berücksichtigung. Sie kann nicht mit schönen Bildern dienen. Doch diese Epoche des Aufbruchs darf nicht vergessen werden, weil sie die Basis für die spätere Entwicklung legt und eine Zeitspanne darstellt, die manch alter Hildesheimer aus verklärter Rückschau schon wieder als „schön" bezeichnet. Text und Bilder können dem Leser einen Weg bahnen zu seiner eigenen Vergangenheit, das Ausmaß des Abgrunds und Aufstiegs deutlich machen. Auch ich bin alter Hildesheimer, bin Zeitzeuge des Vergangenen geworden. Ein Krieg, im Größenwahn und Unrecht begonnen, endete in der Katastrophe der Täter. Sie traf Schuldige und Unschuldige. Die Auswirkungen auch für Hildesheim waren furchtbar und müssen ein Zeichen bleiben dafür, daß allein Humanität, Toleranz und Menschenwürde der Maßstab der Völker im Umgang miteinander sein dürfen.

Ich widme dieses Buch den Frauen und Männern, die durch ihre Leistung Hildesheims dunkelste Zeit überwunden und es wieder aufgebaut haben, so daß wir heute sagen können: „Hildesheim lebt."

Hildesheim, im November 1994   Bruno Gerstenberg

Das alte Hildesheim der Vorkriegszeit aus der Luft betrachtet. In der Bildmitte St. Andreas, dahinter weiter links St. Jakobi. Ganz vorn am rechten Bildrand der Dom, daneben die Regierung.

Sommerlicher Spaziergang in einer verwinkelten alten Stadt. Die Fenster stehen offen, um Licht und Luft in die Wohnungen zu lassen. Das Bild zeigt Drewes Lock am Alten Markt.

Im Kranz der Wälle

Es ist ein freundlicher Sommertag in Hildesheim, der anheimelnden Mittelstadt an der Innerste zwischen Galgenberg und Hildesheimer Wald, die sich Junge Großstadt mit alter Geschichte nennt, aber auch mit 108 000 Einwohnern nichts vom hektischen Getriebe wirklicher Großstädte an sich hat. Man schreibt das Jahr 1994. Gehen wir ein wenig spazieren. Hoch über unseren Köpfen schießen schreiend auf Beutesuche blitzschnell, wie Jagdflugzeuge, Mauersegler über die hohen Häuser der Oststadt hinweg. Die liegt außerhalb der mittelalterlichen Wallanlagen, entstand wesentlich nach 1870. An der Sedanstraße, der schönen Allee auf dem Grund der ehemaligen Neustadt-Befestigungen, recken sich Bäume saftig und stark. Die Wallanlagen der Stadt überhaupt, soweit nach den Stadtausdehnungen am Ende des 19. Jahrhunderts noch vorhanden, bilden einen dichten Kranz in sattem Grün, sieht man sie aus der Luft. Aus der Nähe bilden sie stille, dem Straßenverkehr abgewandte Wanderwege auf hohem Wall. Poesievoll, behaglich.

Vom Kehrwiederwall geht der Blick zu ehemaligen Ackerbürgerhäusern an der Keßlerstraße, längst sind aus den eher kümmerlichen Bauten der Vergangenheit Wohnungen von hohem Wert und Gefühlswert entstanden. Dahinter ragt St. Lamberti mit dem riesigen Ziegeldach, der Turm mit einem eher provisorisch wirkenden Satteldach geschlossen, als wolle er eigentlich höher hinaus. Ein Stück weiter der Kehrwiederturm, der kleinste der Stadtbefestigung, aber wenigstens noch da, dann St. Godehard, in einiger Entfernung die gewaltige Andreaskirche, deren Turm alles überragt. Der Dom wird sichtbar, während zur Linken die Wasserfläche des Langeliniengrabens aufblitzt, Enten mit ihren Jungen schwimmen darauf, ein schwarzer Schwan. Ein paar Schritte weiter nähert man sich der Bischofsmühle mit rauschendem Wasserfall und Kanustrecke, Café auf der Innerste-Insel. Nichts erinnert mehr an die großen Anlagen, die hier bis 1945 eine recht prosaische Mühle neuerer Art darstellten. Ihre Steine sind zum Bau von Häusern hinter der Waldquelle verwendet worden.

Über die schmale Brücke führt der Spazierweg weiter steil zum Hagentorwall hinan, ein gittergeschmücktes Loch in der Mauer rechterhand gab früher den Blick frei auf die Kirchenburg St. Michaelis, heute ist die Aussicht zugewachsen. Zur Linken geht es tief hinunter in den Liebesgrund. Jenseits davon das Rauschen und Rumoren des Straßenverkehrs auf der Schützenallee, hier aber trotzdem tiefer Friede, Vögel singen mit aller Kraft ihrer kleinen Kehlen, Blumen leuchten zwischen grünem Gras, sanft und beruhigend geht ein leises Rauschen leichten Windes durch die Baumkronen. Ein schöner Sommertag, kein besonderer, ausgesuchter, aber immerhin. Es ist der Sommer 50 Jahre nach 1944, nur wenige Monate vor dem Frühjahr 1945, als die alte Stadt Hildesheim, seit 815 als Bischofssitz bekannt, vor nunmehr einem halben Jahrhundert am 22. März unter dem Hagel britischer und kanadischer Bomben unterging.

Der unbefangene Spaziergänger von heute kann die Landschaft, das Drumherum, die relative Stille im brandenden Verkehr, dies alles genießen, einatmen geradezu, die tägliche Hast fällt ab. Ihm ist wohl zumute und leicht im Sinn. Unschuldig geht er dahin, denn er weiß nicht, was hier einmal gewesen ist, was hier, voller Not und Dramatik, geschehen ist. Nicht gemeint sind dabei die Schrecken des 30jährigen Krieges 1618 - 1648, der Hildesheim unter General von Pappenheim heimsuchte, als diese Wallanlagen noch die Stadt vor anstürmenden Feinden schützen sollten. Nein, die hier angesprochene Zeit, jene Geschichte, die schon weitgehend unbekannt geworden ist, liegt nur ein halbes Jahrhundert zurück. Fünfmal zehn Jahre.

Der Spaziergänger von heute auf dem romantischen Pfad über die Wallanlagen vom Kehrwiederwall über den Langelinienwall bis zum Hagentorwall weiß wohl kaum, daß tief unter seinen Füßen vor 50 Jahren Stollen existierten, in denen Menschen zusammengepfercht saßen, hockten, standen, um ihr Leben bebten, während die Erde unter Bombeneinschlägen aus den Fugen ging. Die Bäume, die damals hier wuchsen, wurden großenteils von Luftdruck zerrissen, Feuer vom Himmel verbrannte sie. Und die Stadt, die von der Wallanlage umschlossen ist, sie ging in jenen Tagen in einem Inferno von Spreng- und Brandbomben unter, eine der schönsten und ältesten Städte Deutschlands. Aus den Trümmern ragte der Andreasturm wie ein Skelett.

Wer das nicht weiß, was gewesen ist und was sich abgespielt hat, kann sich heute einer alten und neuen Stadt einfach freuen, die eine schöne Stadt trotz allem wieder geworden ist. Wer es aber weiß, der trauert um das Verlorene, doch er reibt sich auch manchmal die Augen und fragt sich, ob er träumt. Daß nämlich aus der Trümmerwüste der Jahre 1944 und 1945 überhaupt und in nur wenigen Jahrzehnten wieder eine Stadt entstehen konnte; daß alle alten Kirchen wieder da sind, zum Teil schöner, sozusagen reiner, als sie vor ihrer Zerstörung nach Umgestaltungen der Barockzeit oder Zutaten des 19. Jahrhunderts waren, das dünkt ihn schon ein Wunder. Und daß sogar von der einstigen Fachwerkherrlichkeit einiges im Süden erhalten und in der Mitte wenigstens am Marktplatz das berühmteste Stück wieder errichtet werden konnte, das Knochenhauer-Amtshaus, das ist doch vielleicht ein Trost?

Die Trauer um das Verlorene ist groß, namentlich, die es wirklich noch gekannt haben, finden, was gerettet, was neu geschaffen wurde, sei eben doch nur ein Bruchteil der vergangenen Herrlichkeit, und sie haben recht. 1936 schrieb der berühmte schwedische Forscher Sven Hedin nach einem Vortrag in Hildesheim, dies sei für ihn eine der schönsten Städte der Welt. Er kannte noch das alte Hildesheim, das es so nicht mehr gibt. Und was blieb, ist in der Tat nur ein Rest, eine Art Museumsinsel, eingefügt in eine neue Stadt, die in ihren Anfängen noch dazu darunter zu leiden hatte, daß es an allem fehlte. Und dennoch, mindestens zunächst, ganz einfach das „Dach über dem

Kopf" irgendwie schaffen mußte. Bei allen Irrtümern und Widersprüchen, die damit verbunden waren.

Natürlich ist in Hildesheim sehr viel verloren gegangen, von den Opfern an Menschen ganz zu schweigen. Die geretteten Fotografien des alten Hildesheim in diesem Buch zeigen das sehr deutlich. Und wer sie nun wieder sieht und die Häuser, die verwinkelten Straßen tatsächlich gekannt hat, wird die Fotos unter Schmerzen und mit einer Art von Heimweh betrachten. Wer das alte Hildesheim aber nicht kannte, wird an den Bildern trotzdem ermessen, was für ein Schatz verlorenging, auch wenn seine persönlichen Gefühle vielleicht weniger direkt betroffen sind.

Doch wer dann weiterblättert, die unvorstellbare Trümmerwüste sieht und später den – zunächst einfach gehaltenen – Wiederaufbau der Stadt sowie die weitere Entwicklung, der erkennt zumindest, welch gewaltige Leistung in Hildesheim vollbracht worden ist. Er mag einiges als ziemlich gewöhnlich empfinden, mit anderen Städten austauschbar, tatsächlich sind sicher nicht alle Lösungen glücklich gewesen. Aber zum 50. Jahrestag der völligen Zerstörung Alt-Hildesheims, dem 22. März 1995, ist festzuhalten: Aus der Trümmerwüste ist wieder eine Stadt entstanden, die liebenswert ist, in der und für die zu leben es sich lohnt. Dieser Gedanke sollte denn auch trotz aller Trauer und Wehmut über das Verlorene bei diesem düsteren „Jubiläum" die Oberhand behalten. Es gilt, weiter nach vorn zu blicken, tatkräftig auch als „gewöhnlicher" Bürger am Schicksal des Gemeinwesens teilzunehmen, an seiner Fortentwicklung mitzuarbeiten. Die Männer und Frauen, die nach dem Kriege oder noch in seinen letzten Tagen ihr Schicksal und das ihrer Heimat in die Hand nahmen, Trümmer beseitigten, Steine klopften, ausgemergelt und verarmt, wie sie waren, dabei nicht einmal ihren Hunger stillen konnten, haben dennoch nicht lange fragen können, wer etwas für sie tue, sondern mußten anfassen. Ohne sie gäbe es das Hildesheim von heute nicht.

Aber was ist 1944/45 eigentlich geschehen, daß diese Stadt in Trümmer fiel, wie war der Weg dorthin? Und wie ging es nach dem Kriege weiter, ausgebombt, auf engem Raum zusammengedrängt, vom Hunger gezeichnet, oft genug halb erfroren? Was haben die Menschen erlebt, unsere Zeitgenossen noch zum Teil, für andere schon Vorfahren? Auf diesen Seiten soll versucht werden, einiges davon aufzuzeichnen, aus Quellen im Stadtarchiv, aus Berichten, mündlichen von heute, schriftlichen von damals, Zeitungs- und anderen Artikeln, Aufsätzen, Büchern.

Wir tun dies, in die Vergangenheit eintauchend, während außerhalb der Archive eine neue Stadt existiert und lebt. Wirklich grünen die Bäume auf dem Wall, wirklich ist mittwochs und sonnabends Markt am Rathaus und Neustädter Markt, die doch beide einmal untergegangen sind. Wirklich spielen wieder Orgeln in den Kirchen, ihre Glocken, klein und groß, klingen über den Tausenden Dächern der Stadt. Wirklich wohnen hier mehr als 108 000 Menschen, mehr als je zuvor. Sie haben ihre Freude und ihr Leid, Liebe und Unfrieden, Überstunden und Arbeitslosigkeit, Reichtum und Armut, Geburt und Tod.

Das macht das Schreiben und Beschreiben im Gestern und Heute wirklich und unwirklich zugleich: Das Gebäude etwa in der Binderstraße 33 mit der Praxis von Dr. med. Gnegel zeigt die spiegelbildliche Mischung von Altbau der Jahrhundertwende links und schmucklos angefügtem, verputztem Wiederaufbau der Nachkriegszeit rechts, zwei Teile, die vor dem Kriege stilistisch eins gewesen sind. Der Spaziergänger geht daran vorbei. Der Chronist dagegen weiß: Das linke Haus, die frühere Einhorn-Apotheke, überstand den Krieg praktisch unversehrt, das rechte wurde am 3. März 1945 durch eine Bombe aufgerissen, die Bewohner waren im Keller zunächst verschüttet. Die Wunde wurde geschlossen, aber die Narben sind noch zu erkennen. Ein halbes Jahrhundert ging seitdem vorüber.

So gibt es viele meist unerkannte Orte des Nachdenkens und auch Erstaunens. Wer weiß heute schon, daß etwa die Dompropstei in der Keßlerstraße einmal Luftschutzschule gewesen ist? Glücklicherweise blieb das Haus erhalten, mit oder ohne Luftschutz. Wer weiß, daß das Knochenhauer-Amtshaus am 22. März 1945 eigentlich von einem tapferen Bürger auf dem Dachboden schon vor den Brandbomben gerettet war? Aber der Hoken brannte lichterloh, und seine Flammen fraßen das Juwel des Fachwerkbaus dann doch. Wieviele wissen noch (aus späteren Berichten), daß aus dem Keller des Rolandhauses in letzter Minute im Feuersturm des 22. März 1945 von Feuerwehrleuten ohne Rücksicht auf sich selbst und mit Hilfe eines jungen Arztes noch beinahe 50 Menschen gerettet wurden? Aber gleich in der Nachbarschaft gingen ebenso viele zu Grunde, weil kein Löschwasser mehr da war, um zu ihnen vorzudringen. Zur gleichen Zeit, fast am gleichen Ort – was ist Schicksal? Und viele fragen sich: Warum gerade so?

Hildesheim als Stadt, namentlich jenes unwiederbringliche Kerngebiet der Fachwerk-Altstadt innerhalb der Wälle zwischen der Eisenbahn und der Neustadt, ist am 22. März 1945 in einem einzigen Luftangriff in der Mittagszeit mit etwa 1000 Toten buchstäblich vernichtet worden, und jener 22. März ist denn auch der Hildesheimer Gedenktag bis heute geworden. Aber wenn der 22. März auch der Höhepunkt der Tragödie Hildesheims gewesen ist, es gab schwere Angriffe mit vielen Toten schon vorher, die schlimmsten darunter am 22. Februar und am 3. sowie 14. März im gleichen Jahr. Dr. von Jan, weiland Stadtarchiv- und Bibliotheksdirektor, hat darauf schon 1970 hingewiesen: Nicht erst am 22. März starb Hildesheim.

Das wird heute oft vergessen, viele haben in der Erinnerung ein Bild vor Augen, das bis kurz vor Kriegsschluß eine Stadt des Friedens zeigt, buchstäblich der Marktplatz bei Nacht im stillen Mondenglanz. Dazu das leise Rauschen des Rolandbrunnens. In Wahrheit ist dies – auch – richtig, aber andererseits haben Chronisten wie Otto Schmieder oder Wilhelm Kruse vermerkt, im ganzen gab es mehr als zehn kleinere und große Angriffe auf Hildesheim, von der Unzahl von Alarmen ganz zu schweigen.

Die nordwestliche Ecke des Marktplatzes mit (von links) Bäcker- und Knochenhauer-Amtshaus sowie der Stadtschänke. Die Turmspitze im Hintergrund gehört zum Turm von St. Jakobi, der damals ganz anders aussah als heute.

Die gute, alte Zeit

Wie sah das alte, das buchstäblich alte Hildesheim aus? Ein kleiner Blick, weit zurück, mag uns helfen, noch vor den ersten Weltkrieg projiziert, in die Zeit des Kaiserreichs nach dem deutsch-französischen Krieg von 1870/71. Ein Franzose besuchte 1883 Hildesheim, ein gewisser E. del Monte, und schrieb darüber 1889 in der französischen Zeitschrift „Le Tour de Monde". Museumsdirektor Dr. Walter Konrad hat den Beitrag übersetzt und 1974 veröffentlicht. E. del Monte schreibt:

„Wie ein Traum, wie eine Vision ist ein Spaziergang durch dieses Gewirr von Straßen, wo eine noch ungewöhnlicher ist als die andere, ohne daß die Vielfalt der Harmonie schaden würde. Alles verdichtet sich hier zu pittoresken Impressionen, die solcherart nur noch in Nürnberg oder Venedig gegeben sind. (...) Trotz der Bürgersteige und Gaslaternen bewahren diese von unregelmäßig angeordneten Häusern oder von Gärten mit Ziegelmauern gesäumten Straßen das Aussehen vergangener Tage. Das eine oder andere Mal gelangt man auf Plätze mit Linden oder Akazien, deren Laubdächer aufs wundervollste mit den leuchtendroten der Häuser harmonieren. Diesem Zusammenspiel verdankt die Stadt ihr heiteres Gesicht, auch wenn der Regen fällt. Es ist ein Triumpf der Farbenfreude, einer Farbenfröhlichkeit, die in Paris, wo der Sandstein, der schreckliche gelbe, graue, trübe Sandstein es weiß Gott nötig hätte, von etwas Erfreulichem aufgelockert und aufgeheitert zu werden, so große Mühe hat, zu triumphieren. (...)

„Das Alter hat die meisten Häuser aus dem Lot gebracht. Der Untergrund hat nachgegeben, ist eingesunken. Die oberen Stockwerke neigen sich vornüber. Die Firste sind wie Hügel gewellt. Man hat den Eindruck, Greise gegen das Altwerden kämpfen zu sehen, denn so windschief und tatterig sie auch sind, sie behaupten sich tapfer, tapferer vielleicht als die Gebäude aus behauenem Stein. Um sie zu Fall zu bringen, müßte man ihnen mit dem Pickel zu Leibe rücken, sie untergraben. Der Grund dafür liegt im Können der alten Zimmerleute, die es so vollendet verstanden, Holz und Ziegelstein derart zu vereinigen, daß sich das Ganze wohl biegen, aber nicht brechen kann.

„In manchen Gäßchen neigen sich die Häuser einander zu, als wenn sie sich zunicken wollten. Was macht es schon, daß sie dabei das Tageslicht abhalten und den Blick zum Himmel versperren. Die Bewohner mögen darunter leiden, der egoistische Tourist ist entzückt ob dieser pittoresken Kulisse. (...)

„Die Einwohner betreuen übrigens diese stummen Zeugen der Vergangenheit mit liebevoller Zuneigung und sind bemüht, sie so lange wie möglich zu erhalten. Reparaturen beweisen eine große Sorgfalt und im allgemeinen auch viel Geschmack. (...) Nehmen wir zum Beispiel einmal die Michaelisstraße. Sie steigt sanft hügelan zwischen zwei Reihen von Häusern, deren jedes wie immer von mikroskopisch kleinen Fenstern durchlöchert ist und eine Etage hat. Man hört hier keinen Wagenlärm, kein Geräusch. An einer Herberge oder Schenke schaukeln drei Schilder. Von hier nach da erstreckt sich ein geschnitzter Fries, den Laubwerk bekränzt, ein Luxus, den sich auch die Ärmsten leisten. Dazu Topfblumen, Fuchsien oder Levkojen und – um Leben in das Bild zu bringen – flachsköpfige Kinder, die den Fremden neugierig betrachten. Das ganze ist seiner Einfalt und Trautheit wegen charmant."

Del Monte beschreibt im folgenden, klug beobachtend, Häuser, ihre Schnitzereien, sieht den Übergang der Stilepochen, entziffert die Inschriften und macht im Blick auf Paris seinem Unmut gegenüber der Moderne Luft: „Wie ist unser Jahrhundert doch nüchtern im Vergleich zur guten alten Zeit! Die britannische Langeweile dominiert. (...) Alles ist auf Chiffren reduziert. Versachlichung auf der einen, Nützlichkeitsdenken auf der anderen Seite machen unsere modernen Städte zu dem, was sie sind: zum Gipfel der Banalität." E. del Monte sieht Hildesheim als ein romantisches, architektonisches Schmuckstück, das es ja war, aber vielen Menschen, die dort lebten, ging es keineswegs „romantisch". Das war die Kehrseite. Die Stadt innerhalb der Wallanlagen, eine Grenze, die erst in jenen Tagen überhaupt nach Norden und Osten übersprungen wurde, war viel zu eng bebaut, Hinterhöfe, einst kleine Gärten vielleicht, waren längst durch An- und wieder Anbauten vollgestopft, Licht und Luft fehlten, Abwässer und Kloaken, aber auch die Versorgung mit Frischwasser bereiteten heute kaum vorstellbare Probleme, winzige Räume beherbergten ganze Familien, Seuchen wie die Cholera grassierten. Auch das war „die gute, alte Zeit".

Ein paar Jahre nach del Montes Besuch hatte sich Hildesheim stürmisch weiterentwickelt, die Großindustrie an der Eisenbahn blühte auf, ein Heer von Arbeitern brauchte Wohnungen, die namentlich in der Nordstadt errichtet wurden, zuerst in stadtplanerisch völlig ungeregelter Bebauung und oft genug eng und armselig. Doch die Kernstadt ist in ihren Grundlinien – nicht unbedingt in der Architektur – bis zum Zweiten Weltkrieg mehr oder weniger geblieben, wie sie war. Die Hauptgeschäftsstraße, Hoher Weg und Almsstraße, hat freilich um die Jahrhundertwende schon eine ganze Anzahl Neubauten erhalten, die mit dem hergebrachten Fachwerk nichts mehr zu tun hatten. Man baute in Stein, Fachwerkartiges gelegentlich in oberen Geschossen, Erker und Türmchen kamen in Mode, behelmte Dachgauben. Ohne Bedenken wurden dafür alte Fachwerkhäuser geopfert, einige brannten auch rechtzeitig ab. Man fühlte sich eben modern, war zuweilen auch durchaus protzig und kitschig, und hart standen die Gegensätze im Raum. Man denke etwa an das gotische Haus des Goldschmieds Blume und dann schräg gegenüber die gewaltige „Blankenburg"; aber auch Lindemann und Jenner an der gleichen Ecke und viele andere bauten, wie es in der sogenannten Gründerzeit und später „in" gewesen ist.

Die öffentlichen Hände handelten nicht anders. Sie bauten ja auch nicht „gotisch", sondern neugotisch, Neurenaissance und was es so gab. Große Steinkästen wie das Andreanum an der Goslarschen Straße, die Jungenmittelschule am (heutigen) Hindenburgplatz, beide zerstört,

Die Südseite des Marktplatzes mit dem Tempelhaus, Wedekind- (eigentlich Storre-) und Lüntzelhaus. Davor der Rolandbrunnen. Direkt dahinter liegt die enge Judenstraße.

Eine reizvolle Perspektive. Der Blick geht aus dem Tor des Knochenhauer-Amtshauses mit dem Schild Kunstgewerbe-Haus nach Osten in die Marktstraße. Halbrechts der Fachwerkerker des Rathauses. Ihn gibt es heute nicht mehr.

Die repräsentative Rathaushalle mit den Wandgemälden Prells entsprach in ihrer Ausstattung dem Geschmack der Jahrhundertwende. Hier fanden die großen Versammlungen und Empfänge statt.

waren dafür Zeugnisse. Ähnlich, im wesentlichen noch jetzt so zu sehen, an der Kaiserstraße die ehemalige Bahnhofsschule, die Fachhochschule am Zimmerplatz. Nicht zuletzt bieten – in anderer Bauweise – die Regierung am Bohlweg oder auch die gut erhaltene damalige Reichsbank, jetzt Zweigstelle der Landeszentralbank an der Zingel, Anschauungsmaterial für einen Baustil, der mit bodenständigem Herkommen sehr wenig gemein hatte.

Die Zeit wurde „wilhelminisch", sagt man heute eher abwertend, aber das allgemeine Lebensgefühl damals ist aus der Sicht jener Jahre so übel nicht gewesen. Der deutsch-französische Krieg 1870/71 war vorbei (und gewonnen), der erste Weltkrieg noch nicht zu erahnen, mehr als 40 Jahre herrschte ungeteilter äußerer Friede unter den Hohenzollern, im großen und ganzen gab es stabile Verhältnisse, Vertrauen in die Zukunft. Die Wirtschaft prosperierte, wie man gerade an der wirklich stürmischen Entwicklung Hildesheims als Industriestadt (mit freilich erheblichen sozialen Problemen) unschwer ablesen kann. Von 1867 bis 1900 hatte sich die Einwohnerzahl auf 43 000 mehr als verdoppelt. Wilhelm II. kam am 31. Oktober 1900 als junger Kaiser zur Genugtuung der Stadtväter zu Besuch in die alte Bischofstadt, die Straßen wurden geschmückt, alles war auf den Beinen. An der Sedanstraße wurde das Denkmal für Kaiser Wilhelm I. eingeweiht, von dem heute nur noch der Sockel steht – auch dies war die „gute alte Zeit".

Später kam freilich nach dem Attentat von Sarajewo der Erste Weltkrieg mit mehr als 1600 Hildesheimer Gefallenen und danach die schwere Zeit des Versailler Diktat-Friedens, dann Wirtschaftskrise und Inflation, sechs Millionen Arbeitslose in Deutschland ohne das soziale Netz von heute. In Hildesheim gab es Anfang 1933 fast 8000 Arbeitslose und 4000 Wohlfahrtsempfänger (Menno Aden, Andreas Hartmann, „Hildesheim", 1992, Seite 67).

Doch zurück zu den Fachwerkbauten. Auch wenn del Monte in seinem Reisebericht die Stadt des Fachwerks seinen französischen Zeitgenossen als Kontrastprogramm vor Augen führte und die Hildesheimer Bürger für die gute Pflege lobte, die sie den Bauten der Altvorderen angedeihen ließen – ganz so kann es für gewöhnlich nicht gewesen sein. Eher wurden die meisten Bauten über lange Zeit nämlich mehr oder weniger stark vernachlässigt, bis schließlich Oberbürgermeister Struckmann mit Senator Roemer und dem sogenannten „Pinselverein" die Initiative ergriff und manchen alten Häusern ihre Schönheit zurückgab. Ja, es hatte doch sogar ganz ernsthaft den Vorschlag gegeben, das Knochenhauer-Amtshaus abzureißen, zu mehr sei es nicht wert. Heute betrachten wir es, das alte wie das neue, als eines der schönsten Häuser der Welt.

Kurzum, so ganz ungeteilt freundlich waren die Hildesheimer ihren Fachwerkhäusern nicht gesonnen. Betrachtet man alte Bilder, so fällt auf, es hat, einige besondere Perlen ausgenommen, auch längst ein Rückzug des Fachwerks aus den wichtigen Straßen eingesetzt, in Nebenstraßen und ärmeren Vierteln ist es geblieben. Blieb das gewöhnliche Fachwerk am Ende nur dort, wo man sich den Neubau nicht leisten konnte? Das ist im Bild der heutigen Erinnerung eine verwegene Frage, doch kann sie aus Adolf Zellers berühmten Hildesheim-Bänden der „Kunstdenkmäler der Provinz Hannover" (Neudruck 1979 Osnabrück) vielleicht zum Teil beantwortet werden.

Zeller hat im Band „Bürgerliche Bauten" (1912) zwar mehr als 400 Seiten mit Beschreibungen und Abbildungen historischer Bürgerbauten (die kirchlichen beanspruchen einen weiteren Band von 300 Seiten) gefüllt, aber auch da schon eine Auswahl getroffen. Das zeigt zwar einerseits, wie unglaublich groß der Reichtum erwähnenswerter Bauten für das alte Hildesheim gewesen ist, aber andererseits auch, daß nicht alles, was dort existierte, zu den unbedingt erhaltenswerten Gebäuden auf immerdar gehören mußte. Es waren ihrer vor 1945 immerhin um die 1500.

Von modischen Fragen einmal abgesehen gab es sogar ganz vernünftige Gründe gegen das „Alte". Die modernen Neubauten außerhalb der alten Wallanlagen in den besseren Vierteln zeigten recht deutlich, wie Wohnen sein konnte, Licht und Luft waren hier, Räume mit Bewegungsfreiheit. So romantisch die Fachwerkherrlichkeit, namentlich für den Touristen, von außen wirkte, drinnen zu wohnen, das war oft genug etwas anderes.

Daß die Lebens-Verhältnisse so nicht bleiben konnten, hat man mit der Zeit erkannt, zuerst wurden – noch im 19. Jahrhundert – die Abwasserprobleme in Angriff genommen, viel später ging es um eine eigentliche Sanierung. Namentlich die zugebauten Hinterhöfe waren zu verändern, Licht und Luft mußten zurückgewonnen werden.

Das wußte man schon zu Zeiten der Weimarer Republik, aber Weltwirtschaftskrise und Inflation bildeten gerade keine günstigen Bedingungen für durchgreifende Maßnahmen. Immerhin war man sich mindestens des Wohnungsproblems durchaus bewußt, wenn auch die Sanierung der Altgebiete noch nicht unmittelbar auf der Tagesordnung stand.

Außerhalb der eigentlichen Stadt wurden kleine neue Siedlungen für „kleine Leute" begonnen, einfache Häuser mit etwas Garten drumherum wie im Glockenfeld. Verglichen mit Mietskasernen alter Art ein nicht zu unterschätzender Fortschritt, das eigentliche Altstadtproblem war freilich so nicht zu lösen. Man muß sich heute, bei aller Liebe zur verlorenen Fachwerkherrlichkeit, klar vor Augen führen, daß sie in Wahrheit in weiten Bereichen für die Stadt und ihre Bewohner mindestens auch eine schwere Hypothek darstellte. Dieser Altlast galt es irgendwann zu begegnen.

Hätte es – so makaber und gefühllos das klingt – keinen Zweiten Weltkrieg gegeben, keine Totalzerstörung Hildesheims samt seiner Fachwerkhäuser, spätestens um 1950 oder 1960 wäre eine aufwendige Grundsanierung der Stadt unumgänglich geworden, und längst nicht alle Häuser hätten dies unbeschadet überstanden. Andererseits – nur einmal geträumt: Wäre solche Sanierung dann aber wirklich gekommen, bezahlbar gewesen und auch noch geglückt, dann hätte Hildes-

Vom Andreasturm her schaut der Betrachter über die Dächer der Innenstadt. Vorn rechts die Ratsapotheke am Hohen Weg. Ein wenig darüber ragt das hohe Dach des Knochenhauer-Amtshauses auf, rechts davon liegt der Marktplatz mit einem Gerüst am Rokoko-Haus. Die Kirche ist St. Jakobi.

heim eine der schönsten Städte Europas werden können. Die Geschichte hat es nicht gewollt.

Nach der „Machtübernahme" vom Januar 1933 ist im Dritten Reich der Bau von Wohnungen weiter gegangen, namentlich „Gartenstädte" waren jetzt Programm. Aber in diesem Zusammenhang wurde auch die Sanierung der Altstadt nun wirklich begonnen, wie sich etwas später zeigt. Zunächst ging es wie bisher einfach um Wohnungen, zum Beispiel 46 vorstädtische Kleinsiedlerstellen im Anschluß an die Stadtrandgemeinde im sogenannten Glockenfelde, 26 Behelfswohnungen in 13 Doppelhäusern der Gemeinnützigen Baugesellschaft an der Stralsunder Straße und zwölf weitere an der Heinrichstraße 42. Dazu kommt (1934) der Verkauf von städtischem Bauland an die Gemeinnützige Baugesellschaft zur Anlage von Kleingärtnersiedlungen am Großen Saatner, ferner wird 1935 Ochtersumer Gebiet „zur Erbauung des Stadtdorfes Vier Linden" von der Klosterkammer erworben. Gleichzeitig stimmt der Rat dem Bau von Straßen und Versorgungsleitungen zu.

Die Stadtsanierung beginnt

Im März 1934 sprach Oberbürgermeister Dr. Ernst Ehrlicher bei einer Kundgebung in der Stadthalle öffentlich das Thema Altstadtsanierung an. Wegen des alten Stadtbildes sei es nicht möglich, Straßenzüge einfach abzubrechen, sagte er. Er habe darum angeregt, die Wohnungen von innen heraus zu sanieren, also die Häuser trockenzulegen, sie an das Kabelnetz anzuschließen, alte Hofgebäude abzubrechen, die großen Dielen und größere Wohnungen zu verkleinern. Die verlorengehenden Wohnungen sollten in Stadtrandsiedlungen neu gebaut werden. Er habe die Hoffnung, daß die Sanierung in drei bis vier Jahren beendet sein könnte. (Klaus Arndt, Ernst Ehrlicher, 1983; mit Zitaten aus der Hildesheimer Allgemeinen Zeitung, 13. März 1934.)

Am 15. Juli 1935 fällt die endgültige Entscheidung für die Altstadtsanierung. Im Verwaltungsbericht der Stadtverwaltung, 1937 noch unter der Verantwortung von Ehrlicher gedruckt, heißt es dazu: „Zustimmung zum Beginn der Altstadtsanierung in folgenden Stadtgebieten: Abschnitt I: das von Eckemeckerstraße und Alter Markt einerseits und vom Langen Hagen andererseits begrenzte Gebiet zwischen Rolandstraße und Burgstraße. Abschnitt II: das von Goschenstraße, Wollenweberstraße, Keßlerstraße und Knollenstraße begrenzte Gebiet. Abschnitt III: das Gebiet, begrenzt von a) I. Querstraße, Bei St. Georgen, II. Querstraße und Jakobistraße, b) III. Querstraße, Hinter dem Schilde, Osterstraße und Rosenhagen (jetzt Gerberstraße). In diesen drei Abschnitten sind etwa 200 Wohnungen zu sanieren, während etwa 80 beseitigt werden müssen, für die durch die Gemeinnützige Baugesellschaft 80 Ersatzwohnungen auf Siedlungsgebiet gebaut werden. Gesamtkosten schätzungsweise 444 800 Reichsmark für die Umgestaltung der alten Häuser und 560 000 RM für die 80 Ersatzwohnungen."

Haus Evers am Andreasplatz, schmal und windschief.

Am 20. März 1936 ist von einem (Normal)Programm von 670 Wohnungen 1935/36 die Rede und einem zusätzlichen Bedarf von 400, weshalb das Kapital der Gemeinnützigen Baugesellschaft aufgestockt wird. Am 16. April stimmt der Rat dem Verkauf von fünf Hektar Bauland an die Niedersächsische Heimstätte (Hannover) am Großen Saatner zu „für die Errichtung einer Siedlung mit 61 Stellen." Die Gartenstadt-Vororte wachsen, es geht aber auch mit der Altstadtsanierung weiter. So wird am 29. Juni 1936 dem Kauf der Häuser Eckemekerstraße 21, 22 und 24 „zwecks Durchführung der Altstadtsanierung" zugestimmt. Am 20. Juli 1936 wird der Aufnahme eines Reichsdarlehns von 147 400 RM zur Mitdeckung der Baukosten von 134 „Volkswohnungen" durch die Gemeinnützige zugestimmt, am 29. September dem Ankauf eines Teils von Rolandstraße 1 für Altstadtsanierungszwecke. Am 10. November geht es um den Kauf eines 950 Quadratmeter großen Gartens hinter dem Haus Langer

Mächtig in die Höhe strebt der Turm der Andreaskirche, auf diesem Bild an einem Nachmittag von Westen her gesehen. Die Eckemekerstraße führt, leicht gewinkelt, zu ihm hin.

Hagen 19 als Erholungs- und Freifläche „in diesem Altstadtsanierungsgebiet; einschließlich eines früheren Ankaufs stehen damit rd. 1300 Quadratmeter zusammenhängender Freifläche zur Verfügung."
In ähnlicher Weise geht es fort, aber eine Einschränkung deutet sich vielleicht in einer „Zustimmung" (echte Beschlüsse konnte die Gemeindevertretung im Staat des Führerprinzips nicht fassen) am 8. März 1937 an. Dort heißt es: „Zustimmung zur Verwendung von im Haushaltsplan für die Altstadtsanierung bereitgestellten Mitteln auch für die Hergabe verlorener Zuschüsse oder zinsloser Darlehen zwecks Erhaltung billiger Mieten." Es kann sein, daß hier Mittel umgelenkt werden, die eigentlich für das Bauen gedacht sind. Möglich ist aber auch, daß mit dem Geld Mieten in bereits sanierten Gebäuden niedrig gehalten werden sollen. Heißt es doch an anderer Stelle: „Bei den erforderlichen Umbau- und Erneuerungsarbeiten wird im übrigen dafür Sorge getragen, daß die Wohnungsmieten durch sorgfältige Regelung der Finanzierung und der Baumaßnahmen angemessen niedrig bleiben; denn auch nach der Sanierung muß dem starken Bedarf an Klein- und Mittelwohnungen im Altstadtgebiet Rechnung getragen werden."

Der Verwaltungsbericht endet hier, am 5. Juli 1937 wird der Jahresabschluß der Kämmereikasse für 1936 bekannt gegeben, die Überschüsse gehen in Rücklagen von 80 000 Mark für Betriebsmittel, für Erneuerung 50 000 Mark, für Eisenbahn- Unter- und Überführungen 200 000 Mark, Krankenhausneubau 100 000 Mark, Durchbruchsstraßenrücklage 198 575 Reichsmark und für den Bau von HJ-Heimen 120 000 Mark. So liegen jetzt die Prioritäten.

Anzumerken ist hier – was nichts mit der Altstadtsanierung zu tun hat, wohl aber mit späterer Hildesheimer Geschichte –, daß schon sehr früh, als die große Mehrheit der Volksgenossen sicher nicht an Krieg dachte, Luftschutzvorbereitungen getroffen wurden. Bereits am 11. September 1933 wird eine „moderne zivile Luftschutz- und Polizeimeldeanlage" genehmigt, erwartete Kosten 24 000 Mark, für das neue Polizeigebäude Kaiserstraße 1, dessen Gebäude und Grundstück (vormals Capelle & Braun) in der gleichen Sitzung von der Stadt angekauft werden. Ebenfalls genehmigt wird ein Luftschutzsammelraum im Limprichtschen Hause (heute der linke Teil des Forte-Hotels) und die Einrichtung eines Musterluftschutzsammelraumes im Keller des Rolandstiftes.

Die Altstadtsanierung konnte wohl bis zum Kriege nicht mehr sehr weit gedeihen, aber der Weg war jedenfalls beschritten. Im Verwaltungsbericht heißt es am Ende: „Unter Aufwendung erheblicher, teils vom Reich, teils von der Stadt gegebener Zuschüsse und Darlehn wird wieder Licht, Luft und Sonne in die großenteils stark verbauten und auch in Verfall geratenen Wohnungen der alten Stadtviertel gebracht, eine Arbeit im Interesse der Volksgesundheit, bei der schon schöne Erfolge errungen sind, deren Vollendung aber noch Jahre in Anspruch nehmen wird." Auch dies, so dargestellt, wie es der Verwaltungsbericht ermöglicht, ist ein Blick ins „alte" Hildesheim.

Immerhin gelangte man damals ein gutes Stück über die reine Papierarbeit hinaus. Schon zu Beginn des Jahres 1935 begannen die ersten Abbrucharbeiten in der Eckemeker- und Rolandstraße sowie Goschenstraße, Keßlerstraße, weitere folgten. Im ersten Abschnitt von sechs Stadtblocks mit 212 Grundstücken waren 160 mit 491 Wohnungen zu sanieren. Dazu kamen als Einzelgrundstücke 22 mit 105 Wohnungen, im ganzen 182 Grundstücke mit 596 Wohnungen. Davon waren Ende 1937 saniert 24 Grundstücke, auf denen 75 Wohnungen blieben, 21 waren durch die Sanierung entfallen. Im Bau waren 17 Grundstücke, dort entfielen 12 Wohnungen, blieben 57. In der Vorbereitung waren 51 Grundstücke, bei denen 39 Wohnungen entfallen und 147 bleiben sollten.

Um das Programm durchzuführen, zu dem natürlich komplizierte Grundstücksumlegungen und auch Enteignungen gehörten, mußten 134 Mieterparteien Ersatzwohnungen bekommen, das war tatsächlich bis zum Mai 1937 geschafft. Als Ersatz kamen namentlich Reihenhäuser-Eigenheime in der Gartenstadt Nord in Frage. Nach Elisabeth Kampen in „Die Welt hinter der Bahn" (1993) hatten die Häuser 65 bis 85 Quadratmeter Wohnfläche und kosteten einschließlich Grundstück, Garten und Erschließung schlüsselfertig 7600 bis 10 000 Reichsmark. Ähnliche Bedingen galten am Großen Saatner. Dabei wurde die Finanzierung gleich mitgeliefert, sodaß die Käufer nur eine geringe Summe Eigenkapital aufbringen mußten. – Ein sehr günstiges Angebot, das dennoch nicht jeder annehmen konnte oder wollte. Im Verwaltungsbericht der Stadt von 1937 heißt es dazu: „Soweit die Bewohner der Altstadtgrundstücke nicht unmittelbar für die Aussiedlung in Frage kommen, werden die Neubauten mittelbar in den Dienst der Umsiedlung gestellt."

Vom Sanierungsprogramm abgesehen wurde in Hildesheim in jenen Jahren auch sonst sehr viel gebaut. Neue Kasernen, ferner Wohnungen für Offiziere und Unteroffiziere waren zu schaffen, dazu kam der Flugplatz-Komplex mit der Fliegerbildschule. Nach 1938 entstand schließlich das kriegswichtige Trillkewerk (Bosch) im Hildesheimer Wald und unter Bäumen eine neue Siedlung für Mitarbeiter, endlich ist noch an die trostlosen Barackenlager zu erinnern, die im Kriege für Tausende Zwangsarbeiter der Rüstungsindustrie errichtet wurden.

Ein anderes Kapitel der Vorkriegsgeschichte bilden die Hildesheimer Verkehrsprobleme und die Lösungsversuche dazu. Auch dies lohnt sich von heute her zu betrachten. Durch die fortschreitende „Automobilisierung", heißt es bei der Stadt schon 1927, wird es in den engen und winkeligen Straßen zunehmend schwierig und gefährlich. Man versucht es zunächst mit „Richtungsverkehr", Geschwindigkeitsbeschränkungen (teils auf 10 Kilometer pro Stunde) und dem Aufstellen von Verkehrsposten. Als besonders schwierig erweisen sich die Kreuzungen Butterborn/Pepperworth/Lüntzelstraße, Goslarsche-/Sedanstraße/Immengarten und Kaiser-/Alms-/Bernward-/Hannoversche Straße.

Eins der ältesten Häuser, noch aus der Gotik stammend, war das des Goldschmieds Blume am Hohen Weg. Dahinter ragt neben einer häßlichen Mauer neuerer Zeit der Turm von St. Andreas auf.

An der letzten der drei fühlten sich die Hildesheimer ernsthaft oder spaßeshalber an eine richtige Großstadt mit brandendem Verkehr erinnert, und so hieß die Stelle im Volksmund und halbamtlich „Potsdamer Platz". Zwei Verkehrsinseln wurden eingebaut, „um den Wagenverkehr im Kreiselgang zu regeln". Am Butterborn wird vom Marienfriedhof eine Ecke abgeschnitten und der Straße zugeschlagen. An der Goslarschen Straße gab es vor allem Sichtprobleme. Hier lag das Ahlbornsche Grundstück auf der Südseite mit einer hohen Einfriedigungsmauer von der Sedanstraße bis zum Immengarten, die Kreuzungen waren nicht einzusehen, es gab „sehr viele Zusammenstöße und Unglücksfälle". Die Stadt kaufte einen Streifen des Grundstücks, verbreiterte damit die Straße und legte die Mauer nieder. Sie wurde durch eine Staketeinfriedigung ersetzt. Gleichzeitig kaufte man auch die in den Bürgersteig hineinragenden Vorgärten der Häuser 15 und 16 und kam so erst einmal zurecht.

Offensichtlich nahm der Verkehr weiter deutlich zu, am „Potsdamer Platz" wurden die Verkehrsinseln verkleinert, weil die bisherigen dem Durchgangsverkehr Schwierigkeiten bereiteten, 15 neue Parkflächen wurden ausgewiesen und in der Altstadt ein Einbahnstraßen-System eingerichtet, das von der Almsstraße über Brühl und Rosenhagen bis zur Schuhstraße nichts ausließ. Man schuf die ersten Fahrradwege, und wohl zum erstenmal auch wurden ausdrückliche Park- und Halteverbote eingeführt.

Dies war aber nur ein kleiner Teil dessen, was die Stadt Hildesheim im Straßenverkehr an Problemen zu lösen hatte, sie krankte – wie heute wieder – am Durchgangsverkehr. Und sie dachte dabei an Lösungen, die nach dem Zweiten Weltkrieg teils ähnlich verwirklicht wurden, teils aber auch so nicht zum Zuge kamen. Es ging um den Ost-West- und um den Nord-Süd-Verkehr. Ersterer sollte eine Umgehungsstraße Elzer Straße - Schützenallee - Kaiserstraße - Bismarckstraße bekommen. Die Eisenbahn zum Harz war mit einer Brücke zu queren, dann ging es einerseits geradeaus weiter nach Braunschweig, andererseits rechts ab etwas parallel zur Bahn Richtung Goslarsche Straße nach Goslar. Eine Dammschüttung zwischen Elzer Straße und Schützenallee erfolgte schon 1936, ebenfalls wurde eine Betonbrücke über den Kupferstrang in diesem Jahr abgerechnet.

Auf dem letzten amtlichen Stadtplan vor der Katastrophe von 1945 ist die neue Straße im Nordwesten der Stadt gleichwohl nicht vorhanden, auf einem anderen Plan von 1939 ist sie gestrichelt dargestellt, als sei sie in der Planung. Doch auf Luftbildern der Alliierten von 1945 ist sie deutlich zu erkennen. Es war zwar noch nicht die Bückebergstraße von heute, die vierspurig ausgebaute mit neuer Innerstebrücke und verschiedenen Anschlußstücken, die wurde erst 1976 eröffnet. Aber es gab die Straße tatsächlich als Verbindung zwischen der Schützenallee/Schützenwiese und der Elzer Straße bereits vor dem Krieg – nur nicht auf der Karte.

Ihr Bau hatte lange gedauert, weshalb der Volksmund von einem „Ewigkeitsweg" sprach. Noch während der Amtszeit von Oberbürgermeister Dr. Ehrlicher wurde der Neubau aber tatsächlich fertig, bestätigen die Reden zu seinem Abschied im Rat. Am 24. Dezember 1937 wurde dies Stück der Reichsstraße 1 mit dem offiziellen Namen Bückebergstraße bedacht. Der Name stammt vom Bückeberg bei Ohsen an der Weser, wo während der NS-Zeit die Erntedanktage stattfanden. Im Osten der Stadt kam der Straßenbau allerdings nicht weiter. Die geplante Umgehungsstraße endete im wesentlichen bis weit in die Nachkriegszeit am Bismarckplatz.

Unklar ist, ob in der NS-Zeit ein Durchbruch der Schuhstraße als zweite Ost-Westlinie, wie wir sie heute kennen vom Dammtor bis zur Goslarschen Straße, in Betracht gezogen wurde; das hätte einen tiefen Eingriff in die vorhandene Bausubstanz bedeutet. Die vorliegenden Berichte sagen darüber nichts. Nach einer Bemerkung im August 1994 von Bernhard Haagen, Stadtbaurat in der Nachkriegszeit, mag es aber auch hierzu Pläne gegeben haben. Die neue Linienführung war dann auf dem Boden der Trümmerwüste von 1945 möglich – wurde dennoch nur halbherzig durchgesetzt. Der östliche Teil vom Hindenburgplatz bis zum Huckup-Denkmal ist relativ breit, der westliche hinunter zur Kreuzung Bohlweg/Kardinal-Bertram-Straße deutlich enger.

Die vor dem Kriege geplante Nord-Süd-Strecke sollte als innerstädtische Entlastung führen: Bahnhofsallee (damals Adolf-Hitler-Straße) – Zingel – Wollenweberstraße – Godehardiplatz – Lucienvörder Straße – Brehmestraße – (Waldquelle). Da fühlt man sich an die späteren Pläne zum „dritten Innersteübergang" erinnert, die auch die Brehmestraße im Visier hatten, aber so nicht verwirklicht wurden. Im Dritten Reich war die Planung freilich auch nur auf dem Papier möglich, weiter kam sie nicht.

Die Zingel sollte breiter werden, dann hatte am Hindenburgplatz ein Durchbruch zur Wollenweberstraße zu erfolgen, während der Platz selber erheblich zu vergrößern war. Er sei, heißt es im Ratsprotokoll, „zur monumentalen Ausgestaltung hervorragend geeignet". Das paßte in die Ideologie der Zeit. Der Platz sollte, überschlägig betrachtet, fast halb so groß wie die heutige Steingrube werden und im Süden mit einem Querriegelbau an die Braunschweiger Straße stoßen. In östlicher Richtung hätte er dort fast bis zur Neustädter Stobenstraße gereicht. Die Wollenweberstraße war damals mit Goslarscher Straße und Zingel nicht verbunden, was man sich heute schwer vorstellen kann, sondern mündete über den Friesenstieg in die Friesenstraße etwas östlich vom Pelizaeus-Platz. Ein Durchbruch zur Erschließung der Neustadt war auch aus heutiger Sicht richtig und ist ja nach dem Krieg auch erfolgt. Aber das war nicht alles. Die neue Verkehrsachse sollte über die Wollenweberstraße weiter führen zum Eckpunkt Gelber Stern/Lappenberg, diesen hart neben der Synagoge (die stand damals noch) zerschneiden unter Beseitigung eines Backsteinblocks an der Ecke und der Judenschule auf der anderen Platzseite, heute Gemeindehaus von St. Godehard. Weiter ging es auf der südlichen Rückseite des Gelben Stern auf den Godehardplatz, dann die Lucienvörder Straße entlang mit zwei

Eine bunte Mischung der Baustile, so stellen sich die Geschäftshäuser am Hohen Weg dem Passanten dar. Echtes, altes Fachwerk ist nur noch sehr wenig vorhanden. Der Blick geht nach Norden. Vorn rechts das Haus Kressmann.

Brücken über Innerste und Hochwasserbett zur Alfelder Straße in Höhe Brehmestraße. Einen weiteren Durchbruch über Brehmestraße zur Steinbergstraße (Waldquelle) beschreibt die Planungsabteilung nicht, auf den zugehörigen Karten ist er aber als wünschenswert eingezeichnet. Gleichzeitig sollte der Tunnel am Weinberg verbreitert werden.

Baudirektor Blaich hat im Rat später (5. Januar 1942) eine andere Linienführung vorgeschlagen: Zingel – Gartenstraße – Sedanstraße (östliche Seite) – Zimmerplatz – Renatastraße. Dann durch den Ehrlicherpark zur Lucienvörder Straße und weiter bis zur Waldquelle. Auch aus diesen Plänen ist nichts geworden.

Ausgebaut werden sollte ferner die Straßenverbindung Richtung Hannover über die Steuerwalder Straße, hier ging es namentlich um die Eisenbahnbrücke an der Einmündung Peiner Straße, eine enge Unterführung mit winkeliger Straßenführung, die schon damals begradigt werden sollte, was aber – verbreitert wurde sie allerdings – auch nach dem Kriege gegen den Rat von Stadtbaurat Bernhard Haagen 1950 nicht geschah. Seither leben wir nördlich der Brücke mit einem Straßenknick, wo Haagen es gradlinig haben wollte und den Knick eine Verkehrsfalle nannte. Heutzutage könnte mancher auf die Idee kommen, noch ein paar zusätzliche Inseln einzubauen und das Ganze zur „Verkehrsberuhigung" zu nutzen – so ändern sich die Zeiten und die Meinungen.

Über die Eisenbahnbrücke kommen wir zur Eisenbahn und zum Tourismus in Hildesheim: 1939 hielten im Hauptbahnhof täglich 24 Schnell- und Eilzüge, 165 Personenzüge. Dazu kamen 113 Güterzüge. Mit den Fernzügen reisten viele Besucher an, die Hildesheim als ein Kleinod der Kunst und der Baukunst betrachteten – so wie heute im Prinzip auch. Aber wenn Hildesheim durch den Krieg viel von seinem romantischen Bild verloren hat, die Besucherzahlen sind höher als damals. Es wird mehr gereist heutzutage, Entfernungen spielen kaum eine Rolle.

1929 wurden in Hildesheim 51 107 Übernachtungen in Hotels und Gaststätten gezählt, 1932 war ein Tiefstand von 41 572 erreicht, dann ging es wieder stetig aufwärts, 1936 war die Zahl 76 114. Darunter waren immerhin knapp 5000 Ausländer (1933, im Jahr der „Machtübernahme", nur 674 nach 1090 im Jahr zuvor und 1622 im Jahr danach), die meisten kamen aus Dänemark (1558), Amerika (946), Holland (415) und England (387).

1982 – vor der Rekonstruktion des alten Marktplatzes – übernachteten in Hildesheim 84 164 Besucher, also kaum mehr als 1936. 1991 dagegen, als das Knochenhauer-Amtshaus wieder stand, waren es 158 000, davon 36 000 Ausländer. Diese Zahl hat sich allerdings in der Zeit der Rezession nicht halten lassen, 1993 wurden genau 146 619 Übernachtungsgäste gezählt, darunter 28 603 Ausländer.

Hildesheim war um das Jahr 1936/37 mit etwa 65 000 Einwohnern ohne Zweifel eine anziehende, schöne und anheimelnde Stadt. Die ersten wichtigen Sanierungsmaßnahmen – übrigens auch an einigen Punkten der Nordstadt – waren auf den Weg gebracht, neue, luftige Gartenstädte waren entstanden, auch die übrige Bebauung seit den 20er Jahren im Norden durfte sich sehen lassen. Im Kranz der Wallanlagen lag die in Jahrhunderten gewachsene Innenstadt, überragt von ihren vielen Kirchtürmen. Die Museen trugen schon damals bedeutend zum Ruf der Stadt bei, auch die Schulen, das Theater hatte mit vermehrtem Personal weiter an Anziehungskraft gewonnen, es gab Konzerte und buntes Treiben in der Stadthalle, der ehemaligen Paulikirche, oder auf dem „Berghölzchen". Mehrere Kinos sorgten ebenfalls für Unterhaltung.

Neuzeitliche Technik wie Telefon oder Rundfunk waren längst selbstverständlich, allmählich wurde das Stromnetz von Gleich- auf Wechsel- und Drehstrom umgestellt. Das eigene Elektrizitätswerk hatten die Hildesheimer einige Jahre zuvor geschlossen und bezogen die Energie

Sven Hedin grüßt Hildesheim

Ein Gruss an die Einwohner einer der schönsten Städte der ganzen Welt, Hildesheim, von ihrem Freund

Sven Hedin

3. II. 1936

nun von den „Reichswerken Hermann Göring" in Salzgitter, Gas aus Ilsede, Wasser schon zu einem guten Teil aus dem Harz. Die Straßen waren freilich eng, und die Straßenbahn hatte damit ihre Schwierigkeiten, andererseits trug das zum romantischen Flair durchaus bei. Über die Eisenbahn war man an die größere Welt angebunden, Züge fuhren nach Berlin und Leipzig, der Hafen hatte sich ebenfalls erfreulich entwickelt.

In Hildesheim ließ es sich also durchaus leben. So hat es wohl auch Sven Hedin empfunden, der sein Lob Hildesheims als ein weltläufiger Reisender abgab, er kannte einen guten Teil der Erde zwischen Amerika und China und war alles andere als der „Onkel aus der (schwedischen) Provinz".

Im übrigen war Hildesheim um 1936/37 eine Stadt mit einem kräftigen Geburtenüberschuß, anders als heute, 1074 Geburten standen den 687 Sterbefälle gegenüber. 1935 waren es sogar 1122 Geburten gewesen (704 Sterbefälle), und die Eheschließungen waren von einem Tiefpunkt 1932 (etwa 400) auf 700 in 1934 gestiegen, gingen danach allerdings auf knapp 600 zurück. Die Wirtschaft hatte die Talsohle

Aus heutiger Sicht kaum vorstellbar – dies ist einmal die Schuhstraße westlich des Hohen Weges gewesen, nur sechs Meter breit und ein Verkehrshindernis erster Güte. Mit den alten Fachwerkhäusern war es aber eben auch ein heute verlorenes Stück Romantik.

Der Hildesheimer Marktplatz wurde immer für Aufmärsche und Kundgebungen genutzt. Auf diesem Bild aus den 30er Jahren sind Pimpfe und Jungmädel des BDM angetreten. Die Mitgliedschaft war Pflicht.

Am Lappenberg stand bis 1938 die jüdische Synagoge, 1848/49 auch mit Spenden nichtjüdischer Hildesheimer Bürger errichtet.

In der sogenannten „Reichskristallnacht" wurde die Synagoge verbrannt. Das Foto zeigt die Ruine in den Tagen danach. Heute steht an dieser Stelle ein Mahnmal.

hinter sich, es gab wieder Arbeit – allerdings noch 1935 bei Senking Massenentlassungen –, der Staat förderte die Familie zum Beispiel mit Ehestandsdarlehen – es sah für die Menschen anscheinend ganz gut und hoffnungsvoll aus.

Nicht dabei berücksichtigt ist freilich, daß bestimmte Leute, die mit der NSDAP nichts im Sinn hatten, längst in Lagern und Gefängnissen eingesperrt waren oder gar sterben mußten, in der ersten Phase namentlich Sozialdemokraten und Kommunisten (Hans Teich, „Hildesheim und seine Antifaschisten", 1979), daß es keine kommunale Selbstverwaltung mehr gab, keine persönliche Freiheit, sondern unter anderem die gefürchtete Gestapo. Daß auch längst schon die Juden bedrückt und ausgegrenzt wurden, vervollständigt das Bild. Bald folgte die „Reichskristallnacht" (1938), die Synagoge am Lappenberg brannte, ein Jahr später war Krieg.

Keine Kriegsbegeisterung

Es gab keine vaterländische Begeisterung wie 1914. Vorbei war es vielmehr mit dem Aufschwung-Gefühl, die Sirenen heulten erste Probealarme, die Männer wurden seit August „eingezogen", wie es hieß, aber noch erwarteten viele einen glücklichen Ausgang. Es wurde ja überall gesiegt, so schien es, Polen und Frankreich waren in kürzester Zeit überwunden, die Wehrmacht bald schon tief in Rußland auf dauerndem Vormarsch. Freilich gab es Lebensmittelkarten, Kleiderkarten, Reisebeschränkungen, immer wieder Ärger mit der Verdunkelung, Block- und Luftschutzwarte. Bald hörte man auch von schweren Bombenangriffen auf deutsche Städte. Einzelne Bomben fielen bereits in der näheren Umgebung – aber Hildesheim würde es ja wohl nicht treffen. Oder vielleicht doch?

Die Rüstungsindustrie lief auf vollen Touren, sogar Torpedos wurden in Hildesheim gefertigt, bald standen Zwangsarbeiter in den Fabriken, aber auch die Hausfrau. Noch 1942 wurden Juden in Güterzügen von Hannover aus nach Theresienstadt deportiert, auch Hildesheimer waren dabei. Die Öffentlichkeit wußte davon wohl weniger, wenngleich es schon früh sogenannte Judenhäuser gegeben hatte wie in der Friesenstraße oder in der Bahnhofsallee (damals Adolf-Hitler-Straße). Im Bestand 699, Nr. 292, des Hildesheimer Stadtarchivs ist als Kopie eine Liste des Bundesarchivs zu finden. Danach wurden 103 Juden mit Wohnort Hildesheim deportiert und kamen zu Tode, ferner aus anderen Orten 90, die in Hildesheim geboren waren. Sie wurden nach Auschwitz, Theresienstadt, Sobibor, Minsk, Riga, Warschau, Mauthausen gebracht. In einigen Fällen steht als Todesort auch nur da: Polen, Osten oder Unbekannt. Die Sterbedaten („verschollen", „tot erklärt") lauten auf 1942 und 1943, seltener 1944, in einem Fall 1945 (Mauthausen).

1943 kam für die Deutschen der große Schock: Stalingrad verloren. Jetzt gab es neue Maßnahmen von Partei und Staat. Dazu gehörte die Beseitigung der seit langem verhaßten bürgerlichen Presse; es paßte gerade.

Hildesheim hatte damals den „Hildesheimer Beobachter", das Parteiblatt der NSDAP, schon von seiner Herkunft her automatisch immer auf der richtigen Linie, und außerdem noch die „Hildesheimer Allgemeine Zeitung", die bürgerliche und liberale des Verlagshauses Gerstenberg. Sie versuchte naturgemäß, bei den Herrschenden möglichst wenig anzuecken, um nicht verboten zu werden; alle anderen Blätter waren schon vorher untersagt worden. Aber es traf sie doch. Am 31. März 1943.

Da gab es schon den „totalen Krieg", die „Einsparung von Material, Energie und Zeit, die Vereinfachung unseres gesamten öffentlichen Lebens (...) für den Sieg." Und der Kreisleiter schrieb im „Beobachter" ganz dreist: „Dieser Ruf in schicksalhafter Stunde hat unsere Hildesheimer Presse veranlaßt, sich zusammenzuschließen. Der Hildesheimer Beobachter und die Hildesheimer Allgemeine Zeitung haben sich mit dem heutigen Tage zur Hildesheimer Zeitung vereint. (...) Die Hildesheimer Zeitung wird eine ihrer vornehmsten Aufgaben darin sehen, Sendbote der engeren Heimat und darüber hinaus Sprachrohr der nationalsozialistischen Staatsführung zu sein."

Die „Gerstenbergsche" gab natürlich keineswegs freiwillig auf, sondern gezwungen, es war ja auch kein Zusammengehen, wie behauptet, sondern einfach eine Schließung, und HAZ-Verleger Dr. H. A. Gerstenberg ließ das im Abschiedsartikel an die bisherigen Leser auch deutlich durchklingen. Aber die hatten ohnehin schon Sorgen genug – die Beseitigung der alteingesessenen Zeitung war nur ein Ärgernis mehr.

Das Leben war eben im ganzen ziemlich kümmerlich geworden. Mancher erinnerte sich vielleicht, daß es 1941 gelegentlich noch mit Vorbestellung Bohnenkaffee gegeben hatte, während damals aber auch schon am „Opfersonntag" in Gaststätten Kartoffelsuppe mit Kohlrüben anzubieten war.

Für die weibliche Jugend wurde im gleichen Jahr per Führererlaß die Kriegsdiensthilfspflicht eingeführt. Die Zeiten der Hoffnungen und optimistischen Zukunftsaussichten, das war lange vorbei, Erinnerung, an die man dachte, wenn man zum Beispiel von „Friedensware" sprach. Beim Fischhändler mußte man sich 1942 in Kundenlisten (blau) eintragen lassen, sonst bekam man nichts.

1942 wurde die Sülte mit 550 Betten das größte Hildesheimer Lazarett, Bernwardstüren und Bernwardssäule verschwanden bald darauf in einem Stollen. Bereits am 8. Juni 1942 wurden im Rat die ersten Haushaltsüberschreitungen für die Bergung von Museumsgegenständen gebilligt, man dachte an Kellerräume in der Landesheil- und Pflegeanstalt, schließlich wurden – namentlich in Kalischächten – Archivalien, Bibliotheken, Museumsschätze und nicht zuletzt die Holzdecke der Michaeliskirche 1943 ausgelagert. Die Engels-Chorschranke dieser Kirche wurde von der Gemeinde mit Sandmassen geschützt und eingemauert. Zur gleichen Zeit, 1942 und 1943, wurden die

Die Straße Alter Markt besitzt noch urtümliche Fachwerkbauten, aber einige Steinhäuser, wie das am linken Bildrand, stehen schon dazwischen. Es ist der Tag der Müllabfuhr, wie man an den herausgestellten Eimern sieht. Damals konnten die Kinder noch ungestört auf der Straße spielen.

Hildesheimer Denkmäler abgebaut, soweit sie Metall enthielten. Aber nicht, um sie zu retten, sondern um sie einzuschmelzen.

Die Versorgung der Bevölkerung wurde allmählich schlechter. Die Sonderration von 62,5 Gramm Käse für die Periode vom 5. April bis 2. Mai 1943 entfiel, im Dezember gab es je Haushalt einen Haushaltspaß für Mangelwaren wie Schuhcreme, Zahnpasta oder auch Backpulver. Wenn man etwas bekam, wurde es im Paß vermerkt. Daß solche Pfennigartikel Mangelware sein konnten, mit hohem bürokratischen Aufwand verwaltet werden mußten, zeigte nur zu deutlich, wo man stand. Schuhcreme war nicht kriegswichtig.

Am 29. Juli 1943 abends mußten alle Männer von 15 bis zu 70 Jahren antreten, um Splitterschutzgräben zu bauen. Wilhelm Kruse aus der Nordstadt, ein Chronist dieser Zeit: „Es gab mehr Kommandeure als wirkliche Schaffer. Aber trotzdem wurden die kleinen Massengräber fertig." Tatsächlich konnten diese Gräben mit dünner Betondecke und ohne Fluchtwege zur tödlichen Falle werden. Immerhin, am 11. Dezember meldete die Hildesheimer Zeitung, viele Deckungsgräben seien fertiggestellt, jeder habe nun einen Platz in einem „Luftschutzraum". „Weitere Anträge sind zwecklos, mehr Material kann nicht ausgegeben werden." Punktum.

Stadtrat Grupe hatte bereits am 3. Dezember 1941 im Rat nach dem Bau von Luftschutzbunkern gefragt. Baudirektor Blaich teilte mit, Hildesheim sei nur ein Luftschutzort II. Ordnung. Der Einsatz von Leuten und Material stünde in keinem Verhältnis zum Erfolg. Nürnberg hatte nach Blaich schon 30 Bunker. Bürgermeister Schrader sagte, für einen Bunkerbau seien keine Leute und kein Material da.

Am 25. Juni 1942 fragt Ratsherr Pasquai nach den Angriffen auf Lübeck und Rostock, „ob die Stadt irgendwelche Sicherungsmaßnahmen für die Bevölkerung ergriffen habe, wenn Hildesheim, insbesondere die Altstadt, einmal das Ziel feindlicher Luftangriffe würde." Der Oberbürgermeister antwortet, der Bau großer Luftschutzbunker bereite Schwierigkeiten, da sich die Anforderung an Material, vor allem Eisen, „nachteilig auf die Rüstungsindustrie auswirken könne." Blaich verweist auf geplante Deckungsgräben. Zum erstenmal ist in dieser Ratssitzung aber auch von Stollen in den Wallanlagen die Rede. Angeblich gibt es Gänge aus früherer Zeit. Blaich soll sie auf eine Verwendbarkeit überprüfen.

Am 17. August 1942 fragt Grupe erneut nach Bunkern. Schrader antwortet ihm, derartige Bauten seien für Hildesheim nicht genehmigt. Dafür wird der Luftschutzansatz im Haushalt um 121 000 Reichsmark für Deckungsgräben überschritten, die nach Meinung des Ratsherrn Pries in anderen Städten schon wieder zugeschüttet werden. Er hält von den Gräben offensichtlich gar nichts.

Es gab in Hildesheim Luftschutzräume, die nur für bestimmte Behörden vorgesehen waren und den normalen Volksgenossen aussperrten. Das erhellt aus einer Meldung vom 17. März 1945. Darin heißt es, die Regierung gebe jetzt einen Teil ihres Luftschutzraums in der Domschule an die Bevölkerung ab. Ihr Personal sei so verringert, daß dies möglich werde. Solcherart besonderer LS-Räume gab es sicher noch mehr.

Glücklicherweise hat unter der Leitung von Walter Blaich neben dem Bau von Deckungsgräben 1943 auch der Bau von Luftschutzstollen in den Wallanlagen der Stadt tatsächlich begonnen, die doch wesentlich mehr Sicherheit versprechen konnten als jene Gräben mit den Fertigteil-Abdeckungen aus dünnem Beton, und sicherlich viele Menschenleben gerettet haben – aber einen richtigen, bombensicheren Betonhochbunker hat es für die Hildesheimer Bevölkerung im ganzen Zweiten Weltkrieg nicht gegeben. Das ist eine schwer verständliche Unterlassung, zumal sich die Parteispitze für sich selbst sehr wohl einen Betonbunker am Berghölzchen leistete, Kreisbefehlsstelle genannt. Nur wer dazugehörte, konnte hinein, der normale Bürger hätte auch im schlimmsten Falle keine Chance gehabt, schreibt Kruse.

Als aber am 22. März 1945 wirklich eine Befehlsstelle gebraucht wurde, da war der Berghölzchen-Bunker von der Feuerwehr an der Lotsenstelle Goslarsche Straße nicht über Telefon und nicht über Funk zu erreichen. Anklagend heißt es 1951 in einer Schrift zum 75. Gründungstag der Hildesheimer Feuerwehr: „Der Höhepunkt des Dramas dieser untergehenden Stadt ist jedoch auf der Zentralbefehlsstelle am Hang des Berghölzchens zu suchen. Diese Stelle steht im Zeichen größter Hilflosigkeit." Ganz so ist es wohl nicht gewesen, werden wir später erfahren, außerdem war der Befehlsstand nicht einfach ein Bonzen-Bunker, wie vermutlich viele dachten, sondern voll gepackt mit Nachrichtentechnik. Bombensicher war er allerdings, der Bunker der Parteileitung.

Übrigens fehlte es auch sehr an Löschteichen. Im wesentlichen kamen in Frage zwei in der Sedanstraße, einer am Neustädter Markt, ein weiterer am Hindenburgplatz, einer am Eingang der Schützenallee und ein Naturteich an der Eckemekerstraße. Unfaßbar, daß in einer Fachwerkstadt, die wie Zunder brennen mußte, nicht mehr getan wurde. Angeblich hat in Hannover der zuständige Mann die erforderliche Zement-Freigabe abgelehnt. Hildesheim werde schon nichts passieren. Das meinten allerdings viele Hildesheimer auch.

Der erste Löschteich war schon 1942 am Neustädter Markt eingerichtet worden. Im Februar begannen die Baggerarbeiten, der Teich hielt das Wasser aber nicht, er mußte nachträglich betoniert werden und wurde so vorübergehend für die Kinder zu einem Schwimmbad. Fotos aus dem Nachlaß von Malermeister Friedrich Gassen enthält ein Beitrag von Heinrich Kusior im Hildesheimer Heimatkalender von 1968 (Wir drucken ein Bild von Theo Wetterau). Als es am 22. Februar 1945 in der Neustadt nach einem schweren Angriff brannte, ist der Löschteich angeblich allerdings kaum benutzt worden. Eine auswärtige Feuerwehr habe dort zwar gehalten, aber nichts getan – weil sie keinen Befehl hatte.

Im Oktober 1943 zogen nach einem Vorauskommando mehrere Kompanien SS für ein Jahr in das Michaeliskloster ein, das nun Haus Germania hieß und eine Schule für „umgedrehte" Kriegsgefangene

Die Burgstraße führt nach Norden zum Michaelishügel, der über eine Treppe zu erklimmen ist. Vor ihr biegt rechts der Lange Hagen ab. Der Turm der Michaeliskirche – sie hatte damals nur den im Osten – sieht mit seinem Helm völlig anders aus als heute, da man auf den bernwardinischen Ursprung zurückgegangen ist.

*Ein Ort der Sammlung und des Friedens ist der St.-Annen-Friedhof im Dombezirk. Um ihn herum führt der dreiseitige Kreuzgang mit den Speicherböden darüber.
In der Bildmitte die Domapsis mit dem Tausendjährigen Rosenstock.*

Das Hauptschiff des Domes mit der reichen Ausgestaltung der Barockzeit und dem riesigen Radleuchter. Der Chor war damals vom Schiff durch einen Renaissance-Lettner getrennt. Er wurde vor den Bomben gerettet und steht heute in der Antonius-Kapelle.

darstellen sollte; später ist hier und da behauptet worden, wegen der SS sei Hildesheim bombardiert worden, aber das war's wohl nicht. Die wirklich schweren Angriffe erfolgten erst zu einer Zeit, als die SS schon lange wieder abgerückt war. Darauf weist Hermann Meyer-Hartmann in seinem Buch „Zielpunkt" (1985) hin.

Aber die unsinnigsten Gerüchte machten in jenen Zeiten die Runde, pro und kontra und vor und nach dem 22. März 1945. So wollten einige wissen, Hildesheim werde nichts geschehen, weil es doch einst über das Königreich Hannover zu Großbritannien gehört habe, andere „wußten" noch viel genauer, die Heilige Jungfrau Maria oder auch Bernward würden die Stadt beschützen, und wieder andere meinten, die Flugzeuge könnten Hildesheim wegen gelegentlicher Nebellagen gar nicht finden. Nach dem Kriege hieß es dann – berichtet Hermann Seeland als Gerücht – , die Briten hätten Hildesheim als Lazarettstadt verschonen wollen, wenn alles Militär abgezogen würde. Das aber habe die deutsche Seite abgelehnt bzw. auf das Angebot gar nicht geantwortet. Alles reiner Unsinn. Andernfalls hätte ja wohl zuerst der Fliegerhorst als militärische Anlage bombardiert werden müssen. Doch der Horst und die meisten Kasernen wurden verschont.

In der 62. Kartenperiode war die Butter gestrichen, statt dessen gab es 112,5 Gramm Fleischschmalz pro Person, was die Hausfrau sicherlich vor Probleme stellte. Hildesheimer Treckerfahrer werden auf den Umgang mit Generatorgas umgeschult, berichtet die Hildesheimer Zeitung. In ihr kann man trotz allen Hurrageschreis bei genauerem Hinsehen gut erkennen, wie die Verhältnisse immer schlechter werden, wie sich für die Bürger, die damals Volksgenossen hießen, allmählich die Schlinge zuzieht. So füllen sich die Anzeigenspalten mit Tauschgesuchen, im redaktionellen Hildesheimer Teil werden Rezepte angeboten wie Waffelbäckerei ohne Eier. Aufrufe verlangen „Sammelt Bettfedern für Bombengeschädigte". Das Oberkommando der Kriegsmarine fordert die deutschen Frauen auf, Marinehelferin zu werden. Und auch solche Anregung ist zu lesen: Bei Alarm soll man die Haustür nur anlehnen, einen Sandsack dazwischenstellen, damit das Schloß nicht zufällt. So können Retter besser ins Gebäude.

Dies war im Dezember 1943, bis dahin war Hildesheim von Angriffen weitgehend verschont, auch wenn die ersten Bomben in der Nachbarschaft schon 1940 gefallen waren: in Giesen, Himmelsthür, Heyersum, Lühnde zum Beispiel. 1941 gab es in Bledeln eine Tote, 1942 in Hotteln. Aber das waren keine gezielten Angriffe, wie sie andere Städte schon erlitten, das benachbarte Hannover (erster schwerer Angriff bereits am 10. Februar 1941), Hamburg, Berlin, Lübeck, Rostock. Und so nahmen die Hildesheimer Sirenen und Luftschutz noch nicht sehr ernst. Auch wenn sie durch die häufigen Alarme kaum noch zu einer ordentlichen Nachtruhe kommen konnten.

Die Hildesheimer Zeitung hämmerte es ihren Lesern immer wieder ein: Luftangriffe können jeden treffen. Neben Meldungen wie jener, Unteroffizier Hermann Schnipkoweit aus Hildesheim habe sich am Ladogasee ausgezeichnet oder der, daß Georg Britting vor der Volksbildungsstätte aus seinen Werken gelesen hat, steht zum Beispiel ein Hinweis, wie man sein Radiogerät behandelt. Man solle es grundsätzlich auf den Fußboden stellen, damit es nicht bei einem Angriff von Tisch oder Kommode fällt und beschädigt wird. Das Radio gehörte in jener Zeit zu den wichtigsten Geräten im Haushalt. Es lief zuletzt (trotz gegenteiliger Anordnungen zum Stromsparen) fast Tag und Nacht, damit keine Luftwarnung verpaßt wurde.

Aber 1943 nahmen die Hildesheimer und Hildesheimerinnen die Luftlage, wie gesagt, noch nicht sehr ernst. Otto Schmieder, damals im Bauamt der Hildesheimer Stadtverwaltung beschäftigt, hat für seinen Sohn später eine Art Tagebuch geschrieben. Darin heißt es zum Jahr 1943: „Man zeigte wenig Eile bei Fliegeralarm. Die Frauen wichen nicht aus den Ladengeschäften, die Schulkinder trotteten gemächlich nach Hause, und viele Männer beachteten die ganze Angelegenheit nicht eher, als bis sie das Brummen der feindlichen Flugzeuge hörten, es sei denn, daß sie eine Funktion im Luftschutz auszuüben hatten. Viele Personen spazierten noch während der Überflüge auf den Straßen oder fotografierten, überall stand man in Gruppen vor den Kellereingängen, um die feindlichen Fliegerverbände zu beobachten und die Flugzeuge zu zählen, bis Polizeibeamte erschienen und die Menschen in die öffentlichen Luftschutzräume wiesen. Es gab abgelegene Straßen, auf denen kleine Kinder ruhig spielen durften, während die feindlichen Geschwader mit ihren Kondensstreifen hoch am Himmel gefahrdrohend dahinzogen.

„Das Unangenehme an der ganzen Sache war für die meisten nur das oft stundenlange Warten auf die Entwarnung, die Unterbrechung der Tätigkeit und die Unbequemlichkeit im Luftschutzraum. Die als ‚Ängstliche' bezeichneten, die bei Alarm unruhig wurden und sich schleunigst in Sicherheit begaben, machten sich vielfach lächerlich. Bomben, im nächsten Umkreis der Stadt gefallen, erklärte man für Notabwürfe."

Es geht auf Weihnachten 1943 zu, per Bekanntmachung wird verkündet, daß für die Periode vom 15. November 1943 bis 9. Januar 1944 auf Abschnitt A des Bestellscheines 56 der Reichseierkarte für jeden Versorgungsberechtigten zwei Eier ausgegeben werden. Gleichzeitig wird eine Reisesperre vom 15. Dezember bis zum 3. Januar verhängt. Bahnfahren darf nur, wer eine Einzelgenehmigung bekommt. Für Verschickte soll es danach Sonderzüge geben. Der Reichspostminister führt ein System ein, wonach nach Terrorangriffen binnen vier Tagen Postkarten als Eilnachrichten abgegeben werden können, um Angehörige kostenlos zu benachrichtigen.

Gauleiter Hartmann Lauterbacher aus Hannover, Leiter des Gaues Südhannover-Braunschweig inklusive Hildesheim, zugleich Oberpräsident der Provinz Hannover und Reichsverteidigungskommissar, übernimmt in der Hildesheimer Stadthalle das „Spielzeugwerk der HJ im Gau" und sagt dabei zum Thema Weihnachten: „Dieses Fest offenbart ebenfalls die ganze Kraft eines Volkes, wenn wir demgegenüber auf die Dekadenz und Seelenlosigkeit der Veranstaltungen

Das historische Farbfoto bietet in Höhe der Lilie den Anblick des östlichen Teils der Marktstraße. Auch hier fanden sich damals noch Fachwerkhäuser. Sie sind 1945 allesamt zerstört und verbrannt.

im Lager unserer Gegner hinblicken." Am 15. Dezember wird Spielzeug an die Mütter von Soldatenkindern ausgegeben. Zwölf Todesanzeigen für gefallene Soldaten stehen diesmal im Anzeigenteil der Hildesheimer Zeitung, sonst sind es über lange Zeit regelmäßig etwa acht.

HJ (Hitlerjugend) und BDM (Bund Deutscher Mädchen) werden in der Stadt jetzt im Postdienst eingesetzt, das gilt als Kriegseinsatz. Gasthausessen steht nur noch Reisenden und Berufstätigen zu – aber wer darf schon noch verreisen –, die Apfelzuteilung ist nach einer Meldung vom 17. Dezember gesichert. Doch zwei Tage später kommt die schlechtere Nachricht: Die Kartoffelernte sei knapper als sonst. Kartoffeln sollen nur noch als Pellkartoffeln gegessen werden.

Übrigens gibt es in der Zeitung dieser Zeit nur noch sehr wenige Werbeanzeigen, „Vim spart Seife" steht zuweilen da, hannoversche Firmen suchen per Kleinanzeige die Adressen ihrer evakuierten Kunden, aber Wüstenrot wirbt noch mit einiger Regelmäßigkeit in gestalteten Anzeigen mit kleinem Rahmen für das eigene Haus und weist auf Steuervergünstigungen hin.

Weihnachten 1943 ist nach dem Hauptartikel auf der ersten Seite „Weihnacht der unerschütterlichen Herzen", über das Leben in der Stadt erfährt man im Blatt kaum noch etwas, sieht man von einigen Kulturmeldungen ab und dem, was den Luftschutz betrifft. So heißt es denn: „Auch Weihnachten volle Luftschutzbereitschaft"; in Dienststellen und Geschäften sind Brandwachen vorgeschrieben. Aber zum erstenmal seit Jahren wird in der Weihnachtsnacht wieder vom Andreasturm geblasen.

Am 27. Dezember wird gemeldet, daß seit Heiligabend im Osten die Winteroffensive der Sowjets läuft: „Ein warnendes Symbol für die Menschheit". Am 30. Dezember wird ein „aufgelockerter Sendeplan" des Rundfunks für 1944 angekündigt, das heißt, es wird weniger Sendungen geben. In der gleichen Ausgabe eine erneute Mahnung: „Halte dein Luftschutzgepäck bereit". Ausführlich wird beschrieben, was dazu gehört:

Wäsche, Kleidungsstücke, Strümpfe, Taschentücher, Wollsachen, Pantoffeln, Nachtzeug, Seife, Handtuch, Zahnbürste, Kamm, Rasierzeug, Verbandszeug, Schere, Taschenlampe, Messer, Gabel, Löffel, Teller, Becher, Mundvorrat, Getränk, Streichhölzer, eine wollene Decke, Bargeld, Wert- und Schmucksachen, Sparkassenbücher, Versicherungspapiere, Familienpapiere, Lebensmittelkarten, Testament.

„Den täglichen Bedarf lege oben auf, für den Schutzraum zieh dich warm und für den Einsatz zweckmäßig an. Deine Luftschutzausrüstung (Stahlhelm, Gasmaske usw.) habe ebenfalls ständig zur Hand." Überdies ist auch geordnet, wie die Kosten für den Luftschutzraum im Keller zu teilen sind: Die Heizung zahlt das Reich, für Licht und Notbeleuchtung ist der Hauseigentümer zuständig.

Die NSDAP zieht Bilanz (1943)

Das Jahr 1943 geht zuende, zum Jahreswechsel veröffentlicht die Hildesheimer Zeitung einen großen Aufruf des Gauleiters „Tapfer und furchtlos jeden Kampf bestehen!" Im Lokalteil unter der Überschrift „Die Partei ist der Motor unseres Lebens" sind über mehrere Seiten Erfolgsberichte der NSDAP und ihrer Gliederungen und Verbände von der SS bis zur Arbeitsfront versammelt, und auch das Hildesheimer Handwerk ist auf „neuen Wegen". Dem heutigen Leser fällt allerdings auf, über ganze Spalten hinweg ertönen viele markige Worte, aber sachliche Informationen gibt es bei soviel Stoff vergleichsweise nicht sehr viele.

Dennoch lohnt es sich, einen näheren Blick auf die Berichte zu werfen, sie bieten wenigstens Ansätze zu einem Bilde Hildesheims von 1943 und des Daseins seiner Bevölkerung, zeigen Organisationsstrukturen, von denen heute kaum jemand noch etwas weiß. Vieles ist natürlich damals „geheim", und mit Sicherheit sind auch diese Berichte vor der Veröffentlichung sorgsam gefiltert worden.

Man erfährt unter anderem, daß die Partei ihre Organisationen in Hildesheim und Marienburg zusammengelegt hat, nachdem schon früher die Landratsämter vereinigt wurden. Im Juni hat es als Veranstaltung des Kreistages eine große Kundgebung zum Tag der Führerschaft auf dem Marktplatz gegeben, eines der seltenen Zeitungsfotos jener Tage zeigt einen noch unbeschädigten Marktplatz mit einer Volksmenge buchstäblich Kopf an Kopf. Hakenkreuzfahnen wehen, und am Wollenweber-Gildehaus prangt ein gewaltiger Reichsadler.

Der langjährige Kreisleiter Egon Vetter ist im September im Osten gefallen, Hauptabschnittsleiter Heilig wurde (bereits vorher) neuer Kreisleiter. Über die SS gibt es nur wenige Zeilen, weil von ihr „ja überhaupt nur wenige Männer älterer Jahrgänge in der Heimat sind." Daß der Krieg an den Fronten schon viele Opfer gefordert hat, wird eher zwischen den Zeilen deutlich. Die Betreuung der Hinterbliebenen und Eltern von Gefallenen ist Aufgabe der NSKOV (NS-Kriegsopferversorgung). Ihre Mitglieder haben „weit über 14 000 Hausbesuche durchgeführt und in über 15 000 Fällen Ratsuchenden in den Sprechstunden der Dienststelle Auskunft gegeben."

Für die HJ hieß 1943 die Parole „Kriegseinsatz der Hitler-Jugend". Dazu der Bericht: „Unter den verschiedensten Einsatzaufgaben, die an die Jungen und Mädel herantraten, seien nur genannt die mit besonderer Begeisterung aufgenommene Gestellung von Luftwaffenhelfern der HJ, die Sammlung von Heilkräutern, Postdienst in Hildesheim-Stadt. Einsatz der Mädel in den Fabriken zur Urlaubsermöglichung berufstätiger Frauen sowie in den Ferien beim Ernteeinsatz und als Hilfskräfte in den Erntekindergärten. (...) Den Höhepunkt des Kriegseinsatzes für die Hitler-Jugend brachten dann die folgenschweren Terrorangriffe im Luftkrieg. Dabei taten Hunderte von Jungen und Mädeln in oft wochenlangem Einsatz vorbildlich ihre Pflicht."

Ein altes Haus an der Osterstraße, von der Hofseite her gesehen. Zur Straße führt ein Durchgang, rechts im Bild. Ein kleines, karges Beet ist vor dem Kellerfenster zu entdecken, mit Ziegelsteinen eingefaßt. Daneben, ein wenig schief, zwei ausrangierte Fässer für das Regenwasser.

„Zu dreiwöchigen Wehrertüchtigungs- und bzw. Reichsausbildungslagern wurden aus beiden Bannen 1150 Jungen einberufen, außerdem 176 Führer zu entsprechenden Lehrgängen." Die NS-Frauenschaft und das Deutsche Frauenwerk betreiben unter anderem eine Beratungsstelle der Abteilung Volkswirtschaft-Hauswirtschaft mit Kochkursen „im Dienste der Ernährung, wie der Krieg sie fordert", ferner gibt es zehn Näberatungsstellen im Stadtgebiet. Die Abteilung Hilfsdienst bessert in Nähstuben Berge von Soldatenwäsche aus. Soldatenstrümpfe werden in Gemeinschaft oder abends zu Haus gestopft, aus Wäschestoffen wird Verbandmaterial hergestellt.

Der Bahnhofsdienst hilft Volksgenossen, die nach Bombenangriffen in weniger gefährdete Orte umquartiert werden. „Außerdem traten die Kochstellen in Aktion, wo vom frühen Morgen bis zum späten Abend gekocht, Kartoffeln geschält und Gemüse geputzt wurde. Fast 900 Frauen standen so im direkten Einsatz für den Sofortdienst."

Die NSV (NS-Volkswohlfahrt) wird ebenfalls gelobt. Sie betreut das Winterhilfswerk (WHW), Hilfswerk Mutter und Kind, Verwundete in den zahlreichen Hildesheimer Lazaretten, da werden Päckchen gepackt, verwundete Soldaten besucht, es gibt Aufführungen in den Lazaretten, Lichtbildervorführungen. Seit einiger Zeit wird auch Fronturlaubern etwa alle zehn Tage eine Sondervorstellung der Städtischen Bühnen geboten. Für die Betreuung von 8600 Personen wurden 450 000 RM aufgewandt, „sodaß allein aus dem Sammlungsergebnis des WHW 1 220 000 RM zur Verfügung zentraler Stellen abgeliefert werden konnten."

Gesammelt hatte die NSV aber noch mehr. Für das Winterhilfswerk 1942/43 wurden rund 1,67 Millionen Reichsmark und 8000 Dosen Obst und Gemüse gespendet, für das Rote Kreuz außerdem 610 000 RM.

Das Hilfswerk Mutter und Kind arbeitet in der Stadt und in den beiden Kreisen mit 82 Hilfs- und Betreuungsstellen und hatte 25 000 Ratsuchende, geholfen wurde – auch leihweise – mit Säuglingskörben und Babywäsche, es gab Betten- und Bekleidungshilfe, 132 Mütter kamen in NSV-Mütterheime, 325 Schulkinder wurden zur Erholung verschickt. Schließlich wurden durch hauptamtliche Haushalts- und Mutterschaftshelferinnen 220 Familien von Wöchnerinnen betreut.

Eine enge Zusammenarbeit der NSV besteht mit dem Karl-Dincklage-Werk der NSDAP, das betreut vor allem Hinterbliebene gefallener oder vermißter Soldaten. So bekommen die Zehnjährigen kostenlos eine Jungvolk- oder Jungmädeldienstkleidung und zur Schulentlassung „ein gutes Buch". Und: „Mancher hart getroffenen Familie konnte zum Geburtstag des Führers mit einem Volksempfänger im Rahmen der Dr.-Goebbels-Rundfunkspende eine Freude gemacht werden." 1943 und später macht solche Spende sogar Sinn: Man konnte die Luftlagemeldungen hören.

In der Statistik kommt noch die DAF (Deutsche Arbeitsfront) an die Reihe – ihr Chef, Dr. Ley, war übrigens wie Dr. Goebbels 1936 beim Gautag in Hildesheim und trat bei Senking auf –, sie ist 1943 dazu da, „im freiwilligen, bewußt gemeinsamen Einsatz aller Schaffenden die Schaffenskraft zu fördern und die Leistung zu steigern." Es geht um das betriebliche Vorschlagswesen, eine neue Lohnordnung, die von den Schaffenden offensichtlich argwöhnisch betrachtet wird. In manchen Firmen gibt es warmes Essen, dazu sind im Kreisgebiet 36 betriebseigene Küchen da, die auch in den „Soforteinsatz" eingeschaltet werden. Durch betriebsärztliche Betreuung ist „manche Arbeitskraft einsatzfähig geblieben." Eingeräumt wird, daß der „weitgehende Einsatz von Frauen in Betrieben Probleme ausgelöst und in den Vordergrund gerückt hat, die früher keineswegs so vordringlich waren." Erläutert werden sie nicht. Man erfährt aber weiter, daß in 14 Betrieben Nähstuben eingerichtet wurden, in den Arbeitspausen werden die Frauen hauswirtschaftlich beraten.

Die DAF hat noch ein weiteres Arbeitsgebiet: die „Beaufsichtigung und haltungsmäßige Ausrichtung der gesamten ausländischen Arbeitskräfte". Sie verfolge das Ziel, „durch straffe, aber gerechte Behandlung einen vollen Leistungseinsatz dieser Menschen für unsere Kriegswirtschaft zu erreichen. Dabei ist die arbeitseinsatzmäßige Aufklärung der deutschen Gefolgschaftsmitglieder und ihr richtiger Einsatz auf Führungsposten von großer Bedeutung."

Bleibt noch KDF, Kraft durch Freude, früher beliebt wegen der Auslandsfahrten mit den KDF-Schiffen. Das ist längst vorüber. An Konzerten, Theateraufführungen und Bunten Abenden für Wehrmacht und Zivil waren 105 000 Besucher beteiligt, und in der Lagerbetreuung wurden weitere 10 000 Menschen „erfaßt". Ferner gibt es Betriebssportgemeinschaften, Leibesübungen während der Arbeitszeit, das Kreisheimatwerk betreibt Ausstellungen Hildesheimer Künstler.

Nimmt man hinzu, daß über die Partei ständig Arbeitsbesprechungen, Appelle, Tagungen angesetzt werden, in denen unterrichtet und ausgerichtet wird, neuerdings auch noch politische Stoßtrupps gebildet wurden „als bewegliches Instrument im täglichen politischen Leben", dann wird deutlich: Die Hildesheimer sind wirklich fast rund um die Uhr beschäftigt und „erfaßt". Es gibt kaum noch private Zeit, Familie, eigene Gestaltung; der Mensch wird von Partei und Staat total vereinnahmt – und kontrolliert.

Auch das Handwerk, ehedem dezentralisiert und angeblich zersplittert, ist unter „straffer, zentraler Führung durch den Kreishandwerksmeister zu einem erstrangigen Großbetrieb geworden." Sämtliche Aufträge für die Bauwirtschaft werden zentral durch den Kreishandwerksmeister gelenkt, kein Unternehmen darf mehr Aufträge direkt annehmen. „So ist die Gewähr dafür geboten, daß die Hortung von Fachkräften ausgeschlossen ist, daß Fachkräfte aus dem Bauhandwerk an minderwichtigen Bauvorhaben nicht mehr beschäftigt werden."

Neben den Parteiberichten steht in der Neujahrsausgabe 1944 ein Eigenartikel der Zeitung als Jahresrückblick. Der Verfasser beginnt mit einer bemerkenswerten Einlassung: „Der Chronist, der die Aufgabe hat, über ein Jahr örtlichen Lebens zu berichten, sah sich früher vor eine

Ein seltenes Foto aus der guten, alten Zeit. Es zeigt, von der Bühne her gesehen, den Saal von Knaups Etablissement an der Steingrube. Hier wurden Bälle gefeiert, aber auch Theatervorführungen geboten, bevor es das Stadttheater gab.

verhältnismäßig leichte Aufgabe gestellt. Das öffentliche Leben war, vor allem auf kommunalpolitischem Gebiet, so reich an Ereignissen, daß man schon alleine mit den Themen der Stadterweiterung, den baulichen Veränderungen, Verkehrsverbesserungen usw. ganze Seiten zu füllen vermochte. Von all diesen Dingen gibt es vom Jahre 1943 aus einer Stadt wie Hildesheim wenig zu erzählen. Das Leben unseres Gemeinwesens hat sich im vierten und zu Beginn des fünften Kriegsjahres weniger in äußeren Ereignissen abgespielt, hat seinen Charakter mehr in einem starken inneren Geschehen, das sich dem Blicke eines flüchtigen Besuchers nicht ohne weiteres enthüllt. Wollte man also im Stil früherer Jahreschronik berichten, so lohnte es kaum, deswegen eine Feder zu spitzen."

Und weiter: „Wir müssen schon tiefer sehen, müssen dem Erleben der Menschen nachforschen, wollen wir für die Nachwelt festhalten, was im Jahre 1943 sich in Hildesheim ereignet hat. Und die Nachwelt hat ein Recht darauf, es zu erfahren, denn es ist ein hartes Jahr gewesen, ein Jahr der Bewährung in diesem gewaltigen Kriege."

Erinnerung an Stalingrad, Zusamenfassung aller Kräfte, Schaffung der Wirtschaftskammer Hildesheim, dann: „Einschneidende Maßnahmen sind so zu Beginn des Jahres getroffen worden, zahlreiche Hildesheimer Geschäfte haben für die Dauer des Krieges vorübergehend ihre Pforten geschlossen, und Betriebsführer wie Gefolgschaftsmitglieder sind an neue, wichtigere Arbeitsplätze gerückt, um unserer Rüstungswirtschaft einen weiteren großen Aufschwung zu geben. (...) Im Zeichen des Gemeinschaftsgedankens standen in anderen Fällen die Kriegsverkaufsgemeinschaften, die von verschiedenen Firmen gegründet wurden. Auch sie ermöglichen die Freistellung von Arbeitskräften für die Rüstungsindustrie und die Einsparung von wertvollem Strom- und Kohleverbrauch."

Unterschlagen wird in diesem Bericht nicht, daß auch Tausende Frauen, viele bis dahin Nur-Hausfrauen und Mütter gewesen (was ja eigentlich der NS-Ideologie entsprochen hatte), jetzt in Fabriken arbeiteten, erst abends heimkehrten und dann noch den Haushalt vor sich hatten. Natürlich helfen ihnen die Männer, soweit in der Heimat vorhanden, und „es muß zu ihrem Lobe gesagt werden, daß sie das Verständnis dafür aufbrachten, wenn einmal zu Hause nicht alles so ging wie früher". Die Jugend hat ebenfalls 1943 gezeigt, was in ihr steckt, das ist freilich das Verdienst von HJ und Schule: Deren Erziehungsarbeit hat sich bewährt.

Soviel zum Jahreswechsel. Aktuell wird noch gemeldet, daß der Jahrgang 1925 zur Aufnahme in die Partei ansteht. Am 3. Januar wird im Theater Verdis „Rigoletto" gegeben, dann ist wieder Alltag, Luftschutz-Meldung. In den Luftschutzkeller dürfen keine Tiere mitgenommen werden, heißt es, allenfalls Dienst- und Blindenhunde und die nur mit Maulkorb. Die Dachböden sollen mit Sand abgedeckt werden. Mundspülungen mit Natronwasser werden empfohlen. Für Säuglinge steht Cebionzucker zur Verfügung.

Zwar hat der Bombenkrieg Hildesheim noch kaum betroffen, aber an der Waldquelle entstehen die ersten Behelfsheime, teilt die Zeitung am 15./16. Januar mit. Errichtet werden sie von Lehrlingen im Kriegsberufswettkampf. Eine weitere Einsparungsmaßnahme im totalen Krieg: Den Druckereien ist nur noch eine Druckfarbe erlaubt, es sei denn, ein Zwei-Farben-Druck ist in einem Gang möglich. Eingekaufte Waren dürfen nicht mehr verpackt werden, anstelle von Backpulver sollen Natron, Hirschhornsalz oder Pottasche treten.

Die Reichsbahn stellt eine neue Personenwagen-Kriegsserie vor, es handelt sich um leicht veränderte, mit Fenstern versehene Güterwagen mit Bänken drin, laut Hildesheimer Zeitung zu MCI-Wagen umgerüstete GLHS-Wagen (so lauten die Typenbezeichnungen). Das Fahrzeug sei auch als Mannschaftswagen, Lazarettzugwagen oder Werkstatt- und Wohnwagen zu nutzen. – Dazu eine Anmerkung: Der Stammvater der Serie ist der Güterwagen „Leipzig" gewesen, der Aufbau bestand aus Holz, geheizt werden konnte in manchen Fällen mit einfachen Dampfleitungen, es gab aber auch Kohleöfen. Die zweiachsigen Waggons fuhren noch lange nach dem Kriege, zuletzt in Bauzügen. Normale Personenwagen waren 1943/44 schon längst aus den Fertigungsprogrammen gestrichen.

Für den 30. Januar wird eine Kundgebung angekündigt, bei der Landrat Schneider und Kreisleiter Heilig sprechen, in Hannover sprach Gauleiter Lauterbacher: „Jedes Problem wird gelöst". Von der 59. Periode an soll es neue Haushaltsausweise für entrahmte Frischmilch geben. Am 31. Januar stehen neue Anweisungen für Luftschutzkeller im Blatt, am 10. Februar darf vorübergehend wieder Kassler hergestellt und verkauft werden. Ausgetauschte Deutsche aus englischer Kriegsgefangenschaft berichten über ihre Erlebnisse: „Deutschland siegt auch ohne uns."

Daneben die Ermahnung, diszipliniert mit Gas umzugehen, besonders im Backofen. Wenn die Flamme einen guten Druck anzeigt, darf man kochen, denn dann hat die Industrie gerade Pause. Auch Wasserverschwendung ist zu vermeiden. Ferner meldet die Zeitung, beim Bierverbrauch steige der Anteil des dunklen Bieres. Wer es heute nicht mehr weiß: Damit ließ sich Pfannkuchen backen.

Die Luftgefahr wächst

So geht es weiter durch den Monat, fast immer nur Ermahnungen, Appelle, Strafandrohungen, Hinweise wie dieser: Auch eingefrorene Kartoffeln lassen sich gut verwerten. Außerhalb der Stadt sind nun für den Fall von Großangriffen sechs Großsammelstellen eingerichtet (15. Februar), am 24. Februar behauptet das Frauenamt der DAF: „Gesunde Arbeitsbedingungen schützen unsere Frauen", was wohl keiner glaubt, am 1. März wird ein Angriff auf Braunschweig gemeldet. Der Bau von Behelfsheimen soll beschleunigt werden, notiert die DAF,

Die Zingel, heute eine breite, laute Autostraße, gehörte vor 1945 zu den vornehmen Wohngegenden Hildesheims mit repräsentativen Villen und schönen Gärten. Kein einziges Auto ist auf dem Bild zu sehen, die Straßenbahn stellt ein wichtiges Verkehrsmittel dar. Ganz hinten ist ein Wagen zu entdecken.

Dienststelle Zingel 38, am 10. März wird an die Postleitzahlen erinnert (sie wurden während des Krieges eingeführt).

Im 60. Zuteilungsraum vom 6. März bis 2. April sind sechs Eier zu erhoffen, dürfen aber nicht ohne Anordnung des Ernährungsamtes ausgegeben werden. Ob sie je auf den Küchentisch gelangten, hat sich 1994 nicht mehr ermitteln lassen. Es wird auf Höchstpreise für Kaffee im Wartesaal hingewiesen, Feindflugblätter sind abzuliefern, als Brotaufstrich kommen Streckbutter und Kochkäse in Frage, Freiwillige für die Waffen-SS werden aufgerufen. „Wir verdunkeln in dieser Woche von 19.15 bis 5.40 Uhr." Verdunkeln hieß, alle Türen und Fenster nach außen so abzudichten, daß kein Lichtstrahl aus dem Gebäude drang. Zumeist wurde mit einem dicken, schwarzen Papier gearbeitet oder Filzvorhängen, gewöhnliche Rollos ließen oft einen Lichtspalt übrig. Im April werden mit Zeichnungen Anweisungen für Erdaufschüttungen vor Luftschutzräumen veröffentlicht, die damit gegen Luftdruck durch Bombenexplosionen zu schützen sind, es folgen neue Geschäftszeiten (ab 6.30 Uhr für Milch und Backwaren), am 14. April wird eine Landkarte mit Entfernungsringen um Hannover für Luftlagemeldungen abgedruckt, zum Ausschneiden gedacht. Beim Radio könne man die Röhren dadurch schonen, heißt es weiter, daß man eine höhere Spannung einstellt als die tatsächlich an der Steckdose vorhandene. Radioröhren sind absolute Mangelware.

Einem Bericht über Hitlers Geburtstag folgt der Aufruf „Volk ans Gewehr" zum Deutschen Wehrschießen. Der neue Kreisleiter heißt Meyer. Am 24. schwerer Luftangriff auf Braunschweig, 3. Mai Luftschlacht im Raum Braunschweig-Magdeburg; drei Tote hat es gegeben, erfährt man aus einem Nachruf von Lauterbacher am 5. Mai. Wo, erfährt man nicht. Für die Woche vom 8. bis 14. Mai wird eine Fleischzulage von 100 Gramm pro Person angekündigt, eine Spinnstoffsammlung ist im Gange. Am 18. Mai erfolgt die wichtige Warnung, der Ratsweinkeller sei nicht sicher, als Luftschutzraum auch nicht vorgesehen. Die Leute sollen zum Liebesgrund gehen.

So naht die Pfingstausgabe heran, in ihr werden die Hühnerhalter an die Ablieferungspflicht für Eier erinnert, am 31. Mai werden Minen und Sprengbomben auf Hannover geworfen, im friedlichen Hildesheim gastiert der Zirkus Barum. Generalmajor von Gallwitz ist gefallen – nach ihm ist eine Hildesheimer Kaserne benannt –, und am 6. Juni hat in der Normandie die Invasion begonnen. In der Zeitung hinterläßt das zunächst kaum eine Spur, über die Stimmung der Bevölkerung erfährt man natürlich schon gar nichts, im Lokalteil kann man statt dessen einen beschaulichen Beitrag finden „Weshalb brütet Frau Kuckuck nicht?" Es soll etwas Schmalz geben, Zigarettenpapier wird knapp und darf nur noch zusammen mit Feinschnitt-Tabak abgegeben werden. Eigener Tabakanbau ist anmeldepflichtig, aber bis zu 25 Pflanzen steuerfrei; für bis zu 100 Pflanzen sind vier Mark zu entrichten.

Der kundige Leser späterer Zeit denkt bei diesen Sätzen schon die Nachkriegszeit voraus, als auf beinahe jedem Balkon oder im Kleingarten Tabak gezogen wurde, während die „Ami-Zigarette" unter der Hand acht Mark und mehr kostete. Aber auch 1944 hatten die Raucher nicht viel zu lachen, während staatliche Lager wie die Malzfabrik am Zimmerplatz mit allem bestens gefüllt waren. Das stand aber nicht in der Zeitung.

Dort ist wieder Luftschutz angesagt, „Generalappell" der „totalen Luftschutzbereitschaft", alle Haushalte werden am 18. Juni untersucht. Zu der Aktion gehören neben einer Drahtfunk-Reportage aus einem (nicht genannten) Gaubefehlsstand Lehrgänge über feindliche Bombentypen. Die Zeitung nennt die Stabbrandbombe, die Phosphorbombe, die amerikanische Flüssigkeitsbrandbombe und die neue englische Flammenstrahlbombe. Die Stabbrandbombe (1,8 Kilo) galt als leicht zu löschen, aber viele waren mit Sprengladungen versehen, damit man sich nicht gleich in die Nähe traute. Sie explodierten nach zwei bis vier Minuten.

Die Phosphorbombe wog nach Meyer-Hartmann 30 lb (14 Kilogramm), bestand aus 1 lb weißem Phosphor und 7 lb Gummi-Benzol-Gemisch und war – entgegen dem, was die Luftschutzpropaganda in Hildesheim behauptete – praktisch nicht zu löschen. Als Brandbombe schweren Kalibers nennt Meyer-Hartmann noch eine Bombe mit einer Benzol-Kautschuk-Füllung, 113 Kilo schwer. Wo sie zerplatzte, muß sekundenschnell eine Feuerwand hochgeschlagen sein.

Die Invasion wurde ein örtliches Thema erst am 21. Juni. Da wird im Kino ein Filmbericht gezeigt „Die anglo-amerikanischen Agressoren in der deutschen Abwehrhölle", und ein Redakteur schreibt darüber. Die Propaganda für den Glauben an den Endsieg zog alle Register. Das kann aber über die Tatsachen des Alltags nicht hinwegtäuschen. Da gab es einerseits noch eine große Sonnenwendfeier in der Horst-Wessel-Allee, aber andererseits mußte die Reichsbahn einen neuen Fahrplan zum 3. Juli ankündigen. Der sprach von einer „Entspannung" der D- und Eilzuggeschwindigkeiten, um „Ballungen" zu verhindern. Im Klartext hieß das, die Zuggeschwindigkeiten wurden deutlich herabgesetzt. Lokomotiven und Mannschaften konnten buchstäblich das Tempo nicht mehr halten, viele Gleise und Weichenverbindungen in größeren Bahnhöfen waren bereits zerstört, Züge nur noch mühsam durchzubringen.

Sonntags fuhren übrigens als Tageszüge schon seit dem 18. Juni gar keine E- und D-Züge mehr. Im Nahverkehr zwischen Hannover und Hildesheim wurden mit dem neuen Fahrplan Zehnerkarten eingeführt, vermutlich, um die Fahrkartenausgaben zu entlasten und Personal einzusparen, das anderswo gebraucht wurde. In der Rüstung und an der Front.

Wer nicht mußte, fuhr in jener Zeit sowieso nicht mehr gerne Eisenbahn, zumindest nicht tagsüber, sehr plötzlich konnten Tiefflieger auftauchen. Einige Tage später bot ein Artikel denn auch Richtlinien für das Verhalten bei Angriffen auf Züge. Stoppte der Zug unterwegs, bedeutete das Alarm und nichts wie raus in irgendeinen Graben – der nächste lag direkt neben der Strecke freilich reichlich nah

Ein mächtiger, neugotischer Ziegelbau mit zwei Türmen ist das Gymnasium Andreanum an der Goslarschen Straße gewesen. Der Fotograf hat die Schule vom Paradeplatz her abgelichtet, der später den Namen Paul-von-Hindenburg-Platz erhielt. Deshalb sprechen die Hildesheimer noch immer vom „PvH", obwohl der Name heute einfach Hindenburgplatz lautet.

Das Bild hat seinen besonderen Charme. Ein altes Haus mit reichem Schmuckwerk, im Erdgeschoß schon leicht entstellt, wurde um das Jahr 1890 auf die Platte gebannt. Für die Bewohner eine Sensation. Der Inhaber des Rasier-Salons lehnt in der Tür, beim Nachbarladen drängelt sich die ganze Familie, und oben schauen die Kinder aus dem Haus. Doch einer hielt nicht still, so ist er auch nur verschwommen zu sehen.

In der Wollenweberstraße geht es noch gemütlich zu, das Pferdefuhrwerk ist mitten auf der Fahrbahn unterwegs, und keinen stört es. Rechts im Bild die Wollenweber Schänke, dort biegt die in ihrem ersten Teilstück recht enge Goschenstraße ab.

Der Pelizaeusplatz (vormals einfach Platz genannt) mit einem Wagen der Hildesheimer Straßenbahn. Hinter der Uhr das Geschäft Meyer Auswahl.

am Zug. Die Tiefflieger schossen damals keineswegs nur auf die kriegswichtige Lokomotive, die häufig geradezu durchsiebt wurde, sondern warfen Bomben mitten in Personenwagen mit zivilen Reisenden hinein. Und scheuten sich auch nicht, die Menschen mit Bordwaffen direkt anzugreifen.

Wie schwierig die Versorgungslage bereits wurde, zeigen auch Kleinigkeiten. Ratschlag an die Hausfrau für den Ersatz von Gummiband zur Strumpfbefestigung: Alte Strümpfe in Bahnen schneiden, die Streifen spiralig aufdrehen und am Strumpfhalter annähen. Erinnert wird daran, daß Küchenabfälle zu den Sammelstellen zu bringen sind als Schweinefutter. In Drispenstedt war eine Schweinemast-Anstalt eingerichtet. Auch Knochen werden schon lange gesammelt, sogar kleine Knochen scheinen unverzichtbar. Schiefertafeln für die Schule gibt es jetzt auf Marken. Kuchen soll man aus Roggenmehl backen. Bickbeeren dürfen, so die neueste Anordnung, erst vom 8. Juli an gepflückt werden, sonst droht Strafe, sogar Haft.

Am 20. Juli mißglückt das Attentat auf Hitler – insgeheim reagierte das Volk in Hildesheim bestimmt sehr unterschiedlich. Eine Minderheit

Die bekannte „Rote Elf" der hannoverschen Überland-Straßenbahn – hier am Hildesheimer Bahnhof – fuhr mit zwei Stromabnehmern.

wird den Mißerfolg stumm oder nur im kleinsten Kreis beklagt haben, aber laut sagte man schon lange nichts mehr, was einem gefährlich werden konnte. Und Kritik oder gar Zweifel am „Endsieg" waren für jedermann lebensgefährlich – wie übrigens auch das Abhören ausländischer Sender, etwa der BBC. Aber die Mehrheit der Deutschen stand, wie die Historiker heute behaupten, nach dem Attentat noch fester zu Hitler als vorher. Das dürfte in Hildesheim ebenso gewesen sein. Am Tage darauf verkündet die Zeitung: „Jetzt erst recht mit dem Führer." Und: „Heraus zur Volkskundgebung zum Führerbekenntnis!", 21. Juli 18 Uhr, Marktplatz. Am 22. Juli bringt die Zeitung eine ganze Seite über die Kundgebung, dann geht es richtig los mit den Selbstverpflichtungen. Etwa zur Heimarbeit für die wenigen, die noch nicht eingespannt sind. Heimarbeit „aus Freude, daß der Führer lebt." Kurz darauf: „Der totale Krieg ist das Gebot der Stunde". Jetzt kommt die 60-Wochen-Stunde, die in Wirklichkeit mit befohlenen Überstunden oft 70 Stunden hatte, eine Schicht dauerte bis zu zwölf Stunden. Alle überzähligen Beamten und Angestellten sollen in die Rüstungsindustrie. Am 29. Juli erfolgt die „sofortige Einstellung unnützer Bauarbeiten".

Wochenmarkt auf dem Neustädter Markt, von der Lambertikirche her gesehen. Noch steht alles unzerstört, ein Bild behaglicher Idylle.

Was wie ein Schwimmbad für Kinder aussieht und von den Kleinen auch so genutzt wird, ist der soeben fertiggestellte Löschteich auf dem Neustädter Markt. Man schreibt das Jahr 1942, andere Städte, wie zum Beispiel Hannover, haben schon schwere Luftangriffe erlebt.

Zuckerraffinerie in Flammen (29. Juli 1944)

Aber an diesem 29. Juli ist Hildesheim nach vier Toten am Gut Steuerwald durch Notwürfe am 9. Oktober 1943 auch zum erstenmal das Ziel eines wirklichen Bombenangriffs, und zwar mitten am Vormittag. Mit einer wirksamen Abwehr brauchen die Angreifer nur noch bedingt zu rechnen. Am Fliegerhorst existiert eine leichte Flakbatterie. Der Domkapitular Hermann Seeland beobachtet, daß die Flugzeuge im Tiefflug herankommen. Otto Schmieder berichtet, um 9.07 Uhr habe es den ersten Fliegeralarm gegeben. Der Anflug starker Verbände auf Mitteldeutschland war gemeldet:

„Die Leute gingen wie üblich ohne besondere Hast in die Luftschutzkeller und nahmen es dann für selbstverständlich, daß die Verbände ihre Ziele weit weg von Hildesheim suchten. Man wurde auch nicht lange von seinen Geschäften und Sonnabendeinkäufen aufgehalten, denn um 10.27 Uhr gab es schon Vorentwarnung. Selbst, als von 10.40 ab feindliche Verbände, die sich offenbar auf dem Rückflug befanden, über die Stadt in großer Höhe hinwegzogen, ging der Verkehr auf den Straßen weiter. Manche blieben wohl stehen und blinzelten gegen den Himmel. Ich selbst hielt mich, durch das Brummen aufmerksam geworden, am Treppenhausfenster auf, wo ich mit einer gewissen Unruhe die Überflüge beobachtete. Gerade hatte ich eine größere Anzahl dieser Vögel am blendenden Himmel verfolgt, als ich durch ein jähes Pfeifen und Zischen bewogen wurde, die Treppe nicht hinunterzurasen, sondern vielmehr zu fliegen. Das waren Bomben, höchste Gefahr, Tod!

„Menschen warfen sich auf den Straßen hin, wo sie gerade gingen, ließen Fahrräder, Einkaufstaschen im Stich, rannten oder blieben wie erstarrt stehen. Selbst in entfernten Stadtteilen geschahen wunderliche Dinge. Herren und Damen lagen in den Büros unter den Tischen. Man wußte nicht, was noch kommen würde, aber als sich weiter nichts ereignete, hatte man doch das Gefühl, daß Hildesheim zum erstenmal schwerer verwundet sei. Ein Verband von etwa 20 Flugzeugen hatte kurz vor 11 Uhr ungefähr 200 Sprengbomben auf das Gebiet der Zuckerraffinerie und des Lagers Lademühle abgeworfen. Die Fabrik war schwer getroffen, in dem Ausländerlager gab es auch Zerstörungen, Tote, Verwundete.

„Jedenfalls ein begrenzter Angriff auf die Industrie, speziell den Zucker, der für die Munitionsherstellung wichtig sei. Da man, als das Unglück geschehen war, aus irgendeinem Grunde keinen Vollalarm durch die öffentlichen Sirenen der Stadt geben konnte, fuhren Kraftwagen der Polizei durch die Straßen und alarmierten nun nachträglich vermittels Handsirenen. Aber schon um 11.30 Uhr wurde entwarnt. Hildesheim beruhigte sich nach und nach wieder..."

Hermann Seeland, der 1947 eine Schrift veröffentlichte, „Zerstörung und Untergang Alt-Hildesheims" (wenig später von der britischen Militärregierung verboten), setzt die Zeiten etwas anders. Nach ihm war um 10.50 Uhr „halbe Entwarnung" gegeben, die Leute waren wieder auf der Straße, danach erfolgte der Angriff. Seeland beobachtete vom Domhof große, schwarze Wolken Richtung Schützenallee.

Die Zuckerraffinerie - heute liegen auf ihrem Gelände westlich der Römerringbrücke namentlich das Blaupunkt-Zweigwerk und das Stadtreinigungsamt - war beschädigt, aber auch die Vereinigten Metallwerke VDM (heute Thyssen Kloth-Senking) wurden getroffen, nach Kruse außerdem die SS-Schule im ehemaligen Michaeliskloster, ebenso bekam der Güterbahnhof einiges ab. Das Lager Lademühle war eine Barackensiedlung für ausländische Arbeiter etwa am heutigen Volksfestplatz. Die frühere Gaststätte Lademühle (heute Koloniehaus der Kleingartenanlage) etwas nördlicher war nach 1933 zunächst HJ-Heim gewesen.

Im Lager waren Fremdarbeiter, zumeist Zwangsarbeiter aus dem Osten, aber auch Italiener, noch vor kurzem Verbündete, die nach Italiens Seitenwechsel (1943) Gefangene geworden waren. Die Lagerinsassen wurden unterschiedlich behandelt und ernährt. Unterschieden wurden „ausländische Zivilarbeiter", dazu gehörten auch Balten oder Ukrainer aus dem „ehemaligen Polen", und „Ostarbeiter", das sind Sowjets. Ihnen geht es am schlechtesten. Gegen Kriegsende aber werden auch Italiener wie „Ostvölker" betrachtet. Das erklärt Bürgermeister Schrader 1951/52 als Zeuge in einem Prozeß gegen Gestapo-Mitglieder.

Die Zeitung meldete den Angriff vom 29. am 31. Juli mit 14 Zeilen im Lokalteil als Angriff „im Raum Hildesheim", Einzelheiten wurden nicht mitgeteilt, Örtlichkeiten schon gar nicht, die Zahl der Toten zunächst mit 27 beziffert, später kamen noch sieben hinzu. Ein Nachruf von Gauleiter Lauterbacher verzeichnet 34 deutsche Namen, und von 34 Toten ist man bisher in Veröffentlichungen zumeist auch ausgegangen.

Aber das Ausländer-Lager Lademühle wurde getroffen – schreibt Schmieder, vermutet Tote und Verwundete – wo waren sie? Nicht einmal eine Zahl wird irgendwo genannt. Bei näherem Hinsehen bestätigt sich: Ausländer werden in der NS-Diktatur nicht mitgezählt. Die sorgsam erarbeiteten Totenlisten der Stadt Hildesheim aus den Jahren 1957/58 („Die Kriegsopfer der Stadt Hildesheim im II. Weltkrieg, hg. vom Statistischen Amt, Nr. 26, 1958) belegen aber, daß am 29. Juli 1944 zusammen 31 Ausländer getötet worden sind, aus dem Lager Lademühle sind mindestens 18. Tatsächlich hat der erste Angriff auf Hildesheim im ganzen 65 Todesopfer gefordert und nicht 34. Auch bei späteren Angriffen kamen Ausländer um, erst nach dem schweren Bombardement des Senkingwerks aber ist – und auch da erst recht spät – überhaupt von getöteten Ausländern in der Zeitung die Rede. Bei der Trauerfeier bleiben sie wiederum ausgespart.

Eine Trauerfeier für die deutschen Opfer des 29. Juli soll am 1. August auf dem Zentralfriedhof stattfinden, teilt die Zeitung mit. Darüber wird am 2. August auch mit Bild berichtet. Kruse betont übrigens in seiner Chronik, die Partei habe sich nach dem Angriff vorbildlich um (deutsche) Hinterbliebene und Betroffene gekümmert. Die Organisation funktionierte.

Bei der Bekämpfung des Brandes der Zuckerraffinerie zeigt sich eine Schwäche des Wasserleitungssystems, die ähnlich auch später, am 22. März 1945, eine verhängnisvolle Rolle spielt. Ein Bombentreffer hat die Leitung zerstört, Löschwasser muß erst in Tankwagen herbeigebracht werden. Deshalb beginnt das Löschen spät, das Feuer erlischt erst gegen Abend. So Kruse. Zum anschließenden Aufräumen sind große Arbeitskolonnen eingesetzt, auch die HJ ist dabei. Der Güterbahnhof bietet einen wüsten Anblick mit verbogenen Schienen, tiefen Sprenglöchern, ausgebrannten Waggons. Nach Kruse sind Kranken- und Leichenwagen ständig unterwegs, die Krankenhäuser im Nu überfüllt mit Verletzten aller Art. In der Zeitung findet nichts davon statt. Die deutschen Toten werden auf einem neu angelegten Friedhofsteil bestattet; wo die andern bleiben, erfährt man nicht.

Einen Tag nach der Trauerfeier am 2. August werden neue Maßnahmen im totalen Krieg verkündet, alle Frauen bis zu 50 Jahren haben sich zur Arbeit zu melden.

In der Nacht vom 12. zum 13. August erfolgt der nächste Bombenschlag. Mit Brandbomben wurde die Zuckerraffinerie, so Schmieder, jetzt vollends zerstört, sie bildete eine einzige Fackel. Schmieder wohnte in der Bleckenstedter Straße, ging zur Schützenwiese, die Nacht war taghell. „Im Keller hatte man wenig gespürt, Bombeneinschläge in der Gegend Hannovers waren oft viel empfindlicher durch Erschütterung von Türen und Fenstern wahrnehmbar. Dabei war noch ein gleichzeitiger Abwurf auf die Südstadt erfolgt, von dem wir erst am nächsten Tage Kenntnis erhielten."

Am Hohnsen hatte ein Volltreffer die Gärtnerei Rickhey zerstört, an der Wiesenstraße war ein Haus eingeäschert, andere wurden beschädigt. An der Lademühle war das Barackenlager erneut getroffen worden, am Güterbahnhof ein Schuppen der sogenannten Präservenfabrik. Die Hildesheimer Zeitung meldet am 14. August im überregionalen Teil einen „Terrorangriff auf Braunschweig und Hildesheim" durch schwächere Verbände, im Lokalen steht wieder ein Nachruf von Lauterbacher und eine Meldung von sechs Zeilen. Nach den Totenlisten der Stadt starben zehn Ausländer, Lauterbachers Nachruf nennt zwölf Deutsche. Die sind aber nicht aus Hildesheim; die meisten kamen in Söhlde um.

Kruse berichtet über die Aufräumarbeiten, wer sich neugierig in die Nähe wagt (damals gab es noch Neugierige), wird gleich mit eingespannt. HJ-Mitglieder decken am Hohnsen die Dächer neu, die Glaser stehen an langen Tischen auf der Straße und reparieren Fenster. Im August zählt er 30 Vor- und 26 Vollalarme bei Tag und Nacht. Meist passiert nichts, aber vorher kann man es nicht wissen.

Die Staatsbauschule am Hohnsen wird im August Reservelazarett, die Meldepflicht zur Arbeit wird erweitert. Am 17. August berichtet die Zeitung kurz über eine Trauerfeier für zwei nicht genannte Dörfer des Hildesheimer Raumes. Ortsangaben gelten offensichtlich als geheim.

Unter dem Datum des 18. August folgt ein ganzseitiger Aufruf: „Der Reichsverteidigungskommissar ordnet an." Frauenarbeit ist das Thema, die 60-Stunden-Woche gilt, und UK-Stellungen werden aufgehoben. „UK" heißt unabkömmlich, in der Theorie waren damit Leute gemeint, die an der „Heimatfront" viel wichtiger gebraucht wurden, als sie „draußen" wertvoll sein konnten. Chemiker etwa, die aus Kohle Benzin herstellten in einem Lande, das kaum Ölquellen besaß. In Wirklichkeit war auch mancher unabkömmlich, weil er gute Beziehungen in der Partei hatte (und deshalb von den Zeitgenossen eher der Drückebergerei verdächtigt wurde).

Im August 1944 wurden die letzten Reserven zusammengekratzt. Kampagne in der Zeitung. Reportage über einen (ungenannten) Rüstungsbetrieb, tags darauf das Foto eines 88jährigen, der sich freiwillig in der Rüstung betätigt, am 25. August wird auf Seite 1 die 60-Stunden-Woche im ganzen Reich verkündet, gleichzeitig eine Sonderzuteilung von 62,5 Gramm Käse gemeldet. In der Wirtschaft ist man um Jahrhunderte zurückgefallen in die Aera des Tauschhandels nun auch offiziell: Am 31. August soll in der Marktstraße 8 eine Warentausch-Zentrale eröffnet werden.

Am 1. September folgt der „totale Kriegseinsatz im Gau Südhannover-Braunschweig". Jetzt gibt es tagelang Berichte „im Takt der neuen Arbeit", und wo Parolen nicht helfen, wird gedroht. Der Arzt, der einen krankschreibt, ist in Gefahr, „Gefälligkeitsatteste" ausgestellt zu haben, beide, Arzt wie Patient, sind dann „Saboteure" und damit schlimmer noch als „Verdunkelungsverbrecher" (so wurden sie wirklich genannt), bei denen abends nicht alles völlig finster war.

Ziemlich finster war freilich die Zeit geworden, am 12. September soll es schon gar keine Atteste mehr geben, „Helft Kartoffeln roden", lautet der Aufruf des Tages (aber wer soll es noch tun, wo doch schon jeder irgendwo eingespannt ist), selbst die kleinsten Knochen sollen gesammelt werden (in Hildesheim 15 000 Kilogramm im Monat). Ein längerer Beitrag macht damit vertraut: „So wird der Tabak hergerichtet", womit dem letzten Raucher klar sein muß, er ist nun auf sich selber angewiesen.

Bürgermeister Schrader – Oberbürgermeister Dr. Krause ist zwangsbeurlaubt, meldete sich zur Wehrmacht und konnte deshalb nicht beerbt werden, weshalb es bis Kriegsende keinen Oberbürgermeister gibt, der Schrader offenbar gern geworden wäre –, auch Schrader legt im Rathaus neues Tempo vor, sperrt allen bis auf einigen Älteren und Kranken den Urlaub. Das erklärte er allerdings schon im September 1943 bei einer Ratsherren-Sitzung. Es gab damals keine öffentlichen Ratssitzungen wie heute mit Debatten und Mehrheitsbeschlüssen, das Gremium war zum Zustimmen da und tagte durchweg nichtöffentlich. Gelegentlich wird einmal nachgefragt, ganz selten eine abweichende Meinung versucht, am Ende geschieht, was der Bürgermeister vorträgt. Es galt durchgängig von oben nach unten das Führerprinzip. Der Gemeinderat hat mit einer gleichnamigen Körperschaft unserer Tage nichts zu tun. Der Oberbürgermeister hat das Sagen, wenn ihm nicht

Kreisleiter, Regierungspräsident, Oberpräsident oder Gauleiter dazwischenpfuschen.

Die Partei hat die Macht. Typisch die Erläuterungen von Schrader zum Bau von Deckungsgräben am 2. September 1943. Nur 500 Meter Gräben seien der Stadt als Behörde gestattet gewesen, sagt er, dann: „Der Kreisleiter hat die Initiative ergriffen, und die Partei hat mit Hilfe der Zivilbevölkerung 5000 Meter Deckungsgräben zusätzlich schaffen können, von denen bis jetzt etwa 3000 Meter fertig sind, der Rest muß noch betoniert werden."

Aus dem gleichen Ratsprotokoll ist auch zu erfahren, daß noch Wohnungen gebaut werden, genauer, es wird umgebaut und geteilt, um kriegsbeschädigte und kinderreiche Familien unterzubringen. Und man hört, die Bauarbeiten für eine Gleisverbindung vom Trillkewerk nach Diekholzen (zur alten Kali- und jetzt Munabahn) haben begonnen. Das steht natürlich im Kriege nicht in der Zeitung. Am 3. Dezember 1943 werden Haushaltsüberschreitungen für den Kauf von Baumaterial für den Bunkerbau (60 000 RM Etatansatz plus 50 000 Überschreitung) zugestimmt, leider steht nicht dabei, für welchen Bunker. In der gleichen Sitzung wird beschlossen, während der Kriegsdauer gibt es für die Ratsherren keine Auszüge aus den Ratsprotokollen mehr. Spart das nur Arbeit oder hat es noch einen anderen Sinn? Immerhin kann kein Rathaus-Papier in falsche Hände fallen, wenn es keins gibt.

Am 24. April 1944 ist wieder Sitzung, im Zusammenhang mit einem Luftschutzbericht ist vom „Bau des Bunkers am Gebäude der Kreisleitung der NSDAP" (an der Zingel) ohne nähere Hinweise die Rede, aber mehr als die Deckungsgräben für die Bevölkerung bedeutet dieser NSDAP-Bunker vermutlich schon. Bei der Kreisleitung lag die erste Kreisbefehlsstelle, bevor der Bunker am Berghölzchen in Betrieb genommen wurde.

Ein ganz anderes Thema wird im zwölften Punkt der Tagesordnung angeschnitten: Die Stadt will die beiden Juden-Friedhöfe kaufen. Man habe zunächst mit der Reichsvereinigung der Juden in Deutschland verhandelt, dann (nach der Enteignung) mit dem Finanzamt. An der Peiner Landstraße stehen 3735 Quadratmeter zur Verfügung, an der Teichstraße 1841. Im ersten Fall wird eine Mark für den Quadratmeter geboten, im zweiten sechs. Inklusive Grabsteine und Grabeinfassungen. Die Kosten dafür: 14 781 RM.

Es klingt ziemlich makaber, aber über rechtliche Fragen wurde dabei auch nachgedacht. Ergebnis: An der Peiner Landstraße waren noch Ruhefristen zu berücksichtigen, an der Teichstraße nicht. Daraus folgte, an der Teichstraße bestand Bewegungsfreiheit. Schrader wußte auch, was er wollte: An der Teichstraße eine Ergänzungswerkstatt des Hildesheimer Handwerks einrichten, gedacht für die Ausbildung von Lehrlingen. Es gebe einen entsprechenden Antrag der Kreishandwerkerschaft (Kasten), dem solle schon früher Dr. Krause zugestimmt haben. Immerhin habe die Stadt vom Gauleiter einen Sonderauftrag als Stadt des Handwerks, da müsse man dem Handwerk auch eine offene Hand bieten. Falls bei den Arbeiten an der Teichstraße noch Leichenreste gefunden würden, sollten die zur Peiner Landstraße gebracht werden. Dort sei noch genügend Platz.

Die Ratsherrn stimmten zu, aber einer fragte zur Peiner Landstraße und der Ruhefrist, anscheinend leicht verblüfft, ob es denn überhaupt noch Juden in Hildesheim gebe. Darauf Schrader: Ja, es bestehen noch Ehen mit Kindern, wo ein Partner Jude ist.

Dies geschah am 24. April 1944 im Rat, die weitere Ausführung lag bei der Verwaltung. Was sie im folgenden tat, ob sie überhaupt noch etwas tun wollte, wissen wir heute nicht, denn die Verwaltungsakten sind anscheinend sämtlich am 22. März 1945 verbrannt oder sonst vernichtet. Es ist schon erstaunlich, daß wenigstens die Ratsprotokolle noch existieren. Der Augenschein lehrt allerdings, wirklich geschehen ist den jüdischen Friedhöfen glücklicherweise nichts, beide Friedhöfe sind unangetastet da. Auch die Bomben, die soviel zerstörten, haben sie ausgespart.

Fortschritte im Stollenbau

In Bezug auf Bombenangriffe in Hildesheim sollte nun aber auch für die Zivilbevölkerung bessere Vorsorge getroffen werden, als es die Gräben, im Volksmund Splittergräben genannt, sein konnten. Diese Gräben hatten ja nur ein „Dach" aus Betonfertigteilen geringer Stärke von 25 Zentimetern, zu wenig gegen Bomben, aber gewichtsmäßig zuviel, wenn man einem Einsturz oder anderer Gefahr entkommen mußte. Sichere Betonhochbunker, wie es sie etwa im Ruhrgebiet oder in Hannover längst gab, die wurden der Bevölkerung vorenthalten. Doch wenigstens der Stollenbau machte Fortschritte. In der Sitzung vom 3. November 1944 war das Punkt 3 der Tagesordnung im Rat: „Bereitstellung von Mitteln in Höhe von 50 000 RM für zusätzlich erstellte 500 Meter Stollenbau und Zuwegung."

In der Vorlage heißt es: „Es hatte sich als zweckmäßig erwiesen, daß am Kehrwiederwall die bereits vorhandenen 500 m langen Stollenbauten noch erweitert wurden, da es sich gezeigt hatte, daß durch die Stollenbauten mit verhältnismäßig wenig Aufwand an Material, Arbeitskräften, Geld und Zeit eine Sicherung der Bevölkerung erreicht werden konnte, die beinahe gleich war mit der von bombensicheren Bunkerbauten."

Man hat das dem Bevollmächtigten in Hannover vorgetragen, ein halbes grünes Licht bekommen, darauf fußend den Bau weiterer 500 Meter angeordnet und ohne schriftliche Genehmigung weitergemacht. Begründung im Rat: Leute von der Ilseder Hütte und einer Firma Gebhardt u. König standen zur Verfügung. Hätte man erst die Genehmigung abgewartet, wären die Männer längst wieder weg gewesen, vielleicht von irgendeiner anderen Dienststelle vereinnahmt. Von Hannover kam schließlich der Bescheid: keine Genehmigung. Doch Ende Mai war der Stollen schon fertig.

Für die Kosten wäre normalerweise das Luftgaukommando XI in Hamburg zuständig gewesen, aber keine Genehmigung hieß, auch kein Geld, also wurde der Betrag, so der Ratsbeschluß, erst einmal auf Rechnung der Stadt genommen – vielleicht bekam sie das Geld doch irgendwann wieder. Rundherum ging die Welt unter, aber mit der Bürokratie war noch zu rechnen.

In den letzten Ratsprotokollen ist nur von diesem einen bzw. zwei Stollen die Rede, aber es gab um diese Zeit jedenfalls mehrere. Die letzten, am Galgenberg zum Beispiel, waren noch im Bau, als es längst keine Ratssitzungen mehr gab und die Stadt gerade in Flammen aufging. So nennt Hermann Seeland in seiner Schrift „Galgenberg und Spitzhut" (1950) die Gretchenkuhle hinter dem Galgenbergrestaurant als Ort, wo „kurz vor dem Zusammenbruch 1945 damit begonnen war, drei mächtige Stollen anzulegen, während östlich am Wege noch ein ‚Hauptquartier' im Bau begriffen war." Ein älterer Galgenberg-Stollen, der viel benutzt wurde, lag im Bereich hinter den Schießständen. Schon vor 1944 sind offenbar Stollen angelegt worden; Schmieder sagt: 1943, das könnte passen. Walther Blaich hat vor dem im Rat genannten Stollen von 1944 mehrere andere am Liebesgrund, am Langelinienwall und am Kehrwiederwall bauen lassen. In den Ratsprotokollen kommen sie allerdings nicht vor.

Wo sie gelegen haben oder - nach dem Krieg teils mit Schutt zugeschüttet - noch liegen, ist heute durchweg unsichtbar und in einem halben Jahrhundert von Grün überwachsen. Der Stollen im Kehrwiederwall war recht lang und hatte eine Reihe von Ein- und Ausgängen. Ein Haupteingang zum Hagentorwall soll nach Angaben von Zeitzeugen am Schwungseil gewesen sein, dort wo eine kleine Brücke den Liebesgrund quert. Zu sehen ist heute absolut nichts. Einige Senkungen in den Flanken des Walles mögen darauf hindeuten, daß dort die unterirdischen Gänge eingebrochen sind. Doch beweiskräftig ist das auch nicht.

Es ist schon erstaunlich: Nur 50 Jahre nach den schrecklichen Kriegsereignissen ist von der letzten Zuflucht der von Bomben gejagten Hildesheimer tatsächlich keine Spur zu entdecken. Übrigens auch an anderen Orten nicht, selbst die Kreisbefehlsstelle ist vollkommen verschwunden.

Nach einer Bemerkung Kruses gab es Stollen an sechs Orten: Galgenberg, Liebesgrund, Steinberg, Berghölzchen, Kehrwiederwall, Seniorengraben. Lagepläne, falls je welche gezeichnet wurden, besitzt die Stadt heute nach eigenen Angaben nicht mehr.

Schon am 18. Mai 1944 war, wie weiter oben bemerkt, in der Hildesheimer Zeitung eine Meldung erschienen, der Keller Ratsweinschänke (im Rathaus) sei nicht sicher, er sei auch kein Luftschutzraum. Und hinzugefügt wird ausdrücklich, die Schutzsuchenden sollten zum Liebesgrund gehen. Das heißt, jedenfalls zu diesem Zeitpunkt gab es dort einen Stollen. Schmieder berichtet über einen älteren Stollen am Liebesgrund, der allerdings viele Nachteile aufwies und mit einem neueren, den es auch gab, nicht zu vergleichen war.

Der Chronist Schmieder: „Das oft stundenlange nächtliche Ausharren im kalten, triefend nassen und von Menschen vollgepropften Stollen war äußerst anstrengend, die Sitzplätze den Frauen vorbehalten, und nur an Stellen, wo es unablässig tropfte und man im Schlamme stand, hatte man mehr Bewegungsfreiheit." Immerhin glaubte Schmieder, daß durch die „erhebliche Erddeckung" mehr Sicherheit geboten war als etwa im Keller der für ihn näher gelegenen Landwirtschaftsschule, die er früher aufgesucht hatte. Später beschreibt Schmieder noch einen anderen, neueren Stollen unter dem Hagentorwall.

Wie es um den Schutzraum im Rathaus stand, wird aus dem Ratsprotokoll vom November deutlich: „Zur Verbesserung des Schutzes der in diesen Schutzraum eingewiesenen Verwaltungsbeamten und Angestellten, vor allem der Einsatzkräfte des Selbstschutzes, sind vorerst folgende Ergänzungsmaßnahmen beabsichtigt und zur demnächstigen Ausführung vorgesehen."

1) Sicherung des Haupteingangs gegen Detonationseinwirkungen durch eine drei Meter hohe Mauer vor den drei mittleren Arkadenöffnungen,
2) Sicherung des Notausgangs zur Rathausstraße durch trümmersichere Abdeckung,
3) weiterer Notausgang über die Herrentoiletten zur Marktstraße,
4) Änderung der Rostenüberdeckung am rückwärtigen Ausgang mit Lichtschacht und Toiletten zur Lilie. – Alles zusammen sollte 3500 Mark kosten.

Der Befehlsbunker am Berghölzchen – zu seiner Beseitigung nach dem Kriege war eine Vielzahl von Sprengungen erforderlich, so stark ist er gewesen – kommt in den Ratsprotokollen kaum vor, er wird gegenüber den Ratsherren als bekannt vorausgesetzt und nur nebenbei erwähnt. So, wenn es in der Sitzung vom 16. November 1944 bei Haushaltsüberschreitungen einen Hinweis auf Fernsprechkosten „für den Befehlsbunker" gibt. Ob ein „durch Luftschutzmaßnahmen erzwungener Kanalanschlag" über 3000 Mark auch dazu gehört, läßt sich nicht erkennen.

In der Ratsherren-Sitzung am 3. November 1944 ist ein anderes Thema das städtische Krankenhaus. Trotz des neuen 100-Betten-Hauses und vier Baracken reicht der Platz nicht mehr aus. Wegen der Unterbringung einer „erheblichen Anzahl erkrankter ausländischer Arbeiter mußte notgedrungen wegen Platzmangels ein Teil dieser Kranken zwischen deutschen Volksgenossen untergebracht werden. Dieser Zustand ist auf die Dauer nicht tragbar." Deshalb soll eine weitere Baracke errichtet werden, außerdem eine Diätküche. Den Kosten von 40 000 RM wird zugestimmt.

Mit Hilfe des Gaupropaganda-Amtes in Hannover ist es gelungen, im großen Saal des Theatergartens ein Kino einzurichten, nach Abschluß des Pachtvertrages wurde die Stillegung der städtischen Bühnen verfügt. Am Rande erfährt man aus dem Sitzungsprotokoll auch, daß zwischen Steinberg und Heidekrug an der Straße von Ochtersum nach Diekholzen Behelfsheime errichtet werden sollen. Das Trillkewerk

55

möchte für kinderreiche Familien der Belegschaft Kleingärten einrichten, die Gummiwerke Wetzell sind zur Zeit stillgelegt, und im Ortsteil Moritzberg fehlt es an Sand für den Luftschutz. Dringend muß Gas eingespart werden, denn die Ilseder Hütte hat kaum noch Kohle.

Wie schwierig die Lage Ende 1944 in der Kommune geworden ist, zeigt sich an der Müllabfuhr. Fahrzeuge sind vorhanden, aber Treibstoffmangel zwingt zu Einschränkungen. Im Fuhrpark gibt es nur zwei Pferde. Doch gelang es, in Pyrmont einen Gasanhänger für Niederdruckgas zu kaufen, für zwei Hilfsschlepper liegt die Umbaugenehmigung auf Generatorgasbetrieb vor. Schrader hofft, die Situation wird zum Monatsende wieder besser – vorausgesetzt, Gas und Fahrer und Generatoren sind da.

Am 26. November 1944 gegen Mittag erfolgt wieder ein größerer Angriff auf Hildesheim nach einigen kleineren zwischendurch. Einzelne Bomben waren in der Nordstadt (9. Oktober) gefallen, nördlich von VDM (21. November), allerdings hatte es in der Umgebung Angriffe auf Eisenbahnzüge mit Toten und Verletzten gegeben, so in Hönnersum und Derneburg. Diesmal trifft es zum erstenmal das innere Stadtgebiet an der Burgstraße, am Magdalenenkloster und dem Alten Markt, ferner wird ein Haus an der Matthiaswiese zerstört. Schmieder zufolge sind die Hinterhäuser Burgstraße 21 und 22 weg, aber es gab keine Toten. Kruse berichtet dagegen, am Alten Markt seien ältere Leute umgekommen. Nach den Totenlisten der Stadt trifft das nicht zu. Anfang Dezember richten Tiefflieger kleinere Schäden am Butterborn und der Bavenstedter Straße an, dann ist Ruhe bis zum Februar.

Der Begriff Ruhe ist natürlich sehr relativ. Auch wenn Hildesheim für eine Weile nicht angegriffen wurde, ständig waren Bomberströme unterwegs, also gab es auch Alarm. „Für die Bevölkerung Hildesheims wirkte sich der verstärkte Luftkrieg in einer ständigen Zunahme von Alarmen bei Tag und bei Nacht aus. Die Menschen, die bei Luftgefahr in Angst und Eile die nächstgelegenen Keller und Stollen aufsuchten, waren nicht mehr selten. Einen geregelten Arbeitstag, Sonntagsruhe, Spaziergänge, programmäßige Reisen gab es nicht mehr. Alle Ausfälle durch Fliegeralarme mußten nachgearbeitet werden, und so ging es oft Tag und Nacht von der Fabrik in den Luftschutzkeller und vom Luftschutzkeller in die Fabrik" (Schmieder).

Namentlich die Frauen litten zunehmend unter der mehrfachen Last von Arbeit, Haushalt und Familie, doch die Zeitung feuert mit immer neuen Artikeln speziell die Hausfrau zu noch mehr Rüstungsarbeit an. Und für den Haushalt hat sie gleich noch ein paar Tips parat: „Mit Kastanien Seife sparen", im Garten Tee anpflanzen, den Gasverbrauch kontrollieren und Pflaumenkerne sammeln. HJ und BDM holen sie am Sonnabendnachmittag ab.

In der 68. Zuteilungsperiode wird die Brotration gekürzt, statt Fett gibt es Fleisch, Kaffee-Ersatz wird von 250 auf 150 Gramm gesenkt, nur Schwerstarbeiter bekommen auf Zusatzkarte den alten Satz. Richtigen Bohnenkaffee kennen Normalverbraucher schon lange nur dem Namen nach, auch wenn es ihn noch gibt. Übrigens sind den Herstellern nur noch zwei Sorten Rasierwasser erlaubt, erfährt der Leser am 27. Oktober.

Am 19. Oktober stand als großer Aufmacher auf Seite 1: „Das Volk steht auf", der Volkssturm ist damit gemeint, das letzte Aufgebot an Kindern und alten Menschen wird gerufen. Eine Ansprache von Himmler wird auf Seite 2 gedruckt. Am 20. Oktober, Seite 1: „Der Gau ist zur Stelle", weiter hinten liest man etwas über Aufgaben und Ausrüstung des Volkssturms, und der Hinweis ist nicht vergessen: Die Kleidung muß man selber stellen. Am 21./22. Oktober lautet der Titel „Bis zum letzten Mann", es gibt die üblichen Kundgebungen (23. Oktober), und passend dazu erscheint am 31. Oktober die Meldung, daß nun auch ein mündliches Militärtestament möglich und rechtsgültig ist. Und auch dies noch: Als Roman in der Zeitung läuft Hermann Löns, Der Wehrwolf. Die Geschichte hat zwar mit jener Zeit nichts zu tun, aber das Stichwort ist gegeben. Es ist wirklich an alles gedacht.

Am 9. November erfolgte die Vereidigung des Volkssturms (berichtet am 13.), Tenor: „Den Sieg werden wir und müssen wir erkämpfen". Otto Schmieder machte sich dazu so seine Gedanken: „Es war mir unbegreiflich, beim ‚Volkssturm' noch soviel Eifer für eine aussichtslose Sache festzustellen. Diese Soldatenspielerei mit ebenso unzulänglichen Mitteln wie unbrauchbaren Menschen erregte in mir den größten Widerwillen, und es kränkte mich deshalb nicht im geringsten, wegen meines Verhaltens ungünstig kritisiert zu werden. Die Übungen des Volkssturms, die unsinnig lange Dienstzeit im Amt bei kaum nennenswerter Tätigkeit, die Luftschutzwachen- und -bereitschaften, die unaufhörlichen Fliegeralarme schalteten jedes Privatleben aus und schwächten in Verbindung mit der sich stetig verschlechternden Ernährung Körper und Seele."

Und weiter: „Auch der Schulunterricht für die Kinder wurde von Woche zu Woche unregelmäßiger. Es war nichts Außergewöhnliches mehr, daß die Schuljugend, schon frühmorgens auf dem Wege zu ihrer Lehranstalt vom Sirenengeheul überrascht, wieder nach Hause eilen mußte oder nur eine oder zwei Unterrichtsstunden durchführbar waren." Bürgermeister Schrader fand den Unterrichtsausfall übrigens nicht weiter tragisch. Als es später darum geht, weitere Schulen für Lazarettzwecke einzurichten, sagt er den Ratsherren, er sehe keine Schwierigkeiten darin, wenn Kinder einmal ein halbes Jahr keinen vollen Schulunterricht haben.

Für Schmieder steht seine ganze, gewohnte Ordnung auf dem Spiel, hinzu tritt die Furcht vor der Zukunft: „Ganz allgemein konnte diese Art des Lebens nur noch als eine schier unerträgliche Bürde für jeden einzelnen, ja, als ein ständiges Sichducken vor der Gefahr bezeichnet werden. Das täglich merkbare Vorrücken der starken feindlichen Armeen im Westen und Osten des Reiches, mehr noch das Gespenst des Luftkrieges lähmte jede Hoffnung auf das lächerlicherweise von oben immer noch propagierte siegreiche Ende des Krieges und verbreitete Furcht und Schrecken."

Natürlich sparte die Propaganda nicht mit großsprecherischen Durchhalte-Geschichten auf den ersten Zeitungsseiten. Die „Vergeltungswaffen" V 1 und V 2 sollten den Feind in die Knie zwingen, neue Nachtjäger-Taktiken wurden gerühmt, der Ein-Mann-Torpedo als Mini-U-Boot gab in der Zeitung sein Debüt. Dagegen dann wieder Alltag im Lokalteil mit der Luftschutz-Forderung: Jede Badewanne muß voll Wasser sein (und später im Winter: aufpassen, daß es nicht gefriert); Kampf gegen die Diphterie.

Auf der ersten Seite wird am 17. November verkündet, auch Roosevelt sei für den Morgenthau-Plan, womit den Volksgenossen und Volksgenossinnen klar gemacht wird: Wenn die anderen siegen, muß das deutsche Volk mit dem Schlimmsten rechnen. Denn der von Roosevelt und Churchill bereits unterschriebene Plan bedeutete bei einem Sieg der Alliierten die Verkleinerung des Landes, Abschaffung der Industrie, Reduzierung auf den Status eines Agrarstaates.

Freilich, in der aktuellen Situation war die Lage auch nicht eben rosig (allerdings wurde sie nach dem Kriege noch bedeutend schlechter), der Gasverbrauch wird neu geregelt, die Bevölkerung wird zum Holzsammeln aufgefordert, denn Kohlen sind mehr als knapp. Dies nicht, weil etwa in den Bergwerken keine gefördert würden, sondern Millionen Tonnen liegen „auf Halde". Sie können nicht abgefahren werden – auch für die Industrie nicht, wo sie noch dringender gebraucht werden –, weil die Amerikaner mit ihren Bomberangriffen neben der Treibstoffindustrie systematisch die Verkehrswege zerstören.

Das war damals ein erklärtes US-Rezept zur Beendigung des Krieges und unterschied sich damit von dem der Briten. Daß dies Verfahren die Deutschen, ihre Rüstung, den Nachschub in die Knie zwingen mußte und nicht etwa die in Großbritannien favorisierte Bombardierung der Städte als Mittel des psychischen Drucks auf die Bevölkerung, das hat Alfred C. Mierzejewski in seinem Buch „Bomben auf die Reichsbahn" (USA 1988, Freiburg 1993) recht deutlich nachweisen können. Auch wenn der Druck auf die Menschen natürlich ebenfalls nicht ohne Folgen blieb, wie die zitierten Sätze von Schmieder erkennen lassen. Übrigens sind auch die Amerikaner oft genug vom eigenen Rezept abgewichen.

Im Spätherbst 1944 in Hildesheim war wiederum die Verdunkelung ein immerwährendes Zeitungsthema. Wer zum Beispiel eine Taschenlampe aufleuchten ließ, konnte schwer bestraft werden. Und vorgerechnet wurde, daß etwa ein erleuchtetes Fenster in der völligen Dunkelheit bis zu 20 Kilometer Entfernung gesehen werden könnte. Aber es gab doch auch noch andere Meldungen und ein anderes Leben. So bietet das Gaukriegsorchester unter seinem Dirigenten Arno Grau ein Sinfoniekonzert mit Werken von Beethoven, Schubert, Weber, Wagner und Liszt, und dann wird für Feldpostpäckchen gebacken. Weihnachten rückt näher.

Am 1. Dezember wird mit der Lebensmittelkarte ein Fragebogen verknüpft, in dem alles abgefragt wird von der Personenzahl bis zu den Speisekartoffeln. Wenige Monate vor Kriegsschluß ist die Bürokratie immer noch bestens in Form. Das gilt natürlich auch für das Finanzamt, es erinnert an die Vorauszahlung der Einkommensteuer bis zum 10. Dezember.

Am 2./3. Dezember wird ein weiteres Sinfoniekonzert in der Stadthalle angekündigt, gleichzeitig – so ist eben die Zeit – berichtet ein Artikel über sogenannte Einmann-Löcher an den Landstraßen, in die man sich bei überraschenden Angriffen flüchten kann. Schilder oder Strohwische weisen, so der Beitrag, auf die Löcher hin, damit man sie im Zweifelsfall findet. Was heutigen Generationen ziemlich lächerlich klingen mag, war damals unter Umständen lebensrettend, ein einfaches Loch in der Erde, in das man bis zum Kopf einschließlich abtauchen konnte, wenn die „Spitfire", „Mustang" oder andere Tiefflieger heranrasten. Kam nicht gerade eine Bombe, waren die Chancen gar nicht so schlecht.

Freilich mußte der Gejagte sehr schnell sein, die Flugzeuge waren es nämlich auch, und sie tauchten über irgendeiner Busch- oder Baumgruppe im Tiefflug geradezu blitzartig auf. Die „Lufthoheit" hatte Deutschland schon lange verloren.

Wie kann man auf dem Lande, wo es nicht überall Sirenen gibt, die Bevölkerung überhaupt oder etwa vorbeifahrende Autofahrer vor Luftangriffen warnen? Neben dem Blasen des Feuerhorns wie in alten Zeiten sieht eine andere Lösung so aus: Als neues Signal wird eine „Fliegerwarnflagge" gelb-blau-gelb an Dorfeingängen ausgehängt (Hildesheimer Zeitung vom 15. Dezember).

Am 5. Dezember werden die Landwirte aufgefordert, Ausweichplätze für das Vieh sicherzustellen, am Nikolaustag gibt es einen neuen, großen Aufruf: Alles für den Volkssturm. Danach folgen wieder Luftschutz-Artikel, Nachrufe von Lauterbacher auf einmal neun und einmal fünf Tote (durch Tiefflieger). Am 13. Dezember weist die Zeitung wieder darauf hin, daß auch Kleintier-Knochen abzuliefern sind. Alles wird gebraucht.

Am 20. Dezember wird eine Weihnachtsfeier der NSDAP für den 24. Dezember, 16 Uhr, im großen Saal der Stadthalle angekündigt (die Kinos sind an diesem Tag geschlossen) – es war, was noch keiner wußte, die letzte der NSDAP und die letzte in der alten Stadthalle, auch „Union" genannt, überhaupt. Besonders eingeladen sind „die hier untergebrachten Quartiergäste aus den luftgefährdeten Gebieten". Wenig später ist Hildesheim selber ein solches Gebiet und noch etwas später ausradiert. Und auch Quartiergäste kommen dabei um.

Übrigens wurden in der Stadthalle (wie im Gymnasium Josephinum und anderswo) einige Monate nach der Weihnachtsfeier, also in den letzten Kriegsmonaten, Häftlinge untergebracht, die zweimal am Tag durch die Stadt geführt wurden, zum Beispiel am Bahnhof Güter auszuladen hatten und in der „Union" unter erbärmlichen Bedingungen lebten. Im Stadtarchiv liegt im Bestand 699, Nr. 264 ein Schreiben einer Dienststelle XII. L.M. - 0197 a - an das Reichsbahnbetriebsamt in der Pepperworth vom 1. März 1945. Es ist eine Raumzuweisung zur Unterbringung von 500 KZ-Häftlingen mit sofortiger Wirkung.

Unterzubringen sind sie im großen und kleinen Saal der Stadthalle im ersten Stock. Auf der Rückseite des Papiers steht „Abschrift Herrn Restaurateur Wilhelm Prinz zur Kenntnis."

500 Personen hatten dort nicht an einer Veranstaltung teilzunehmen, für soetwas war die Stadthalle gedacht und entsprechend ausgerüstet - sie sollten dort wohnen, schlafen, essen, sich waschen, ihre Notdurft verrichten. Das konnte die Infrastruktur selbst bei bestem Willen nicht leisten. Namentlich die sanitären Verhältnisse waren in der „Union" bei einer so großen Zahl von Menschen katastrophal. Das hat nach dem Kriege ein Sohn des letzten Stadthallen-Pächters gegenüber der Hildesheimer Allgemeinen Zeitung bezeugt. Aber auch diese armen Menschen waren, wenn man so will, „Quartiergäste", und mindestens einige von ihnen sind anscheinend beim Bombenangriff am 22. März 1945 ebenso umgekommen wie die eingesessenen Bürger der Stadt. Abgelaufene, sozusagen historische Vorgänge in der Rückschau zu betrachten, das hat für den Beobachter sehr leicht etwas Bedrückendes. So auch hier. Da gingen die Hildesheimer hin zu ihren parteiamtlichen Weihnachtsfeiern oder auch in die Kirchen (über die die Zeitung zu keiner Zeit berichtet), wohl jeder hatte Angst vor der Zukunft, und wohl nur wenige glaubten am Ende wirklich noch den Parolen. Aber kaum jemand wagte ein Wort, hoffte ja auch noch irgendwie auf ein gütiges Geschick mindestens für sich selbst – wer wollte es den Hildesheimern Weihnachten 1944 verdenken? Wir heute wissen, das Hoffen war vergeblich, Tod und Vernichtung waren schon angesagt, die Pläne fast fertig - aber sie damals wußten es nicht.

Gewußt haben die Hildesheimer – um das noch zu bemerken – wohl auch nicht allzuviel über das, was insgeheim in ihrer Stadt passierte. Daß Leute „abgeholt" wurden, war seit 1933 bekannt und setzte sich fort. Wie die Gestapo etwa im Hause Ecke Gartenstraße/Zingel prügelte und folterte, da sprach sich vielleicht noch einiges herum. Daß im März 1945 auf dem Marktplatz ein Galgen mit Gehenkten stand, war nicht zu übersehen. Doch Mitleid mit Plünderern in einer soeben zerbombten Stadt mit 1000 Toten an einem Tag war nicht unbedingt zu erwarten. Aber, was in den letzten Kriegstagen im „Ersatzgefängnis" auf dem Zentralfriedhof an Brutalität geschah - wir kommen darauf noch zu sprechen – das ist den Hildesheimern sicher unbekannt geblieben.

Andererseits wußten alle Hildesheimer schon 1938, was in der „Reichskristallnacht" vor sich ging. Viele haben sicherlich die Juden gesehen, die durch die Stadt ohne Hosenträger getrieben wurden – dies spielte sich vor aller Augen ab. Die Bürger oder damals Volksgenossen haben miterlebt, wie die jüdischen Namen in Telefon- und Adreßbuch verschwanden, wie die Geschäfte am Hohen Weg und an der Almsstraße in andere Hände übergingen, wie der gelbe Stern eingeführt, Judenhäuser eingerichtet wurden – Hildesheim war keine Großstadt, hier kannte noch jeder jeden, den Arzt an der Zingel oder den Bankier in der Scheelenstraße, den Schuhhändler am Friesenstieg. Sie haben Kriegsgefangene, Internierte, Fremd- und Zwangsarbeiter beobachtet, ihnen sogar oft heimlich Essen zugesteckt, was schon gefährlich war. Dafür mußte man sich nämlich vor der Gestapo verantworten. Aber heute spricht kaum jemand darüber.

„Chaos oder Licht?" Zu diesem Thema wird Goebbels im Großdeutschen Rundfunk am 24. Dezember um 21 Uhr sprechen. Und Kreisleiter Meyer schreibt: „Der lichtvolleren Zukunft entgegen." Und in der Neujahrsausgabe 1944/45 Gauleiter Lauterbacher: „Der Sieg kommt aus bestandener Gefahr." Am Tag darauf macht die Zeitung mit einem Artikel auf: „Der Führer: Deutschland zu allem entschlossen."

In den gewöhnlichen Alltag dieser Zeit führt ein Beitrag im Lokalteil zurück, Überschrift: „Wie wäre es mit der Kochkiste?" Am 24. Januar kommt ein Nachfolgebeitrag „Noch etwas von der Kochkiste" – mit Zeichnung. Am 2. Februar die Aufforderung, die Kochkiste nun fertig zu machen.

Wer weiß heute noch, was eine Kochkiste gewesen ist? Sie war auch nach dem Kriege, als es noch mehr Schwierigkeiten mit Kohle, Gas und Strom gegeben hat, ein nützliches Utensil. In ihr hielt man – vereinfacht gesagt – das Essen warm. Und sparte Energie.

Wie schnell sich die Lage für den Verbraucher weiter verschlechterte, erhellt aus kleinen Meldungen. Neben der Konzertkritik, Musik von Wagner, steht am 29. Januar 1945 zu lesen, die Hildesheimer Zeitung werde von nun an (nur noch) dreimal in der Woche mit zwei Seiten erscheinen, montags, mittwochs und freitags. Das war eigentlich ein Fanal. Goebbels hatte seit jeher auf die Propagandainstrumente Rundfunk und Zeitung gesetzt – wenn er darauf verzichtete, mußte es schlimm stehen. Daß es in der Tat schlimm stand, wissen wir, aber auch die regimetreuesten Hildesheimer damals müssen spätestens jetzt gemerkt haben: Es ging dem Ende zu. Doch wer es laut gesagt hätte oder auch nur leise und denunziert wurde, der konnte mit allem abschließen. Die Partei und ihr Staat regieren mit Terror, je länger desto mehr. Am 2. Februar wird wieder Jagd auf Luftschutzsünder gemacht, „Luftschutzverbrecher melden!", heißt es, eine angeknipste Taschenlampe ist schon Verbrechen. Neue Reichsbanknoten werden gedruckt, und am 6. Februar gibt es eine Kartoffel-Meldung, die so noch nie vorgekommen ist. Wer 150 Kilogramm im Keller hat, soll 25 Kilo wieder abgeben. Daß einer das freiwillig tat, ist allerdings kaum anzunehmen.

Die letzte Ratssitzung (2. Februar 1945)

Am gleichen Tage begann um 16 Uhr die letzte Hildesheimer Ratsherren-Sitzung im Dritten Reich, von der wir durch das überlieferte Protokoll noch wissen. Geschrieben wurde das Protokoll am 7. und abgezeichnet am 16. Februar. Die Tagesordnung hat als Punkt 3 die Oberleitungsbus-Linie vom Hauptbahnhof zum Hildesheimer Wald, also zum Trillke-Werk. Im Protokoll steht dazu ein längerer Bericht, der die damalige Lage gut illustriert und deshalb mitteilenswert erscheint. Dort heißt es:

„Bei der Errichtung der Obus-Linie wurden seinerzeit fünf Obusse beschafft. Neben diesen Fahrzeugen stehen zur Bewältigung des Verkehrs noch zwei auf Niederdruckgas umgestellt Büssing-Autobusse mit Anhängern sowie ein Dieselzug zur Verfügung. Der letztere steht auf besondere Anordnung dauernd für den Soforthilfe-Einsatz bereit und darf im übrigen aus Mangel an Betriebsstoff nur in allerdringlichsten Fällen für die Arbeiterbeförderung eingesetzt werden.

„Während im Vorjahre noch mit einer durchschnittlichen Beförderungsziffer von 450 Personen je Schub für die Trillke-Werke zu rechnen war, ist die Beförderungszahl im Jahre 1944 außergewöhnlich stark angewachsen. Sie beträgt im Maximum gegenwärtig 675 Personen je Schub. Nach Angaben der Trillke-Werke ist noch mit einer weiteren Steigerung bis zu 800 Personen pro Schub zu rechnen." (Daran läßt sich erkennen, jedenfalls im Hildesheimer Wald läuft der Rüstungs-Betrieb auf Hochtouren und sicherlich rund um die Uhr und, wie wir heute wissen, bis Kriegsende ohne jede Störung durch Bomber.) – Unter einem „Schub" war ein Transport namentlich von Fremdarbeitern zu verstehen. Sie wurden aus den verschiedenen Lagern zu bestimmten Punkten geführt, wo sie der O-Bus aufnahm.

„Mit obigen Fahrzeugen war den ständig steigenden Verkehrsbedürfnissen der Trillke-Werke nicht nachzukommen. Die Stadtwerke haben daher versucht, weitere Fahrzeuge zu erhalten. Der Leiter des Verbandes Deutscher Kraftverkehrsgesellschaften (VDK), Herr Direktor Strommenger, hatte Gelegenheit, die Hildesheimer Verkehrsverhältnisse hier näher kennen zu lernen. Durch seine Vermittlung wurden den Stadtwerken 2 Obusse italienischer Herkunft und zwar 1 Zweiachser und 1 Dreiachser zur Verfügung gestellt. Der eine Wagen ist sofort in Betrieb genommen, währen der andere wegen Fehlens von Ausrüstungsteilen noch betriebsfähig gemacht werden muß."

Auch das wird nicht reichen: „Schon heute muß darauf hingewiesen werden, daß auch mit dem Einsatz dieser neuen Fahrzeuge den weiter ansteigenden Verkehrsbedürfnissen nicht Rechnung getragen werden kann. Die Stadtwerke werden daher versuchen, noch weitere Fahrzeuge für den Arbeiterzustellungsverkehr zu beschaffen."

Bürgermeister Schrader freut sich über das Hildesheimer Obus-Prinzip auf der Linie zum Wald, denn das schützt ihn vor Fahrzeugabgaben an andere Städte, die normale Busse bekommen müssen - entweder gibt es dort kein Oberleitungssystem oder die Fahrleitungsnetze sind schon zerstört. Georg Schrader wörtlich: „Wäre der frühere Autobusbetrieb noch vorhanden, hätten die Autobusse jetzt an den Westen oder nach Magdeburg bzw. an die Ruhrhilfe oder dergleichen abgegeben werden müssen." So aber kann er seine Fahrzeuge behalten. Auch in der großen „Volksgemeinschaft" des Dritten Reichs („Du bist nichts, Dein Volk ist alles") ist jeder sich selbst der Nächste. Im Amt und persönlich.

Dies wenigstens oberhalb der gewöhnlichen Pg.-Ebene, wo man noch dem Luftschutzwart gehorchte und seine Lebensmittelkarte hinhielt, wenn es ans Einkaufen ging. Der Bürgermeister Schrader ließ sich in der denkwürdigen Sitzung vom 2. Februar 1945 noch rückwirkend zum 1. April 1944 für seine Person die Oberbürgermeister-Aufwandsentschädigung von 4000 Mark beschließen „für die Dauer der Führung der Geschäfte", der Antrag kam angeblich „aus der Mitte der Ratsherren". Stand die Aufwandsentschädigung nicht eigentlich dem beurlaubten Dr. Krause zu als Teil seines Gehaltes? So dachte man bei der Bezirksregierung, aber Stadtrat Siegle brachte das in der Ratsherren-Sitzung schon in Ordnung und schloß die Sitzung „mit einem Sieg-Heil auf den Führer".

Doch die reine Freude waren zumindest die Obusse, um auf sie zurückzukommen, für Schrader als Stadtoberhaupt auch nicht. Sie seien durch die Steigerung der Beförderungszahl sehr stark belastet, führt er aus, das sei mit einer erheblichen Abnutzung der Reifen verbunden. Die Ersatz-Beschaffung sei schwierig, „denn bis Mai nächsten Jahres werden neue Reifen nicht gefertigt". Vielleicht könnten die Trillke-Werke helfen?

Schrader erkennt darüber hinaus, mit den italienischen Obussen ist auf einige Sicht nicht viel anzufangen. Die italienischen Fahrzeuge bergen ein Risiko, „als wohl kaum Gelegenheit bestünde, neue Ersatzteile zu bekommen, wenn diese Obusse reparaturbedürftig werden." Es bleibe wohl nichts übrig, als sie über kurz oder lang wieder aus dem Verkehr zu ziehen.

Aber mit gewöhnlichen Diesel-Bussen war schon gar nichts mehr zu bewerkstelligen, die Treibstofflage inzwischen geradezu verzweifelt. Dazu paßt, daß in der gleichen Sitzung auf Wunsch der Stadtwerke Geld für die Errichtung einer „Perma-Gashochdruck-Tankstelle" auf dem Gelände der Firma Noll, Schützenwiese 27 a, bereitgestellt werden soll. Die Anlage war vom Reichsministerium für Rüstung und Kriegsproduktion, Rohstoffamt 328, genehmigt. Geschätzte Kosten: etwa 60 700 RM.

Was hier gemeint ist, sagt die Vorlage: „Die Anlage kann pro Tag rund 3000 cbm auf 200 Atü komprimiertes Leuchtgas abgeben, das entspricht einer Benzinmenge von 1500 Litern pro Tag. Versorgt werden sollen in erster Linie Lastwagen und kriegswichtige Personenwagen." Die Anlage sei mehr oder weniger kriegsbedingt; ob sie wirtschaftlich sei, hänge von den Nachkriegsverhältnissen ab. „Für den Betrieb eines Fahrzeugs ist gegenüber Benzinbetrieb eine Wirtschaftlichkeit gegeben, sofern genügend Kilometer gefahren werden, um die für den Kraftwagen erforderliche zusätzliche Anlage, bestehend aus Gasflaschen und Regler, zu amortisieren."

Hochdruckflaschen und Regler werden vom Rohstoffamt nicht an den Fahrzeughalter abgegeben, sondern an den Tankstellenbetreiber, der verkauft die Flaschen weiter. Für die Stadtwerke bedeutet das erst einmal zusätzliche Kosten von 55 000 RM.

Wegen des Frostes konnte die Anlage laut Schrader nicht bis Ende Januar fertiggestellt werden, die Kompressorenanlage soll „nach letzter Mitteilung der DEMAG" Mitte Februar abholbereit sein. Aber, fügt

Schrader in richtiger Einschätzung hinzu: „Die Anlage mache jedoch im Augenblick weniger Sorgen als die Beschaffung der Flaschen, die in Mährisch-Ostrau lagern. Ob diese überhaupt zu erhalten sind, sei zweifelhaft. Viele deutsche Städte seien im Besitz von Flaschen, hätten aber keine Anlagen mehr. Herr Bürgermeister hofft, daß es mit Hilfe des Landeswirtschaftsamtes Herrn Dr. Weidemann gelingen werde, diese Flaschen für die Stadt zu beschlagnahmen."

Man operiert in Hildesheim, vom elektrischen Strom für Straßenbahn und Obus abgesehen, nunmehr in praktisch aussichtsloser Kriegs- und Versorgungslage mit vier verschiedenen Treibstoffarten. Normale Flüssigtreibstoffe, kaum noch vorhanden, dann Niederdruckgas, ferner Generatorgas, schließlich geplant Hochdruckgas. Es sind alles letzte Versuche, Fahrzeuge irgendwie in Betrieb zu halten. Dahinter verbergen sich zum Teil technische Konzepte, die heute kaum noch jemand kennt.

Niederdruck- und Hochdruckgas, das läßt sich noch leicht nachvollziehen, mit „Flaschengas" (z.B. Methan) fuhren im Krieg und danach zahlreiche Lastwagen, die die Flaschen unter der Ladefläche zwischen Führerhaus und Hinterachse ganz gut unterbringen konnten. Für Personenwagen war der Raum im Gepäckabteil durchweg zu knapp. Von Hochdruckgas lasen wir im Protokoll der Ratsherren-Sitzung – mit Leuchtgas haben überhaupt die ersten Otto-Motoren ihre Laufbahn begonnen –, aber Generatorgas als Motorentreibstoff ist weitgehend unbekannt geworden.

Generatorgas kam bei Fahrzeugen vor allem als Holzgas in Betracht, „Holzgas" war 1945 und danach ein Begriff. Es entsteht bei der Verbrennung von Holz unter Luftmangel und enthält neben Stickstoff, Kohlenmonoxid und -dioxid auch Wasserstoff, Methan und Kohlenwasserstoffe (sagt der „Brockhaus"). Bei den Lastwagen, die man gegen Kriegsende kennenlernte, waren viele mit Holzgas dabei. Namentlich Buchenspäne wurden verwandt. Der Gasgenerator stand aufrecht als eine Art schwarzer Kessel mit einem druckfest zu schließenden Deckel darauf durchweg links hinter dem Fahrerhaus in einer Ausbuchtung der Ladefläche, dort konnte ihn der Fahrer kontrollieren. Der technische Wirkungsgrad war zumeist schlecht, die Leistung der Motoren sank oft auf die Hälfte. Der Fahrer hatte zudem viel Arbeit, vom Feuermachen angefangen bis zur gekonnten Regulierung.

Aber in jener letzten Kriegsphase war schlechtes Holzgas besser als gar kein Treibstoff. Es sollen sogar Panzer damit gefahren sein. Übrigens hatten die Vorarbeiten für solche Generatoren zum Beispiel für Ackerschlepper (mit Generator vorn) schon eine Weile vor dem Krieg begonnen, nicht zuletzt durch Prof. Ferdinand Porsche.

Am Ende freilich konnte selbst mit solchen Rezepten dem Treibstoffmangel nicht mehr wirksam begegnet werden. Die rumänischen Raffinerien waren verloren, die deutschen Treibstoffwerke auf Kohlebasis existierten seit Februar 1945 praktisch auch nicht mehr. Der Verlust der Hydrierwerke traf vor allem die Produktion von Flugbenzin, damit die Jagdflugzeuge der Luftwaffe, die den Bomberströmen fast nichts mehr entgegenzusetzen hatte.

So kehrten bei einem Bombenangriff der 8. Amerikanischen Luftflotte am 24. Februar 1945 auf verschiedene Ziele (unter anderem das Hydrierwerk Misburg bei Hannnover) von 1043 gestarteten Maschinen nur zwei nicht zurück (Werner Girbig, „Mit Kurs auf Leuna", 1980). Da half dann auch keine Me 262 mehr, die als Jäger überlegen schnelle Turbinenmaschine, deren Entwicklung und Bau erstmals 1942 gestoppt, dann 1944 erneut durch Hitler persönlich verzögert wurde, weil er sie als „Blitzbomber" umkonstruiert wissen wollte. Für den 3. März 1945 zählt Meyer-Hartmann („Zielpunkt") über West- und Mitteldeutschland mehr als 50 Düsenjäger Me 262 und Raketenjäger Me 163 (Komet) im Einsatz, sie schießen sechs amerikanische Jäger und drei Bomber ab – aber sie fliegen gegen eine Flotte von 1048 schweren Bombern, deren Jagdschutz gar nicht mitgezählt. 1048 Bomber! Dies sind im März 1945 die Tatsachen.

Feindliche Bomber brauchten kaum noch Gegenwehr zu erwarten, flogen aber trotzdem unter vollem Jagdschutz. Sie hatten keine Probleme mit Maschinen und Treibstoff, von allem war reichlich da. Mindestens in Hildesheim war auch die Flak (Fliegerabwehrkanone) kaum zu fürchten, am Ende stiegen am 22. März nicht einmal die in Hildesheim stationierten Jagdflugzeuge zum Schutz des eigenen Standorts auf, weil sie keinen Sprit mehr hatten. Dies war entgegen allen erlogenen Durchhalteartikeln die wirkliche Lage. Und die nächsten Bombenangriffe ließen nicht auf sich warten.

Der 22. Februar 1945

Nach einer einzelnen Luftmine in der Nacht zum 13. Februar am Innersteufer, die einige Häuser im Bereiche der Humboldtstraße beschädigte und gewaltige Glasschäden bis ins Stadtzentrum auslöste, aber keinen wirklichen Angriff darstellte, kam es für die alte Stadt am 22. Februar 1945 um so schlimmer. Und wieder, wie schon früher, am hellen Mittag.

Seeland nennt als Angriffszeit 13.30 Uhr - da blieben die Turmuhr von St. Lamberti und die Uhr am St.-Bernward-Krankenhaus zerstört stehen. Nach Meyer-Hartmanns britisch-amerikanischen Militärquellen hat der Zielanflug in drei Blöcken um 13.24 Uhr begonnen, abgeworfen werden außer Brandbomben 593 Sprengbomben mit je 227 Kilogramm Gewicht. Zielvorgabe sind nach den Quellen die Bahnanlagen gewesen.

Die amtliche Nachricht in der Hildesheimer Zeitung, abgedruckt im Lokalteil am 23. Februar, lautet so:

„Terrorangriff auf Hildesheim.- Das Gaupresseamt der NSDAP teilt mit: Feindliche Terrorflieger warfen in den Mittagsstunden des 22. Februar eine größere Anzahl von Minen und Sprengbomben auf den

Raum der Stadt Hildesheim, die hier in Wohnvierteln der Bevölkerung sichtbare und beträchtliche Schäden anrichteten. Nach den bisherigen Feststellungen muß die Volksgemeinschaft mit einer Zahl von Gefallenen rechnen. Darüber hinaus sind noch zahlreiche Volksgenossen verschüttet, an deren Bergung mit allen Kräften und unter Einsatz aller Mittel gearbeitet wird. Die Hilfs-, Rettungs- und Betreuungsmaßnahmen für die betroffene Bevölkerung wurden unter Führung der Partei in Zusammenfassung sämtlicher hierfür zuständigen Dienststellen und Einrichtungen unverzüglich angesetzt."

Alarme hatte es seit dem Morgen gegeben, aber eigentlich war seit längerer Zeit nichts Größeres passiert, offenbar sind deshalb viele Leute in ihren Wohnungen geblieben und dort umgekommen. Die Zahl der Opfer ist unverhältnismäßig hoch. Das gilt namentlich für die Neustadt und in der Oststadt. In der Nähe des Güterbahnhofs war man nach bisherigen Erfahrungen vielleicht vorsichtiger, aber viele Tote gab es dort trotzdem auch. Jedenfalls erhebt die Zeitung einige Tage später eindeutige Vorwürfe: Die meisten der bisher geborgenen Toten waren nicht in Luftschutzräumen. Am 27. Februar werden 127 „Gefallene" gemeldet, am 3./4. März geht man von etwa 250 aus, am 6. März sind es nach der Zeitung zusammen mit den Opfern eines weiteren Angriffs vom 3. März 347 Tote.

Aus den städtischen Totenlisten von 1957/58 ergibt sich, die meisten Opfer fanden die Bomben am 22. Februar rund um den Neustädter Markt, in der Günther- und vor allem Goschenstraße, dann Altenbekener Straße, Weißenburger Straße 17 und 18, Goslarsche Straße 42 und 43 (die Adressen gibt es heute nicht mehr), Anfang Hohenstaufenring. Im Norden wurden vor allem betroffen Link- und Hornemannstraße, Speicher- und Wachsmuthstraße, Schützenallee, das westliche Bahnhofsgelände. Tote gab es ferner in der Arnekenstraße und am Weinberg.

Ein Teilangriff hatte an diesem 22. Februar erneut die Gegend um Güterbahnhof, Schützenallee, Römerring zum Ziel, ein anderer Teil den Ostbahnhof mit der Strecke zum Harz (Leipzig). Am Güter- und Verschiebebahnhof werden zahlreiche Gleise und Hallen getroffen, Munitionszüge fliegen in die Luft, die Römerringbrücke bleibt trotz mehrerer Treffer schwer beschädigt stehen, dem Personenbahnhof geschieht nichts. Der kleine Ostbahnhof im Südosten der Stadt scheint vergleichsweise wenig abbekommen zu haben, Bomben reißen weiter südlich die Bahnstrecke auf – aber in den angrenzenden Wohnvierteln bis zum Neustädter Markt und weiter bis zur Godehardikirche gibt es große Trümmerfelder und tagelange Brände. Hermann Seeland hat die Zerstörungen beschrieben:

St. Godehard ist noch glimpflich davon gekommen, Gefängnis und Amtsgericht (das war damals in Teilen des ehemaligen Godehardiklosters untergebracht) sind schwerer beschädigt, aber die eigentliche Bombenwalze beginnt an der Wollenweber Straße an deren Ostseite. Nördlich der Engen Straße ist eine Reihe von Häusern zusammengebrochen und wird durch ein mehrtägiges Feuer vernichtet. Die Häuserreihe zwischen Goschen- und Keßlerstraße ist großenteils unbewohnbar. In der Goschenstraße zwischen Wollenweberstraße und Lambertiplatz bilden einige Häuser durch Volltreffer nur noch einen riesigen, rauchenden Trümmerhaufen, der die Straße noch nach zehn Tagen völlig versperrt.

Seeland gelangt auf Umwegen über Keßler- und Knollenstraße (dort im wesentlichen Dächer und Fenster beschädigt) zur Südostecke des Lambertiplatzes. „Ein grauenvoller Anblick hier! Links vorne steht wohl noch das neue hohe Eckhaus, doch schwer beschädigt; die folgenden Häuser - gegenüber dem Turm der Lambertikirche - bis hin zu Engen Straße sind nur noch rauchende Trümmer." Die Lambertikirche selbst ist schwer angeschlagen, der südöstliche Teil des Chores und des Querschiffs sind von Sprengbomben herausgebrochen, Dach und Fenster zerstört.

Ein Weitergehen die Goschenstraße entlang zur Annenstraße ist unmöglich, soweit Seeland sehen kann, ist dort fast alles zerstört. Auf einem weiteren Umweg über die erhaltene Keßlerstraße gelangt er zur Annenstraße, beobachtet von dort die Trümmerwüste der Goschenstraße, will zur Güntherstraße, die ist ebenfalls durch Trümmer versperrt, kommt schließlich über die Braunschweiger Straße zum Neustädter Markt, während die Stobenstraße noch acht Tage später zu ist. Überrascht findet er die Neustädter Schenke (nicht das Neustädter Rathaus, wie er schreibt) im wesentlichen erhalten, die anschließenden Häuser nach Osten sind weg. In der Güntherstraße sind die Häuser auf beiden Seiten zerstört oder stehen als gefährliche Ruinen. An der Westseite des Marktes stehen die Häuser noch von der Braunschweiger bis zur Engen Straße, die Nordseite des Neustädter Marktes ist beschädigt, aber anscheinend noch bewohnbar.

In der Oststadt fällt Seeland schon beim Anmarsch aus Richtung Hindenburgplatz an der Goslarschen Straße auf, von der Sedanstraße an gibt es keine Fenster mehr. In der Roonstraße wie in der Luisenstraße und an der Steingrube sind mehrere Häuser durch Volltreffer zerstört, das Eckhaus Goslarsche Straße/Immengarten ist zur Hälfte niedergerissen, den beiden Nachbarhäusern am Immengarten geschah ähnliches. In der Weißenburger Straße, östlicher Teil, und mehr noch in der Altenbekener Straße gibt es kaum noch nutzbare Wohnungen (und viele Tote, wie wir heute wissen), ebenso bietet die Gravelottestraße ein Bild der Verwüstung. Am Bahnübergang Goslarsche Straße zerstörte Häuser, ebenso am Anfang des Hohenstaufenringes.

Hermann Seeland berichtet weiter über den Nordwesten der Altstadt: Die Michaeliskirche hat schwere Treffer bekommen, zerstört sind Teile des nördlichen Flügels des östlichen Querschiffs, das Mauerwerk wurde hier halb auseinander gerissen. In der Arnekenstraße vernichteten Volltreffer die Anlagen der Firma Multhaupt (eine Schuhfabrik), mehrere Nachbarhäuser sind schwer beschädigt. Schwer getroffen hat es an der Schützenallee den Magdalenenfriedhof, riesige, tiefe Trichter sind zu sehen. Das kleine Gärtnerhaus ist verschwunden, die Kapelle steht noch. Kurz vor dem Angriff war hier eine Beerdigung, die

Teilnehmer flohen teils ins Gartenhaus, teils in die Kapelle. Die in der Kapelle überleben, die anderen sind tot.

An der Ecke zum Römerring ist die Brauerei fast völlig zerstört, die Römerringbrücke nur noch für Fußgänger passierbar. Von dort aus ein Blick auf die Gleisanlagen: „Unmittelbar rechts unten von der Brücke die wildeste Aufwühlung der zerstörten Böschungen, ein Chaos von Erdmassen und Steinquadern, kahle Reste von Eisenstäben und Eisenwänden ausgebrannter umgestürzter Eisenbahnwagen. Die Mehrzahl der Gleise scheint noch befahrbar."

An der Schützenallee bis zur Hornemannstraße sind drei Häuser völlig vernichtet, in den Trümmern wird noch nach vermißten Bewohnern gesucht. An der Hornemannstraße wurden erneut zahlreiche Häuser in Schutthaufen verwandelt. Am Eingang zum Liebesgrund wurden Deckungsgräben getroffen, dazu die Wasserleitung. Hier sind etwa 60 Menschen, die vor den Bomben Schutz suchten, im Deckungsgraben, den sie nicht verlassen konnten, durch einströmendes Wasser ertrunken. Seeland bestätigt die Meldung vom Hörensagen. Luise Stieghahn, die Witwe des damaligen Leiters des Milchhofes, hat dem Verfasser im Juli 1994 bezeugt, es war tatsächlich so. Eine Bekannte von ihr kam bei dem schrecklichen Ereignis ums Leben.

Besonders schwer getroffen sind Speicher-, Link-, Marheineke- und Wachsmuthstraße: zerstörte und ausgebrannte Häuser, verschüttete Straßen. Das Pfarrhaus von St. Bernward ist beschädigt, die Kirche wegen Einsturzgefahr geschlossen. In der Innenstadt sind fast alle Schaufensterscheiben und viele andere Fenster fortgeblasen, auch am Rathaus, einige Fenster an Dom und Andreaskirche, die Jakobikirche verlor das Dach, verschiedene Kurien am Domhof wurden beschädigt, auch die von Seeland selbst.

Zum Aufräumen werden unter anderem etwa 500 Häftlinge aus Bergen-Belsen nach Hildesheim gebracht, am Güterbahnhofsgelände wird ein junger ungarischer Jude erschossen, weil er beim befohlenen Bergen von Lebensmitteln aus zerstörten Güterwagen – allerdings wurden anscheinend auch intakte aufgebrochen und geplündert – trotz mehrfacher Ermahnung Konservendosen in der Jacke behält. Damals hieß eine mitgenommene Konservendose nicht Mundraub, sondern Plünderung, bei einem Zwangsarbeiter und Juden erst recht.

Plünderung aber bedeutete Tod. Ein Volkssturmmann aus Sarstedt tötete den Jungen, wie es heißt, mit Genickschuß an Ort und Stelle. Nach dem Kriege wurde dem Sarstedter dafür der Prozeß gemacht – so wurde der Fall Jahre später überhaupt öffentlich bekannt. Wieviele andere Fälle es gegeben haben mag, deckt bis heute das Vergessen.

Mindestens 250 Tote hat dieser Bombenangriff nach den Zeitungsmeldungen jener Zeit gefordert – Ausländer nicht erwähnt –, das Statistische Amt der Stadt hat nach seinen Ermittlungen 1957/58 aber diese Zahl veröffentlicht: Es starben als (bis 1957) beurkundete Luftkriegsopfer 301, dazu kamen noch 59 nicht beurkundete Opfer, also forderte der Angriff tatsächlich 360 Tote, darunter vier Ausländer.

Knapp zehn Tage vorher waren in Dresden bei einem der grauenhaftesten Luftangriffe, die die Menschheitsgeschichte kennt, um die 60 000 Menschen umgekommen, vielleicht noch viel mehr. Aber Tote und Trümmer vor Ort vertragen kein vergleichendes Zahlenspiel woanders. Die Tragödie des Einzelfalles berührt auch noch nach einem halben Jahrhundert stärker als die generalisierende Statistik.

Der verstorbene Helmut von Jan, damals Direktor des Stadtarchivs und der Stadtbibliothek, hat 1970 einige der im Stadtarchiv gesammelte Aussagen von Zeitzeugen der großen Angriffe auf Hildesheim in der Zeitschrift Alt-Hildesheim (Nr. 41, 1970, Seite 2 - 36) veröffentlicht, später noch einmal (ohne Fotos) im Sammelband „Bischof, Stadt und Bürger" (S. 309 - 347). Die Aussagen sind eine wichtige Grundlage auch für dieses Buch. Zitiert oder beschrieben werden hier aus acht Berichten von Jans fünf, die von Dr. Adamski, Anne-Marie Farne, Joseph Huhn, Hedwig Montag und A. Olszewski (teils gekürzt). Im übrigen wurde aus den Originalen geschöpft. Diese liegen in den Archivbeständen 699, Nr. 322 und 364, und 803, Nr. 1.

Unter den Darstellungen von Zeitzeugen seit etwa 1947 gehört der Bericht von Hedwig Montag zum 22. Februar 1945. Im Haus Neustädter Markt 11 hatte sie Verwandte untergebracht, die vor den Russen aus Gleiwitz geflüchtet waren, Dr. Walter Montag und Frau. Sie selbst war beim Angriff in Salzgitter. Am 22. Februar kamen keine Nachrichten mehr aus Hildesheim, am 23. kein Zug, am 24. hieß es, der Neustädter Markt sei zerstört. Hedwig Montag gelangt am 26. früh nach Ringelheim, bekommt dort einen Zug nach Hildesheim Ost (die Bahnstrecke von Derneburg muß also wieder befahrbar gewesen sein), ist gegen 10 Uhr dort.

Nur auf Umwegen erreicht sie den Neustädter Markt, das Haus ist ein Trümmerberg. „Matratzen aus meiner Wohnung schwammen neben anderen Sachen im Löschteich." Aber auch: „In den fest gewölbten Kellern, wo sie meine Sachen unterbrachten, die ich ihnen mitgegeben hatte, war nichts, nicht einmal die Einmachgläser zerbrochen. Dort wurde auch niemand verletzt. Alte Leute waren hier zusammengekommen. Nur meine Geschwister und das Ehepaar Purschke, die oben geblieben waren, waren tot." Am Morgen vor dem Angriff hatte der aus Gleiwitz geflohene Bruder ihr noch geschrieben: „Nun können wir doch wieder behaglich in einem frisch bezogenen Bett ausruhen."

Offenbar hat er mit einem solchen Angriff auf Hildesheim nicht gerechnet, ging nicht in den Keller. Seine Leiche wurde am Katzenbrunnen gefunden und vom alten Dr. Gnegel (Vater des jetzigen Arztes in der Binderstraße) erkannt. Dr. Montag und seine Frau müssen durch die gewaltige Explosionswucht aus dem zweiten Stock des Hauses an der Nordseite des Neustädter Marktes bis zum Katzenbrunnen geschleudert worden sein. Die Leichen des Ehepaars Purschke (75 und 68 Jahre alt) fand man verkohlt im Dachgebälk des Hauses nach der Hofseite.

Hedwig Montag erfuhr, daß am gleichen Tage die Beerdigung der Toten auf dem Zentralfriedhof stattfinden sollte und eilte zu Fuß dorthin. An der Zingel war die Luft „zum Ersticken. Ein Leichenkarren nach dem anderen fuhr an mir vorbei." – „Endlich war ich am Eingang des Zentralfriedhofs – ganz alleine. Meine Uhr zeigte fast zwölf. Glücklicherweise kam schnellen Schrittes ein katholischer Geistlicher, in dem ich Pastor Bank erkannte, aber er erkannte mich zunächst nicht wieder. Er sagte nur kurz: ‚Ich habe gerade die Toten eingesegnet', und schon verließ er mich. Das Massengrab war gar nicht leicht zu finden. Etwa zwei Leute traf ich unterwegs, von denen ich die Richtung erfragen konnte. Schließlich stand ich an den langen Reihen wie Schützengräben, aber nur voller toter Menschen! Glücklicherweise hatte ein vorsorglicher Mensch Zettel befestigt an Holzstäbchen auf der aufgeworfenen Erde. So fand ich dann nach mühevollem Suchen die Namen Walter Montag und Frau Montag. Ihre Gräber waren noch offen. Ich sah hinab auf die hellen Tannensärge. Einige erfrorene tote Blumen konnte ich als einziges Trauergeleit auf die Särge werfen."

So sieht das persönliche Schicksal aus, das den Statistiken entgeht und den großen Reden – bei vielen Millionen von Toten dieses Krieges jedesmal einzeln. Und es gibt auch andere Opfer, von denen viele kaum jemals in die Schlagzeilen gerieten, mehr noch, vom unmenschlichen NS-Staat gar noch verpflichtet wurden, (falls sie leben blieben) über ihr Schicksal gegen jedermann zu schweigen. Sonst waren sie wieder „dran". Da ist Frau Hedwig Montag Pfarrer Bank begegnet, der nur flüchtig vorbeikommt, eben die Aussegnung der Toten hinter sich. Offensichtlich erschöpft. Wer ist er gewesen?

Otto Bank hatte seine Erfahrung mit den Nationalsozialisten und allem was dazugehört, Gestapo und Gefängnis. Und dem absoluten Unrechtsstaat, der dies verkörperte. Das mochten viele „Volksgenossen" gar nicht wirklich begriffen haben – noch heute trifft man gelegentlich Leute, die da angesichts einer vielleicht merkwürdigen Demonstration in der Fußgängerzone oder vor dem Hauptbahnhof sagen: Aber Ordnung war damals jedenfalls.

Otto Bank, Pfarrer an St. Godehard, hatte auch seine Ordnung, die der katholischen Kirche – so wie etwa Pastor Holthusen von St. Andreas die der evangelischen, und beide wußten, daß es mehr gab als Adolf Hitler und das Dritte Reich. Holthusen starb 1938, offensichtlich an dem ungeheuren Druck, der auf ihm lastete, in seiner Andreas-Gemeinde, Bank wurde 1938 eingesperrt. Kaum durch eine Kaution entlassen, griff die Gestapo nach ihm, und als er schließlich amnestiert wurde, faßte sie erneut zu. Dazu brauchte sie in jenem Staat nicht einmal das Urteil eines ordentlichen Gerichts, das ihm ja gerade die Freiheit zurückgegeben hatte, sondern handelte aus eigener Machtvollkommenheit einfach weiter. Wenn sonst nichts paßte, gab es „Schutzhaft". Erst 1940 im September ließ man Bank frei.

Viel schlimmer noch ist – neben einigen anderen Fällen aus der Diözese wie Pater Dehne, Pfarrer Gnegel, Pastor Hackethal, angeblich an Lungenentzündung 1942 in Dachau gestorben – das Beispiel des Pfarrers Joseph Müller aus Groß Düngen. Vor allem wegen eines politischen Witzes über Hitler und Göring, den er in kleinstem Kreis erzählt hat, wurde er nach einem Freisler-Urteil am 11. September 1944 neben 25 anderen Verurteilten in Brandenburg durch das Fallbeil getötet, seine Asche konnte erst nach dem Kriege in Groß Düngen beigesetzt werden. Die Angehörigen bekamen 1944 sogar eine Rechnung wegen der Hinrichtungskosten zugestellt (Hermann Engfer, Herausgeber, „Das Bistum Hildesheim 1933 - 1945", 1971, Seite 530 ff.). So sehr verfolgten die Herrschenden mit ihrem Haß ihre Gegner noch über den Tod hinaus, daß sie nicht einmal vor einer primitiven Rechnung über 448 Mark und 36 Pfennig zurückschreckten, die „Gebühr für die Todesstrafe" machte dabei 300 RM aus. Zahlbar binnen einer Woche.

Müllers Grab in Groß Düngen ist wie das seiner Amtsvorgänger in der Gemeinde mit Blumen geschmückt, der Grabstein ist eher etwas kleiner, und er trägt keinerlei Hinweis auf die Umstände seines Todes außer einem Spruch am Fuße des Kreuzes, allenfalls für den verständlich, der um die Geschichte weiß. Einen weiteren Hinweis, ebenso unbestimmt, bietet ein Kirchenfenster. Dagegen ist im Pfarrheim eine Bronzetafel angebracht, die auf die Hinrichtung Bezug nimmt.

Es gab noch einen anderen Hildesheimer, der den Nationalsozialisten zum Opfer fiel, ihn kennt aber kaum noch jemand. Gemeint ist Georg Schulze-Büttger. Er wurde 1904 zwar in Posen geboren, verlebte seine Jugend jedoch von 1911 bis 1922 in Hildesheim. Mit erst 17 Jahren bestand er am Gymnasium Andreanum das Abitur. Er stammte aus einer Offiziersfamilie und blieb der Familientradition treu. Generaloberst Beck berief ihn schon früh zu seinem Adjudanten, 1943 wurde er Oberst und stand im Generalstab der 4. Panzerarmee. Er litt unter dem Gewissenskonflikt zwischen dem geschworenen Fahneneid und dem Zweifel an der politischen Führung. Schulze-Büttger gehörte zum engsten Freundeskreis um Henning von Tresckow, wurde nach dem 20. Juli 1944 Ende August verhaftet und am 13. Oktober 1944 in Plötzensee gehenkt. Die Angehörigen durften nicht einmal eine Todesanzeige aufgaben. Auf dem Lambertifriedhof wird seiner auf einem Familiengrabstein gedacht. Im Bockfeld ist ein Spazierweg nach ihm benannt.

Der Hildesheimer Zentralfriedhof an der Peiner Straße, heute Nordfriedhof genannt, wurde die Grabstätte und Erinnerungsstätte der Bombentoten dieses Krieges – an anderer Stelle wurde 1945/46 eine Stätte für die umgekommenen und ermordeten Ausländer angelegt –, schon lange zuvor jedoch gab es einen Ehrenfriedhof für die Soldaten des ersten Weltkrieges. Er wurde nach Plänen von 1939 für Soldaten des Zweiten Weltkriegs erweitert in Fortsetzung der angefangenen Doppelreihe.

In der Bürokratensprache heißt es dazu im Protokoll der Ratsherren-Sitzung vom 2. Februar 1945: „In den letzten Monaten ist eine verstärkte Beanspruchung der Grabstellen auf dem Ehrenfriedhof festzustellen. Es besteht die Möglichkeit, dass dieselbe auch weiterhin noch bestehen bleiben kann. Aus diesem Grunde dürfte es notwendig sein, vorzusorgen und weitere Grabstellen nach dem im Jahre 1939 genehmigten Plan bereit zu stellen, da z.Zt. nur noch 39 Grabstellen zur

63

Verfügung stehen. Die notwendigen Arbeiten können im Laufe des Winters mit den vorhandenen Arbeitskräften bewältigt werden.

„Nach dem Kostenanschlag von 1939 sind für die Erweiterung und Ausgestaltung des Ehrenfriedhofes 16 500 RM veranschlagt worden. Im Etat 1944/45 sind 2000 RM für die erforderlichen Arbeiten eingestellt. Durch die jetzt notwendig werdende Erweiterung und Ausgestaltung reichen jedoch die verfügbaren Mittel nicht aus, da von den zur Verfügung stehenden 2000 RM schon rund 1800 RM verausgabt sind.

„Es wird daher gebeten, für die jetzt notwendige Erweiterung und Ausgestaltung des Ehrenfriedhofs weitere 3000 RM als Überschreitung des Etats 1944/45 (Haushaltsstelle 71.16.700) des Friedhofsamtes zu genehmigen".

Auf Anfrage des Ratsherrn Pirson erläutert Schrader, der Ehrenfriedhof von 1914/18 solle über den Hauptweg hinaus in der gleichen Richtung verlängert werden. „Infolge Raummangels sei es nicht möglich, ihn für Luftkriegs-Gefallene mit zu benutzen. Für den neuen Teil des Ehrenfriedhofs sei Platz für 3000 Gräber vorgesehen. Die gefallenen und die an Verwundung gestorbenen Kriegsteilnehmer müßten auf dem Ehrenfriedhof beigesetzt werden."

Nach dem schweren Bombenangriff vom 22. Februar 1945 haben die Partei und die verschiedenen Dienststellen bei der Versorgung der Bevölkerung anscheinend gut funktioniert. Am 23. Februar werden Betreuungsmaßnahmen veröffentlicht. Als Auffangsammelstellen sind die Landesgehörlosenschule in der Annenstraße und die Moltkeschule eingerichtet, dort gibt es Verpflegung und Getränke. Wasserwagen sollen die Trinkwasserversorgung sicherstellen, wo sie gestört ist, Anträge auf Bergung von Möbeln sind bei den Auffangstellen zu stellen, Auskunft über Vermißte erteilt das Einwohnermeldeamt im Hermann-Göring-Haus, Pappe gibt es erst einmal im Städtischen Krankenhaus.

Pappe gehört zu den wichtigen Dingen, irgendwie müssen ja die Fenster gegen die Februarkälte geschlossen werden können. Glas wird allmählich knapp. In der Wochenendausgabe 24./25. Februar deshalb der Hinweis: Pro Haushalt darf nur je ein Fensterflügel für Küche und Schlafzimmer verglast werden. Der Rahmen wird nur dann verglast, wenn er das Siegel vom Beauftragten der Ortsgruppe der NSDAP trägt. Schon am 23. sind aber neben den Hinweisen für Betreuungsmaßnahmen auch Anweisungen veröffentlicht, die nicht Fürsorge beinhalten, sondern Verlangen. „Für alle Berufstätigen – sofort an die Arbeitsplätze zurückkehren! – Das Gaupresseamt der NSDAP teilt mit: Die Folgen eines jeden Terrorangriffes müssen grundsätzlich durch Disziplin und Ordnung aller Männer und Frauen, die im Berufsleben stehen, überwunden werden. Es ist daher höchste Pflicht, folgendes zu beachten:

„Die Berufsarbeit darf unter keinen Umständen unterbrochen werden. Dies bedeutet, daß kein Berufstätiger und keine Berufstätige ohne ausdrückliche Genehmigung bzw. ohne ausdrücklichen anderweitigen Einsatzbefehl ihren Arbeitsplatz verlassen oder ihrem Arbeitsplatz fernbleiben dürfen. Auch bei einer etwaigen Beschädigung des Arbeitsplatzes bleibt die Meldepflicht beim Betriebsführer unter allen Umständen bestehen. Kein Berufstätiger hat das Recht, seiner Arbeit aus irgendwelchem Grunde fernzubleiben. Es muß erwartet werden, daß dieses selbstverständliche Gebot, dem inmitten der großen Entscheidungsschlacht unserer Tage ganz besondere Bedeutung zukommt, von allen berufstätigen Männern und Frauen beachtet wird."

Aufmacher im Lokalen auf der gleichen Seite ist ein Zweispalter „Zehn Gebote für alle", ebenfalls vom Gaupresseamt. Auch dieser Text ist ein Zeitdokument, das den Nachfahren nach einem halben Jahrhundert helfen mag, jene Zeit besser zu verstehen. Er lautet:

„Die Probleme, die der Terrorangriff auf Hildesheim am gestrigen Tage allen Dienststellen und allen Volksgenossen gestellt hat, müssen und können in einer vorbildlichen Disziplin und Ordnung gelöst werden. Aus den Erfahrungen, die in Hannover und in Braunschweig aus früheren Angriffen gewonnen wurden, ist es unbedingt erforderlich, daß die Volksgenossen unter allen Umständen folgendes mit größter Gewissenhaftigkeit beachten:

„1. Alle Volksgenossen, die obdachlos geworden sind, müssen sich sofort in den geöffneten Auffangsammelstellen melden. Die Auffangsammelstellen befinden sich in der Landesgehörlosenschule und in der Schule in der Moltkestraße. Hier in den Auffangsammelstellen erfolgt zentral und ausschließlich die gesamte Betreuung aller betroffener Volksgenossen.

„2. Die Straßen und Gehwege sind durch die Hausgemeinschaft von Glasscherben und Schutt zu säubern. Die Straßen müssen unter allen Umständen sofort wieder für die eingesetzten Fahrzeuge passierbar sein, da von ihnen die Betreuungsmaßnahmen abhängen.

„3. Die meisten Verdunkelungseinrichtungen haben durch den Angriff gelitten. Sie sind sofort wieder in Ordnung zu bringen bzw. auszubessern.

„4. Die Luftschutzbereitschaft muß unverzüglich überall wiederhergestellt werden. Sand und Wasser sind, wo es notwendig ist, zu ergänzen und in verstärktem Maße bereitzuhalten. Mit Wasser ist im übrigen so sparsam wie möglich umzugehen, da es beim Angriff für die Brandbekämpfung benötigt wird.

„5. Das oberste Ziel heißt: Zupacken! Hier wird nicht gewartet, bis die dazu beauftragten Stellen Zeit und Gelegenheit zum Eingreifen finden, sondern hier greift jeder selbst tatkräftig mit zu. Jeder ist Aktivist, der ohne Zaudern und rücksichtslos auf sich selbst und seine Bequemlichkeit das Notwendige tut oder veranlaßt.

„6. Die Nachbarschaftshilfe ist in diesem Augenblick von besonderer Wichtigkeit. Die Aufnahme von obdachlosen Volksgenossen ist ein selbstverständliches Gebot der Volksgemeinschaft. Daß man darüber hinaus den Betroffenen in jeder Weise hilft, sollte eine Ehrenpflicht sein.

Hildesheim nach dem 22. März 1945. Blick vom Andreasturm über die Rolandstraße auf St. Michaelis. Im Hintergrund ganz links die Christuskirche.

Blick vom Michaelishügel auf die zerbombte Stadt in Richtung Südost.

Die Trümmerwüste der Innenstadt. Im Mittelgrund der Turm von St. Jakobi.

Fassade des Tempelhauses, links davon das Rathaus. Vorn war die Seilwinderstraße.

*Trümmergrundstück Gerstenberg.
Dahinter Rathaus und Jakobiturm.*

Nichts blieb heil. Der Markt mit Tempelhaus und Rolandbrunnen. Rechts im Hintergrund St. Andreas.

Das Rathaus, von der Lilie her gesehen. Notdürftig passierbar die Rathausstraße.

Markt mit Rolandbrunnen (ganz rechts). Von den Fachwerkhäusern blieb nur Asche.

*Die Laterne überstand das Inferno.
Dem Roland auf dem Brunnen fehlt der Kopf.
Ihn soll ein amerikanischer Soldat
heruntergeschossen haben.*

„7. Denkt daran, die Möbelstücke mit einer deutlichen Namens- und Wohnungsbeschriftung zu versehen! Im übrigen ist es unzweckmäßig, Möbel aus Häusern zu bergen, die nur leicht beschädigt sind oder in denen keine Gefahr mehr besteht. Derartige Möbel können nicht abtransportiert werden. Die Volksgenossen werden aufgefordert, sie wieder in die Häuser zu setzen.

„8. Wer plündert, wird erschossen! Dieser Grundsatz wird im Interesse der Volksgemeinschaft rücksichtslos in jedem Falle durchgeführt. Gerüchtemacher und Gerüchteverbreiter werden unnachsichtlich zur Rechenschaft gezogen. Wer Gerüchte verbreitet, besorgt die Geschäfte des Gegners.

„9. Kein berufstätiger Mann und keine berufstätige Frau dürfen ohne besondere Genehmigung oder ohne besonderen anderweitigen Einsatzbefehl dem Arbeitsplatz fernbleiben bzw. den Arbeitsplatz verlassen.

„10. Es wird alles getan, um so schnell und so umfangreich, wie überhaupt durchführbar, zu helfen."

Energieversorgung vor dem Kollaps

Über die allgemeine Stimmung in der Hildesheimer Bevölkerung in den ersten Wochen und Monaten des Jahres 1945 erfährt man aus den Zeitungsmeldungen natürlich nichts, andere Quellen, die wir kennen, sind durchweg erst später geschrieben. Da erscheint es um so wertvoller, daß sich wenigstens ein einziges Original-Dokument zur Lage im letzten Ratsprotokoll der NS-Zeit, jenem vom 2. Februar 1945, erhalten hat. Der Bericht ist an die Ratsherren gerichtet, nicht an eine Öffentlichkeit, und er dürfte die Situation einigermaßen offen darstellen. Zumal er mit der Darstellung von Fakten der Entlastung des Bürgermeisters von Vorwürfen dienen kann, die dieser anscheinend erwartet – oder hier auf solche reagiert.

Deutlich wird: In der Bevölkerung hat es erheblichen Ärger wegen der Versorgung gegeben. Auch wenn Meckern („Gerüchtemacher", siehe oben) ja schon lange strafbar ist.

Das Protokoll: „Herr Bürgermeister Schrader gab sodann einen ausführlichen Bericht über die allgemeine kommunale Lage, so wie diese im Augenblick vor uns liegt." Das brennendste Problem sei zur Zeit zweifellos das Heizproblem; es fehle an Kohle, Holz und Gas. Schrader zur Kohlenversorgung: „In Hildesheim haben wir Tausende von Familien gehabt, die in den vorausgegangenen kalten Tagen geradezu vor einem Nichts standen und das hat oftmals zu unliebsamen Szenen geführt. Ich halte es daher für meine Pflicht, Ihnen als den Vertretern der hiesigen Bevölkerung Aufklärung zu geben, damit Sie nicht etwa den Eindruck haben, als hätte es hier an der notwendigen Sorgfalt gefehlt."

Anhand einer Aufstellung gibt Schrader die An- und Auslieferungen im Vorjahr und im laufenden Wirtschaftsjahr bekannt. „Da die Anlieferungen in den Sommermonaten von denen des Vorjahres kaum abwichen und die weitere Entwicklung nicht vorauszusehen war, das Halten allzu großer Händlerlager inmitten der Stadt auch aus Luftschutzgründen nicht zweckmäßig erschien, wurde der Auslieferungssatz auf 80 % festgelegt. Erst als infolge der bekannten Transportschwierigkeiten die Eingänge immer mehr zurückgingen, setzte die Reichsstelle für Kohle den Auslieferungssatz endgültig auf 70 % fest. Dadurch hat ein Teil der Bevölkerung, allerdings nur ein geringer Prozentsatz, schon in den Sommermonaten die Gesamtheizmenge von 80 % bezogen. Während im Vorjahr bis Ende Januar 82 % des Jahreskontingents angeliefert waren, betrugen die Eingänge bis zum gleichen Zeitpunkt des laufenden Wirtschaftsjahres nur 66,8 %. Alle Bemühungen bei den maßgebenden Stellen, eine Erhöhung der Auslieferung zu erreichen, waren ergebnislos.

„Die Kohlenfrage ist durch die Anordnung II der Stadtwerke betr. Gaseinsparung besonders akut geworden, zumal diejenigen Haushaltungen, die über einen Kohlenherd verfügen, kein Gas mehr verbrauchen durften. Dadurch, daß die davon Betroffenen keine Feuerung für ihren Kohlenherd hatten und ferner, daß bei dem Vorhandensein von Zentralheizung nur eine gewisse Menge Gas verbraucht werden durfte, gab es böses Blut und viel Ärger.

„Nach Aufhebung dieser Anordnung konnte den vorgenannten Haushaltungen wieder eine entsprechende Menge Gas gegeben werden; es trat dadurch wieder eine Beruhigung in der Bevölkerung ein. Im großen und ganzen wurde die Notlage, die die Anordnung auf Gaseinsparung auslöste, anerkannt.

„Die größten Schwierigkeiten bestanden vor fünf Tagen darin, daß weder für die Bäcker und das Städt. Krankenhaus, noch für die Gaststätten Kohle vorhanden war. Trotz aller Bemühungen war keine Kohle heranzubringen. Die meisten Backöfen sind auf Braunkohlenbeheizung umgestellt, infolgedessen kam auch keine Holzverfeuerung infrage. Nach längeren Verhandlungen ist es schließlich gelungen, Heizmaterial von der hiesigen Marinedienststelle, die Vorräte bei den Kohlenhändlern lagern hatte, zu bekommen. Auf diese Weise war es möglich, den Bäckern auf mindestens 10 Tage Feuerungsmaterial zuzuweisen. Der Marine wurde dagegen Holz geliefert.

„Die Behörden und Haushaltungen werden mit Feuerungsmaterial vorläufig nicht beliefert. Sie müssen mit dem Vorrat auskommen, den sie z.Z. lagern haben. Die Stadt hat durch die Zusammenlegung der Diensträume, insbesondere durch die Freimachung der Räume mit Ofenheizung an Heizmaterial wesentlich eingespart.

„Es steht zu hoffen, daß die Krise an Brennstoffen noch dadurch gelöst wird, daß die Stadt aus dem Salzgitter-Gebiet, woselbst noch 15 000 t Koks lagern, 3000 t erhält. Zusage ist bereits gegeben, Schwierigkeiten bestehen nur in der Lösung der Frage des Abtransports. Aber auch hier wird sich ein Weg finden.

„Vor mehreren Tagen sind einige Ladungen Braunkohle hier eingegangen, die zum weitaus größten Teil dem Städtischen Krankenhaus und den größeren Gaststätten, die einige Tausend Mahlzeiten fertigstellen müssen, geliefert worden sind."

Die Haushaltungen bekamen also von allem nichts. Die Verpflegung war schon schlecht genug, jetzt wurde dazu noch gefroren. Sie konnten auch keine Räume zusammenlegen wie die Behörden, und interessant ist schließlich der Hinweis, daß die Marinebehörde offensichtlich mit allem gut versorgt war. Gemeint ist mit dieser Behörde jedenfalls die Marineverwaltung, die seit 1943 im Geschäftshaus Kressmann residierte, das zwangsweise geschlossen wurde. Fernab der Küste und vom gefährdeten Berlin gab es in Hildesheim einen Marinestützpunkt mit zahlreichen Marinesoldaten und Marinehelferinnen.

Im übrigen, der Koks in Salzgitter war wegen der Transportfrage nur eine Hoffnung, der Transport war ja längst das Problem, nicht die Ladung. Die Bahn hatte keine Waggons, die Lastwagen keinen Treibstoff. Die Kanalanlagen waren vielleicht noch in Takt, aber es war Winter. Wahrscheinlich stand das Eis.

Schrader kommt weiter zum Thema Holzversorgung. Der Bürgermeister hat in erhöhtem Maße Holz einschlagen lassen. Das Gesamtkontingent für die Stadt beträgt im Winter 1944/45 2000 rm (Raummeter), davon sind 1000 angeliefert, der Rest liegt noch im Harz. Transportproblem wie oben: „Lastkraftwagen standen nicht zur Verfügung, weil diese für das Ruhrgebiet, für Magdeburg und für die Wehrmacht beschlagnahmt worden sind." Die ersten 1000 rm wurden im Laufe des Jahres an die Bevölkerung verteilt. Also nunmehr Leere. Im Hildesheimer Wald, Galgenberg und Steinberg wird in „erhöhtem Maße durch Arbeitskräfte, die die hiesigen Werke und das Arbeitsamt zur Verfügung stellten", Holz eingeschlagen, von den Kohlenhandlungen abgefahren, zersägt und gespalten. Die Ausgabe erfolgt durch die Städt. Kohlenstelle auf Grund von Holzscheinen, und zwar im Bedarfsfall pro Haushalt ein Zentner.

„Auf diese Weise sind innerhalb 4 Tagen 1286 Ztr. Holz zur Ausgabe gekommen. Die Aktion muß weitergeführt werden, obwohl unsere Waldungen dadurch nicht unwesentlich verlieren. Dabei muß ich noch erwähnen, daß für Luftschutzzwecke sehr viel Holz für Stollenbau und dergl. benötigt wird, das aus unseren Waldungen natürlich auch herausgenommen werden muß."

Problematisch ist seit langem die Gasversorgung. Wilhelm Kruse hat zum Beispiel in seine Chronik, die im Stadtarchiv liegt, einen Bescheid von Mitte 1944 eingeklebt, der ihm vorgibt, was er, verglichen mit dem Verbrauch in 1943, für die nächste Zeit bis 1945 einsparen muß. Eine Ungerechtigkeit lag darin: Wer schon früher sparsam war, bekam zur Strafe noch weniger, wer mehr verbraucht hatte, schnitt relativ günstiger ab. Anfang 1945 rechnet man im Rathaus dann aber nicht mehr mit Prozenten, sondern mit Fix-Zahlen.

Das Ratsprotokoll: „An Gas haben wir seit längerer Zeit eine Höchstmenge von etwa 40 000 cbm täglich bezogen, die auf 20 000 cbm täglich herabgesetzt worden ist. Das Landeswirtschaftsamt und Rüstungskommando haben für die Industrie eine Herabsetzung ihrer Gasmenge auf ca. 50 % festgesetzt.

„Die Bevölkerung ist aufgefordert worden, größtmögliche Sparsamkeit im Gasverbrauch zu üben. Um auch hier zu einem Erfolg zu kommen, mussten die Anordnungen I, II und III über Gaseinsparungen erlassen werden. Diese befriedigten aber die Bevölkerung nicht, weil sie allmählich durch die Bestimmungen nicht mehr hindurchsteigen konnten und zum anderen, weil diese teilweise zu großen Härten führten und zwar in solchen Fällen, wo eine Kochmöglichkeit noch vorhanden war und hier somit kein Gas mehr verbrannt werden durfte. Die Folge war, dass diese Haushaltungen wiederum mehr Heizmaterial benötigten, infolgedessen mußte man hier wieder den Gasverbrauch zulassen und eine IV. Anordnung herausgeben, nach welcher die Verbrauchsziffer einer Familie auf 10 cbm für die 1. Person und für jede weitere Person auf 5 cbm festgesetzt wurde. Bei Haushaltungen, die noch eine Kochmöglichkeit haben, wurden die vorstehenden Zahlen auf die Hälfte herabgesetzt.

„Die Erfolge dieser Anordnung müssen abgewartet werden, auch die Frage, ob die eingeschränkte Gasbelieferung so bleibt. Es steht zu hoffen, dass hier wieder etwas Erleichterung geschaffen werden kann."

Mit der Stromversorgung sah es auch nicht viel besser aus. Zwar werden im Protokoll der Ratsherren-Sitzung keine Zahlen genannt, wenngleich von „Kennziffern" die Rede ist, aber kürzlich hat irgendeine übergeordnete Stelle den Strom abends einfach ganz abgeschaltet. Bürgermeister Schrader legt Wert darauf, er habe damit nichts zu tun gehabt. „Die Sache kam plötzlich", heißt es, „sodass eine Bekanntgabe durch die Zeitung nicht mehr erfolgen konnte. Die Hauptstellen der Stadt und die Gastwirtschaftsbetriebe sind noch rechtzeitig benachrichtigt worden."

Das heißt, bei den Hildesheimern gingen ganz einfach die Lichter aus, und außer einigen Gastwirten und der Verwaltung wußte niemand, wieso und warum. Der „kleine Mann" mochte ja denken, es sei eine technische Panne gewesen oder ein Alarm habe den Ausfall verursacht, in Wahrheit wurde ihm einfach ohne jede Mitteilung der Strom abgeknipst.

Aus dem Protokoll erfahren wir noch etwas mehr. Schrader: „Die Abschaltung geschah von Lehrte aus, ich selbst hatte auf diese Maßnahme keinen Einfluß. Beabsichtigt war, täglich etwa zur gleichen Zeit eine Stromsperre einzuführen. Das hatte zur Folge, daß die Luftwarnsirenen bei Alarm nicht in Betrieb gesetzt werden könnten und weiter die Krankenhäuser, Lazarette und Betriebe ohne Strom blieben. Eventuell war auch ins Auge gefaßt, den Strom abends 5 Minuten auszuschalten, das sollte dann weiter bedeuten, daß von diesem Zeitpunkte ab ein Stromverbrauch nicht mehr stattfinden durfte. Wer dagegen handelte, machte sich strafbar. Gegen diese Maßnahme habe ich Einspruch erhoben und erreicht, daß wie beim Gasverbrauch auch Kennziffern eingeführt werden.

„Abschließend bemerkte Herr Bürgermeister noch, daß es gelungen wäre, für die Stromversorgung Hildesheims eine neue Maschine aufzustellen und es stände zu hoffen, daß diese Maschine durchhalten würde, sodass die abendlichen Stromunterbrechungen aufhören würden."

Ratsherr Kurz hatte noch darauf hingewiesen, daß die Gärtner für den Gemüsepflanzenanbau Koks für die Treibhäuser benötigten. Schrader stimmt ihm zu, eine Umfrage bei den Gärtnern ist im Gange, namentlich die müssen etwas bekommen, die zum Ziehen von Gemüsepflanzen verpflichtet sind. Der Bürgermeister: „Beabsichtigt sei, die Koksmengen aus den Kirchen und Schulen, die noch über größere Vorräte verfügten, herauszuziehen und diese für obige Zwecke mit nutzbar zu machen."

In allen drei Bereichen, Kohle (samt Holz), Gas und Elektrizität kann Schrader also nur Negativ-Bilanzen, katastrophale Bilanzen, vorlegen, aber jedes Kapitel schließt mit einem hoffnungsvollen Satz: Es wird schon werden. Versuchte Schrader, nur den Ratsherren etwas vorzumachen oder auch sich selber? Die Lage war schlecht, sie konnte nicht besser werden, aber wer das vor sich selber eingestand, konnte auch gleich einpacken.

Im übrigen zeigen die Berichte, besonders die über Gas und Strom, welcher Wirrwar inzwischen bei den verschiedenen Behörden oder Dienststellen eingetreten war. Anordnungen werden erlassen und wieder geändert oder aufgehoben, da schaltet jemand den Strom ab, ohne an Krankenhäuser oder Sirenen zu denken. Im Harz liegt Holz für Hildesheim, doch die Fahrzeuge werden für Magdeburg beschlagnahmt. Und so fort.

Ein vierter Bericht beschäftigt sich mit der Gemüseversorgung. Der letzte Sommer (1944) ist sehr trocken gewesen – in Flüssen und Talsperren herrschte Wassermangel –, das hat auch der Gemüseernte geschadet. Das Vorhandene reicht nicht, zu allen anderen Marken müssen jetzt noch Gemüsebezugsausweise ausgegeben werden. Das hat der Bürgermeister veranlaßt. Wie geht man dabei vor?

Schrader: „Eine andere Regelung als wie die in meiner diesbezüglichen Bekanntmachung vom 24. Januar 1945 vorgesehene ist nicht möglich. Danach erhalten Bezugsausweise a) Familien, die nicht über einen Klein-, Schreber-, Privat- oder Hausgarten verfügen; b) Familien, die über einen Garten bis zu 300 qm verfügen, wenn die Gesamtpersonenzahl über 3 liegt; c) kinderreiche Familien mit 4 und mehr Kindern im Haushalt, deren gesamte Gartenfläche geringer als 100 qm je Kopf beträgt, nur für die überschießende Personenzahl auf besonderen Antrag.

„Größere Unstimmigkeiten bei dieser Maßnahme haben sich nicht ergeben. Zweifelsfälle lagen nur bei Hausgärten vor, wobei man den Standpunkt vertreten kann, daß es in der heutigen Zeit Ziergärten nicht mehr geben darf. Nun sind aber diese Hausgärten zum größten Teil mit Obst und anderen Bäumen bepflanzt, so dass hier Gemüse kaum gedeihen kann. Es gibt hier keine andere Möglichkeit, als daß jeder Fall eben geprüft und erst dann ein Gemüsebezugsausweis ausgestellt wird, wenn die Notwendigkeit hierzu anerkannt ist.

„Übersehen war bei dieser Bekanntmachung, die werdenden Mütter mit dem Bezugsausweis zu versehen, wenn nicht ein sehr großer Garten vorhanden ist. Ich halte es für zweckmässig, daß durch eine Zeitungsnotiz diese Mütter aufgefordert werden, sich im letzten Drittel der Schwangerschaft zu melden."

„Ratsherr Dr. Weßling bemerkte hierzu, daß es dringend notwendig sei, die Kinder vom 5. – 18. Lebensmonat mit Gemüse zu versorgen. Herr Bürgermeister sagte Beachtung dieses Wunsches zu. Die Ratsherren nahmen von diesen Lageberichten Kenntnis."

Soviel zur Darstellung der Versorgungslage in Hildesheim zu Beginn des letzten Kriegsjahres, leider wurden Fragen wie Brot- oder Fettversorgung, Bekleidung usw. in der Sitzung nicht erörtert. Aber schon beim Problem Kohle/Gas ist deutlich geworden, daß die Bevölkerung die ständigen Einschränkungen nicht mehr klaglos hinnimmt. Bemerkungen wie „unliebsame Szenen", „viel Ärger" oder sogar „böses Blut" in einem Ratsprotokoll jener Zeit, das will schon etwas heißen. Daß sich der Bürgermeister überhaupt bemüßigt fühlt, seinen Ratsherren Aufklärung zu geben, „damit Sie nicht etwa den Eindruck haben, als hätte es hier an der notwendigen Sorgfalt gefehlt", spricht Bände. Tausende von Familien, räumt der Bürgermeister ein, standen in den letzten kalten Tagen „geradezu vor einem Nichts". Das ist schon stark.

Dazu die dauernden Alarme, Tag und Nacht, harte Fabrikarbeit mit wenig im Magen, kaum noch Glasfenster in der Wohnung – das Leben war ziemlich beklagenswert geworden.

Aber es sollte noch viel schlimmer kommen.

Der Angriff vom 3. März 1945

Am 3. März, einem Sonnabend, erfolgte gegen 10.30 Uhr der nächste Bombenangriff. An Zerstörungen hat er vielleicht, so Seeland, mehr Schaden angerichtet als der vom 22. Februar, doch die Zahl der Todesopfer lag deutlich niedriger. Die Menschen waren sehr viel vorsichtiger geworden, wanderten oft schon früh aus der Stadt hinaus in die Wälder des Steinberges oder Galgenberges, stürzten beim ersten Sirenengeheul in Keller oder Stollen. So bemerkt Seeland, daß sich im Keller des Josephinums, für 400 Personen zugelassen, kürzlich 700 zusammendrängten.

Otto Schmieder befand sich an diesem Vormittag in einem der fertigen Stollen unter dem Hagentorwall. „Die Stimmung der Menschen hierin, welche die langen, notdürftig beleuchteten, fortgesetzt tropfenden Gänge dichtgedrängt füllten, war gedrückt, als ahne man, daß sich etwas ereignen sollte. Nach einiger Zeit geschah es. Die ersten Bombenwürfe hörte man hier dumpf in weiterer Entfernung, aber offenbar im Stadtgebiet niedergehen, dann kam das Ungewitter schnell näher. Die Leute umhüllten ihre Gesichter zum Schutz gegen den Luftdruck mit

Tüchern und duckten sich. Eine zweite Serie detonierender Bomben war unangenehm spürbar. Aber dann ergoß sich ein Bombenteppich direkt im Gebiet der Stollen. Es war, als trampelten Giganten über uns hinweg. Das Licht erlosch vom Luftdruck, unter den stahlharten Stößen erbebte der ganze Bau, und Frauen und Kinder stöhnten und schrieen, bis Männer zur Ruhe mahnten. Nach einigen Minuten war es überstanden. Irgendwo wurde Licht angezündet. Die am Boden Kauernden richteten sich wieder auf.

„Man war zwar noch am Leben, aber befand man sich in einem Grab oder konnte man hinaus? Schließlich wurde durchgesagt, daß die Ausgänge frei seien, doch durfte vorläufig niemand den Stollen verlassen. Jeder harrte mit angstvoller Spannung, da keiner wußte, wie es draußen aussähe. Was war mit meiner Frau und dem Jungen? Männer, die einen Blick ins Freie geworfen hatten, kamen und äußerten sich nicht weiter, aber ihre Gesichter verhießen nichts Gutes. Ein älterer Mann wollte trotz des Verbotes hinaus. Er hatte draußen ein Pferd angebunden. Es war mir vor dem Betreten des Stollens auch aufgefallen. Natürlich war es verschwunden. Weggerannt, zerfetzt – wer weiß es?

„Endlich hieß es, die Stollen könnten geräumt werden. Da aber Blindgänger vor unserem Ausgang lagen, mußte alles durch die Nachbarstollen. Auf dem Wege dorthin sah man schon, daß es unweit unseres Stollens eingeschlagen hatte. Die schweren Bohlen am Eingang waren verschoben. Als man ans Tageslicht kam, sah die Welt anders aus. Ein Chaos von zerfetzten Bäumen, umgerissenen Stämmen, umherliegenden Ästen, Erdklumpen, Steinen, – Rauchwolken über Häusern. Ich nahm mir nicht die Zeit, die Zerstörungen zu besichtigen, sondern suchte schleunigst nach Hause zu gelangen, indem ich den Wall überquerte und durch den Kniep den Weg zur Michaeliskirche einschlug. Hier traf ich auf keine Zerstörungen, aber auf viele ziel- und ratlos rennende Leute, von denen die einen sagten, es sei schon wieder neuer Alarm, während die anderen Entwarnung verkündeten und nun selber irre wurden."

Schmieder hatte als Verwaltungsmann im Bauamt einen vergleichsweie guten Überblick über die eingehenden Schadensmeldungen. Danach lagen die Schäden bei diesem Angriff bei etwa drei Millionen Mark. 40 Gebäude wurden laut Schmieder vollständig, 73 schwerer zerstört, 200 leicht beschädigt. „Unter diesem Angriff litten besonders Teile der mittleren und östlichen Stadt sowie wiederum das Industrie- und Reichsbahngelände mit den anliegenden Straßen. Im Stadtzentrum an einem Verkehrspunkt, den jeder passieren muß, war das Haus Blankenburg eingestürzt (...), ferner das von Peemöller an der Almsstraße. Leider hatten auch ein Altstadthaus wie das von Goldschmied Blume, das der Kirchengemeinde in der Schuhstraße und das Haus von Pape daneben schwere Wunden aufzuweisen und befanden sich fast vor dem Einsturz."

Der von Schmieder erwähnte Pape war ein älterer Finanzbeamter, den Schmieder gut kannte. Er traf ihn, wie er sich in den Trümmern seines Hauses eine Wohnstätte zu schaffen suchte: „Ein paar Wochen später sollte von seinem Haus gar nichts mehr stehen, er selber wurde als Leiche geborgen."

Hermann Seeland schreibt: „Betroffen wurde am 3. März vor allem das nordöstliche Stadtgebiet, etwa ein Sektor, ausgehend von der Linie Kreuzkirche – St. Andreas, sich verbreitend bis in das freie Feld nach Bavenstedt zu." Offensichtlich sind die Bomben, nach den Zerstörungen zu urteilen, wiederum als sogenannte Teppiche abgeworfen worden. Schräg durch die Stadt.

Schwere Verluste hat es an diesem Tage aber an ganz anderer Stelle, nämlich an der Marienburger Höhe, Großer Saatner gegeben, wo man sich am südlichen Stadtrand eher ungefährdet glauben durfte. Angeblich spielten die Kinder während der vergangenen Alarme sogar auf der Straße weiter. Gerade hier jedoch fielen diesmal Bomben, und Mütter starben mit ihren Kindern in den Trümmern der Häuser. Zieht man die Totenlisten von 1957/58 zu Rate, so wurde eine ganze Häuserreihe an der Lützowstraße vernichtet, Tote gab es weiter in der Yorckstraße und namentlich Marienburger Straße 91/93.

Amerikanisches Luftbild vom Großen Saatner.

Damals kamen allein an der Marienburger Straße 91 d, den sogenannten „Volkswohnungen", in einem einzigen Haus eine Mutter mit vier Kindern um, Maria Wietig (28) mit Helmut (8), Hartmut (6), Harald (5), Hans-Peter (1), außerdem eine zweite Familie mit Agnes Ruthemann

(38) und drei Kindern: Heinz (11), Georg (7) und Walter (5). Ella Brdoch (28) starb mit Waltraud (4) und Arthur (1) in der Lützowstraße 11, Berta Ernst (39) mit Karl (4) und Helmut (1) Yorckstraße 23. Bomben auf Frauen und Kinder.

Ein amerikanisches Luftbild vom Sommer 1945 (Seite 77) zeigt an dieser Stelle außer dem Schutt ganzer Häuserreihen, die an der Lützowstraße und Yorkstraße geradezu weggeblasen erscheinen, zwischen den Straßen noch etwa 20 große Bombenkrater. Sie liegen teils so dicht beieinander, daß sie fast ineinander übergehen. Etwas südwestlich davon liegt die unbeschädigte Eisenbahnbrücke (Dreibogenbrücke), davon westlich sind noch einige Einschläge zu sehen. Es sieht so aus, als sei eigentlich die Brücke oder die Bahn überhaupt das Angriffsziel gewesen, aber verfehlt worden. Die 8. Amerikanische Luftflotte flog ihre Angriffe im allgemeinen gegen Industrieziele und Verkehrswege. Dazu paßt, daß auch diesmal wieder der ganze Bereich nördlich der Schützenallee mit dem Güter- und Rangierbahnhof umgepflügt wurde, in den angrenzenden Straßen wurden die Trümmer erneut zertrümmert und noch weitere Häuser zerstört, die Aktienbrauerei getroffen, die es eigentlich schon gar nicht mehr gab, Güterzüge brachen auseinander, Munition flog in die Luft, im Liebesgrund kamen zu alten Kratern neue Trichter. Die Römerringbrücke hatte wieder etwas abbekommen, stand aber immer noch.

Daneben aber gingen in einem breiten Streifen Bomben in der Stadt nieder. Hermann Seeland wieder einige Tage danach als Berichterstatter: Die Blankenburg ist total zersprengt, ausländische Arbeiter sind dabei, einsturzgefährdete Teile abzutragen. Die drei nächsten Häuser zur Schuhstraße hin sind fort, das Blume-Haus, eins der letzten wirklich alten am Hohen Weg, ebenfalls zerstört, die großen Geschäftshäuser wie Lindemann gegenüber und zur Scheelenstraße hin (Pferdemarkt) in Trümmern, die Altpetristraße praktisch vernichtet, im Sack (die Straße gibt es heute nicht mehr) kaum noch etwas heil. Die Ecke Zingel/Rathausstraße/Binderstraße wurde schwer getroffen, das sogenannte „braune Haus" und die Tischlerfachschule stürzten zusammen, eine Reihe anderer Häuser in der Rathausssstraße ebenfalls, während die Handwerkerschule nur beschädigt wurde. An der Zingel nördlich der Rathausstraße blieb nichts stehen, die Reichsbank gegenüber (heute Landeszentralbank) dagegen war leicht beschädigt.

In der Binderstraße waren mehrere Häuser getroffen, darunter Nummer 33, das von Dr. Gnegel. Der Arzt war irgendwo im Einsatz, Sohn Heinrich, der heutige Arzt, damals 18 Jahre, an der Ostfront verwundet und Patient im Sülte-Lazarett, hockte an diesem Vormittag mit Mutter und Hausmädchen im Keller Binderstraße. Fragt man ihn heute nach den Ereignissen, ist die Antwort eher trocken. In der Tat, die Bombeneinschläge kamen näher, das war zu merken. Und dann kam das Haus von oben. Sie waren in ihrem Keller verschüttet, lebten aber jedenfalls und warteten ab, wurden auch bald ausgegraben. Die nächsten Wochen verbrachten sie in der Richard-Wagner-Straße, erlebten von dort fast als Zuschauer den Angriff vom 22. März, suchten danach die Binderstraße auf und fanden eine kleine Brandbombe auf der Rückseite des Hauses. Wäre das Gebäude nicht am 3. März zerstört worden, das allgemeine Ende der Innenstadt am 22. März hätte es überstanden. Der Einhorn-Apotheke nebenan war fast nichts passiert.

Weiter mit Hermann Seeland: In der Gartenstraße wurden nördlich der Binderstraße mehrere Häuser vernichtet, das Theater angeschlagen. In der Gartenstraße wurde ausgerechnet ein kleiner Erdbunker in einem Garten getroffen. Dort hatte Ewald Sprenger, Gesangslehrer am Josephinum, mit Frau und zwei kleinen Kindern Schutz gesucht. Alle vier kamen um. In der Einumer Straße sind die Häuser von der Zingel bis zur Herderstraße vernichtet, die Osterstraße erhielt Treffer, die Sülte mindestens einen schweren Volltreffer, ebenso ein Erdbunker im Garten. Mindestens dort gab es Tote.

An der Herderstraße Trümmerhaufen an der Ostseite, verwüstet ferner die Einumer Straße zwischen Herder- und Schillerstraße, einzelne Häuser zerstört an der Orleanstraße, Goebenstraße, auch nördlich der Einumer Straße. Das Polizeigebäude (Göring-Haus) wird schwer beschädigt, in der Umgebung fallen weitere Bomben und zerstören unter anderem Teile der Fabrik Ahlborn an der Lüntzelstraße. – Hält man sich bei dieser Darstellung den Hildesheimer Plan vor Augen, so wird klar, die Bomben haben eine breite Schneise durch die Stadt gezogen.

Hermann Seeland beobachtet, daß es nach den vielen Toten aus den beiden Angriffen an Särgen mangelt. Bestattet wird in „einfachsten Särgen aus weißem Fichtenholz ohne jeden Beschlag und ohne jede Verzierung." Die Zeitung rechnet um diese Zeit mit im ganzen etwa 350 Toten, Seeland weiß andererseits, daß man in der Linkstraße bis jetzt noch nicht einmal zu möglichen Verschütteten vom 22. Februar vordringen konnte. Es mögen also weitere Vermißte unter den Trümmern liegen.

Die Stadtverwaltung Hildesheim ermittelte nach dem Kriege für den 3. März 76 Todesopfer, davon 66 beurkundet. Am 22. Februar waren es, wie weiter oben berichtet, zusammen 360, davon 301 beurkundete. Also forderten beide Angriffe zusammen 436 Todesopfer.

Der Sonntag, 4. März, blieb ausnahmsweise ohne Sirenengeheul, aber dann ging es gleich wieder los, an manchen Tagen mit Voralarm oder Warnung bis zu neun Stunden „Luftgefahr", ein bis drei Vollalarme pro Tag oder Nacht waren die Regel. Am 8. März hielt Kreisleiter Meyer für die Toten vom 3. März die Trauerfeier unter dem Motto „Über allem steht Deutschland". In der Zeitung wird darauf hingewiesen, private Möbeltransporte kommen nicht in Frage, erinnert wird außerdem an die Volkssturm-Meldepflicht. Viele Hildesheimer sind offensichtlich dabei, so es geht, die Stadt zu verlassen oder wenigstens ihre Möbel auf dem Lande in Sicherheit zu bringen.

Dazu das „Kreispresseamt der NSDAP": „Keine privaten Möbeltransporte! – Möbel können bis auf weiteres nur aus solchen Wohnungen geborgen und abtransportiert werden, die nach fachmännischer Beurteilung unbewohnbar sind. Alle anderen Wünsche müssen zu-

Ruine der Superintendentur. Rechts geht es in den Hohen Weg, geradeaus in die Schuhstraße. Im Hintergrund links die Regierung, ganz am Rand, noch gerade zu erkennen, die Domtürme.

Leere Fensterhöhlen an der Steingrube. Das Haus daneben blieb unversehrt.

Der Bereich Scheelenstraße. Im Hintergrund das zerstörte Haus der Barmherzigen Schwestern.

Alte Kemenate im Sack. Man beachte die Inschrift: „Fesser jetzt Steuerwalder Straße".

Merkwürdig geformt sind manchmal die Ruinen, wie hier am Hohen Weg. Im Hintergrund das Rathaus.

Die Reste der Normaluhr lassen erkennen: Dies war einmal der Pelizaeus-Platz. Im Hintergrund St. Andreas.

rücktreten. Fahrzeuge, die von privater Seite für die Bergung von Möbeln usw. aus anderen als den oben bezeichneten Häusern benutzt werden, werden beschlagnahmt." An anderer Stelle heißt es, daß „auch für kleinste Eisenbahnfahrten, also schon für Fahrten bis zur Nachbarstation, ein Ausweis nötig ist". Schließlich wird auch „wildes Quartiermachen" untersagt, zum Beispiel jenen, „denen die Hildesheimer Luft plötzlich zu ‚ungesund' geworden ist, selbst wenn sie früher die ihnen nahegelegte vorsorgliche Evakuierung mit großer Geste als ‚unnötig' abgelehnt haben. Heute denken sie anders und sind die ersten bei einer Art mißverstandener und ungeregelter Selbsthilfe, mit der sie eine wilde Quartiermacherei inszenieren."

Ein Hildesheimer Spediteur hatte sich einen Wohnwagen ausgebaut, mit dem er bei Alarm ins Grüne fuhr. Zum Transport benutzte er eine Zugmaschine mit Dieselmotor. Die Gestapo nahm ihn fest – wegen des Dieseltreibstoffs. Das darbende Volk war mit einer Bestrafung vermutlich einverstanden, und wohl deshalb stand die Geschichte mit Adresse in der Zeitung. Das Volk konnte ja nicht wissen, was seine Oberen so alles taten. So soll – hieß es nach dem Krieg in hannoverschen Zeitungen – Gauleiter Lauterbacher an genau dem Tage alle Möbeltransporte aus Hannover gesperrt haben, als er für sich selber sechs Möbelwagen mit seinem Haushalt in einem Schloß im Solling untergestellt habe. Übrigens ist Lauterbacher nach dem Krieg zweimal wegen schwerer Delikte angeklagt worden – unter anderem ging es um die Tötung alliierter Gefangener in Hameln – , beide Male ist er aus Mangel an Beweisen freigesprochen worden.

Nach den schweren Angriffen vom 22. Februar und 3. März rechnete die Bevölkerung nervös jetzt bald mit dem nächsten. Schmieder: „Die Aussichten, von Hildesheim wegzukommen, waren schlecht. Man konnte das ganze Leben und Treiben in Straßen, Wohnungen und Betrieben mit dem Gewimmel eines aufgewühlten Ameisenhaufens vergleichen. (...) Es war uns nicht erlaubt, die Arbeit vor Vollalarm im Stich zu lassen, aber wenn es z.B. hieß, ein feindlicher Jagdverband sei im Anflug auf Nordwestdeutschland, so wußte jeder, daß dieser Spitze die Bomberverbände folgten, und niemand rührte mehr einen Finger, sondern alles hörte gespannt auf die Nachrichten von der weiteren Entwicklung des feindlichen Unternehmens."

Die Luftschutzwachen im Rathaus hatte man aufgehoben, wohl einsehend, daß sie im modernen Bombenkrieg nicht viel ausrichten konnten. Das Bauamt war wegen Kohlenmangels schon Anfang Februar vom Rathaus ins frühere Bankhaus Davidson in der Scheelenstraße ausgewichen, dort saß man ziemlich eng. Ging Schmieder einmal ins Rathaus, fand er dort nur zerstörte Fenster, Dreck und Mörtelbrocken auf Tischen und Stühlen. Der Marktplatz war auch nicht mehr der alte, viele Dächer abgedeckt: „Es tat aber dem Aussehen der Stadt keinen Abbruch mehr, ob irgendwo ein Haufen Schutt, Steine oder Glasscherben mehr die Straße verschandelte. Das sehenswerte Städtchen Alt-Hildesheim hatte bereits aufgehört zu existieren."

Bomben auf Senking und Himmelsthür

Am 14. März kam der nächste Angriff. 60 Fliegende Festungen sollten wiederum den Rangierbahnhof und vor allem die Vereinigten Metallwerke (VDM) zerstören, wie Meyer-Hartmann („Zielpunkt") nachgewiesen hat. Getroffen wurde aber vor allem Senking, VDM nur wenig beschädigt. Das Gaupresseamt teilt den „neuen Angriff auf Hildesheim" am nächsten Tag in der Zeitung ohne nähere Hinweise auf die Örtlichkeit in 13 Druckzeilen mit, am 16. März ist von 48 Gefallenen die Rede, und es wird vor Zeitzündern gewarnt. Daß ein Industriewerk getroffen wird, ist natürlich geheim, kann gar nicht gedruckt werden, auch wenn jeder Hildesheimer auch so Bescheid weiß.

Das Zweigwerk der VDM, 1934 gegründet, war für Motorenteile (Zylinderblöcke, Kurbelgehäuse) und nicht zuletzt für die Produktion von Flugzeug-Propellern zuständig und damit ein wirklich bedeutender Rüstungsbetrieb. Generalluftzeugmeister Milch hatte einmal einen kompletten Frankfurter VDM-Vorstand abgelöst, weil die Produktion nicht funktionierte: So wichtig war ihm das Herstellungsprogramm des Unternehmens. Gegen Kriegsende waren im Hildesheimer Werk 5000 Leute beschäftigt (einschließlich Gefangener und Zwangsarbeiter). Hier konnte ein Bombenangriff militärisch tatsächlich gerechtfertigt sein.

Das Senkingwerk nebenan, etwa 2500 Mitarbeiter, bekannt als Hersteller von Küchen und Feldküchen, im Krieg aber auch Produzent von Teilen für Nebelwerfer und Lenkgetriebegehäuse (Meyer-Hartmann), war, mit VDM verglichen, weit weniger bedeutend. Bei VDM aber gab es neben betonierten Kellern einen vergleichsweise sicheren Bunkerstollen unter dem mächtigen Schornstein des ehemaligen „Ammonia"-Werkes bzw. des VDM-Vorgängerwerkes, Maschinenfabrik Propfe (nach dem Kriege wurde er auf Geheiß der Besatzungsmacht gesprengt und beseitigt). Bei Senking, baulich in großen Teilen eine Werksanlage aus dem Anfang des Jahrhunderts, hielten die Decken auch im Bunkerstand der Luftschutzleitung den Angriff nicht aus. Und ausgerechnet Senking wurde bombardiert.

Der Rangierbahnhof bzw. der Güterbahnhof überhaupt wurde wiederum schwer beschädigt, erst etwa eine Woche später konnte wieder ein Zug fahren. Die Zuckerraffinerie bekam wieder etwas ab, der Milchhof wurde schwer getroffen, die zerstörte Aktienbrauerei und mehr oder weniger alle noch vorhandenen Häuser, die in der Umgebung lagen. Kurz nach 15.30 Uhr hatte der Angriff begonnen, er dauerte kaum zehn Minuten, aber er hinterließ ein Inferno. Noch am Abend standen die Flammen hoch gegen den Nachthimmel. Hermann Seeland: „Noch um Mitternacht glänzten auf dem Domhof die Mauern unseres Domes, des Landgerichtsgebäudes wie unserer Kurien im Scheine der brennenden Nordstadt so hell und grell wie kaum beim klarsten Sternenhimmel und Vollmond."

Diesen Angriff hat Luise Stieghan, heute 75 Jahre, im Milchhof erlebt, in einem Splittergraben auf dem Werksgelände, euphemistisch „Bunker" genannt. Der Graben mit seinem Betondach hätte, wie er war, nicht viel ausgehalten, Mitarbeiter haben ihn aber verstärkt, die Decke abgestützt, das Dach mit einem Berg von Metallbarren vom Schrotthandel nebenan überdeckt. Eine zusätzliche Tür wurde ebenfalls eingebaut. Für Licht war eine Autobatterie zuständig. Bei jedem Angriff gingen Familie und Personal – darunter acht Fremdarbeiter, zwei Russen, zwei Italiener, Holländer, Belgier, Ukrainer und Letten – in diesen Graben. Ein Volltreffer wäre für alle das Ende gewesen.

Die erste Bombenwelle ging über sie hinweg, ein Moment Ruhe. Ein Blick aus der Falltür zeigte, das Wohnhaus brannte, die zweite Welle kam, die nächste. Es ging drunter und drüber. Der Boden bebte, der Bunker wankte, mit infernalischem Krachen explodierten schwere Bomben in unmittelbarer Nachbarschaft, eine Luftmine fiel mitten in die Molkerei. Angst, schreckliche Angst beherrschte alle. Luise Stieghan ein halbes Jahrhundert danach: „An dem Tag haben wir das Beten gelernt." Hoffen, es werde gut gehen, Fürchten, das Ende könne jeden Augenblick da sein. Die unerträgliche Spannung, wenn die Bomben näher kommen, das endlose Warten, wann hört das endlich auf. Ihr Mann nimmt sie in die Arme, es daure nur noch wenige Minuten – die Erfahrung hatte man ja. Wenigsten die Kinder waren nicht in Gefahr. Die hatte Luise Stieghan schon in ihre Heimat bei Halberstadt gebracht.

Als der Angriff vorüber ist, können sie nicht hinaus, die Falltür hat sich verklemmt. Ein neuer Schreck. Aber von draußen wird geholfen. Wieder am Tageslicht, erkennen die Menschen, nur wenige Meter neben ihrem Bunker zum Grundstück Hennies hin ist ein riesiger Trichter. Eigentlich müßten sie alle tot sein und wären es ohne die Verstärkung des Grabens wohl auch gewesen. Um einen Fingerbreit sind sie entkommen. Oben auf dem Bunker liegt eine Eisenbahnachse, die vielen Meter vom Güterbahnhof her ist sie einfach geflogen. Ein Pferdegespann ist tot. Hinter dem Schornstein der Molkerei liegt ein Blindgänger, das Wohnhaus brennt. Eine Bahnfeuerwehr, um Hilfe gebeten, lehnt ab. Sie sei nicht zuständig. In den nach oben offenen Milchtanks der Molkerei stecken Brandbomben in der Milch. Die ist verdorben und wird kurzerhand zum Löschen des Feuers benutzt. Die besseren Teile bekamen aber vorher die Fremdarbeiter. Dafür muß sich Molkereichef Walter Stieghan wenig später im Kreisbefehlsstand am Berghölzchen wegen „Vergeudung" verantworten. Und bekommt zugleich den Hinweis, eine ordentliche Großkanne frischer Milch möge er doch sogleich dort anliefern. Ohne Geld und Marken, versteht sich.

Luise Stieghan hatte zu ihren Fremdarbeitern ein gutes Verhältnis, wohl mußten einige getrennt essen, was noch die mildeste Auslegung der Vorschrift war, aber in der Molkerei hat niemand gehungert. Die Russen mußten zwar abends ins Lager zurück, aber auch sonntags aßen sie bei Stieghans. Die anderen lebten sowieso dort, auch ein russisches Mädchen gehörte zum Haushalt. Nach dem Kriege hat es über Jahre Besuche der Holländer und Gegenbesuche gegeben. Ein Franzose brachte noch im Krieg Kaffeemarken. Die Feindschaft der Völker wurde oben festgelegt, unten hat es sie, sozusagen gegen Gesetz und Ordnung, oft genug gar nicht gegeben.

An jenem 14. März stand ein Steckrübengericht auf der Speisekarte – über lange Jahre danach sind am 14. März bei Stieghans Steckrüben zum Traditionsgericht geworden. Zum Andenken an die Errettung aus schwerer Gefahr.

Und woher bekamen die Hildesheimer nach diesem Angriff ihre Milch? Für solche Fälle hatte die Partei vorgesorgt. Die stillgelegte Molkerei Itzum wurde reaktiviert, ebenso wie eine stillgelegte Fleischfabrik in Bavenstedt die Aufgaben des Schlachthofes übernahm.

Bomben waren aber auch im Bereich des Kalenberger Grabens niedergegangen und in der Nordstadt an der Immelmannstraße, wo 16 Menschen umkamen, dazu fielen zahllose Brandbomben im Bereich Schützenallee/Wallanlagen. Auch das Bernwardkrankenhaus wurde beschädigt, namentlich das Waschhaus brannte, konnte aber im wesentlichen gerettet werden. Nach den verschiedenen Angaben in der Literatur sollen allein bei Senking 135 Menschen umgekommen sein, darunter 60 Ausländer. Tatsache ist zumindest, daß die Werkanlagen wirklich restlos zerstört worden sind.

Der Chef der Ordnungspolizei in Berlin meldet laut Meyer-Hartmann bei Senking zunächst 400 Verschüttete, später für Hildesheim insgesamt „47 Gefallene, 26 Tote, 16 Verwundete." Noch etwa 30 Menschen seien verschüttet (Lagemeldung vom 30. März). Unter den „Gefallenen" sind offenbar Deutsche zu verstehen, unter den „Toten" Ausländer. So ist die Zeit. Am 17. März veröffentlicht die Hildesheimer Zeitung im Nachruf 34 Namen, darunter den von Senking-Direktor Rudolf Hage, von Ausländern ist dabei wie gewöhnlich nicht die Rede. Die angegebenen Zahlen sind einigermaßen verwirrend – am 22. März werden in der Zeitung neue genannt, nämlich 61 plus 32 Ausländer (tatsächlich kommen Ausländer als Menschen zum erstenmal vor) –, aber die Nachkriegslisten der Stadt von 1957/58 sagen etwas anderes aus. Danach starben bei dem Angriff vom 14. März in Hildesheim beurkundet 105 Menschen, nicht beurkundet 19, davon nicht identifiziert 14. Es dürften also im ganzen 124 Bombenopfer gewesen sein, darunter 41 Ausländer.

Gemessen an den gewaltigen Zerstörungen allein bei Senking an einem Arbeitsnachmittag und dies bei mehr als 2000 Mitarbeitern, also um die 1000 in einer Schicht, ist es offensichtlich doch geglückt, die meisten Menschen irgendwie in Sicherheit zu bringen.

Otto Schmieder in der Bleckenstedter Straße sieht die hellen Flammen von Senking und Güterbahnhof am Abend wie Hermann Seeland – während des Angriffs war er diesmal im Keller der Landwirtschaftsschule – und beschließt, mit seiner Familie die Nacht im Galgenberggebiet zu verbringen. Bei der Helligkeit hätten eventuelle andere Flugzeuge in Hildesheim ein leichtes Ziel. Schon in der Feldstraße gibt es Vollalarm: „Viele schwer bepackte Leute eilten wie wir die steile Straße hinan, um die Galgenberg-Stollen zu erreichen. (...) Als wir die

Stollen in der dunklen, uns wenig bekannten Waldgegend erreicht hatten, stellte es sich heraus, daß sie bereits überfüllt waren und niemand mehr Zutritt erhielt. Vor einem der Stollen bemerkten wir eine Unzahl geparkter Kinderwagen.

„Von überall her, auf allen Wegen, mitten zwischen den Stämmen sahen wir bepackte Menschen kommen und gehen. Alles strebte irgendwie in die Dunkelheit des Waldes, unter allen Umständen von der Stadt weg, soweit wie möglich hinaus. Die Wege waren an vielen Stellen morastig, man erkannte kaum, wo man ging." Irgendwann hocken sie sich am Rande eines breiten Weges nieder und verzehren ihr Abendbrot, während fortwährend Menschen an ihnen vorbeigehen. Es wird kälter, sie stehen wieder auf, hüllen sich schließlich in Decken, wandern umher.

Am Ende mischen sie sich in einen breiten Strom von Menschen, die bei Vorentwarnung in die Stadt zurückwollen, sehen vom Berg aus noch immer Brände in der Stadt, kehren nach Mitternacht in die Wohnung zurück, die von den Flammen im Industriegebiet hell erleuchtet ist.

So war die Situation der Hildesheimer, noch hatten viele eine Wohnung und waren dennoch tags und nachts unterwegs wie Vertriebene oder Flüchtlinge. Wenn sie heimkamen, hatten sie vielleicht einige Stunden unruhiger Ruhe, bis der neue Tag wieder in irgendein Amt oder eine Fabrik führte. Dazwischen waren irgendwie Einkäufe zu erledigen, ein Essen zuzubereiten, wieder Pappe an geborstene Fenster zu kleben oder zu nageln, die beschädigte Verdunkelung zu reparieren. Wie die Leute das ausgehalten haben, kann man sich heute nur sehr schwer vorstellen.

Schmieder ist am nächsten Tag zum Einsammeln von Brandbomben eingeteilt, dabei sieht er die Trümmerwüsten von Senking und Güterbahnhof, trifft auf Polen- oder Russenmädchen an der vernichteten Präservenfabrik beim Frühstück, Juden an der Römerringbrücke beim Ausladen von Waggons mit Kartoffeln. Sie tun ihm leid, „aber ich bemerkte nicht, daß sie getrieben wurden". Es gab wohl nicht nur Antreiber und schießwütige Aufsichtspersonen, die wir aus anderen Fällen kennen.

Schmieder weiter über diese Tage: „Die Nerven der Bevölkerung waren aufs äußerste strapaziert. Die Menschen wurden durch das fortwährende Heulen der Sirenen nur immer hin- und hergejagt. In den Ämtern und Büros täuschte man nur Tätigkeit vor, in Wirklichkeit geschah gar nichts. Niemand vermochte sich auf eine Arbeit zu konzentrieren. In den Fabriken legte man die Hände in den Schoß, weil das Material fehlte oder die Kohlen. Die Aufräumungs- und Instandsetzungsarbeiten in den zerstörten Stadtteilen schritten nicht vorwärts.

„Ganze Regimenter von ausländischen Arbeitern aller Nationalitäten – wie wurden diese Menschenmassen nur untergebracht und verpflegt? – sah ich bei Fliegeralarm in der Schützenallee aus der Stadt herausströmen. Man mußte sich, wenn man entgegengesetzt gehen wollte, förmlich durch diese Menschenmassen hindurchwinden, die die ganze Straße verstopften, und man sah im Vorübergehen: Auf den meisten Gesichtern stand das Wort ‚Angst' sehr deutlich geschrieben. Sie suchten offenbar im Freien Schutz, denn man hatte ja nicht einmal für die Einwohner Schutzräume genug, und bis sie nach Alarm wieder an ihrer Arbeitsstelle versammelt waren, vergingen Stunden, sodaß auch hier nichts geschah. Von den Frauen waren am meisten die zu bedauern, die kleine Kinder hatten. Aber ob mit Kindern oder nicht, die Frauen konnten nichts mehr beschicken. Sie hasteten sich ab, und Haushalt und Familie befanden sich trotzdem in der größten Unordnung."

Schmieder rechnet mit Nachtangriffen und begibt sich gewöhnlich ab 19 Uhr in den neuen Stollen im Liebesgrund. Unter zwölf Metern Deckung in gewachsenem Boden bei Kerzenschein und Unbequemlichkeit ist ihm wohler „als daheim im geheizten Zimmer auf einem Sessel mit einem Buch, elektrischer Beleuchtung und Rundfunk" (allerdings durfte man schließlich nur noch eine einzige Glühbirne benutzen und nur die schwächste), „und Sicherheit und seelische Ruhe war das, wofür man allen Komfort der Neuzeit fahren ließ." Drei Stollen waren derzeit in Arbeit, für Ausländer nicht freigegeben, dieser der längste Stollen mit etwa 30 Metern Gewölbe unter dem Kriegerdenkmal. Gemeint ist das von 1870/71, das es heute nicht mehr gibt. Die Namenstafeln wurden später am Marienfriedhof angebracht. Dort sind sie, halb überwachsen, 1994 noch zu finden.

Der Stollen, über den Schmieder berichtet, war damals noch im Bau, noch nicht abgestützt, und eine Feldbahn führte ihre Gleise bis an das Ende, wo schließlich eine Querverbindung zu einem anderen Stollen erreicht werden sollte. Bis dahin hatte dieser Stollen nur einen Ein- bzw. Ausgang, konnte also leicht zur Falle werden.

Der Angriff auf Senking war am 14. März tagsüber erfolgt, am nächsten Abend war Himmelsthür an der Reihe.

Am 15. März abends wird der Kern des Dorfes Himmelsthür zerstört, aber glücklicherweise gibt es diesmal nur einige Verletzte, keine Toten. Särge waren auch schon nicht mehr zu haben. Nach Kruse wurden nach dem Angriff vom 14. März bereits viele Opfer in einfachen Papiersäcken bestattet.

Gegen 21 Uhr bemerkt Hermann Seeland an diesem Tag in seiner Kurie am Domhof das Krachen und Bersten niedergehender Bomben, offenbar sind die Einschläge aber nicht in der Nähe. Erst später erfährt er, daß Himmelsthür schwer getroffen ist. Immerhin hat der Luftdruck über die Entfernung jedoch ausgereicht, um die Pappe wieder aus den notdürftig geflickten Fenstern seiner Wohnung herauszureißen.

Am 17. März besucht Seeland Himmelsthür und ist erschrocken über die Zerstörungen. Die katholische Pfarrkirche hat offenbar genau in der Mitte des Langhauses einen verheerenden Volltreffer erhalten, der das ganze Gebäude auseinandersprengte. Vom Dachstuhl ist in der Mitte nicht einmal eine Spur geblieben, nach Osten und nach Westen hin sind wenigstens noch Reste vorhanden. Dach und Türen, das komplette Innere der Kirche, alles zertrümmert, davongeblasen, die noch stehende Westwand ist mehrfach gerissen.

Eine Mutter-Gottes-Statue liegt zerbrochen im Schutt. Die Wände immerhin, denkt Seeland, und der Chor können bei einem Wiederaufbau verwendet werden – falls nicht Regen und Frost die Mauern bis dahin von oben her zerbröckeln. Das Pfarrhaus eine Ruine, Stein- und Lehmwände aus dem Fachwerk gerissen, das machte der Explosionsdruck; ein riesiger Bombentrichter im alten Friedhof zeigt den Grund dafür. Nördlich der Kirche zerstörte Häuser, ebenso ruiniert oder doch sehr schwer beschädigt weitere Häuser im Süden und Westen. Außerdem fielen Bomben im Nordosten Himmelsthürs, zum Beispiel im Gelände des ehemaligen Klostergutes, das gegenwärtig als Proviantamt genutzt wird.

Drei oder vier Himmelsthürer sind verletzt worden, darunter die Haushälterin des Pfarrers. Sie wurde aus den Trümmern des Pfarrhauses geborgen, wo sie in den Keller gegangen war. Der Pfarrer selber und andere Anwohner hockten während des Angriffs in einem Splitterschutzgraben am Friedhof, der Eingang war zwar halb verschüttet, aber diesmal hat ein Graben wenigstens vor weiteren Opfern bewahrt. Die Bomben gingen glücklicherweise in genügendem Abstand nieder. Sonst hätte er nichts geholfen.

Dies geschah am 15. März 1945. Etwa drei Wochen später rückten die Amerikaner in Hildesheim ein. Der Krieg war fast zuende. Aber in den wenigen Tagen dazwischen mußte noch das Unvorstellbare geschehen, mußte die wirkliche große Katastrophe die mehr als 1100 Jahre alte Stadt mit den höchsten Kulturgütern Europas ereilen, mußten um die 1000 Menschen grauenhaft sterben, mußte ein ganzes Stadtbild im Kranz seiner grünen Wälle und nach Norden, Westen und Osten noch darüber hinaus vernichtet werden. Es kommt einem noch heute, 50 Jahre danach, geradezu unfaßbar vor, daß dies wirklich passierte. So kurz vor Kriegsende und vollkommen sinnlos.

Die Katastrophe vom 22. März 1945

Am 22. März 1945 stand Hildesheim unter den angegriffenen und vernichteten Städten nicht allein. Am gleichen Tage wurden zum Beispiel Dorsten und Dülmen zerbombt. Aber schon Monate vorher hat einer wie der Feldmarschall Erhard Milch im Zusammenhang mit der mangelhaften Jagd-Abwehr notiert: Wenn es nicht gelinge, den Alliierten schwere Schläge beizubringen, wirklich ihre Moral (die der Flugzeugführer) zu erschüttern, werde sich der Feind „nach der Zerstörung der Großstädte den kleineren Städten zuwenden; und dieselbe Armada, die jetzt systematisch Berlin bombardiere, werde dann in Zukunft Städte wie Braunschweig oder Hildesheim auslöschen können, und zwar fünf oder sechs auf einen Schlag." (Zitiert nach David Irving, „Die Tragödie der deutschen Luftwaffe," 1979, Seite 348).

Milch sah eine solche Gefahr 1944, wenngleich ihm Hildesheim sicher nur ein zufälliges Beispiel war; in Hildesheim dagegen hofften 1945 noch immer manche, es werde nicht zum Schlimmsten kommen. Welchen Zweck sollte ein Angriff noch haben? Was kriegswichtig sein konnte, war, sieht man vom Trillke-Werk im Walde ab, mehr oder weniger zerstört. Was gab es – militärisch gedacht – noch für Ziele? Sogar der Eisenbahnverkehr war kaum noch der Rede wert.

Doch die Briten und ihre kanadischen Verbündeten haben am Abend des 21. März ihren Bomben-Auftrag vom Stab des Luftmarschalls Sir Arthur Harris erhalten. Das Ziel heißt Hildesheim mit dem Tarnnamen „Finnock". Die Stadt ist zum Tode verurteilt, sie weiß es nur noch nicht. Und was wissen die Bomberpiloten und Mannschaften von Hildesheim, von Bischof Bernward, vom Knochenhauer-Amtshaus, von Dom oder St. Michaelis? Vermutlich nichts. Vielleicht hat der eine oder andere einmal einen Band Kunstgeschichte in der Hand gehabt. Vielleicht. Doch was zählt das im Krieg?

Der Auftrag für Briten und Kanadier lautet, so dokumentiert Meyer-Hartmann, deutlich und klar: „To destroy built up Aerea with associated Industries und Railway Facilities." Das heißt eindeutig: Zerstörung der bebauten Flächen (also der Stadt) in Verbindung mit (benachbarter oder verbundener) Industrie und Bahnanlagen." Dies ist für die Nachwelt ein halbes Jahrhundert später festzuhalten: An erster Stelle steht für die fliegenden Abgesandten von Sir Harris die Stadt und ihre Zivilbevölkerung, die Industrie nur an zweiter Stelle, falls sie überhaupt wirklich gemeint ist. Der Hinweis kann auch Tarnung gegenüber den eigenen Leuten gewesen sein, die von sich aus bei einem erklärten Angriff auf die Zivilbevölkerung vielleicht Skrupel gehabt hätten. Sicher ist zumindest: Hildesheim war am 22. März 1945 kein militärisches Ziel. Nicht einmal von der SS ist in den Angriffsplänen die Rede, allen Gerüchten nach dem Kriege zum Trotz, und kein einziges militärisches Ziel wie etwa der Flugplatz (der ja auch nicht angegriffen wurde) steht auf der Liste.

Mehr noch, wenigstens die Kanadier unter britischem Kommando hatten möglicherweise keine Ahnung, was sie da taten. Anfang August 1994 haben Kanadier in einem Film deutlich erklärt: Sie wurden von der britischen Regierung unter Churchill nach Strich und Faden getäuscht, die kanadische Regierung wurde nicht unterrichtet, den Soldaten wurden militärische Ziele vorgegaukelt, die keine waren, und sie wurden mit Bomben auf wehrfähige Männer gehetzt, die gar nicht existierten, sondern töteten Frauen, Kinder und Greise (ARD-„Tagesthemen" vom 8. August 1994). Zu vermuten steht, daß – vielleicht abgesehen von den „Mastern" – auch die britischen Bomberbesatzungen im guten Glauben gelassen wurden, wichtige Taten für den Sieg über die Nazis zu leisten und deren Soldaten. Die freilich lagen in Hildesheim vorzugsweise nicht in Stellungen, sondern als Kranke und Verwundete in Lazaretten.

Der Amerikaner James W. Corson – er wurde als 20jähriger an Bord eines Bombers vom Typ B 24 bei einem Angriff auf das Hydrierwerk Misburg am 4. November 1944 abgeschossen und landete mit dem Fallschirm bei Hildesheim – hat dem Verfasser am 25. August 1994 von

*St. Andreas von Osten.
Weiter vorn links im Bild
die Scheelenstraßen-Seite des
Hauses Kressmann.*

Die schwer zerstörte Andreaskirche von Norden (Andreasplatz).

*Geborsten und verbogen.
Blick in das Schiff der
Andreaskirche nach Osten.*

Am Steine geht der Blick zum Düsteren oder Paulustor, dem westlichen Eingang der Domburg.

Der zerbombte Dom mit dem Westwerk und den ausgebrannten Türmen.

Wie von Riesenhänden zerschmettert, zerbrochene Gewölbe, dahinter das Westwerk.

Blick ins Innere des Domes. Notdürftig wurde ein Pfad vom Schutt befreit.

Kreuzstraße mit der gut erhaltenen „Regierung" im Hintergrund. Die Schienen im Pflaster zeigen: Hier fuhr früher die Straßenbahn.

sich aus erklärt, auch den jungen Amerikanern sei weisgemacht worden, sie bombardierten nur militärische Ziele und Fabriken und dies mit absoluter Treffsicherheit punktgenau. Sogar durch Wolken hindurch. Der Bevölkerung geschehe nichts. Aber er wisse genau, es sei nicht so gewesen, sagt Corson weiter. Ganz abgesehen davon, daß manches Flugzeug auch gar nicht präzise auf Kurs gelegen habe oder die Leute aus Furcht vor der Flak die Bomben eher ausklinkten. Übrigens wußte der 20jährige Amerikaner in jenen Tagen über Deutschland, seine Geschichte und Kultur buchstäblich nichts. Er kämpfte gegen Hitler und die Nazis, so wie sie ihm dargestellt wurden. Heute ist er geradezu froh, daß er schon beim zweiten Feindflug aussteigen mußte, so unangenehm die Gefangenschaft sein mochte. Er hat das neue Hildesheim gesehen und Bilder der gemarterten Stadt. Solche Bombenaufträge blieben ihm erspart.

Der britisch-kanadische Angriff am 22. März 1945 wurde genau nach Plan durchgeführt: Luftaufnahmen, bei klarem Wetter Monate später im Sommer gemacht, zeigen eine vollkommen in Asche und Trümmer versunkene Hildesheimer Innenstadt zwischen den Wällen – ein unvergleichliches und schauderhaftes Dokument. Deutlicher kann das getroffene Ziel eines konzentrierten Flächenangriffs kaum noch dargestellt werden. Zielpunkt im Koordinatensystem als Anhaltspunkt für den Abwurf der Bombenlast ist nach Meyer-Hartmann die Andreaskirche. Nicht VDM, Senking, Ahlborn, Trillke, Bahnhof, Hafen, Flugplatz, Kasernen, sondern das Zentrum der Innenstadt, einer der Mittelpunkte europäischer Kultur und Zivilisation. Und dieses Zentrum wurde ausgelöscht, mit fast allen Bauten und einer Vielzahl von Menschen – Zwangsarbeiter der verschiedensten Länder, eigentlich irgendwann auf Befreiung von den Deutschen hoffend, nicht ausgenommen. Dazu Kranke verschiedenster Nationen, Verwundete in Lazaretten.

Der „totale Krieg" war wirklich ein totaler Krieg. Er hatte sich beiderseits so entwickelt. Die berüchtigte Goebbels-Rede im Sportpalast (18. Februar 1943) nicht einmal eingerechnet. Sie wird zwar heute immer wieder als Beispiel für den Willen des Volkes zitiert, aber wer war schon dabei – und wer hätte wohl dagegen öffentlich protestieren können? Außerdem, als diese Rede gehalten wurde, war der totale Krieg in Wahrheit längst Tatsache.

Der totale Krieg hieß auf allen Seiten, vernichten, was möglich ist. Menschen spielten bei den Planern als solche keine Rolle. Es genügt, sie sind Deutsche, Polen, Russen, Italiener, Franzosen, Engländer, Amerikaner; es wird schon lange nicht mehr gefragt nach Müttern oder Kindern. Und Bomben, anonym ausgelöst, machen schon gar keinen Unterschied. Das war das Praktische daran. Mit Opfern, lebenden Menschen von Angesicht zu Angesicht, damit brauchte sich niemand zu beschäftigen. Man sieht ein Planquadrat, kein Ziel im eigentlichen Sinne, und die sterbenden Menschen sind unsichtbar ein paar hundert oder tausend Meter unter einem, sie mögen sich in den Rand einer Erdmulde krallen, im Splittergraben erdrückt oder verschüttet werden, in einem Keller verkohlen oder an Sauerstoffmangel ersticken – nichts davon kann den Bombenschützen berühren. Er hat allenfalls Sorgen vor Jägern oder Flak, aber nicht einmal die konnte am 22. März 1945 den Spazierflug nach Hildesheim wesentlich trüben. Nur drei Maschinen gingen unterwegs verloren.

Die einzigen Verluste im Angriffsraum selbst brachte eigene Unachtsamkeit. Ein Flugzeug wurde durch die Mine einer darüber fliegenden Maschine getroffen, und so starben die jungen Leute aus Kanada über einer Stadt, die ihnen nichts sagte, in einem Land, das sie kaum kannten, durch Fehler, die keiner wollte. Auch das ist schauerlich zu berichten.

Kurz nach elf Uhr am Vormittag des 22. März 1945 war Voralarm, zwischendurch halbe Entwarnung oder Vorentwarnung, kurz vor 13 Uhr zu spät Vollalarm, dann hörte man fast sogleich das schwere Brummen nahender Flugzeuge. Viele Menschen, die morgens in die Wälder und Stollen gegangen waren, waren wegen der Vorentwarnung eben zurück auf dem Heimweg in die Stadt oder gar schon dort angekommen, als das Verhängnis in kürzester Zeit hereinbrach. Ein strahlend blauer Vorfrühlingstag brachte Alt-Hildesheim den Untergang. Noch in weitab liegenden Dörfern wurde es so dunkel, daß man am Tage das Licht einschaltete. Die heimfliegenden Bomberbesatzungen sahen den Rauchpilz noch aus 300 Kilometern Entfernung.

Meyer-Hartmann hat die technisch-militärische Durchführung des Angriffs in seinem Buch „Zielpunkt" umfassend und minutiös dargestellt, ein Unternehmen, präzise geplant und mit 246 Flugzeugen plus Jagdschutz durchgeführt. Um 12.59 Uhr (13.59 Uhr britischer Sommerzeit) fallen die ersten Zielmarkierer, sechs oder sieben Minuten später sind mehr als 1000 Tonnen Bombenlast aus den Flugzeugschächten auf Hildesheim abgeladen. Darunter sind weit über 300 000 Brandbomben. Die Spreng- und Minenbomben reißen die Häuser auf, machen Straßen für Feuerwehren weitgehend unpassierbar, die Brandbomben legen die Gebäude in Asche.

Besonders gefährlich sind sie wegen der Feuerstürme, die durch die brennenden Häuser entstehen können. Die ungeheure Hitze läßt die Keller zu Gluthöllen werden, gleichzeitig wird der Sauerstoff der Luft verbraucht. Wer nicht erschlagen, zerrissen wird oder verbrennt, muß ersticken. Und der entstehende Sturm droht Flüchtende in die Flammen zurückzureißen. In Hamburg sind bei den riesigen Feuerstürmen und ungeheuren Flächenbränden der Aktion „Gomorrha" die Menschen durch rasende Stürme fortgerissen worden und durch Hitze und Sauerstoffmangel sogar in bombensicheren Betonhochbunkern umgekommen, obwohl die Bunker intakt blieben.

In Hildesheim ist die Feuergefahr dank enger Straßen und zahlreicher Fachwerkhäuser sehr groß, andererseits die Stadtfläche bedeutend kleiner als in Hamburg. Solche Stürme wie dort konnten sich am 22. März wohl nicht entwickeln, aber doch stark genug, um Decken von den Schultern zu reißen, schwere Eisentore hin und her zu werfen oder Feuerwehrleuten am Ratsbauhof das Weiterkommen fast unmöglich zu machen. Die Hitze war sehr bald auch draußen so stark, daß klatschnasse Wolldecken in Minutenschnelle hart und trocken wurden, kühlendes Wasser in einem Becken an der Lilie war in kürzester Zeit kochend heiß.

Dennoch hätten die Menschen, die noch Überlebenden, in der Innenstadt nach dem Ende des Bombenfalls trotz der Gefahr von Zeitzündern sehr schnell die Keller verlassen müssen, sollten sie nicht darin umkommen. Die Lebensgefahr wuchs von Minute zu Minute rapide an. Viele haben das aber nicht gewagt, manche wurden (mindestens in einem Fall) von Luftschutzhelfern daran gehindert, andere waren verschüttet. Noch Tage nach dem verheerenden Angriff wurden zahlreiche Leichen aus Kellern geborgen, die die Menschen nicht verlassen hatten, nicht verlassen wollten oder aber nicht mehr hatten verlassen können, weil etwa die Ausgänge durch Trümmer blockiert waren.

Dr. Heinz Josef Adamski schreibt in seinem Bericht für das Stadtarchiv über einen Luftschutzkeller in der Altstädter Stobenstraße, in dem er nach dem Angriff vorübergehend Zuflucht suchte und dort viele Menschen traf. Draußen loderten schon die Flammen, drinnen schien es angenehm kühl. Adamski warnte die Leute und rief ihnen zu: „Wir wollen den Keller verlassen, weil er uns nicht sicher erscheint. Wir fürchten, daß es keine Luft mehr gibt, wenn die Häuser herunterbrennen. Wer will sich uns anschließen?" Nur einer kam mit, ein Mann aus dem Ruhrgebiet, nur zufällig in Hildesheim an diesem Tag. Am Rolandstift hat die Feuerwehr unter Zugführer Pollinger noch 53 Menschen bergen und mit Hilfe des Arztes Dr. Fabius aus Söhlde 49 von ihnen ins Leben zurückholen können. Der Eingang zum Luftschutzraum war zwar zum Teil verschüttet, aber vor allem waren die Türen von innen verriegelt. Die Feuerwehrleute mußten sie mit Gewalt aufbrechen. Dann erst gelangten sie zu den Menschen und fanden sie „kreuz und quer, schwer röchelnd und zuckend auf der Erde." Hitze und Sauerstoffmangel.

In einem Bericht des Bandes „Hildesheim 1945 - 1955", herausgegeben vom Heimatbund Niedersachsen mit der Stadt Hildesheim, heißt es über das Stadtzentrum: „Aus dem Keller vom Huthaus Kayser brachte man eine Leiche nach der anderen heraus. Hier waren Soldaten eingesetzt: Einige waren in den noch glühend heißen Keller geklettert und legten um die Toten eine Schlinge, an der die verbrühten Körper durch ein Kellerfenster ins Freie gezogen wurden. Kleine Kinder, junge und alte Frauen waren es meist, die da einer nach dem andern auf Bahren gelegt und zum Leichensammelplatz getragen wurden. Auf dem Marktplatz lagen etwa 40 Tote aus dem Keller der Stadtschenke, ihre Gesichter rotbraun und teilweise schmerzlich verzerrt, die Körper stark aufgedunsen. Man war dabei, sie zu identifizieren – das konnte gewiß nicht immer gelingen.

„An der Andreaskirche sah ich sechs tote Soldaten, vertrocknet, verschrumpft; sie hatten wohl gehofft, auf dem freien Platz an der Kirche vor Hitze und Flammen Rettung zu finden. In der Scheelenstraße sah ich in einem Bombentrichter eine verkohlte Frau, nur noch wie eine Puppe groß; aus einem Hauseingang an der Rathausstraße, der von Trümmern versperrt war, ragten zwei Beine mit Männerstiefeln hervor..." Auch in der Mädchenmittelschule am Langen Hagen gab es nur wenige Überlebende, gestorben wurde im Lazarett Goetheschule, in vielen kleinen Kellern einzelner Familien, in Splitterschutzgräben; Flüchtende verbrannten auf den Straßen, wurden von einstürzenden Giebeln erschlagen, gingen erstickend zugrunde – und die Feuerwehr konnte nicht mehr helfen. Sie hatte kein Wasser.

Die Feuerwehr bei dem größten erdenklichen Brand ohne Wasser – wie war das möglich? Zu den schlimmsten Bombentreffern dieses Tages hatte jener gehört, der gleich zu Beginn an der Innerstebrücke an der Schützenallee die Hauptwasserleitung traf und zerstörte. Damit fiel die gesamte Hydrantenanlage in der Stadt aus. Den Feuerwehrleuten blieben nur noch einige Quellen wie die der Sülte und die wenigen Feuerlöschteiche. Ganze sechs waren es nach der Festschrift zum 75jährigen Bestehen der Wehr 1951, nur für sie hatte es, und das auch nur sozusagen anstandshalber, Zement gegeben. Alle Versuche der Stadt wie der Feuerwehrführer, mehr Zement zu bekommen, waren, so die Jubiläumsschrift, an der Starrköpfigkeit des hannoverschen Fachdezernenten gescheitert, der einen Angriff auf Hildesheim als Utopie bezeichnete.

Mit der gleichen oder ähnlicher Begründung (Luftschutzort II. Ordnung) bekam die Zivilbevölkerung ja auch keine Betonhochbunker, die in anderen Städten viele Menschenleben gerettet haben. In Hildesheim hockte man in unsicheren Kellern, verkroch sich in teilweise noch gar nicht fertige Stollen oder lief, falls es ging, irgendwohin ins Freie.

Flucht in die Wälder

So erging es Irmgard Tacke geb. Brennecke aus der Nordstadt, Bugenhagenstraße, damals 16 Jahre alt. Eigentlich lebte sie zu der Zeit als Evakuierte mit Mutter und sechsjährigem Bruder in der Nähe von Goslar bei den Großeltern, der Vater war 1941 gefallen. Ausgerechnet am 22. März waren alle drei in der Stadt, wollten eine Pullover-Reparatur abholen und eine Nachbarin besuchen. Kaum saß man dort bei frischem Kuchen, gab es Alarm.

Alle vier machten sich sogleich nach Norden auf, hinaus aus der gefährlichen Stadt, Steuerwalder Straße Richtung Hafen. Mit ihnen viele andere. Irmgard schleppte das Fahrrad mit dem Gepäck der Nachbarin. Dann tauchten die ersten Flugzeuge auf, die Leute begannen zu laufen, die 16jährige warf das Rad hin und rannte auch. Aber sie mußte wieder umdrehen und das Fahrrad holen, erst dann durfte sie weiter. Das erschreckt sie heute noch, wenn sie von dem Tag erzählt. In einer Kuhle im Wäldchen beim „Jungborn" fanden sie schließlich einigermaßen Deckung, viele andere gleich ihnen. Die Menschen lagen in der Mulde buchstäblich übereinander, während die Bomben auf die Stadt herabrauschten und alles zu vernichten schienen, was ihnen gehörte. Und wie leicht konnte eine abgeirrte Bombe sie auch hier noch treffen. Wenige Minuten dauerte der eigentliche Angriff, aber allen erschien er wie Ewigkeiten. Dann stieg der ungeheure Rauchpilz über der Stadt auf, der Himmel verdüsterte sich.

Die noch einmal Davongekommenen wanderten zögernd zur Stadt zurück, um zu sehen, was daheim noch da war, auf der Steuerwalder Straße kamen ihnen jene entgegen, die das Inferno eben zu verlassen suchten. Zerfetzte Kleider, dreckig, rußgeschwärzte Gesichter, der Schrecken noch in den Augen, so gingen sie. Bugenhagenstraße? Nein, dort sei nichts übrig geblieben, hieß es.

Irmgard Brennecke mit Mutter und Bruder wagten es nach einiger Zeit dennoch, fanden zwar eine beschädigte Wohnung vor, aber sie bestand wenigstens noch. Die Wohnungstür wurde provisorisch verschlossen, die Fenster wurden mit Brettern aus dem Kinderbett gesichert, dann machte man sich erneut auf. Jeden Augenblick konnte es neuen Alarm geben, neue Bomben. Ein breiter Strom von Menschen wälzte sich am Abend aus der brennenden und qualmenden Stadt. Die Angst war mit ihnen unterwegs. Brenneckes gelangten nach Asel. Ein freundlicher Mann winkte sie gleich am Ortseingang in sein Haus: „Alles nur hier herein." Das war ein herzliches Willkommen. Und dann wurde aufgefahren, genug zu essen für jeden. Und ein Nachtlager gab es auch noch. Und keine Bomben.

So endete dieser Tag für diese Familie trotz allem versöhnlich, aber bleiben konnte man in Asel natürlich nicht. Außerdem würden sich Irmgards Großeltern sorgen. Am nächsten Morgen also Abmarsch Richtung Harz. Man hielt sich zunächst östlich der Stadt, weit draußen in freiem Feld fand Irmgard angekohlte Kassenzettel einer Fleischerei aus der Scheelenstraße. Die Hitze über der brennenden Stadt hatte die Fetzen aus dem vernichteten Geschäftshaus in die Höhe getrieben, der leichte Westwind trug sie fort. So sind übrigens mancherlei Dinge buchstäblich davongeflogen, sogar schwerere wie halbe Aktenordner. Und Asche kam noch weit entfernt als heller oder dunkler Staub herunter.

Brenneckes marschierten mühsam weiter, teils querfeldein, teils an der Bahnstrecke entlang. Bei Baddeckenstedt endlich gab es einen Eisenbahnzug. Müde und erschöpft wurde schließlich das Ziel erreicht. Ein Schicksal von vielen, ein relativ günstiges noch dazu. Mehr persönlichen Ärger gab es eigentlich später, als man bei der Rückkehr nach Hildesheim die eigene Wohnung trotz Absperrung der Tür besetzt fand – die Stadt hatte eine Ausgebombte eingewiesen. Und der kleinen Familie eines gefallenen Soldaten die Wohnung fortgenommen. Man rückte nach einigem Hinundher zusammen, die Fremde zog irgendwann auch wieder aus, die Stadtverwaltung schrieb dennoch einen Brief, die Brenneckes müßten wieder fort. Sie kümmerten sich allerdings nicht darum, und dabei blieb es.

Dr. Rudolf Zoder, seinerzeit Hildesheims Stadtarchivar, war noch zum Schluß eingezogen worden und tat zuletzt Dienst auf dem Fliegerhorst. Auch dort gab es keinen Bunker oder bombensicheren Keller, und bei Alarm befahl der Kommandeur nach seinem Ermessen „Auflockerung". Dies hieß laut Zoder (so sein Bericht vom 3. Juni 1947 im Stadtarchiv), der Horst wurde praktisch geräumt. Die „Horstinsassen" eilten wie die Nordstädter in die Steuerwalder Auenwälder oder in die Giesener Berge, ferner gab es am Rande eines Steinbruchs bei Himmelsthür einen Stollen. Dorthin wollte Zoder am 22. März, aber die Bomber waren schneller. Noch vor Erreichen des Dorfes Himmelsthür warf sich Zoder in einen flachen Graben und überstand dort den Angriff.

Im Freien Zuflucht suchten bei Alarm auch die Marineleute aus dem Kressmann-Haus – oder auch diese Zeitzeugin, Eva Behrens geb. Ringling aus der Hildesheimer Oststadt. Dort hatten ihre Eltern an der Einumer Straße, Ecke Moltkestraße, ein Lebensmittelgeschäft. Vater Ernst Ringling, er hatte ein Holzbein, war später Ratsherr der Stadt Hildesheim für den Freien Bürger. Eva war 1945 eben 17 Jahre alt. Als BDM-Mädchen hatte sie schon nach Angriffen in Braunschweig und Hannover Hilfe leisten müssen, hatte dort manche Stunde in Betonhochbunkern verbracht und sich dort sicher gefühlt. 49 Jahre später kann sie im Gespräch in ihrem Garten an der Kampstraße nicht begreifen, daß Hildesheim keine Bunker besaß. An jenem Morgen ging sie zur Mädchenmittelschule am Langen Hagen, wo sie drei Tage später hätte entlassen werden sollen. Aber da gab es diese Schule nicht mehr, die bei dem Angriff zerstört wurde und im einstürzenden Keller viele Menschen unter sich begrub.

Vormittags gab es Alarm, Eva lief nach Hause und fuhr von dort samt Luftschutzgepäck auf dem Fahrrad mit ihrer Mutter zu den städtischen Obstplantagen. Dort hatten sie auch die letzten Angriffe verbracht, weil Mutter Ringling im Galgenberg-Stollen Platzangst hatte. Die Obstplantagen lagen am Galgenberg, dort steht heute auf einem Teil das Landeskrankenhaus. Mit von der Partie war eine Frau aus Gelsenkirchen mit ihrem kleinen Jungen, wegen der Bombengefahr aus dem Ruhrgebiet evakuiert. Ferner kam der Terrier Beachen mit, Jagdhund Greif blieb daheim. Zum Hauptalarm tauchte auch Vater Ernst Ringling mit der Verkäuferin Margret auf, aber erst einmal passierte weiter nichts. Man machte es sich unter den Obstbäumen sozusagen gemütlich.

Es gab dann Vorentwarnung, Ringling und Margret verschwanden Richtung Stadt, um das Geschäft wieder zu öffnen, die Gelsenkirchenerin wollte Essen holen, die Mutter blieb an Ort und Stelle, Eva ging zum Großvater zur Windmühlenstraße und hörte dort den Drahtfunk ab. Da war ihr plötzlich klar, viele Flugzeuge sammelten sich am Steinhuder Meer, Hildesheim drohte Gefahr. Zu diesem Zeitpunkt war noch immer Vorentwarnung, keine Sirene gab Alarm. Eva eilte zu ihrer Mutter, ihr kamen lauter Leute entgegen, die in die Stadt wollten. Sie warnte sie, einige kamen auch mit zur Obstplantage. Dann erst heulten die Sirenen, die Frau aus Gelsenkirchen kam zurück (ohne Essen), entdeckte kurz darauf die sogenannten Tannenbäume – das Inferno begann. Sogar in den Obstplantagen wurde es kritisch. Die Menschen krallten sich in die Erde, plötzlich brannte der Baum über ihnen. Sie sprangen über die Straße zu anderen Bäumen. Nach Angaben von Eva Behrens geb. Ringling wurde die Straße von wenigstens einem Tieffliegern beschossen.

Inzwischen lag Finsternis über der Stadt, der Hund war ausgerissen, Asche rieselte vom Himmel. Ernst Ringling und Margret erschienen, sie hatten in einem Graben Schutz gefunden und waren dann noch einmal in die Stadt zurückgekehrt. Zu Hause war alles einigermaßen in Ordnung, aber Hund Greif hatte sich vor Angst unter den Schreibtisch gequetscht. Sie mußten den Tisch anheben, um das Tier zu befreien. Wenn Greif später ein Flugzeug hörte, raste er sofort in den Keller und versteckte sich unter einem Handwagen. Nicht nur Menschen haben unter den Bombenangriffen gelitten. Tieren konnte man sie nicht einmal erklären.

Ringlings sahen die brennende Stadt, betrachteten sie für die Nacht als ein gut sichtbares Ziel für weitere Angriffe, mit denen man nach dem Vorbild anderer Städte durchaus rechnen mußte, – und verließen gegen Abend Hildesheim wie Tausende andere Bürger auch. In alle Richtungen, die nach draußen zeigten, waren Ströme von Menschen unterwegs. Immerhin waren Ringlings den meisten gegenüber in einer Hinsicht im Vorteil: Ernst Ringling hatte einen „Opel Kadett", umgebaut auf Gasantrieb, und durfte damit auch fahren. Die Nacht verbrachten sie in einer Feldscheune zwischen Einum und Bettmar zusammen mit vielen weiteren Hildesheimern und schliefen dort im Stroh. An diesem Tage verlor das junge BDM-Mädchen den Glauben an den „Führer".

Christoph von Schwerin, er lebt heute in Ravensburg, war damals zehn Jahre alt, gerade einen Tag vor dem Bombenangriff hatte er Geburtstag. Mit seiner Schwester Louise war er während des Krieges bei seinem Onkel in Hildesheim in der Freiherr-vom-Stein-Straße evakuiert, dem bekannten Dr. Johannes Kobelt, langjähriger Kantor und Organist an der Andreaskirche und Studienrat am Andreanum. Schwerin schreibt 1994: „Ich war gerade 10 Jahre alt geworden, hatte schon seit Monaten aufgrund kleinerer Luftangriffe auf Hildesheim die Schule nicht besuchen können und hatte mit meinen Freunden meinen Geburtstag gefeiert. Es war ein schönes, friedliches Fest gewesen. Am nächsten Tag stand ich am Fenster des Wohnzimmers. In der Luft war ein Summen zu hören wie von tausenden von Hornissen; und dann erblickte ich sie auch schon in der Sonne - viele kleine silberne Flugzeuge, es sah schön aus... und dann ging es auch schon los. Wir rannten alle in den Keller, auch Frau H., die einen Stock über uns wohnte und die vor einem Jahr zwei Tage und zwei Nächte so schrecklich geschrien hatte, als man ihr die Nachricht überbrachte, daß Eddi, ihr Ältester, in Rußland als Leutnant gefallen war. Frau H. stand neben mir im stockdunklen Keller und betete den Rosenkranz. Und auch meine Mutter betete mit. Wir beteten alle, und Louise, meine Schwester, und ich weinten, weil wir glaubten, daß wir nun sterben müßten. Und das hätte durchaus der Fall sein können..."

Hermann Seeland überraschte der Angriff in seiner Kurie. Er stand gerade in der Haustür, als Flugzeuge sichtbar wurden: „Ich flüchtete eiligst in den Keller. Die übrigen Hausinsassen, darunter auch drei Ausgebombte aus Hannover, wie auch drei Personen aus der Nachbarkurie, hatten bereits den als Luftschutzraum geeigneten schmalen Gewölbekeller in dem äußersten Nordwestwinkel des Hauses aufgesucht. Kaum hatte ich den ersten, vorderen, an der Straßenseite gelegenen Kellerraum betreten, da hörte ich auch schon das grausige Heulen der niedersausenden Bomben, und nun folgte fast eine halbe Stunde hindurch ohne Unterbrechung das betäubende Krachen entsetzlicher Bombeneinschläge in nächster Nähe.

„Im Schutzkeller beteten wir alle hilfesuchend in kurzen Stoßgebeten; ich erteilte allen die Absolution. Wir wagten kaum zu hoffen, daß wir lebend den Keller verlassen würden. Das Kellergewölbe zitterte und bebte gewaltig; in den beiden nordwestlichen Kellerräumen bröckelte der Verputz und Mörtel von dem Gewölbe hernieder, und es waren, als ich nachher sah, nicht unerhebliche Risse und Sprünge im Gewölbe entstanden. Die Kellerfenster auf der Gartenseite, obwohl durch Backsteine und Erde geschützt, wurden eingedrückt, und ein starker Luftdruck schleuderte Staub und Trümmermassen in den Schutzkellerraum. Die nach dem Domhof zu liegenden beiden Kellerfenster an der nordöstlichen Hausecke waren durch vorgelegte schwere Betonblöcke und zwischengeschüttete Erde geschützt; aber auch diese, mindestens das vorletzte wurden eingedrückt, die Fensterwölbung durchschlagen; die beiden Kellerfenster im ersten vorderen Kellerraum waren ebenfalls mit ihrer Umrahmung in den Kellerraum hineingeschleudert. Das Gewölbe in diesem ersten Kellerraum war jedoch ohne Schäden geblieben.

„Die Bomben, denen die bösen Schäden in und an der Kurie zuzuschreiben sind, waren auf das Konvikt, das Düstere Tor, den Westteil der bischöflichen Kurie und besonders auf den kleinen, unmittelbar vor der nordöstlichen Hausecke liegenden Rasenplatz und auf die Straße vor dem Hauseingang gefallen. Hier hatten gewaltige Bomben zwei überaus tiefe und umfangreiche Trichter geschaffen; nur 5 Meter näher – und sie hätte die Kurie selbst bis in den Keller hinein völlig vernichtet."

Seeland und die bei ihm waren, haben den Angriff überstanden, es gelang sogar, die Brandbomben im Haus zu löschen – ein Opfer des Feuers wurde das Gebäude am Ende dennoch, weil zuviele Bauten in der Nachbarschaft in Flammen standen und Funken und Glut hinüberwarfen. Am Nachmittag brach das Mittelschiff des Domes im Feuer zusammen, Querschiff und die Goldene Kuppel sanken in die Tiefe. Die Westtürme brannten bis zur Spitze hinauf, die Domschenke war eine hochlodernde Flamme. Eine Motorspritze kümmerte sich nur um das Regierungsgebäude, dessen Dach und obere Bauteile brannten. Seelands Bemerkung über die Motorspritze an der Regierung gibt einen Hinweis auf die „Rangordnung", nach der nach dem Willen von

Partei und Staat zu löschen war. In der schon zitierten Feuerwehr-Festschrift von 1951 heißt es dazu: „Die Freiwillige Feuerwehr war durch Reichsgesetz Bestandteil der Polizei und selbstverständlich auch der Befehlsgewalt dieser Organisation völlig unterstellt. Schon lange bestanden Erlasse und Verfügungen, denen zufolge eine Kategorisierung der Brandobjekte nach Kriegswichtigkeit erfolgte. Wohnhäuser rangierten selbstverständlich mit an letzter Stelle. Wichtig waren Rüstungsbetriebe, staatliche, kommunale und Parteiverwaltungsstellen und die sogenannten Kulturstätten. Eifersüchtig wurde die Durchführung dieser grundsätzlichen Befehle von ortsfremden Offizieren überwacht."

Die Darstellung der Feuerwehr

Glücklicherweise hat sich die Hildesheimer Feuerwehr daran nicht gehalten, als sie keine Verbindung zur Befehlsstelle am Berghölzchen bekam. Ein höherer Offizier warnt sie nach dem Bericht ausdrücklich, ohne Befehl die Alarmplätze am Stadtrand Goslarsche Landstraße zu verlassen, die Männer sind trotzdem in die Stadt eingedrungen und haben noch manches Menschenleben retten können. Ohne nach Katalog zu verfahren. So leisten sie Hilfe an der Goetheschule, wo noch Verwundete in den Kellern des brennenden Lazaretts liegen (der Angriff hat hier anscheinend dennoch über 100 Tote gefordert, deutsche Soldaten, Ausländer und Krankenschwestern). Aber die Forderung eines SS-Mannes, zuerst das Gestapo-Haus an der Zingel zu löschen und die dortigen Akten zu retten, die hat die Feuerwehr nicht erfüllt.

Im folgenden zitieren wir aus dem Feuerwehr-Bericht des Jahres 1951, der die dramatischen Ereignisse vom 22. März 1945 beschreibt:

„Die Wucht des Angriffes ebbt ab, die Kameraden verlassen zögernd ihre Deckung. Es bietet sich ihnen das Bild einer furchtbaren Katastrophe. Eine schwere, undurchdringliche Qualmwolke lastet auf Hildesheim. Die Sonne, im Moment noch ein rotglühender Ball, ist gleich darauf ganz verschwunden.

„Die tatsächliche Lage in der Stadt ist den Feuerwehrmännern völlig unbekannt. Es gilt, schnellstens Verbindung mit der Befehlsstelle am Berghölzchen aufzunehmen. Erste Feststellung: Sämtliche Fernsprechverbindungen sind gestört, also Funk! Der Funker in der Lotsenstelle ruft unablässig auf der Frequenz der Befehlsstelle - keine Gegenmeldung. Zweite Feststellung: Keine Verbindung mit der Befehlsstelle oder anderen Feuerwehreinheiten."

Was tun? Die ortsfremden Offiziere erinnern an die „grundsätzlichen" Befehle, warnen vor dem Verlassen der Alarmplätze. Die Feuerwehr soll abwartend an Ort und Stelle bleiben, während ihre Heimatstadt untergeht. Der Feuerwehrbericht weiter:

„Für die altbewährten Feuerwehrführer Hildesheims gab es in dieser Stunde keine ‚grundsätzlichen' Befehle. Ihnen ist klar, erschütternd klar, daß über ihre Heimatstadt die schlimmste Katastrophe aller Zeiten hinwegbraust. Sie wissen ihre Mitbürger in Lebensgefahr, sie spüren, daß jetzt schnellste Hilfe kommen muß. Vor allem aber haben diese Feuerwehrführer und auch ihre Männer erkannt, daß jetzt die Stunde ihrer Bewährung gekommen ist."

Der spätere Kreisbrandmeister Vespermann, damals Zugführer, fährt allein zur Erkundung mit einem Motorrad in die Stadt. Gas- und Rauchschwaden, glühende Flugasche und Gebäudeeinstürze drohen ihm den Weg zu versperren. Goslarsche und Einumer Straße sind durch weitklaffende Bombentrichter versperrt. „Im einzelnen ergibt sich folgendes Lagebild: 1. Die Stadt brennt im Kern vollständig, Straßen sind hier durch Phosphorbrände und Trümmerstürze unpassierbar. 2. Blindgängergefahr!"

„Zugführer Vespermann kehrt zum Ausgangspunkt seiner Fahrt zurück. Die Lage wird mit den anderen Wehrführern kurz besprochen. Das Ergebnis der Erkundung läßt nicht viel Hoffnung auf einen erfolgreichen Einsatz offen. Inzwischen haben Feuerwehrkameraden festgestellt, daß die Hydranten der Oststadt ohne Wasser sind. Weitere Erkundung läßt erkennen, daß die Hydrantenanlage im gesamten Stadtgebiet ausgefallen ist. (...) Es muß versucht werden, die wenigen Löschteiche der Stadt zu erreichen, um dann von hier aus die Bekämpfung der in der Nähe liegenden Brandobjekte einzuleiten. Für Stadtmitte und Ostviertel waren unter den allergrößten Schwierigkeiten nur die Sültequelle und der Löschteich am Paul-von-Hindenburg-Platz zu erreichen (...).

„In langsamer Fahrt versuchen sich die Löschfahrzeuge an diese Stellen heranzutasten. Männer der 6. Löschgruppe unter Führung des heutigen (1951) Unterbrandmeisters Aue gehen mit Schaufel und Axt entlang der Goslarschen Straße von Haus zu Haus, werfen brennende Gegenstände hinaus, retten und löschen mit diesen primitiven Löschmitteln, wo immer es geht.

„Unter Leitung des Oberzugführers Helms erreicht Zugführer Vespermann mit den Männern seines Löschzuges zuerst die Sültequelle und gibt den Einsatzbefehl zum Ablöschen der hellbrennenden Sülte und der Brände im Ostertor und dem Zingel. Zugführer Pollinger übernimmt die Brandstellen der unteren Einumer Straße (Kohlenhandlung Kolthoff, Korsettfabrik Hunger und mehrere Wohnhäuser). Zugführer Weise bekämpft das lichterloh brennende Gebiet der Orleansstraße. Inzwischen trifft Gruppenführer Aue mit seinen Kameraden, von der Goslarschen Straße kommend, an der Quelle ein. Er wird Richtung Einumer Straße, Katharinenstraße, v.-Voigts-Rhetz-Straße eingesetzt mit dem Befehl, leicht brennende Wohnhäuser abzulöschen und damit zu retten. Unter vollem Einsatz seiner Männer und unter beherzter Mithilfe einiger entschlossener Hausbewohner, wie Herrn Mittelschullehrer Bonertz und Herrn Kaufmann Fritz Illemann, wird Übermenschliches geleistet. Jeder der hier eingesetzten Männer hilft mit, wertvollen Wohnraum und kostbarste Sachgüter zu retten, teilweise in Unkenntnis des Schicksals seiner Angehörigen und seines Hab und Gutes.

„Zugführer Pollinger erkennt vor allem im Grundstück Hunger die ganze Hoffnungslosigkeit der Lage, er muß zunächst hier, dann aber auch beim Haus Nummer 100 in der Einumer Straße den Einsatz als aussichtslos abbrechen. Die Schlauchleitungen werden zurückgenommen, um dringend benötigtes Wasser in Richtung Katharinenstraße zu tragen. Die Gruppe Drispenstedt wird unter Führung von Gruppenführer Henze zur Druckverstärkung eingeschaltet.

„Männer der Freiwilligen Feuerwehr versuchen indessen, den Marktplatz zu erreichen. Brand- und Einsturzgefahr, Feuersturm, hellweiß brennender Phosphor und schwelend-giftiger Rauch hindern sie nicht, das Letzte herzugeben. Die Lungen drohen zu bersten, die Augen brennen und tränen, der Atem wird knapp. Fast erscheint es aussichtslos, den Platz zu erreichen. Da kommt eine Nachricht, die den Angriffsgeist dieser Kameraden neu entfacht: Menschenleben in Gefahr! Menschen unter den brennenden Trümmern der alten Fachwerkbauten, den sicheren Erstickungs- oder Verbrennungstod vor Augen, wenn nicht .... : Dies ist die Stunde der härtesten Bewährung, Feuerwehrleute werden zu harten Frontsoldaten. Da ist es wieder, das alte Losungswort: ‚Gott zur Ehr, dem Nächsten zur Wehr!'

„Wieder geht eine hellbrennende Hauswand nieder, ein Blindgänger explodiert mit furchtbarem Krachen. Qualm, Brandgas, Hitze und Glut! Die schweren B-Schläuche unter dem Arm zerren die Männer auch die Haspel mit B-Schläuchen hinter sich her, stemmen sich diesem satanischen Inferno entgegen und erreichen den Marktplatz. Das Wasser kommt durch, und so kann dieser unerschrockene Einsatz den eingeschlossenen Menschen den Weg ins Freie öffnen.

„Auch Zugführer Pollinger hat sich bis zum Marktplatz durchgekämpft und übernimmt hier die Leitung der Rettungsaktion. Im Luftschutzraum des Rolandstiftes befinden sich noch viele Menschen. Die vor dem Eingang liegenden brennenden Balken und Schuttmassen werden abgelöscht. Endlich ist die erste Eingangstür erreicht, sie ist von innen verriegelt. Mit Brechwerkzeugen wird der Eingang erzwungen; in der Gasschleuse liegt der erste Tote. Auch die zweite Schutzraumtür ist von innen verschlossen und muß aufgebrochen werden. Die Tür bricht aus den Angeln, und es bietet sich den Kameraden ein furchtbares Bild: 53 Menschen, Frauen, Kinder und Kranke, einige Männer, liegen kreuz und quer, schwer röchelnd und zuckend auf der Erde. Sie werden alle hinausgetragen und vor dem Rolandbrunnen niedergelegt. Ein junger Wehrmachtsarzt, Dr. Fabius, Söhlde, bemüht sich sofort mit aller Kraft um die Wiederbelebung dieser armen Menschen. Es gelingt ihm, 49 Menschen, darunter auch den Drogisten Bauermeister (Drogerie Rudolphi) ins Leben zurückzurufen.

„Die unter Gasmaske oder Schutzbrille arbeitenden Feuerwehrmänner haben die Grenze ihrer Kraft erreicht. Drei Männer tragen gerade eine besonders korpulente Frau aus dem Keller heraus, da wird ihnen ein Gebäudeeinsturz mit Rauch und Funkenregen zum Verhängnis, sie können nicht mehr. Einer sackt zusammen, wird auf einen herabgefallenen Zementblock gesetzt und stöhnt dabei: ‚Ihr könnt mich erschießen, aber ich kann nicht mehr.'

„Die geretteten Menschen haben hier unter der entsetzlichen Atemnot furchtbar zu leiden. Die Rettungsmannschaften sind jetzt selbst in unmittelbarer Gefahr. Da kämpft sich ein Löschzug eines Feuerlösch-Regiments durch die Rathausstraße an den Marktplatz heran. Mit vereinten Kräften werden nun die geretteten Menschen in Sicherheit gebracht.

„Am Marktplatz versuchen jetzt die Mannschaften, auch den Keller der Stadtschänke zu erreichen. Auch hier sind Menschenleben in Gefahr. Da kommt der schrecklichste Augenblick des Tages: Der Löschteich am Hindenburgplatz ist leergepumpt, die Männer am Marktplatz stehen ohne Wasser vor den hellbrennenden Trümmern. Das Knochenhauer-Amtshaus, der Stolz Hildesheims, ist zusammengesunken, das Dach des Rathauses stürzt ein.

„Jetzt sind die Feuerwehrmänner völlig hilflos, wertlos sind die Schlauchleitungen geworden, das Wasser ist alle. Jetzt besteht für die hier eingesetzten Kameraden allerhöchste Lebensgefahr. Die Zurücknahme der Löschzüge wird notwendig und bedeutet den sicheren Tod für die bei Wendler und Koffer-Koch eingeschlossenen Menschen. Es ist alles Menschenmögliche geschehen, sie zu retten. Jedoch war das Element stärker als die Kraft und die Möglichkeiten der Feuerwehr. Der Zug Pollinger sammelt sich zögernd wieder an der Sültequelle. Auf Befehl des Abteilungsführers Frühling wird das wenige Schlauchmaterial von der Lotsenstelle Goslarsche Straße geholt, ein paar Kameraden besetzen die Löschfahrzeuge und fahren zu neuem Einsatz in der Zuckerraffinerie. (...)

„Währenddessen ist die Sültequelle mehr und mehr zum eigentlichen Zentralpunkt der Löschaktion geworden. Ständig erreichen neue Hilferufe diesen Punkt. Die Zugführer versuchen unermüdlich zu helfen, jedoch reichen die vorhandenen Löschmittel in keinem Falle aus. Auf Umwegen trifft eine alarmierende Meldung aus der Innenstadt ein: Unter den brennenden Trümmern der Mädchen-Mittelschule leben noch verschüttete Menschen, Klopfzeichen sind deutlich vernehmbar.

„Die Löschgruppe 6 mit Löschfahrzeug 800 macht sich auf diesen schweren Weg. Unsagbar viele Hindernisse stellen sich diesen Männern entgegen. Verschüttete Straßen und brennende Trümmer zwingen das Fahrzeug auf ständige Umwege. Schließlich gelingt es, den Zielort zu erreichen. Die Lage ist furchtbar und fast hoffnungslos. Die Schule und ihre Umgebung brennt lichterloh, der Luftschutzkeller ist von hellbrennenden Bränden eingeschlossen. Die Gruppe geht auf Wassererkundung und findet den Weg zum Löschteich am Schauteufelskreuz. Die tragbare Spritze wird von den Kameraden mühselig zum Löschteich geschleppt und hier in Stellung gebracht. Eine B-Schlauchleitung wird zur Schule gelegt, die Bekämpfung des Brandes mit dem Ziel der Rettung der Eingeschlossenen beginnt. Es ist ein aussichtsloses Beginnen! Abgelöschte Stellen flammen erneut auf, unterirdische Phosphorbrände finden durch den Zutritt des Sauerstoffes der Luft neue Nahrung, weitere brennende Trümmer stürzen hernieder. Dann stockt die Wasserversorgung – der Löschteich ist erschöpft."

Die Feuerwehr muß sich zurückziehen, die Menschen ihrem Schicksal überlassen, das grausamen Tod bedeutet. Auch an der Sültequelle wird die Lage immer schwieriger, wertvolles Schlauchmaterial ist vernichtet, die wenigen Löschteiche und Brunnen sind leer, allein die Sültequelle selbst führt nach wie vor Wasser. Sie gilt als unversiegbar. Am Ratsbauhof ist eine Schlauchreserve untergebracht, ein Erkundungstrupp sucht sie zu erreichen. Aber die Männer stellen fest, auch der Ratsbauhof ist rettungslos verloren: „Feuerstürme von unerhörter Wucht, dazu Rauch und Brandgase zwingen auch hier die Kameraden, beschleunigt umzukehren. Unter höchster Gefahr gelingt es ihnen, über die Hinterhöfe des Zingel durchzubrechen." Zwei Mann waren als Wache am Ratsbauhof stationiert, beide konnten sich während des Angriffs zunächst in Sicherheit bringen, aber der eine, Karl Hahne, stirbt wenig später in den Armen seines Zugführers. Er erlag einem Herzschlag.

Aus Neuhof ist der Löschzug mit Brandmeister Evers auf dessen Trecker mit Hänger und einer tragbaren Kraftspritze 800 nach Hildesheim ausgerückt. An der Eisteichbrücke – der Teich wurde nach dem Kriege zugeschüttet – stehen sie unweit des Dammtors vor einem Feuermeer. Zunächst versuchen die Männer, Lebensmittel beim Kaufmann Frost zu retten und die Bibliothek der Scharnhorstschule zu bergen. Dann werden sie zum Bernwardkrankenhaus beordert. Eigentlich keine sehr große Entfernung. Aber wie sehr die Stadt verwüstet und blockiert ist, zeigt der Weg, den die Neuhofer nehmen müssen: Über Alfelder Straße, Ochtersum, Weinberg, Kehrwiedertor und Kehrwiederwall wird endlich das Krankenhaus erreicht. Dessen Ostflügel brennt. Schwestern und Hauspersonal suchen ihn mit Eimerketten zu retten. Die Neuhofer setzen ihre Spritze ein, die Feuerwehrmänner Multhaupt und Steingräber bekämpfen den Brand vom Dachboden aus, andere Männer bringen die Kranken aus den Kellern mit dem Treckergespann in Sicherheit nach Neuhof. Nach sieben Stunden ist der Kraftstoffvorrat für die Motorspritze verbraucht, in der Steuerwalder Straße wird nach längerer Zeit noch welcher aufgetrieben, nach weiteren 48 Stunden ist das Krankenhaus gerettet.

Aus der ganzen Umgebung kamen im Laufe des 22. März Feuerwehren nach Hildesheim, warteten an den Eingängen der Stadt auf Lotsen und Einsatzbefehle, aber Wasser herbeizaubern konnten sie auch nicht. Sogar die Kanalisation wird angezapft, doch sie bietet nur zähen, schwarzen Schlamm. Nicht durchführbar war es auch nach den Angaben des Berichts von 1951, lange Schlauchleitungen von der Innerste oder den Tonkuhlen im Osten der Stadt zum Zentrum zu verlegen: Ganze Straßenzüge sind durch brennende und glühende Trümmer unpassierbar geworden.

Bittere Kritik übt die Feuerwehr 1951 an der Kreisbefehlsstelle am Berghölzchen: „Diese Stelle steht im Zeichen größter Hilflosigkeit." Weder mit Telefon noch über Funk kamen nach dem Bericht Verbindungen zustande. Vom Berghölzchen fuhren tapfere Jungen von vielleicht 16 Jahren als Melder der Hitlerjugend schließlich mit Leichtmotorrädern in die Stadt, kämpften sich an die Hölle des brennenden Stadtkerns heran und suchten Kontakt zu den einzelnen Feuerwehrzügen. Aber bei den vielen Hindernissen, die zu umgehen waren, dauerte es Stunden.

Höhere Chargen, denken viele, hielten sich dagegen vorwiegend im Bunker auf und damit von der brennenden Stadt beruhigend weit entfernt. Der Bunker lag zwischen dem Lokal „Berghölzchen" und der scharfen Kurve der Auffahrt, auf der Westseite der Straße in den Berg hinein gebaut. Die Feuerwehr betont (1951), ihr Chef, Kreisführer Frühling, habe „als altbewährter, verantwortlich denkender Feuerwehrführer" seine Männer nicht im Stich gelassen: „Er verkroch sich nicht in den zweifellos bombensicheren Bunker der Parteileitung." Erst, nachdem er vor Ort, also in der Stadt, die wichtigsten Einsatzbefehle erteilt habe, sei er zum Berghölzchen gefahren, um von dort zentral die Löschbemühungen zu leiten.

Trotzdem ist die Lage im Kreisbefehlsstand und drumherum wohl doch etwas anders gewesen, als sich aus den Feuerwehrberichten auf den ersten Blick zu ergeben scheint. Offenbar sind Nachrichtenverbindungen zusammengebrochen, gerade kein Wunder angesichts einer Katastrophe von solchem Ausmaß. Aber man suchte Lösungen zu finden. Die freilich brauchten Zeit, schon weil man in die brennende Stadt kaum hineinkonnte. Die Hildesheimer Feuerwehr bemerkte aus ihrer Position zunächst nur, sie wollte Verbindung, Einsatzbefehle und bekam keine. Was sonst geschah, konnte sie nicht wissen.

Später hat Herbert Harbich im Kreisbefehlsstand Meldungen verschiedener auswärtiger Feuerwehren angenommen. Sie kamen für ihn über Funk von einer UKW-Stelle an der Steuerwalder Straße. Die allerdings wurde erst nach dem Angriff installiert. Eine feste Funkstation an der Goslarschen Landstraße, die als Lotsenstation diente, scheint ausgefallen zu sein, das Telefon, soweit es über das normale Postnetz geschaltet war, sowieso. Die Telefonzentrale am Domhof wurde zerstört.

Hitler-Jungen im Einsatz

Herbert Harbich aus Zirndorf, aber ein alter Hildesheimer, stellte sich als Zeitzeuge im September 1994 für dies Buch zur Verfügung. Harbich war im letzten Kriegsjahr 16 Jahre alt, natürlich bei der HJ und als „Notdienstverpflichteter" mit einigen anderen als Nachrichtenhelfer verpflichtet, während andere Jahrgangskameraden als Flakhelfer dienten. In seiner Funktion hatte er Zugang zur Kreisbefehlsstelle, bei der er eingesetzt war. In der Hauptsache war er aber Beobachter auf dem Turm der Mauritiuskirche wie sein Klassenkamerad Herbert Adler auf dem Andreasturm. Untereinander gab es über die Kreisbefehlsstelle einen Telefon-Ringverkehr im Postnetz, der auch mit dem Gaubefehlsstand in Hannover verbunden war. Adler meldete – so Meyer-Hartmann im „Zielpunkt" (Seite 187) – am 22. März nach Hannover an Elisabeth Hau, mit der er gerade sprach, ringsum schlügen Bomben ein, und der Turm gerate in Brand. Dann brach das Gespräch ab. Die Kriminalpolizei registrierte später eine männliche Leiche aus dem Andreasturm. Man hat wohl vermutet, das sei der Melder vom Turm, aber glücklicherweise ist er es nicht gewesen. Herbert Adler, so mitten im Inferno, wie es nur sein konnte, kam davon.

Adler, Jahrgang 1929, wohnt heute in der Yorckstraße. Der 22. März 1945 steht ihm noch deutlich vor Augen. Er war schon einige Zeit auf dem Andreasturm eingesetzt, tagsüber eilte er die vielen Stufen bei Voralarm hinauf, nachts mußte er durchgängig dort sein. Der Turm sah damals etwas anders aus als heute, der Helm setzte auf einen etwa einen Meter breiten Mauerkranz mit einem Geländer auf. Dorthin gab es aus dem Dach eine Tür. Man konnte auf dem Mauerkranz rund um den Turm herumgehen, dieser Kranz war der eigentliche Beobachtungsposten. Im Turm war in dieser Höhe ein Raum eingerichtet, der als Aufenthaltsraum diente. Nach Adler konnte man es dort auch nachts ganz gut aushalten. War man oben angekommen, wurde über Telefon Nachricht an den Kreisbefehlsstand gegeben. Zuerst ging es im Turm eine Wendeltreppe aus Stein hinauf, darauf folgte eine Holztreppe, zum Schluß eine eiserne Wendeltreppe.

Am 22. März war Herbert Adler mit seinem Klassenkameraden Schneider und einem Hilfpolizisten oben, als plötzlich die ersten Flugzeuge erschienen. Als die Rauchzeichen gesetzt wurden, wurde über Telefon noch pflichtgemäß Meldung an den Befehlsstand gemacht, dann ging es im Eiltempo die Treppen hinunter. Was die Rauchzeichen zu bedeuten hatten, war den dreien sofort klar. Im unteren Turmdrittel ließen sie sich dann auf der Steintreppe in deren runden Umbau nieder und warteten erst einmal ab. Ringsum heulte und krachte es, in einer Pause wollten sie raus, da kamen die nächsten Einschläge – wieder zurück. Aber, meinte der besonnene Hilfpolizist, im Turm bleiben könnten sie nicht, man mußte es wagen. Man mußte. Adler heute: „Also Stahlhelm auf, den hatten wir ja, Tuch vor das Gesicht und nach draußen." Andere Leute waren zu der Zeit nicht in der Kirche, berichtet Adler, die dort gefundenen Toten müssen hier erst später Schutz gesucht haben, kamen aber um.

Schon überall Flammen, als sie nach draußen kamen, die drei wagten sich dennoch über die Poststraße (heute Kardinal-Bertram-Straße) zum Domhof. „Es nützte ja nichts, entweder wir verbrannten, oder wir kamen raus." An der Post etwas frisch gemacht – Adler kannte sich dort als Sohn eines Postlers aus –, weiter Richtung Treibeschule. In der Schule war ein Ausweichbefehlsstand der Polizei untergebracht. Vorher jedoch liefen sie einem Feldarzt in die Arme, der sie darum bat, Verwundete aus der alten Scharnhorstschule zu bergen. Sogar zweimal sind sie dort eingedrungen und haben gerettet, „was nicht schon verbrannt war". Die Verwundeten wurden über die Treppe an der Domburgmauer beim Generalvikariat in die Gärten hinabgelassen (heute Parkplatz des Bernward-Krankenhauses) – alles mitten im Feuer. Dann liefen Adler und seine Kameraden zur Treibeschule: „Dort haben wir uns dann zurückgemeldet bei der Aushilfswache. Die waren ganz erstaunt, daß wir auftauchten. Die hatten uns auch schon abgeschrieben." Darauf ging es erst einmal nach Hause. Am übernächsten Tag hat sich Adler beim Berghölzchen gemeldet, „aber da war ja auch nichts mehr zu holen."

Herbert Harbich hockte im Ortsteil Moritzberg, sah nach überhasteter Rückkehr aus der Stadt (auch er also von der Vorentwarnung genarrt) von seinem Turm aus den Untergang. Die zahllos abgeworfenen Brandbomben kamen bis dorthin, das Gehöft hinter der Mauritiuskirche fing Feuer, ein Haus gegenüber, und dichter Qualm stieg im Turm auf. „Wir gaben an den Kreisbefehlsstand die Meldung durch: Unser Turm brennt, Hilfsmaßnahmen sind notwendig." Harbich heute: „Wir haben wegen des Qualms gedacht, der Turm brennt, und gesagt, schickt uns jemanden, wir kommen hier so nicht raus, dann hatten die natürlich logischerweise keinen, denn da waren ja andere Dinge zu erledigen. Dann haben wir selber den Mut gefaßt, runterzugehen und dann sind wir ja auch runtergekommen. Dann haben wir das Drama unten gesehen und gedacht, jetzt mußt du schnell was tun." Mit verwundeten Soldaten als Helfern, Wasser aus einem Löschgraben und Eimerkette wurden die Brände gelöscht.

Aber, so betont Harbich, die Telefonverbindung zum Kreisbefehlsstand klappte tadellos. Allerdings ging die Leitung nicht über das öffentliche Netz, das wohl sogleich ausfiel, sondern über Feldtelefon. Also Einzelleitung. Nach dem Angriff, als man erst wieder in die Stadt hineinkonnte – und das dauerte wegen der Brände einige Zeit –, wurden auf der gleichen Basis Katastrophenleitungen verlegt. Feldtelefone lagen im Kreisbefehlsstand vorrätig. Der damals junge HJ-Mann von der Nachrichten-HJ 79 ist sich aber ziemlich sicher, Funk funktionierte auch. Nachdem er mit anderen das Feuer gelöscht hatte, ging es „mit riesigen Schritten" zum Kreisbefehlsstand. „Dort wurden wir sofort eingeteilt. Ein Trupp ging mit UKW-Gerät nach Steuerwald. Ich wurde zur Polizeifunkstelle eingeteilt. Hier liefen die Meldungen von allen einsatzfähigen Feuerwehren, welche von allen Dörfern aus der Umgebung, sogar aus Hannover und Braunschweig kamen, ein."

Die letzten Sätze stammen aus Harbichs Tagebuch von damals. Auf den Feuerwehrbericht angesprochen, erklärt er heute, in der Tat seien in der ersten Phase möglicherweise die Verbindungen unterbrochen gewesen (da war er noch auf seinem Turm), Telefon sowieso. Und sehr viele Funkmöglichkeiten gab es damals gar nicht. Die Polizei hatte im Kreisbefehlsstand eine Funkstelle (besetzt mit Notdienstverpflichteten) für ihre polizeilichen Dinge, sie konnte erreicht werden, „wenn die Polizei irgendwo am Stadtrand Funkgeräte hatte", ansonsten konnte es über die Partei- und HJ-Funkstelle gehen, die besaß aber außer den

UKW-Tornistergeräten, die im Berghölzchen-Bunker lagerten, draußen nur ein (fahrbares) Gerät, das nach dem 22. Februar an der Goslarschen Straße stationiert wurde und nach dem 22. März in Steuerwald. Am Sonntag gingen Harbich und seine Kameraden dort mit dem Gerät gegenüber der Gallwitzkaserne in Deckung, spannten die Antenne aus und bekamen Verbindung mit dem Berghölzchen-Bunker. Eine Telefonleitung wurde zum Fliegerhorst gelegt.

Die Partei verfügte im Befehlsstand neben dem NSDAP/HJ-Funk über Telefonleitungen zur Gaubefehlsstelle „und was so drumherum war", sagt Harbich. Mit diesen Hauptverbindungen über Draht war nach dem Angriff anscheinend nichts mehr anzufangen. Denkbar wäre ferner, daß der Befehlsstand die Anfragen der Hildesheimer Feuerwehr über die Station Goslarsche Landstraße im Funk zwar hörte, aber seinerseits nicht empfangen wurde. Oder auch, daß die Meldung an ihn gar nicht ankam. Daß Kradmelder losgeschickt wurden, deutet jedenfalls darauf, daß die Telefon/Funk-Verbindungen wenigstens zeitweise nicht stimmten oder nicht ausreichten und andere Wege gesucht wurden. Einen Hinweis auf Schwierigkeiten an der Goslarschen Landstraße enthält möglicherweise Harbichs Tagebuch von damals. Zwei Tage nach der Katastrophe besucht er mit Walter Flohr die Funkstelle: „Hier war Gerhard Seelzer beschäftigt, er bemühte sich vergebens, sein Gerät wieder klar zu bekommen. Auch wir konnten nichts beschicken und zogen nach einer Stunde alle drei zum Bunker." Mindestens zu diesem Zeitpunkt also war die Funkstelle „unklar" - der Verdacht liegt nahe, sie war am 22. März ausgefallen, die Schuld lag vielleicht gar nicht bei der Kreisbefehlsstelle, wenn die Feuerwehr keinen Kontakt bekam. 50 Jahre später ist das freilich nur ein Erklärungs-Versuch.

Aber was die Kreisbefehlsstelle wirklich darstellte und wie es an diesem Tage dort zuging, darüber kann Hans Kolbe einiges berichten. Denn er war dort. Der heutige Fuba-Chef ist schon damals als junger HJ-Mann und vorher im Jungvolk ein Spezialist für technische Kommunikationsmöglichkeiten gewesen und hatte zum Beispiel als einziger im ganzen Gau die ausdrückliche Berechtigung, bei notgelandeten oder abgestürzten Feindflugzeugen die Funkanlagen auszubauen. Eigentlich war Kolbe, Jahrgang 1927, am 22. März schon zum Arbeitsdienst eingezogen, wurde aber für die Befehlsstelle beurlaubt. Er erinnert sich: „Ich war damals Gefolgschaftsführer in der Nachrichten-Hitlerjugend und hatte vorher schon einen Nachrichtenzug im Jungvolk gehabt. Da haben wir Telefone gebastelt und Radios und solche Geschichten. Das hat uns viel Spaß gemacht. Der Zug wurde 1942 aufgelöst, der Bannführer schrieb: ‚Jungvolkdienst soll Jugenddienst sein und keine vormilitärische Ausbildung.' 1942! Daß ich diesen Brief nicht mehr habe - das glaubt mir kein Mensch. Die gucken mich immer ganz komisch an, wenn ich das sage. Und ich war wütend, das war mein Hobby, das war alles. Ich hab' mich da eingesetzt. Und dann mußte der Nachrichtenzug aufgelöst werden. Aber in der Hitlerjugend, da gab es das."

Kolbe, damals Rundfunkmechanikerlehrling bei der Firma Amelung, wurde notdienstverpflichtet. Zuerst hieß das nur, bei Alarm zur Parteizentrale Zingel, da war eine Funkstelle, die hatte Verbindung mit dem Gaubefehlsstand in Hannover und mit den Kreisleitungen in den größeren Städten. Die Aufgabe: Funkverbindungen aufrecht erhalten nach Luftangriffen, um Hilfeleistungen für die Orte zentral von Hannover zu koordinieren. Der Funk lief im Telegraphieverkehr, also Morsen. Noch kein Sprechfunk.

Dann wurde am Berghölzchen der Bunker gebaut, alles dorthin verlegt. „Wir wurden jetzt voll notdienstverpflichtet, sodaß ich meine Lehre abbrechen mußte, ob ich wollte oder nicht, man war ja eingezogen. Dann habe ich da oben den Befehlsstand als Nachrichtenführer des Kreisleiters sinngemäß geleitet. Ich war also für die Nachrichtenmittel zuständig. Wie alt war ich damals? Siebzehn. Die Aufgabe war wie die genannten, also Verbindung zum Gaubefehlsstand, Kreisleitungen wie Hameln oder Braunschweig, über Funk. Die Verbindung wurde regelmäßig aufrecht erhalten, jede Stunde war ein sogenannter QRU-Verkehr, QRU das heißt, es liegt nichts vor. Das hieß also nur, Verbindung aufnehmen, QRU Fragezeichen, als Antwort QRU Ende. Vorbei. Nur um zu sehen, ob die Verbindung ging. Das war wichtig. Alles wurde noch gemorst, also Telegraphie. Und verschlüsselt. Wir mußten also auch chiffrieren und dechiffrieren.

„Wir hatten natürlich auch Telefon, und wir hatten Fernschreibverbindungen, ich glaube zwei Geräte, was damals noch etwas besonderes war. Einmal ging es also darum, die Verbindung zum Gaubefehlsstand aufrecht zu erhalten. Das war Telegraphie. Unabhängig davon hatten wir eine sogenannte Funkstelle 2, die unterstand allerdings der Polizei. In dem Bunker war einmal die Kreisleitung und dazu die Polizei. Die hatte in einem Raum fünf oder sechs Telefonapparate. Da waren dann junge Mädchen, die bei Alarm kommen mußten, um die zu besetzen. Das waren aber Apparate, die an das öffentliche Netz angeschlossen waren. Unabhängig davon war die Funkstelle 2. Die arbeitete auf UKW und mit Sprechfunk. Sie hatte Verbindung mit einigen Stationen an den Einfallstraßen, von Hannover, von Braunschweig und von Süden. Goslarsche Straße zum Beispiel. Da war eine Funkstelle in einem Haus, die bei Alarm besetzt wurde, während der Kreisbefehlsstand immer besetzt war. Da waren auch viele notdienstverpflichtete Mädchen dabei, die die Funkstellen abwechselnd bedienten.

„Darüber hinaus hatten wir ein fahrbares Funkgerät, fahrbar aber nicht etwa mit einem Auto, das war ein altes Flugzeugfunkgerät, FU.G.6, auch noch Telegraphie, so ein großer Kasten, darunter die Akkus, auf einer Art Fahrradanhänger. Den mußten wir dann ziehen. Das war, damit wir schnell noch an einem Brennpunkt eine Station einrichten konnten. Wenn die Akkus aufzuladen waren, mußten wir damit zum Flugplatz. Dann hatten wir noch einen Telefontrupp, der Telefonverbindungen herstellen konnte. Aber das hieß erst einmal Kabel legen. So haben wir nach dem Angriff vom 14. März auf Weisung des Kreisbefehlsstandes eine Telefonverbindung zu Senking gelegt. Das ging relativ schnell, und die war auch gleich in Betrieb.

„Am 22. März, weiß ich, meldete Harbich von seinem Kirchturm, was er sah, über die Polizeifunkstelle hatten wir die Außenstellen, die drei, meine ich, und zum Gaubefehlsstand mußten wir durchgeben, was wirklich los war. Da kriegten wir die Funksprüche vom Kreisleiter oder von der Polizei, die wir dann verschlüsselten und zum Gaubefehlsstand leiteten." Besetzt waren die Geräte von „unseren Leuten", auch wenn sie zum Beispiel der Polizei unterstanden. Keine Erinnerung hat Kolbe daran, daß es Pannen gegeben hätte, keine Rufe wie ‚Ich kann die Feuerwehr nicht kriegen' oder soetwas. Selber bedient hat er an diesem Tag Geräte nicht, seine Sorge hatte zu sein, daß alles funktionierte. Strom war da, der Befehlsstand hatte für alle Fälle ein eigenes Notstromaggregat. Draußen konnte es allerdings möglich sein, daß der Strom ausfiel und Akkus bald leer waren. Ein Problem an der Goslarschen Landstraße war Kolbe nicht bekannt. Allerdings: „An alle Einzelheiten erinnere ich mich nicht mehr."

Immerhin muß die Kreisleitung zu dem Eindruck gelangt sein, daß draußen mehr Funkgeräte gebraucht würden, um ein neues oder weiteres Netz aufzubauen. Es gab Geräte im Polizeipräsidium in der Regierung. Große schwere Kästen. Hier wird für Hans Kolbe die Geschichte dramatisch. Er wird in die brennende Stadt geschickt, um ohne weitere Hilfsmittel die Geräte zu holen. Er nimmt seinen Kameraden Pröve – später Mitgründer der Fuba – mit, irgendwie kommen sie in die Stadt, dann die Kreuzstraße hinunter. „Hinter uns brannte es, vor uns die Häuser brannten, aber wir mußten hindurch. Da sind wir gelaufen, kurz hinter uns brachen wieder die Häuser zusammen, wir sind aber durchgekommen bis zur Regierung. Da haben wir uns gefragt, wie kommen wir denn wieder heraus – und mit den schweren Geräten? Die tragen? Das geht ja gar nicht. Dann sind wir zum Domhof. Irgendwo sind wir herausgekommen, vielleicht an dem Torbogen, ich weiß es nicht. Rausgekommen sind wir, aber die Funkgeräte haben wir nicht geholt."

Auf dem Weg zur Regierung kamen sie an Toten und Verletzten vorbei, sahen auch Sanitätstrupps, aufhalten durften sie sich nicht. Ihr Befehl hieß: Funkgeräte. Die beiden kehrten rußgeschwärzt und verdreckt zum Bunker zurück. Beinahe in den Tod geschickt für ein von vornherein fast aussichtsloses Unternehmen. Als sie ankamen, war im Befehlsbunker gerade großer Auftrieb. Hans Kolbe: „Soviele Uniformen aller Art habe ich dort noch nie gesehen."

Noch einige Bemerkungen zur Kreisbefehlsstelle, die nach allem wohl doch nicht einfach ein gemütlicher Bonzen-Bunker gewesen ist, wie viele glaubten: Sie hatte nach Kolbe einen Haupteingang zur Straße hin, der bei Alarm verschlossen wurde, und zwei Notausgänge zum Berg. Drinnen waren die Nachrichtenanlagen von NSDAP und Polizei sorgsam getrennt, freilich beide von HJ und BDM bedient. Es gab ferner Aufenthaltsräume mit notdürftiger Schlafmöglichkeit, ein Zimmer für den Kreisleiter („da hatten wir nichts zu suchen"), den Raum für das Notstromaggregat und einen Luftlage-Raum mit großer Karte mit Planquadraten, wo die Flugmeldungen eingegeben wurden. (Nach Harbich war Hildesheim das Planquadrat HU, Heinrich Ulrich.) Bei Alarm tummelten sich in dem Bau namentlich junge Leute von BDM und HJ, allesamt notdienstverpflichtet und mit Telefonen, Karten und Funkgeräten beschäftigt.

Neben den verschiedenen Telefon- und Funkverbindungen gab es noch eine Besonderheit: Der Gauleiter konnte der Kreisleitung oder sonst dort versammelten NSDAP- oder anderen Leuten über eine Leitung und ein Radiogerät Vorträge halten, Anweisungen geben, die sonst nirgends zu hören waren. Kolbe: „Das ging ganz einfach. Die beiden Stecker der Leitung wurden in den Plattenspieler-Eingang des Radios gesteckt. Dann konnte es losgehen."

Obwohl Hans Kolbe damals fast dauernd im Befehlsbunker zu sein hatte, wohnte er dort nicht. Sein Quartier war in einer Schule in Moritzberg, mit Feldtelefonleitung zur Kreisbefehlsstelle. Wurde er nachts benötigt, holte man ihn per Telefonklingel aus dem Bett. Herbert Harich hatte sein Quartier bei Eis-Lorenzo in der Dammstraße. Er ging noch zur Schule, bei „Luftgefahr 10" (das war, bevor die Bevölkerung per Sirene Voralarm erhielt) wurde er benachrichtigt und hatte den Unterricht zu verlassen. Auf schnellstem Wege ging es zum Einsatzort. Herbert Adler hatte auf dem Andreasturm für die Nacht eine Schlafgelegenheit, bei Dienst am Tage mußte er sich zunächst den Kirchenschlüssel holen. So lebten damals junge Menschen, Jahrgang 1929, Hans Kolbe war zwei Jahre älter.

Alle erlebten auf ihre Weise das Inferno des Untergangs ihrer Heimatstadt, Adler und Kolbe mußten buchstäblich durch das Feuer (Kolbe heute: „Wir hätten uns fast begegnen müssen"), Kolbe und Pröve drangen von außen in die Hölle ein, Adler und Schneider, ursprünglich mittendrin, kehrten noch zweimal in sie zurück, um Verwundete zu bergen. Harbich mußte sich entschließen, in einen Turm hinabzusteigen, von dem er glauben mußte, er brenne unter ihm. Und von dieser Sorge schließlich befreit, lief er nicht davon, sondern faßte sogleich mit an, andere Brände zu löschen. Das waren wirklich mutige junge Leute – und außer ihnen handelten sicher viele ähnlich, von denen wir nur nichts wissen.

„Wir sanken in die Knie"

In der Innenstadt tobten die Brände – und mittendrin war Anne-Marie Farne, Gemeindehelferin der Jakobi-Gemeinde. Die junge Frau, sie gehörte zum Luftschutz der Kirche, befand sich in der Sakristei im Turm der Jakobikirche an der Almsstraße, bei ihr waren der Pastor, die Familie des Küsters, ihre Wirtin, zwei Frauen aus der Marinestation. Die letzten, die dort eintrafen, meldeten, die sogenannten „Christbäume" seien über der Stadt gesetzt - jeder wußte, diesmal war es wirklich ernst.

„Wir sanken in die Knie, ich lag zuunterst, über mir Herr Pastor und darüber noch jemand. Herr Pastor betete unaufhörlich, und draußen fiel eine Bombe nach der anderen. Der Fußboden unter uns schwankte derart, daß man sich wie in einem Schiff vorkam, dabei jeden Augenblick gewärtig war, daß das Gewölbe über uns einstürzte. Eine Asbesttür schied uns von der Kirche, in die plötzlich eine Brandbombe auf den schönen holzgeschnitzten Altar, der die Verklärung Christi darstellte, fiel, der natürlich sofort lichterloh brannte. Eine nächste Brandbombe traf über uns die Orgel, die auch gleich zu brennen anfing, ringsherum knisterte es und krachte, sodaß einem im wahrsten Sinne Hören, Sehen und Denken verging. So hätte ich nicht gewußt, wann es zu Ende war, wenn unsere Herren das nicht gemerkt hätten und nun darauf bedacht waren, wie wir heil aus der brennenden Kirche kamen.

„Ein Versuch, mit dem Beil ein Fenster der Sakristei aufzuschlagen, mißlang; so hieß es, nasse Decken umzunehmen, den Stahlhelm aufzusetzen und zu versuchen, durch die brennende Kirche ins Freie zu gelangen. Zunächst ergriff ich Akten- und Handtasche, merkte aber gleich, daß ich dann die nasse Decke nicht halten konnte, stellte beides unter den Tisch der Sakristei, nahm meinen Rucksack auf, die nasse Decke drüber und folgte unserem Pastor, der tatsächlich den Weg nach draußen in das Feuermeer wagte, dem wir auch folgten.

„So kamen wir über die Almsstraße und wollten durch den Gang des Arnekenstiftes zur Arnekenstraße und von dort schneller in die Schützenallee und ins Freie gelangen. Aber als wir die 2. Tür zum Gang aufmachten, brannte das Stift lichterloh, sodaß wir zurück auf die Almsstraße mußten. Diesen Weg haben aber die meisten von uns nicht gewagt, sondern blieben wohl in dem Gang zurück, um dort abzuwarten, während ich Herrn Pastor folgte, der mutig voranschritt und mich immer wieder ermunterte, nicht stehen zu bleiben und aufzugeben.

„In der Almsstraße herrschte ein undurchdringlicher Rauch, bei dem man kaum atmen konnte, rechts und links brannten die Häuser, jeden Augenblick konnten brennende Balken herunterstürzen. Der Feuersturm riß mir die Decke vom Mantel, sodaß ich fürchtete, daß der Pelzkragen Feuer fangen und lichterloh brennen konnte. Wir gingen durch die Schützenallee – ich wie eine Nachtwandlerin –, die Bäume links und rechts brannten ebenfalls, wir wollten nach dem Moritzberg – der Moritzberg brannte – nach Himmelsthür – Himmelsthür brannte.

„An der Schützenwiese hatten wir zum erstenmal etwas Luft bekommen, konnten uns umsehen und stellten fest, daß wir nur noch zu dritt waren – Herr Pastor, eine Berlinerin mit verbranntem Kopf und ich, sorgten uns um die anderen, konnten aber nicht zurück. Herr Pastor brachte uns beide dann zum Rottsberg in das Gartenhäuschen von Tischlermeister Poppitz, dessen Sohn am Sonntag bei uns konfirmiert war, und den Herr Pastor dann dort im Gartenhäuschen besucht hatte. Dort borgte er sich ein Rad und fuhr zu seiner Familie nach Feldbergen, da er in der Hornemannstraße ja schon am 22. Februar ausgebombt war.

„Wir aber durften dort oben bleiben und sahen nun auf das immer noch brennende Hildesheim hinab, wo in der Nacht die Türme des Domes wie brennende Fackeln herausleuchteten, aus den Kasernen immer wieder Flammen hoch aufschossen und Lautsprecher durch die Stadt fuhren und aufforderten, daß alle die Stadt verlassen sollten, da mit weiteren Angriffen zu rechnen sei – einige Außenviertel standen ja noch. An Schlafen war natürlich nicht zu denken, in der Nacht flog tatsächlich eine englische Bomberstaffel über uns hinweg, entlud sich aber gottlob nicht, sondern flog Richtung Berlin. Es war eine unheimliche Nacht.(...)

„Am nächsten Morgen gingen die Berlinerin und ich erst einmal in die Stadt – soweit man das konnte, wobei wir auf der Steingrube landeten und dort viele Überlebende in traurigem Zustand antrafen, die mit oder ohne Habseligkeiten abwarteten, was werden sollte. Da gab es dann auch ergreifendes Wiedersehen, wobei man wieder spüren konnte, wie Not zusammenschweißt. Viele fielen sich weinend in die Arme, teilten Leid und Freude miteinander. Dort fanden sich dann auch Helfer aus Hannover ein, die mit Gulaschkanonen Verpflegung brachten, aber keine Becher mithatten und Gefäße, auch fehlte es an Löffeln. Mir aber war mein Rucksack wie ein Weihnachtsgeschenk, denn in ihn hatte ich neben Nachtsachen auch ein dreiteiliges Eßgeschirr mit Besteck, Sanitätssachen pp. gepackt, sodaß ich manchen Menschen damit helfen konnte. Dort bekamen wir auch unseren Ausbombungsschein und etwas Geld. (...)

„Nach zwei Tagen begab ich mich in die Innenstadt, wo man jetzt hinkonnte. Was war das für ein furchtbarer Anblick. Wo man hinschaute, Trümmer über Trümmer, in der Sakristei der Kirche, die standgehalten hatte, war aber der Feuersturm eingedrungen und hatte alles Brennbare erfaßt – die Kirchenbücher, Gestühl pp. und auch Handtasche und Aktentasche waren vollständig dahin, die Kirche innen ganz ausgebrannt, Altar und Orgel verschwunden. Der Gang des Arnekenstifts hatte gehalten, aber die Kacheln waren noch heiß, und auf dem Boden fand ich unsere Stahlhelme und an einer Seite auch die Handtasche meiner Wirtin mit Lebensmittelkarten und Geld, das nur angekohlt und noch zu verwerten war. Von den Menschen aber war keine Spur mehr zu finden. Als ich unseren Küster Ilse traf, der sich allein durchgeschlagen hatte, fragte er mich nach seiner Familie – Frau, Tochter und zwei Jungens im Alter von zwölf und 3/4 Jahren – und ich konnte ihm nicht antworten.

„Als er seine Familie herausgeschleust hatte, erklärte seine Tochter, daß sie die Babywäsche drin gelassen hätte. Daraufhin ging der Vater noch einmal hinein, und als er damit herauskam, war seine Familie fort. Er nahm an, daß sie bei uns in guter Obhut war, und schlug sich allein durch. War das furchtbar! Tagelang hat er dann die Umgebung zu Fuß abgesucht in der Hoffnung, daß sie irgendwo auf ein Dorf gerettet waren, aber er fand nichts. Sind die armen Menschen im Gang des Arnekenstiftes an mangelndem Sauerstoff erstickt und dann zerfallen, als man sie abtransportieren wollte? Das ist und bleibt ein Rätsel und eine furchtbare Schuld."

Das Grauen von Explosionen, Feuer und dem tückischen Phosphor erlebte Josef Huhn auf dem Gelände der Stadtwerke. Die Belegschaft war aus dem Werk geschickt worden, Huhn aber blieb, weil er dies als Werk-Betreuer für seine Pflicht hielt. Schnell brachte er noch wichtige Unterlagen in Sicherheit, sogar Schreibmaschinen in den Keller, bevor der Vollalarm aufheulte. Er nahm Stahlhelm und Schutzmaske und bezog Posten auf der Plattform des Gasometers I, „von wo ich eine gute Sicht über unsere nähere Umgebung hatte. Plötzlich erschienen aus westlicher Richtung feindliche Jagdflugzeuge, sogenannte Pfadfinderflugzeuge, die das Gelände der Stadtwerke überflogen und für die nachfolgenden Bomber Ziel- und Markierungsmaterial abwarfen.

„Nun war es allerhöchste Zeit, meinen Posten zu verlassen. Ich eilte, so schnell es mir nur möglich war, die eisernen Stufen des Gasometergerüstes hinab, um den von uns auf dem Hofe des Werkgeländes aus Backsteinen gebauten oberirdischen Bunker zu erreichen. Kaum hatte ich ihn betreten, als auch schon die ersten Bomben fielen, die den kleinen Bunker, dessen Eingang nur durch eine schmale Backsteinmauer geschützt war, erbeben ließen. Ich war der Auffassung, daß die ersten Bomben unserem Werk als Versorgungsbetrieb galten. Nach der ersten, nur Sekunden dauernden Abwurfpause erschienen bei mir noch französische Fremdarbeiter, die wahrscheinlich in der auf werkseigenem Grundstück errichteteten Lehrwerkstatt der damaligen Trillkewerke beschäftigt waren. Obgleich ich versuchte, diese Männer, trotz der Enge des Raumes, bei mir zu halten, flohen sie dennoch in panischer Angst in Richtung Ausgang Hannoversche Straße. Im weiteren Bombenhagel werden sie wahrscheinlich ums Leben gekommen sein.

„Bombenwürfe über Bombenwürfe drohten meinen Bunker zu zerstören. Dieses Inferno schien wie eine Ewigkeit zu dauern. Durch die schmalen, offenen Sehschlitze konnte ich, wenn die Dunkelheit einmal einem roten Flammenschein wich, die verbogenen Gerippe der Gasometer und Reste einer fahrbaren Leiter erkennen. Aus den Trümmern des Verwaltungsgebäudes schlugen rote Flammen. Dann war wieder Dunkelheit um mich, die immer wieder durch wirbelnden Feuerschein durchbrochen wurde. Die Schutzmaske bildete keinen Schutz. Der Sauerstoffmangel machte sich bald unangenehm bemerkbar. Der Brand wurde schlimmer. Zugleich schien sich über dem Werkgelände ein Dunst auszubreiten, ein Dunst, durch den ein unheimliches Zittern lief, das Flimmern von Hitze.

„Ganz plötzlich wurde es windig. Selbst das hatte etwas Unheimliches, als sei es nicht natürlich. Jetzt begriff ich auch, welche Formen das Entsetzen hat. Man glaubt es im Anfang noch bekämpfen zu können. Aber es kommt immer wieder, stärker als zuvor und dann von ganz anderer Seite. Und das Entsetzen beginnt langsam zu wachsen, um kräftiger zu werden, bis es nicht mehr vertrieben werden kann.

„Die Flieger waren jetzt auf dem Rückflug und hatten auch Phosphor geworfen und Teile des Werkgeländes mit einer brennbaren, entsetzlichen Flüssigkeit überzogen. Hierdurch entstanden bisher unbekannte Begleiterscheinungen. Die Hitze überstieg jedes Maß. Die kochende Luft geriet in Bewegung und erzeugte riesige Wirbel, glühendheiße Stürme. Ich mußte mich flach auf den Erdboden legen, um noch atmen zu können. Dabei dachte ich an meine Familie und überlegte, welche Möglichkeit bestand, dieser Hölle lebend zu entrinnen. Ein noch weiteres Verbleiben an meiner Stelle hätte den sicheren Tod zur Folge. Ich mußte deshalb handeln und trotz Feuer und Explosionen versuchen, zu fliehen.

„Bei einem der ersten Luftangriffe auf unsere Stadt am 22. Februar 1945 wurde die Linkstraße mit ihren Gebäuden zerstört. Hier glaubte ich die Möglichkeit zu finden, ins Freie zu gelangen. Und so versuchte ich den Ausbruch, nachdem ich mir den Rest des in einem Eimer des Bunkers vorhandenen Wassers übergegossen hatte. Über glühendheißes Gestein hinweg, bald hier und dort in tiefe Löcher fallend, stolperte ich vorwärts, fast nur mit geschlossenen Augen, die von Hitze und Rauch brannten. Jede Sicht war genommen. Von allen Seiten Explosionen, knisternde Geräusche und glühende Hitze. So erreichte ich endlich mit zerrissener Kleidung und zerfetztem Schuhwerk die Peiner Straße und wenig später die Linkstraße.

„Doch meine Hoffnung, hier freies Gelände vorzufinden, erfüllte sich nicht. Denn auch hier loderten, durch Brand- und Phosphorbomben hervorgerufen, unvorstellbare Brände. Nun war das Bahngelände meine letzte Rettung. Über Trümmer, die von blauen, weißen und roten Flämmchen bedeckt waren, stürzend, erreichte ich endlich den Bahnkörper. Jetzt erst konnte ich wieder frische Luft atmen. Aber auch hier hatten die Flieger volle Arbeit geleistet. Brennende und schwelende Eisenbahnwagen und zerrissene Schienen überall. Dazwischen vereinzelt Explosionen. An den Trümmern des Eltwerkes (Elektrizitätswerk) vorbeihastend, verließ ich bei der Brücke über den Pferdeanger das Bahngelände, um über die Schützenallee die Pappelallee zu erreichen.

„Neben den weit verstreut liegenden Trümmern der damaligen Ausstellungshalle und deren Nebengebäuden sah ich die ersten Toten. Ich sah von hier aus auch größere Brände auf dem Moritzberg und beschleunigte noch meine Schritte, da ich um meine Familie bangte. Endlich, auf der Triftstraße angelangt, bemerkte ich in der Nähe meiner Wohnung meine Frau, die mich jedoch erst erkannte, als ich sie ansprach."

In der Flammen-Falle

Dr. Adamski drängte zu Beginn des Angriffs von der Steingrube, wo er sich als Oberzahlmeister gerade zu einem Einsatz in Bernburg verabschiedet hatte, in die Innenstadt, weil er dort seinen Vater Josef im Geschäftshaus Hoher Weg 8 vermutete. Die Firma Adamski war mit

Möller & Sell am Hohen Weg 34 zu einer Kriegsverkaufsgemeinschaft zusammengeschlossen, die NSV hatte das Haus Hoher Weg 8 mit Stoffen, Wäsche, Geschirr vollgestopft, als gebe es keine Bomben- und Brandgefahr, im ersten Stock befand sich aber auch noch das Privatkontor des Firmenchefs. Dort traf Dr. Adamski, wie erwartet, seinen Vater, der bei Alarm nur ungern Keller aufsuchte.

Er überredete ihn, hinunter zu gehen. Schon im Erdgeschoß hörten sie die Flugzeuge, erreichten noch eben den Keller, aber die Türen blieben offen. H. J. Adamski weiter: „Da Haus- und Kellertür offenstanden, konnte ich sehr deutlich das Einschlagen der Bomben hören, das verschiedentlich mit Pfeiflauten verbunden war. Mehrfach ging eine Erschütterung durch das ganze Haus. Eine dichte Staubwolke verbreitete sich im ganzen Keller. Die Zentralheizungsrohre wurden an verschiedenen Stellen undicht, und das Wasser strömte aus. Die Dauer des Angriffs erschien mir wie eine Ewigkeit. Ich kann nicht leugnen, daß ich von einer wahnsinnigen Angst ergriffen war.

„Als der Angriff vorüber war, versuchte ich zunächst, die Ventile der Zentralheizunmg zu schließen, was mir jedoch nicht gelang. Ich sagte zu meinem Vater: ‚Ich will einmal sehen, wie die Luft oben ist.‘ Als ich aus der Haustür trat, sah ich eine dunkle Wolke über dem Hohen Weg liegen. Sofort wurde mir klar: Die Gefahr ist nicht vorüber, sondern beginnt erst jetzt. Ich lief in den Keller zurück und rief meinem Vater zu: ‚Die ganze Stadt brennt! Wir müssen sehen, daß wir herauskommen.‘ Beim Heraustreten auf die Straße bot sich uns ein gespenstischer Anblick. Statt des hellen, sonnigen Frühlingstages eine Stimmung wie vor einem sehr schweren Gewitter, nur daß die Wolken unmittelbar auf den Dächern zu liegen schienen. Flammen sah man noch nicht.

„Wir liefen den Hohen Weg hinunter, fanden den Zugang zur Rathausstraße und zum Marktplatz durch die Trümmer des ehem. Talleurschen Hauses versperrt, den Zugang zum Kurzen Hagen durch die Trümmer des Huiffnerschen Hauses und die Almsstraße in Höhe des Peemöllerschen Hauses durch Trümmer versperrt. Meine Hoffnung, durch das Arneken-Hospital einen Weg nach draußen zu finden, zerschlug sich sehr schnell. Leute kamen mir entgegen und berichteten, daß das Hospital bereits in hellen Flammen stehe. Wir waren in einer Falle gefangen. Also zurück!" Vater und Sohn Adamski gehen mit anderen zum Luftschutzkeller Altstädter Stobenstraße, bleiben dort (siehe weiter vorn) aber nicht, suchen einen Ausgang durch das Geschäft von Möller & Sell. Dort stoßen hinter dem Haus Höfe und kleinere Gärten aufeinander. H.J. Adamski: „Ich veranlaßte meinen Vater, seinen Mantel abzulegen, und entledigte mich selbst meines Koppels, Uniformrocks und Pullovers. Für einen Augenblick überlegte ich, ob ich nicht die Pistole für alle Eventualitäten mitnehmen solle, widerstand nach kurzem Überlegen aber dieser Versuchung." Nach der Warnung an die Kellerinsassen vor Sauerstoffmangel und der Hitze verlassen Adamskis zusammen mit einem Mann aus dem Ruhrgebiet den Keller.

„Ich ergriff meinen Vater bei der Hand und zog ihn mit größter Schnelligkeit um die Ecke Altstädter Stobenstraße/Hoher Weg in den besagten Geschäftsraum. Von dem Kochschen Haus (ehem. Ratsweinhaus) stürzten bereits brennende Balken auf die Straße. Da wir uns dicht an der Hausfront hielten, gelangten wir unversehrt in das Haus von Möller & Sell. Wir begaben uns in den hinteren Teil des Ladens, wo die Büroräume lagen, mußten aber feststellen, daß die auf den Höfen befindlichen Waschhäuser und Schuppen sowie die Häuserzeile des Langen Hagen in hellen Flammen standen, sodaß hier an ein Entkommen nicht zu denken war. Damit schwand die letzte Möglichkeit auf Rettung aus diesem entsetzlichen Inferno. Eigentümlicherweise war ich ganz ruhig und fand mich schnell mit der Lage ab. Ich wünschte nur, daß das Ende schnell vor sich gehen möge.

„Das Feuer näherte sich mit ziemlicher Geschwindigkeit dem Erdgeschoß. Kleinere Feuerbrände fielen von oben herunter. Mit einer gewissen Belustigung sah ich die schön in Reih und Glied aufgestellten Sandtüten und ermaß die Unmöglichkeit, mit diesen einen Brand solchen Ausmaßes zu löschen. Zum Scherz nahm ich eine dieser Tüten und ergoß ihren Inhalt auf eine der vielen kleineren Feuerstellen. Mit einem geradezu sachlichen Interesse beobachtete ich den Brand der gegenüberliegenden Ratsapotheke. Die hellgelbe Phosphorlohe fraß sich zischend wie ein Schneidbrenner durch das in Jahrhunderten gehärtete Eichenholzständerwerk. Draußen tobte ein gewaltiger Sturmwind, und die Hitze wurde immer unerträglicher. Wir nahmen uns aus dem Lager Mäntel und Joppen, tauchten sie in einen im Laden aufgestellten Wasserbehälter und zogen sie uns über den Kopf, so daß nur noch ein kleiner Schlitz zum Sehen offen blieb. Am erträglichsten war schließlich nur noch der Aufenthalt im hinteren Treppenhaus. Wir setzten uns auf die Stufen der Steintreppe und warteten auf das Ende.

„Weniger gewillt, so ohne weiteres aufzugeben, war unser Begleiter. Er sagte: ‚Wir können uns doch nicht so einfach damit abfinden, daß es uns trifft. Ich will doch einmal sehen, ob man nicht doch irgendwo herauskommt!‘ Seinen wieder angefeuchteten Mantel über den Kopf gezogen, sprang er durch das Bürofenster hinaus und war bald im Rauch verschwunden. Nach kurzer Zeit schon kehrte er zurück und teilte uns mit, daß in der Nähe ein Haus sei, das einen besseren Unterschlupf biete. Wir schöpften neue Hoffnung. Es war höchste Zeit, denn der größte Teil des Ladens war bereits vom Feuer erfaßt, und auch oberhalb der Treppe sahen wir eine helle Feuerlohe. Sogleich tauchten wir unsere Mäntel in den Wasserbottich, zogen sie über den Kopf und folgten unserm Schicksalsgefährten.

„Bei dem entsetzlichen Feuersturm und der glühenden Hitze sowie der Behinderung durch den Schutzumhang war es nicht leicht, meinem fast 70jährigen Vater zum Sprung durch das Fenster zu verhelfen. Unglücklicherweise befanden sich in den Stakettzäunen, die die einzelnen Grundstücke voneinander trennten, keine Durchgänge, sodaß diese mühselig überstiegen werden mußten. Auf dem Nachbargrundstück sahen wir ein Ehepaar mit einem Kind, das sich flach auf den Erdboden gelegt und mit Wolldecken zugedeckt hatte. Wir kamen bald zu einem Backsteinhaus, das offensichtlich wenig brennbare Substanz hatte. Wie ich feststellte, befand es sich in der Altstädter Stobenstraße, etwa dem früheren Fischgeschäft Blank gegenüber, dort, wo diese Straße sich zu erweitern begann. Wir betraten einen zu ebener Erde gelegenen Raum, der als Waschküche diente. In einer Wanne befand sich noch Wasser, mit dem wir uns immer wieder erfrischen konnten. Wir kauerten uns auf den Boden und sahen hinaus in das Toben der Elemente.

„Es wiederholte sich immer wieder dieses Schauspiel: Bald gloste das Feuer nur noch und schien im dichten Rauch zu ersticken, dann fuhr ein Sturmwind dazwischen und brachte die Flammen hell zum Auflodern. Ein doppelflügeliges Eisentor, das den Hof vor unserer Waschküche zur Altstädter Stobenstraße hin abschloß, wurde durch die Gewalt des Sturmes ständig hin- und herbewegt und knirschte in den Türangeln. Immer wieder hörte man in der weiteren oder näheren Entfernung ohrenbetäubendes Krachen, sodaß man vermeinte, der Andreaskirchturm stürze zusammen. Einmal ergab sich für einen Augenblick eine seltsame Erscheinung. Der Rauch, der eine tiefe Dämmerung erzeugte, verzog sich völlig, und durch die aufsteigende flimmernde heiße Luft sah man die Sonne. Es entstand der Eindruck, als ob ein Feuerball mit großer Geschwindigkeit auf einen zukomme.

„Gegen Abend ließ das Feuer nach. Die kleinen Fachwerkhäuser in der Altstädter Stobenstraße waren niedergebrannt. Als die Nacht hereinbrach, versuchten wir, ein wenig zu schlafen, was uns jedoch bei unserer unbequemen Lage nicht gelang. Einmal hörten wir in der Ferne Fliegeralarm, und bald kreisten einige Flugzeuge über der Stadt. Unsere Befürchtungen, daß wieder Bomben abgeworfen würden, bestätigten sich glücklicherweise nicht. Gegen 4 Uhr mußten wir unsere Waschküche verlassen, da es über uns verdächtig knisterte und der Putz bereits von der Decke fiel. Wir begaben uns ins Freie. Nach der Hitze machte uns nun die Morgenkühle sehr zu schaffen. Unsere Augen waren so verschmutzt, daß wir nur verschwommen sehen konnten. Die zunehmende Helligkeit schmerzte. Gegen 5 Uhr stießen einige Überlebende aus dem Luftschutzkeller der Mädchenmittelschule zu uns. Wenig später kamen von außen über die Trümmer ein Unteroffizier und dessen Frau, die offensichtlich in der Altstädter Stobenstraße gewohnt hatten und nach Resten ihrer Habe suchen wollten.

„Auf meine Bitte, uns ins Freie zu führen, da wir kaum sehen könnten, erwiderte er nur barsch: ‚Ihr müßt selbst sehen, wie Ihr hier herauskommt!' Da er eine Taschenlampe bei sich hatte, bat ich ihn, doch wenigstens mit mir in den Luftschutzkeller zu gehen, damit ich die dort abgelegten Kleidungsstücke herausholen könne. Dazu war er bereit. Es erwies sich aber, daß ein Betreten des Kellers unmöglich war, da in einem, dem Keller benachbarten Raum ein großer Kokshaufen glühte und Hitze und Gase ausströmte. Unter großen Mühen arbeiteten wir uns über die Trümmer hinweg ins Freie. In einer motorisierten Ambulanz der Luftwaffe am Almstor ließen wir uns die Augen ausspritzen. Doch stellte sich nach einem kurzen Augenblick der Linderung der alte Zustand wieder ein. Unser Gefährte, der während der Nacht über Schmerzen geklagt hatte, wurde zur weiteren Behandlung dabehalten. Mein Vater und ich trachteten, nach Diekholzen zu kommen, wo unsere Angehörigen in großer Sorge waren. Da an eine Fahrgelegenheit nicht zu denken war, mußten wir versuchen, wenigstens bis Ochtersum zu kommen. Außer, daß wir kaum sehen konnten, fühlten wir uns sehr schwach und matt. Wir waren rauchgeschwärzt, und die Haare waren völlig verkrustet. Die Straße nach Ochtersum schien kein Ende nehmen zu wollen. Bei der uns bekannten Familie Ohlendorf wurden wir sehr freundlich aufgenommen. Man gab uns zu trinken und zu essen und brachte uns in einem Kutschwagen nach Diekholzen."

In seinem Bericht erwähnt Adamski, wie er mit dem Feldwebel noch einmal zum Luftschutzkeller zurückkehrte, um seine abgelegten Sachen zu holen. Wegen der Hitze kam er nicht hinein. Was er sonst dort sah, hat er nicht aufgeschrieben, aber dem Verfasser jetzt auf Anfrage erzählt. Es war, wie er von Anfang an befürchtet hatte. All die Leute, die Adamski gewarnt hatte und die den Keller dennoch nicht verlassen wollten, lagen dort tot. Seine Uniformjacke sah er Tage später, getragen von einem Ausländer, der wohl beim Leichenbergen eingesetzt war. Von dem Mann aus dem Ruhrgebiet, der die Initiative ergriff, als Dr. Adamski schon fast mit dem Leben abgeschlossen hatte, hat er übrigens nie wieder etwas gehört. Der Mann wollte damals nach Berlin. Kam er noch dorthin? Kam er dort gar um?

Ein anderer Hildesheimer hat den Angriff vom 22. März als neunjähriger Junge erlebt. Es ist Lothar Schlingmann, heute wohnt er im Meisenwinkel. Seine Familie war damals am Butterborn zu Hause, eine Straße, die, wie man weiß, unmittelbar am Hauptbahnhof liegt. Deshalb wurde auch dort mit Bombenverlusten gerechnet – Schlingmanns hatten ihre wichtigsten Möbel längst aufs Land nach Asel geschafft. In der Nähe der Eisenbahn zu wohnen, war nach aller Erfahrung gefährlich. Bei Angriffen ging die Familie oft aus der Stadt hinaus ins Bavenstedter Feld - damals ein Kleingartengebiet, heute Gewerbezone. Oder sie suchte Zuflucht im Kehrwiederwall – nicht aber in den bekannten Stollen, sondern im sogenannten Käsekeller.

110

Auch er war Luftschutzkeller, ihn gab es aber schon lange vor der Bombenzeit. Etwas östlich vom Walltor am Lappenberg/Weinberg gelegen, hat er früher den Hildesheimer Käseproduzenten gedient. Sie ließen dort ihre Käseerzeugnisse im ausgeglichenen Klima des Wallinnern heranreifen. Dorthin gingen Schlingmanns bei Angriffen – offensichtlich haben sie den viel näher gelegenen Stollen im Bereich des Liebesgrundes nicht getraut. Das spricht nicht unbedingt gegen die dortigen Stollen, aber anscheinend hat sich Vater Schlingmann gesagt, sie seien reichlich nah der Eisenbahn. Damit hatte er recht, wie wir aus den vielen Trümmern der benachbarten Straßen wissen, und rund um die Stollen im Hagentorwall sind ja auch viele Bomben gefallen.

Lothar Schlingmann hockte also im Käsekeller, daran erinnert er sich heute als damals Neunjähriger weniger. Er weiß, daß man Bombeneinschläge hörte, „und die Leute haben natürlich gezittert. Als Kind nimmt man das vielleicht nicht ganz so wahr." Deutlicher erinnert er sich an den Weg nach Hause. Mutter und Sohn (Vater erlebte den Angriff am Berghölzchen) mußten östlich sozusagen rund um die Stadt gehen, um zum Butterborn zu gelangen, durch die Innenstadt konnten sie nicht. Überall Flammen und Chaos. Aber das Haus war heil. Der Hauswirt war dort geblieben und hatte nach dem Angriff sogleich die Stabbrandbomben gelöscht. Vater Schlingmann, mit dem Fahrrad vom Berghölzchen zeitig erschienen, half dabei. Andere Häuser in der Nachbarschaft brannten ab, weil niemand daheim war. Ähnlich berichtet Kruse aus der Nordstadt. Aber kann man denen einen Vorwurf machen, die ihre Häuser bei Alarm verließen? Und nicht „rechtzeitig" wieder da waren? Schwer zu entscheiden – wo ist die Grenze zwischen vernünftiger Überlegung und Leichtsinn? Wäre der Hauswirt am Butterborn geblieben und umgekommen, hätte jeder gesagt: Wie konnte er nur. Nun aber rettete er sein Haus.

Der Erfolg war zunächst allerdings der, daß die Amerikaner das Gebäude besetzten. Lothar Schlingman heute: „Vor der Tür stand ein Panzer, und drinnen spielten die Soldaten mit meiner Eisenbahn. Mir gaben sie Schokolade. Die Amerikaner waren ja ganz human." Die Familien mußten in die Nachbarhäuser auswandern, was dort kaum große Freude ausgelöst haben wird, aber in diesem Fall war es nur vorübergehend. Gehungert haben Schlingmanns in der Nachkriegszeit übrigens nicht. Der Vater war bei Lindemann beschäftigt. Da gab es immer noch einen Teller, für den man ein Stück Wurst bekam. Ganz anders Schlingmanns spätere Frau Ingrid. In ihrer Familie wurde gehungert.

Schlingmanns hatten sogar vor den Polen Ruhe – die „eigenen" waren bei Lindemann gut behandelt worden und schützten Schlingmanns vor den Landsleuten aus dem Lager. Zuerst sah es freilich dramatisch aus. Polen schossen das Schloß aus der Haustür und drangen wie eine Bande ins Gebäude. Dann gebot ihnen der befreundete Pole Halt.

Wilhelm Lohmann schrieb am 10. Juli 1954 zum 22. März: „Nachdem ich mich zu Hause über die Luftlage orientiert hatte, kamen zu meinem Entsetzen die Hausfrauen, die den Galgenbergbunker aufgesucht hatten, vorzeitig zurück, um das Mittagessen zuzubereiten." Sie hatten der Vorentwarnung vertraut. H. Knösel berichtet vom Galgenberg nach dem Angriff, als die riesige Qualmwolke über der Stadt sichtbar wurde: „Leute kamen aus dem nahegelegenen Galgenbergstollen. Mit wehem Aufschrei und starren Augen blickten sie in das Dunkel da unten. Manche wurden ohnmächtig." Hans Roeber notierte (1947) vom Berghölzchen: „In der Mauritiuskirche lagern die Flüchtlinge auf Stroh. Als Licht dienen Kerzen, auf Fliesen geklebt." Antonie Kuhlmeyer schrieb (1954): „Wer denkt noch an die vielen Nächte, die wir in Wäldern verbrachten, auf Wiesen lagen, in Stollen und Splittergräben zitterten? Manchmal meine ich, daß wir in jenen Tagen Gott näher waren als heute in der satten Geruhsamkeit unseres Alltags."

Ringsum brennender Phosphor

Gretchen Schäfer erreichte den Keller der Schlachterei Kniep in der Marktstraße gerade, als die ersten Flugzeuge über der Stadt erschienen. In der Hildesheimer Allgemeinen Zeitung vom 22. März 1955 berichtet sie: „Zehn Personen waren wir in dem wohnlich ausgestatteten Keller, der fünf Ausgänge hatte. Frau Kniep hatte sich alle erdenkliche Mühe gegeben, um das ständige Rauf und Runter in den Luftschutzkeller zu erleichtern. Als die ersten Bomben fielen, ging es wie ein Schütteln durch die dicken Steinquader. Drei Ausgänge waren sofort verschüttet.

„Als das schauerliche Bombeninferno vorüber war, tauchte jeder eine wollene Decke in ein mit Wasser gefülltes Faß und hängte sie sich um den Körper, um so gegen die Flammen etwas gesichert zu sein. Es galt, auf dem schnellsten Wege aus der ‚Luftschutz-Falle' herauszukommen. Als die zehn Menschen auf die Straße traten, brannten ringsherum schon viele Häuser auf dem Hildesheimer Marktplatz. Welche ungeheure Hitzewelle die bereits lodernde Glut und der brennende Phosphor entfachten, merkten wir daran, daß schon am Rolandbrunnen unsere Decken hart und trocken waren. Kaum einer merkte, daß die 80jährige Frau Bahn, die mit uns fliehen wollte, bereits am Rolandbrunnen – wahrscheinlich durch Schreck und Aufregung – tot zusammenbrach.

„Jeder war mit sich beschäftigt. An der Ecke Scheelenstraße versperrte bei Bornemann ein großer Bombentrichter den Weg. Auf der Lilie standen wir lange Zeit in dem immer mehr auflodernden Feuermeer, weil auch die Marktstraße durch Trichter nur schwer zu passieren war. In dieser Zeit stürzte im Rathaus bereits die große Decke des Rathaussaales zu Boden. In der Bedürfnisanstalt suchten wir Schutz, um weiteres abzuwarten. Unser Häuflein hatte sich inzwischen stark gelichtet. Von zehn waren noch fünf Personen übriggeblieben. In einer Minute der Besinnung gewahrten zwei von uns, daß wir auf einer Leiche saßen.

„Zum Glück erschienen einige Feuerwehrleute, die die brennende Tür zu unserem Gefängnis löschten und uns herausholten. Das Wasser in zwei Bottichen, die auf der Lilie standen, sollte zum Löschen und Kühlen da sein. In Wirklichkeit war das Wasser kochend heiß. Unsere Decken fingen in der immer mehr um sich greifenden Brandlohe Feuer. Um mich bemühte sich ein Hitlerjunge, der mir ohne Rücksicht auf seine eigene Gesundheit half, daß meine Decke kein Feuer fing. Mit Hilfe einiger Männer gelang es unserem kleinen Trupp, bis zur Zingel vorzustoßen und von hier aus durch die Sedanstraße nach dem Galgenberg zu gelangen. Jeder von uns hatte Brandblasen an Händen und Füßen."

J. Schmidt war als Zehnjähriger mit Mutter und Schwester im Keller des Josephinums. Der Weg dorthin führte unter dem Torbogen am Bischofshaus hindurch, dort wollte die Mutter zunächst stehen bleiben, denn die ersten Flugzeuge waren schon über ihnen, und zum Keller mußte man zuerst über den freien Platz hinweg ohne Deckung. Bekannte drängten dennoch weiter. „Es war unsere Rettung", schreibt Schmidt zum 22. März 1955 in der HAZ, „denn kaum waren wir am Eingang zum Keller, da fielen schon die ersten Bomben. Sofort ging das elektrische Licht aus. Über Beine, Rucksäcke und Taschen hinweg arbeiteten wir uns zu unserem Platz durch. Totenstille herrschte hier im Keller, nur das Aufstöhnen der Menschen bei jedem neuen Bombeneinschlag hörte man. Ich wurde in eine Ecke gequetscht, denn die Leute drängten alle von den Luftschächten weg; trotzdem sah ich, wie einem alten Manne in meiner Nähe die Klappe eines Luftschachtes in den Rücken geschleudert wurde.

„Ich weiß nicht, wann der Angriff begann, ich weiß auch nicht, wann er beendet war. Ich weiß nur, daß nach einer entsetzlich langen Zeit das Krachen und Bersten der aufschlagenden Bomben vorüber war. Ein Knistern und Prasseln hörte ich jetzt. Ich merkte auch, daß meine Mutter uns Kinder fest an sich preßte hielt. Ich wand mich los. Dichter Staub füllte die Luft an und bedeckte Augen, Nase und Mund. Ich bekam kaum Luft. Meine Mutter gab mir mehrere Tücher. Ich tauchte sie in das Wasser, das in einem großen Steinbottich ganz in meiner Nähe stand, und preßte das feuchte Tuch vor Mund und Nase. Die Augen brannten wie Feuer.

„Ringsherum loderte draußen der brennende Phosphor. Plötzlich hieß es: Alle Leute geordnet raus! Frauen und Kinder zuerst! Heute wundere ich mich, wenn ich daran denke, wie ruhig und diszipliniert alle waren. Allerdings war der Keller nicht wie sonst voll besetzt, denn der Angriff war so schnell gekommen, daß viele Leute auf dem Wege zum Keller überrascht worden waren. An der Treppe zum Ausgang stand der unvergeßliche Emil Wegener und drängte alle hinaus. Das war auch nötig, denn viele schreckten vor dem Brand, der ringsherum tobte, zurück, und nicht wenige verloren bei diesem Anblick die Nerven.

„An brennenden Balken vorbei hasteten wir durch die Stinekenpforte, dann am Krankenhaus und an der Treibeschule vorüber. Hier lag noch ein Blindgänger. ,Schneller, schneller', schallte es von allen Seiten, ,er kann gleich hochgehen.' Wie betäubt taumelten wir vorüber. Über eine Notbrücke gelangten wir auf den Wall. Wir eilten weiter durch die Lucienvörder Straße.

„Plötzlich waren wieder Flugzeuge über uns. Die Polizei – ausgerüstet mit Handsirenen - forderte alle Leute auf, sich von der Straße in die Keller zu begeben. Aber kaum jemand kam dem Befehl nach. Meine Mutter rief nur immer: ,Ins Freie, in den Steinberg!' Meine Schwester und ich klammerten uns an ihren Mantel und ließen uns mitschleifen über die Johanniswiesenbrücke, über die Alfelder Straße hinweg, an der Ziegelei vorbei in den Steinberg. Hier trafen wir mehrere Nachbarn."

Im Knochenhauer-Amtshaus erlebte Gregor Reichelt, damals Geschäftsführer der Genossenschaft Handwerk und Kunst, den Bombenangriff zusammen mit einigen anderen im Keller des Gebäudes, in dem er auch wohnte (Bericht: HAZ vom 22. März 1955). „Als die gewaltigen Erschütterungen vorbei waren, die von den Bombenwürfen in der Nachbarschaft herrührten, stieg ich sofort auf den Boden des großen Hauses, wo ich acht Brandbomben fand. Es gelang mir, die ersten züngelnden Flammen zu ersticken. Im Hause war also alles in Ordnung. Die beiden Scherengitter zum Hoken und zum Marktplatz waren aber durch den Luftdruck weggefegt, und im Hoken stand alles in Flammen. Aus den Nachbarhäusern kamen, soweit sie Luftschutzkeller hatten, die ersten Menschen heraus. Auch wir mußten versuchen, so schnell wie möglich aus dem sich ausbreitenden Flammenmeer herauszukommen. Aus fast allen Häusern rings um den Marktplatz züngelten die Flammen. Von dem Hause Gerstenberg fielen die ersten Balken herab, als wir vorbeihasteten. Als ich aus dem Knochenhauer-Amtshaus auf die Straße trat, sah ich, daß in den Räumen im Erdgeschoß alle Möbelstücke umgefallen waren. Das riesige Gebäude stand zu dieser Stunde noch unversehrt inmitten des Flammenmeeres.

„Da die Scheelenstraße schon nicht mehr passierbar war, flüchteten wir durch die kleine Gasse – vorbei am ,Elberfelder Hof' – nach der Zingel. Auch hier kam man nur mit größter Vorsicht bei der Marienstraße an einem großen Trichter auf der Straße weiter. Auf der Steingrube machten Wachtposten die Flüchtenden auf Blindgänger aufmerksam. Wir wurden zur Cerny-Kaserne verwiesen. Dort sollte ein Auffanglager sein. Als wir dorthin kamen, wußte kein Mensch etwas davon. Man konnte uns hier nicht gebrauchen. Befehle und Anordnungen schwirrten durch die Luft und waren schon wieder überholt, kaum daß sie ausgesprochen waren. In einem Garten an der Frankenstraße fanden wir schließlich einen Flecken, wo wir erst einmal überlegen konnten, was nun weiter geschehen müsse. Die Nacht brachten wir bei Bekannten am Siedlungsweg zu; am nächsten Tag gingen wir nach Garmissen, wo uns ein Bruder des Bäckermeisters Spöhr Unterkunft gewährte.

„Bei einem meiner Wege nach dem Marktplatz wurde ich nach Tagen von Polen festgenommen, weil sie mich ,als den Mann aus dem Knochenhauer-Amtshaus' wiedererkannten, der nach ihrer Meinung auch wissen mußte, wer für die Exekutionen verantwortlich war, die auf dem Marktplatz vorgenommen wurden. Es war nicht einfach, sich in diesen Tagen als unschuldig auszuweisen. Menschenleben standen auch nach der Besetzung durch die Amerikaner anfangs nicht sehr hoch im Kurs."

Das Zeugnis Gregor Reichelts bestätigt, das Knochenhauer-Amtshaus verbrannte, weil die Flammen anderer Gebäude dahin übersprangen. Es wurde nicht von Sprengbomben getroffen, und der Gewölbekeller war, als Reichelt das Haus verließ, vollkommen intakt. Vielleicht hätte er später den Grundstock für die Erneuerung des Fachwerkhauses bilden können, um die jahrzehntelang gestritten worden ist. Bilder aus den Tagen gleich nach dem 22. März zeigen einen flachen Schutthügel. Am 4. April fand nach dem Bericht der Hildesheimer Zeitung vom 5. April 1945 auf dem Marktplatz eine Trauerfeier für die Bombenopfer statt. Auf den Trümmern des Knochenhauer-Amtshauses legte der Kreisleiter einen Kranz nieder.

Einen kleinen Mauerrest im Norden fand man schließlich noch, als das Knochenhauer-Amtshaus in den 80er Jahren tatsächlich rekonstruiert wurde. Was sonst noch dort gewesen sein mag und die erste Nachkriegszeit überstand, ist spätestens beim Bau des Hotels „Rose" beseitigt worden.

Am Marktplatz standen nach der Katastrophe neben Fassaden von Rathaus und Tempelhaus, die nachher zum Wiederaufbau genutzt wurden, zumindest noch Reste des Rolandhauses und des Rokokohauses sowie des Eckhauses Marktstraße/Kaneelstraße und weiterer Bauten in der Nachbarschaft, die erst später zerstört worden sind, zum Teil angeblich auf Befehl der Besatzungsmacht wegen Einsturzgefahr. In der Almsstraße und anderswo gab es ebenfalls zahlreiche ausgebrannte Ruinen steinerner Gebäude mit Kellern, die vielleicht einem Neuanfang hätten dienen können. Sie aber sind in einer städtischen Großräumaktion bis auf den Untergrund ausgebaggert worden für eine neue Stadt mit veränderten Fluchtlinien und neuen Straßenführungen. Darum gab es in der Öffentlichkeit nach dem Kriege erheblichen Streit, Prozesse und sogar gedruckte Streitschriften, die freilich heute weitgehend vergessen sind.

Zurück zum 22. März 1945, als die alte Kulturstadt in einem Angriff von wenigen Minuten und tobenden Bränden über mehrere Tage unterging. Soll man aufzählen, was verloren war? Leichter ist zu sagen, was blieb. Nämlich kaum etwas. Der ehemalige Stadtarchitekt A. C. Gothe sagt 1955 in der Schrift zum zehnten Jahrestag der Zerstörung: „Von den 69 000 Einwohnern waren 34 000 obdachlos. Fast 2000 Häuser waren völlig zerstört, 1325 hatten schwere, 1772 leichtere Schäden erlitten. Völlig vernichtet wurden 5978 Wohnungen, 3225 zeigten Schäden bis zu 60 Prozent, 1105 bis zu 40 Prozent, 5310 bis zu 15 Prozent. Über 1300 der ehemals 1500 Fachwerkbauten waren restloser Vernichtung anheimgefallen." Die Kirchen wurden wieder aufgebaut, von den Fachwerkhäusern blieb nur einiges am Moritzberg bestehen und in der südlichen Altstadt zwischen Brühl und Keßlerstraße. Ungeheuer viel war zerstört, doch auch merkwürdige Bomben-Schicksale hat es bei dem vernichtenden Angriff vom 22. März gegeben. So hatte eine sehr schwere Bombe im Bernward-Krankenhaus das Hauptgebäude in der Mitte getroffen, mehrere Stockwerke durchschlagen, explodierte aber nicht. Nicht auszudenken, was sonst passiert wäre. Als besonders wundersam galt außerdem, daß eine der vielen Bomben, die die Michaeliskirche trafen, bis in die Bernwardkrypta durchschlug, aber, ohne zu explodieren, an Bernwards früherer Ruhestätte liegen blieb. Der Sarkophag aus Stein war allerdings schon früher in Sicherheit gebracht worden.

Verluste an Menschen und Gebäuden gab es, über die Innenstadt als Kerngebiet hinausgreifend, auch in neueren Stadtteilen. So schildert Schmieder in seinen Erinnerungen, wie er mit anderen seine Wohnung an der Bleckenstedter Straße zu retten versucht, die dann doch großenteils vernichtet wird, und Wilhelm Kruse aus der Peiner Landstraße kämpft dort, erfolgreicher, mit anderen gegen das Feuer. Kruse hat den eigentlichen Angriff offenbar am Galgenberg erlebt. Als er vorbei war: „Man glaubte, daß es Abend geworden sei, so dick war der schwarze Rauch. Kein Sonnenstrahl konnte mehr hindurchdringen. Zwischen den Rauchwolken sah man vom Galgenberg aus an mehreren Stellen dunkelrote Feuerflammen emporlodern.

„Mit Mühe gelang es uns, die Feldstraße zu passieren, vorbei an der brennenden Malzfabrik Otto." Sie wurde gelöscht, dort befand sich ein großes Lebensmittellager. Der Weg zur Peiner Landstraße dauerte Stunden. Durch die Sedanstraße war der Weg versperrt, es brannte auch hier, die Annenstraße war zu. Kruse ging den Weinberg entlang, über den Wall zum Kalenberger Graben, wo mehrere Häuser brannten, kam über Schutt und Trümmer zur Brücke an der Venedig, ein Eindringen in die Stadt war gegen das Feuer auch hier unmöglich. Über den Johannisfriedhof zum Eselsgraben, dort ist über das Bachbett eine Planke gelegt. Überall Menschen, die weinend oder stumm nach Familienmitgliedern suchen, an der Planke riesiger Verkehr hin und her. Wo seine Frau ist, weiß Kruse zu der Zeit übrigens nicht. Er kann nur hoffen, daß sie lebt.

Über die Mittelallee zur Königstraße, dort, am Güldenen Löwen, stehen Leute und sehen zu, wie in der Dingworthstraße eben der Giebel des Kaufmanns Aldo Lippe brennend auf die Straße fällt. Neuer Umweg über Berg- und Zierenbergstraße: „Von dort sahen wir die Gummifabrik brennen, dahinter immer weitere schwarze Rauchwolken. Weiter ging es an Himmelsthür vorbei über Wiesen und durch Gärten, bis wir an der Steuerwalder Straße am Fahrschuppen der Hannoverschen Straßenbahn landeten. Soweit man sehen konnte, auch hier kein Durchkommen wegen einstürzender, brennender Häuser. Dazwischen immer wieder Möbel auf der Straße, Menschen, die hasteten, riefen, suchten, weinten. Auf der Erde Schlauchleitungen der Feuerwehr, die längst wegen Wassermangels hatte aufgeben müssen.

„Durch die Straße der Nordsiedlung kamen wir endlich zum Ziel, der Peiner Landstraße. Auch hier, beim Gemeindehaus, sah es verheerend aus. Der Gemeindesaal war nur zur Hälfte noch da, Bäume waren entwurzelt und überall tiefe Sprenglöcher in Straßen und Gärten. Manche Häuser waren schon zusammengebrochen, manche standen noch in hellen Flammen. Überall zerstörte Dächer und Fensterrahmen und Türen. Noch wurde versucht, unter Lebensgefahr aus brennenden Häusern zu retten, was zu retten war.

„Endlich sah ich unser Haus, das noch stand, aber aus den Dachziegeln drang Rauch. Mittlerweile war es 7 Uhr abends, ich war abgespannt und hungrig. Das Vorderhaus schien bis auf Türen und Fenster heil. Die Hausbewohner versuchten gerade, den Dachboden abzulöschen und die Wohnung darunter. In einer Zisterne im Garten war noch genügend Wasser vorhanden. So konnte das Feuer endlich gelöscht werden. Aber wie sah es im Innern aus. Die Zimmerdecke hing in Fetzen herunter, der Putz war von der Wand gefallen, die Wände hatten Risse. Der Schutt lag fußhoch auf dem Boden und den Möbeln. Nur die Wanduhr tickte wie bisher, als sei nichts geschehen. In der Kammer lag ein schweres Mauerstück in den Betten, der eigentlich glatt polierte Wäscheschrank sieht aus, als hätten lauter Nadeln eingestochen."

Ringsum brennt es überall, eine Tischlerei, Schlosserei, ein Malerbetrieb, in dem es von Zeit zu Zeit kleine Explosionen gibt, dann geht eine Schlachterei in Flammen auf, während die Bewohner Sachen bergen, die Kittfabrik Wolpers kommt an die Reihe, ein Teil der Gebäude wird mit vereinten Kräften gerettet, ein Hinterhaus mit Büroteil gerade noch geräumt, bevor mit großem Getöse die Decke herunterkommt. So geht es die ganze Nacht weiter. Nachbarn bringen den Helfern, auch Soldaten darunter, lang entbehrte Brote, zu trinken gibt es in Ermangelung von Kaffee und Wasser Wein und Most.

Die Flammen vieler Häuser vereinen sich zu einer und erzeugen „ein grausiges Rauschen in der Luft". Zwischendurch gab es wieder Alarm, aber keiner kümmerte sich darum. Am nächsten Tage gingen die Brände weiter, „es sah nur nicht so gefährlich aus." Kruse schläft zwischendurch vor Erschöpfung, auf einmal steht seine Frau vor ihm, „sie findet sich gesund ein und bringt einen Schein für Fliegergeschädigte mit." Sie hatte sich nicht mehr durch die brennenden Straßen getraut, war in der Gallwitz-Kaserne gelandet und hatte auf Anweisung mit vielen anderen in der überfüllten und zugigen Scheune in Steuerwald übernachtet. Aus der Gallwitz-Kaserne kann man nunmehr Tagesverpflegung holen, pro Person ein Mittagessen und vier Scheiben dick belegte Brote – der Empfang wird auf der Rückseite des Scheins notiert. Die Kaserne ist eine der Auffang- und Sammelstellen, die die Partei planmäßig eingerichtet hat.

Frau Kruses Beispiel bringt auch die anderen Hausbewohner in Schwung, sie holen sich ebenfalls die Bombenscheine, denn sonst gibt es derzeit nirgendwo etwas zu essen. Wer alles verloren hatte, bekam den Bombenpaß. An den Brotausgabestellen herrschte täglich dichtes Gedränge, gab es Alarm, waren die Schalter allerdings sofort zu. Die Menschen suchten Deckung im Waldgelände am Jungborn, teils lagen sie einfach in offenen Gräben. „Lieber im Freien sterben als in Kellern, das war die allgemeine Devise." Als man merkte, Bomben kamen nicht, „lief man gar nicht mehr weit weg, denn jeder wollte möglichst schnell seine Stullen erhalten." Daß man verstaubt, verdreckt und ungewaschen war, störte keinen, alle waren so in diesen Tagen.

Daß Staat und NSDAP es im allgemeinen schafften, im Durcheinander nach dem katastrophalen Angriff wenigstens die einfachsten Bedürfnisse nach Nahrung und einem Unterkommen irgendwo zu erfüllen, ist eine respektable Leistung, zumal das Essen anscheinend aus Hannover und Braunschweig angeliefert wurde – aus Städten, die selber schwer zerstört waren. Kruse: „Auch zum Mittagessen fanden sich alle zum Bezirk gehörenden Leute hier (Gallwitz-Kaserne) ein. An langen rohen Tischen saßen die Leute beieinander, wer keinen eigenen Löffel mehr hatte, konnte hier einen solchen geliehen bekommen. Essen konnte man, soviel man wollte, aber meistens war dieses Essen sehr mangelhaft, viel Wasser mit wenigen Kartoffeln, desto mehr an Gemüse und manchmal mit winzigen Fleischfasern durchsetzt. Manchmal war es auch sehr gut und schmackhaft.

„Um die gewaltigen Mengen an Essen zu bewältigen, wurde das Essen auf Lastwagen mit großen Kübeln von weither geholt, Hannover, Braunschweig usw. Um die ankommenden Autos gab es oft großes Gedränge mit Töpfen und Eimern, alle drängten heran. Später mußten wir in Reihen antreten, um schneller abgefertigt zu werden." Dabei ging man auf ein System Portion pro Kopf über.

Luise Stieghan aus der Molkerei am Güterbahnhof in der Senkingstraße, die am 14. März ausgebombt wurde, wohnte zu dieser Zeit noch bei Freunden in Söhre, war aber mit ihrer Bekannten, Maria Hilgendorf, am 22. März mit dem Rad in die Stadt gefahren, hatte nach der

Molkerei gesehen und fuhr weiter nach Giesen, wo ihr Schlafzimmer ausgelagert war. Dort überraschte sie der Angriff. Viele Dorfbewohner glaubten sich in sicherer Entfernung und beobachteten das Bombardement „von der ersten Innerstebrücke aus". Das schrieb dem Verfasser im Juli 1994 ein Giesener, der seit 1961 als John F. Wilk im Staate New York in den USA lebt. Luise Stieghan aber kannte die Gefahr aus der Erfahrung, sie drückte sich in der Giesener Molkerei in der Furcht vor möglichen Bomben ganz fest an eine Säule. Zuvor hatte sie gesehen, „wie Glühendes vom Himmel fiel".

„Ich hatte große Angst", erzählt die heute 75jährige, die jetzt in Egenstedt wohnt, „aber ich hatte auch große Angst um meinen Mann." Der nämlich war in Itzum, soviel wußte sie. Er hat sich, wie sie nachher erfuhr, mit anderen an das Ufer der Innerste geworfen, die Böschung mochte etwas Deckung geben. Bei der Molkerei am Güterbahnhof gab es nach wie vor den Splitterschutzgraben, in dem sie den 14. März überlebt hatten, diesmal haben sich einige Arbeiter hineingeflüchtet. Aber sehr bald mußten sie den sogenannten Bunker verlassen, weil Phosphor hineinlief.

Phosphor ist wohl außer Napalm mit das Übelste gewesen, das sich die damalige Kriegstechnik (neben anscheinend nicht eingesetzten Nervengasen und der später abgeworfenen Atombombe) ausgedacht hat und das in Hildesheim von Briten und Kanadiern in verschwenderischer Fülle abgeworfen wurde. Fast jeder Bericht jener Tage spricht davon. In scheinbar abgelöschten Schutthaufen loderte er plötzlich wieder auf, wenn er Sauerstoff erreichte, zähflüssig sickerte er durch Mauerritzen in Keller und Gänge und brannte dort plötzlich, bei den Stadtwerken deckte er wie eine teuflische Schmiere das Gelände, selbst auf dem Bahngelände tanzten gelbe und blaue Flämmchen.

Nach Meyer-Hartmanns Dokumentation kam Phosphor nur in Bomben- bzw. Kanisterform vor, konnte aber nicht als sozusagen flüssiges Feuer aus dem Flugzeug abgeregnet werden. Das sei technisch nicht möglich gewesen, schreibt er im „Zielpunkt". Aber warum schildern verschiedene Hildesheimer Augenzeugen genau dies, es sei „Glühendes vom Himmel" gefallen, wie hier Luise Stieghan sagt? Andere äußern sich ähnlich. In verschiedenen Berichten wird ausdrücklich betont, da kam etwas aus den Flugzeugen, das nicht in Kanister- oder Bombenform abstürzte, sondern sozusagen „lose". Nicht gemeint ist offenbar das „Lametta", das Flugzeuge zur Täuschung der Funkmeßgeräte abwarfen. So schreibt Willy C. Meyer am 23. Mai 1947 in einem Brief an das Stadtarchiv, er habe den Angriff von der Braunschen Ziegelei am Steinberg aus beobachtet: „Man sah, wie vom blauen Himmel rötlicher Phosphor wie Konfetti hernieder floß."

A. Olszewski beschreibt in seinem Bericht an das Stadtarchiv seinen Anblick der gemarterten Stadt vom Waldrand oberhalb Marienrode: „Still und sonnig lag mir unsere schöne, so turmreiche Stadtsilhouette zu Füßen. Himmel und klare Luft ließ sie in jeder Einzelheit erkennen. Da nahten Motorengeräusche von Himmelsthür her, und ich sah die ersten 5 Maschinen in breiter Front auf die Stadt zusteuern. Sie mögen wohl etwa in Lage der Michaeliskirche gewesen sein, als plötzlich schwarze Rauchfahnen herniederschwebten, das Angriffssignal für die in gleicher Formation folgenden Bomber. Und nun ging ein die Luft bis zu mir herauf erschütterndes Donnern und Peifen der herabregnenden Bombenlasten los. Innerhalb 20 Minuten bildeten Rauch- und Qualmwolken einen immer dichter werdenden Schleier über die Stadt, angefangen von Himmelsthür, wo wohl infolge falscher Befehle die ersten Bomben fielen. Wie ein Goldregen war aber in dem Rauchgemenge der Abwurf von Phosphorpartikeln zu sehen." Auch hier also der Eindruck: Phosphor fiel vom Himmel.

Übrigens hatte Olszewskis Frau bei einem Nachbarn den Drahtfunk gehört und war sofort zu einem Stollen geflüchtet. Sie begegnete den wegen der Vorentwarnung in die Stadt zurückflutenden Menschen, warnte sie, rief ihnen zu, die Flugzeuge kämen, fand aber keinen Glauben. Erst eine Weile später dann der neue Vollalarm, Rennen und Flüchten, aber wahrscheinlich für viele zu spät. Nach allem hat der Betrachter von heute den Eindruck, was normale Drahtfunkhörer wie Eva Ringling oder Frau Olszewski begriffen, hätte auch der Luftschutz erkennen müssen: Der Angriff stand unmittelbar bevor.

Zu den Vorwürfen mangelnder Feuerlöschteiche und nicht vorhandener Bunker kommt also ein weiterer: Die Verantwortlichen haben den Alarm zu spät ausgelöst. Wahrscheinlich hätten viele Menschen, die wegen des früheren Alarms draußen waren, aber wegen der Vorentwarnung in die Stadt drängten, noch rechtzeitig umkehren können, wäre der Alarm eher gekommen. Alle Zeugenaussagen stimmen darin überein: Kaum hatten die Sirenen geheult, da waren die Flugzeuge da. Und das Verhängnis nahm seinen Lauf.

Nachdenklich stimmen noch außerdem die verschiedenen Berichte über den Ausfall von Wasserleitungen. Schon beim Angriff vom Juli 1944 mußte Löschwasser in Tankwagen zur Zuckerraffinerie gebracht werden, weil die Leitung ausfiel, später kamen am Liebesgrund Menschen um, weil diesmal dort die Wasserleitung getroffen wurde. Schließlich fiel am 22. März 1945 das komplette Netz aus, weil die Leitung an der Innerstebrücke an der Schützenallee einen Treffer erhielt. Hätte nicht schon nach den Erfahrungen mit der Zuckerraffinerie eine Lösung gesucht und gefunden werden müssen, die einen zweiten Wasserweg sicherstellte? Eva Behrens geb. Ringling erzählte dem Verfasser, nach jedem Angriff gab es jedenfalls in der Oststadt tagelang kein Wasser. Aber die Verantwortlichen haben daraus offensichtlich keine Lehren gezogen.

Luise Stieghan näherte sich nach dem Angriff bis zum Flugplatz an die Stadt, „die brannte und qualmte wie verrückt". Durch sie hindurch war nicht nach Itzum zu gelangen. Über Einum kam sie zum Brockenblick, sogar dort und bei Achtum sah sie Brandbomben. Verwundete aus der Goetheschule kamen ihr entgegen, Soldaten auf Krücken. Und viele, viele Hildesheimer mit Wagen und Karren oder nur einem bißchen Handgepäck. Alle verließen die Stadt in eine ungewisse Zukunft. Aber sie waren wenigstens davongekommen.

Erwin sollte Erbsensuppe holen

Erwin Reinecke, Jahrgang 1933, er wohnt heute in seinem Eigenheim in Sorsum, lebte damals als Kind in der alten Rolandstraße. Das war ein Teil der jetzigen Kardinal-Bertram-Straße, die erst nach dem Krieg aus Roland- und Poststraße geschaffen wurde. Am 22. März 1945 hatte sich die Familie beim ersten Alarm zu ihrem Stammplatz im alten Galgenberg-Stollen begeben. Den Angriff vom 29. Juli 1944 hatte sie im Keller an der Rolandstraße erlebt, das reichte. Erwin Reinecke heute: „In dem Keller haben wir wirklich viel Angst gehabt. Die älteren Frauen beteten unentwegt. Ich weiß das noch: ‚Maria breit den Mantel aus'. Ich konnte eigentlich gar nicht beten. Aber ich habe das dann nachgeplappert. Immer so ein bißchen hinter den anderen her."
Seit jenem Angriff also Galgenberg. Nicht gerade ein kurzer Weg von der Rolandstraße, aber dort fühlte man sich sicherer. Am 22. März hatte die Mutter in der Rolandstraße noch Erbsen auf dem Feuer. Als der erste Alarm kam, wurde die Gasflamme klein gedreht, so köchelte das Mittagessen heran. Im Galgenberg-Stollen warteten die Reineckes auf das Alarm-Ende, dann sollte es dort Essen geben. Die Vorentwarnung kam, und der zwölfjährige Erwin wurde in die Stadt geschickt, um die fertige Erbsensuppe zu holen. So irrsinnig das im Nachhinein erscheint, aber so war die Zeit. Alarme gab es dauernd, sollte deshalb nicht gegessen werden? Mit einem Angriff auf Hildesheim wurde nach der Vorentwarnung offensichtlich jetzt nicht gerechnet - aber man war doch vorsichtig genug, mit dem Gros der Familie in Stollennähe zu bleiben.
Erwin, wie bemerkt, zwölf Jahre alt und seit zwei Jahren als „Pimpf" im Jungvolk, war auf dem Wege in die Stadt, viele andere Menschen ebenfalls, aber plötzlich Vollalarm, und im Handumdrehen waren die Flugzeuge da. Mit knapper Not erreichte der Junge den guten, langen Stollen im Kehrwiederwall, kaum war er drin, ging es draußen los. Zunächst hörte er noch Geschrei von Leuten, die wohl in allerletzter Sekunde und im Sturmlauf einen der zahlreichen Stolleneingänge erreichten, dann senkte sich angespannte Stille auf die Menschen. Der Zwölfjährige ganz allein unter lauter Fremden. Reinecke heute: „Da drin war es proppenvoll. Ich lag auf der Erde, neben mir standen und saßen die Großen. Auf beiden Stollenseiten gab es zum Teil niedrige Bänke. Das waren einfache Bretter über Pflöcke gelegt. Ich weiß noch, wenn wieder ein Luftdruck kam, flatterten die Hosen. Wie im Wind. Die Leute waren sehr ruhig. Geschrien hat keiner."
Nach seiner Erinnerung war es im Stollen vollkommen dunkel. Keine Kerzen diesmal. Kerzen rauben Sauerstoff. Aber so erfahren war ein Zwölfjähriger damals im Stollenleben: „Das kam vor, daß die Kerzen nach einiger Zeit ausgingen, weil ihnen der Sauerstoff fehlte. Aber zum Atmen reichte die Luft noch eine Weile." Im Kehrwiederwall-Stollen, der nicht im Zentrum des Bombenangriffs lag, waren die Erschütterungen doch sehr deutlich bemerkbar, Erdreich rieselte, ein Balken kam von der Decke herunter. Wann immer eine Bombe in einiger Nähe einschlug und die Druckwelle den Stollen erfaßte, gab es für Erwin nur eins: den Mund aufreißen. Soviel lernten Zwölfjährige damals ganz nebenbei: Wer nicht aufpaßte, dem konnte die Lunge platzen.
Nach dem Angriff wurde der Stollen durch seine verschiedenen Ausgänge geordnet verlassen, draußen sahen die Leute auf einmal die Brände. Zum Beispiel standen die Gaststätte Zum Klee und das Sägewerk an der Renatastraße in Flammen. Sogar Holz, das auf dem Zimmerplatz gelagert war, brannte. Ebenso, mindestens teilweise, die Malzfabrik. In die Stadt zu gelangen, etwa zur Rolandstraße, war unmöglich. Von Erbsensuppe keine Rede mehr. Die Familie fand sich aber heil und gesund wieder zusammen und kam erst einmal in Marienburg unter, dort war ein Sammelpunkt, es gab zu essen, im Saal schliefen Ausgebombte in großer Zahl auf Strohsäcken.
Am nächsten Tag ging man in die Stadt zurück und fand das Haus an der Rolandstraße, wie erwartet, zerstört. Alles, was Reineckes im Keller untergebracht hatten, war ebenfalls nicht mehr zu gebrauchen. Da gab es zum Beispiel einen Schrank mit Kleidern, von außen angesengt, aber noch da. Doch als nach dem Öffnen die Kleider angefaßt wurden, zerfielen sie zu Staub. Hier war nichts mehr zu retten. Wären die Menschen, statt im Stollen Schutz zu suchen, im Keller geblieben, keiner hätte das Inferno überlebt.
Erwin Reinecke – sein Vater war als städtischer Mitarbeiter einem Entgiftungstrupp zugeteilt – ging am 23. März allein durch die Stadt. Die ersten Toten sah er am Huckup-Denkmal. Menschen saßen einfach tot da. Darunter eine Frau, die er kannte. Im Geschäftshaus Blankenburg hatte er sie öfter gesehen. Verschiedene Häuser brannten noch, dem Jungen fiel auf, alle Steine waren sehr heiß. Am Hohen Weg wurden Leichen geborgen. Niemand schickte das Kind weg. In Nummer 10 wohnte sein Freund Werner Graf, Banknachbar in der Schule, mit seiner Mutter. Reinecke wußte, die gingen nie zu den Stollen. Er fragte die Männer nach ihnen: „Ist der Graf auch …?"- „Ja, der ist auch." Mutter und Sohn waren beide verbrannt.
Die Familie wurde zunächst nach Holle evakuiert, das war eine schöne Zeit, sagt Erwin Reinecke heute noch, alles so friedlich. Bei Alarm blies einer ins Brandhorn, aber die Hildesheimer kümmerten sich kaum darum. Hier fielen keine Bomben. Doch die nächsten Jahre waren für die Ausgebombten nicht einfach. Zuerst lebten sie in einer kaum isolierten Baracke in Drispenstedt, in der es namentlich im Winter 1947 furchtbar kalt wurde, kamen später in einen Massivbau am Pferdeanger, wo damals viele Flüchtlinge lebten, schließlich erhielten sie eine Wohnung in der Kasernenstraße (heute Eichendorffstraße). Aber das war schon lange nach der Währungsreform.
Im gleichen Stollen im Kehrwiederwall, in dem Erwin Reinecke den Angriff vom 22. März 1945 erlebte, saß oder hockte zur gleichen Zeit mit seiner Mutter ein elfjähriges Mädchen mit Zöpfen namens Edith Hostmann. Heute ist es Hildesheims zweite Bürgermeisterin Edith Feise. Hostmanns wohnten in der Sedanstraße, Ecke Vionvillestraße.

Den Angriff vom 22. Februar, als namentlich Neustadt und Oststadt schwer getroffen wurden, hatten sie im eigenen Keller überstanden, seitdem gingen sie regelmäßig zum Kehrwiederwall. Nachts Eltern und Tochter, tags Mutter und Tochter, der Vater war bei der Reichsbank an der Zingel tätig und hatte dort tagsüber zu bleiben. So auch am 22. März.

Edith Feise: „In den letzten Wochen hatten wir immer alles gepackt und haben uns abends kaum noch ausgezogen, es war ja doch dauernd Alarm. Am 22. März, weiß ich, ging es ein paarmal hin und her, dann kam dieser Alarm wohl sehr schnell, denn wir haben es zum Stollen nur knapp geschafft." An den eigentlichen Angriff und den Aufenthalt im Stollen hat sie nur noch wenig Erinnerung. Sie erinnert sich an die Luftstöße, und daß sie Angst hatte, „sicher haben wir auch gebetet." Im Gedächtnis ist ihr mehr von dem geblieben, was danach geschah. Sie kamen zur Sedanstraße, sahen Trümmer unterwegs, kamen zu ihrem Haus, das brannte. Aber vor dem Haus trafen sie den Vater: „Das war das Schönste."

Das Haus stand in Flammen, in normalen Zeiten hätte einen das schon ziemlich aufgeregt. An solchem Tage aber war es zweitrangig. Überlebt zu haben war das wichtigste. Immerhin suchte man zu retten, was zu retten war, und vorsichtshalber hatten Hostmanns wichtige Dinge im Keller deponiert, Betten, kleinere Möbel, Koffer mit den wichtigsten oder wertvollsten Sachen. Alles, was in den oberen Stockwerken blieb, war allerdings verloren. Das war in Kauf zu nehmen. Die Eltern bargen die wichtigsten Dinge aus dem Keller und schafften sie ans Südende der Sedanstraße „zum Brunnen", wie Edith Feise sagt. Gemeint ist der Renatabrunnen, dessen Figur der Renata schon im Kriege demontiert und abtransportiert wurde und nicht wiederkehrte. Heute sind nicht einmal mehr die Reste der Anlage zu sehen.

Die elfjährige Edith wurde als Wache zu den geretteten Sachen gestellt und hat sich dort nicht gerade sehr wohl gefühlt: „Mich haben sie da stehen lassen." Allein mußte sie ausharren, während ringsum die Brände zunahmen und der Tag immer gespenstischer wurde. Daran erinnert sie sich heute noch ganz genau. „Durch die breite Allee war es nicht so schlimm wie anderswo, man hatte hier wenigstens noch Luft zum Atmen." Aber sie saß oder stand da ganz allein, während in der Nähe die Flammen immer stärker wurden. Elf Jahre alt, ein kleines Mädchen im Vorhof der Hölle. Edith sah zu, wie die südlichsten Häuser der Sedanallee herunterbrannten und das Eckhaus, später Winkelhoff, wie von oben nach unten eine Decke nach der anderen herunterkam, die Flammen brausten, Funken flogen, die stürzenden Wände krachten.

Im Gespräch 50 Jahre später, auf der sonnigen Terrasse ihres heutigen Hauses an der Sebastian-Bach-Straße, in fast unwirklicher Umgebung, denkt man an das Gesprächsthema, spürt der Interviewer doch noch, wie die Vergangenheit wieder dasteht. Edith Feise erinnert sich immer noch an jede Decke, die in sich zusammenbrach und herunterstürzte, sie hat sie damals schreckensbleich einzeln gezählt und dabei Grauen empfunden. Wie eine Erlösung ist es ihr vorgekommen, als aus Ochtersum Bekannte mit einem Einspänner ankamen, um das gerettete Gut abzuholen und die Familie erst einmal für die nächsten Wochen aufzunehmen.

In der Moltkestraße wurden den Ausgebombten nach einigen Wochen zwei Zimmer zugewiesen, tagsüber hielten sie sich in ihrem Kleingarten am Heiligenweg auf, aus dem sie sich auch weitgehend versorgten. An der Sedanstraße hatten sie einen Hühnerstall aus Holz gehabt, der beim Angriff natürlich mit verbrannte, von den Hühnern war nachher nichts mehr zu entdecken. Aber zwei Tage später hockte ein Huhn auf dem verkohlten Stall, es hatte sich nach dem ersten Schrecken wieder eingefunden. Im Kleingarten durfte es dann weiterhin Eier legen.

Nebenbei bemerkt: Edith war damals pflichtgemäß „Jungmädchen" im BDM, das Gegenstück zum „Pimpf" im Jungvolk, aber Hostmanns waren nicht in der Partei. Ediths Eltern haben den deutschen Zusammenbruch zumindest für sich selbst durchaus als Befreiung gesehen, oft genug haben Vater Hostmann und einige seiner Freunde zuvor Partei oder gar Gestapo gefürchtet, wenn sie wieder zu leichtsinnig deutlich etwas gesagt hatten und plötzlich merkten, da gab es unbekannte Zuhörer. Man ging auf verschiedenen Wegen heimwärts und dachte bei jedem fremden Schritt an Gefahr.

Natürlich gibt es heute, ein halbes Jahrhundert nach dem Untergang Alt-Hildesheims, noch viele weitere Bürger, die den schrecklichen Tag miterlebten und davon erzählen können. Die Auswahl der „Zeitzeugen" in diesem Buch ist insofern ganz zufällig. Sieht man von den früheren, schriftlichen Berichten im Stadtarchiv (die ältesten schon von 1947) oder in der Hildesheimer Allgemeinen Zeitung ab, die noch vergleichsweise nah an der Katastrophe stehen, fällt doch auf, daß sich die Erinnerungen allmählich verwischen. Eher einzelnes hat sich im Gedächtnis punktuell festgebrannt so wie bei Edith Feise das Bild der stückweise in sich zusammenbrechenden Häuser. Luise Stieghan erinnert sich besonders deutlich ihrer Fremd- und Zwangsarbeiter, die sie zu versorgen hatte, denkt an den Franzosen, der ihr Kaffeemarken brachte, an den Holländer, der sie nach dem Kriege besuchte, an die junge Russin, die man ihr zugunsten der Trillkewerke wieder wegnahm und die dann regelmäßig aus dem Hildesheimer Wald sonntags zum Essen nach Itzum kam, fast wie eine Haustochter.

Sie erinnert sich aber auch noch mit Schaudern an eine Vorladung bei der Gestapo an der Zingel/Gartenstraße. Jemand wollte bei Aufräumungsarbeiten in der Molkerei an der Senkingstraße unter den Kriegsgefangenen einen Plünderer gefaßt haben, während sie schon vor Ort rundheraus erklärte: In meinem Keller gibt es nichts zu plündern. Bei der Gestapo stellte man ihr dann eine Tüte Grieß und Schuhputzzeug auf den Tisch. Das sollte sie „wiedererkennen". Sie tat es nicht, aber den gruseligen Schauder merkt man ihr noch heute an. Der war auch nicht unbegründet.

Ihr Mann war nämlich schon Jahre vorher, noch vor dem Krieg, in sehr ernsthafte Gefahr geraten, weil er Mitarbeitern zum Wochenende ein halbes Pfund Butter gegeben hatte, Deputat sozusagen, wie er meinte. Der Staat sah das ganz anders. Das war Diebstahl am Volk. Hätte sich nicht ein Mann aus dem Landkreis, in Berlin zu höheren Weihen aufgestiegen, ins Mittel gelegt, dem Molkereichef wäre es sehr schlecht ergangen. Vor einem Sondergericht stand er schon. Aber es ging mit einer Geldstrafe ab und der nun reichsweiten Erlaubnis, sogenannte Kratzbutter aus Behälterecken und von Maschinenwellen quasi innerbetrieblich für Mitarbeiter zu verwenden. Luise Stieghan wußte, wer die Gestapo war, als sie zur Gartenstraße befohlen wurde.

In dem Zusammenhang noch eine andere Meldung, die zeigt, wie die Geheime Staatspolizei noch die geringsten Kleinigkeiten verfolgte, sicher auch, um immer wieder zu demonstrieren, sie hatte jeden in der Hand. John F. Wilk aus Giesen, heute USA, schreibt im Sommer 1994: „Soviel verstand ich damals schon, daß verschiedene Dinge in der Zeit nicht so einfach waren, etwas mit dem System nicht in Ordnung war. Ein Jahr zuvor wurde meine Mutter von der Gestapo verhört, da wir, meine zwei Schwestern, vier und sechs Jahre alt, und ich, russischen Gefangenen, die jeden Morgen und Abend vom Lager Engelke in Groß Giesen zur Zuckerfabrik in Hasede und zur Kleinen Mühle geführt wurden, ein paar Äpfel gaben."

Erwin Reinecke wundert sich noch heute darüber, wie selbstverständlich einem Zwölfjährigen der Anblick von Toten war, wie selbstverständlich auch die Erwachsenen das Zuschauen von Kindern hinnahmen, ohne sie fortzuschicken – Zwölfjährige waren in Krieg und Bomben keine eigentlichen Kinder mehr. Ganz besonders traf das auf jene zu, die Monate und Jahre später aus Schlesien, Pommern oder Ostpreußen als Flüchtlinge eintrafen, ihre Augen hatten noch viel mehr Schreckliches beobachtet, als es in Hildesheim möglich war. Und das war schon nicht wenig. Und hat nicht nur mit den Bombenangriffen zu tun.

Ernst Kirchhoff erinnert sich

Ernst Kirchhoff ist heute 65 Jahre alt, war damals mithin gut 15, schon ein Jahr in der Hitlerjugend, Jungbann 79, und wohnte mit der Mutter am Mühlengraben. Heute lebt er in Fulda, wohin er aus beruflichen Gründen kam, aber sein Haus ist voller Hildesheim-Bilder, Fritz Röhrs vor allem, von Duisburg. Das alte Hildesheim. Er war in den Tagen um den 22. März auf Urlaub in Hildesheim – ein paar Tage zwischen Schanzen in Holland (die Gegend um Zwolle), anschließendem Wehrertüchtigungslager in Lebenstedt und der Einberufung zum Arbeitsdienst (RAD) im Harz, der er aber nicht mehr folgte. Nach den vorherigen Angriffen durften die Jungen aus dem Lager übrigens nicht mit Hildesheim telefonieren, um nach ihren Familien zu fragen. Begründung: Die Soldaten an der Front können das auch nicht.

So ging man mit Kindern um, auch wenn Kirchhoff heute sagt, nein, das seien sie eigentlich nicht mehr gewesen, sondern nach diesem Lager „zum Töten fertig". Handgranaten, Gewehr 98 K, Sturmgewehr, mit allem konnten die 14- und 15jährigen umgehen, nur Panzerfaust und Panzerschreck kannten sie – fast überraschend – noch nicht. Aber strikt gelernt hatten sie auch jenes Kapitel, das heute häufig als letzte, überdrehte Phantasievorstellung einer sozusagen wahnsinnig gewordenen Staatsmacht betrachtet wird, aber nicht als tatsächlich mögliche und eingetretene Realität: der Werwolf. Volkssturm, den hat man gesehen, aber Werwolf, das war ja wohl nicht möglich. Eine Erfindung der Propaganda allenfalls.

Kirchhoff weiß es besser. Er ist mit anderen seines Jahrgangs ausdrücklich darauf getrimmt worden. Was hier gelehrt wurde, war der tatsächliche Befehl zum Töten und Sabotieren hinter der Front. Der Schuß aus dem Hinterhalt war inbegriffen. „Mord" stand natürlich nicht auf dem Lehrplan, sondern höchster Einsatz für das Vaterland.

Am Ostersonntag nahm ein Rundfunksender „Werwolf" den Betrieb auf und sendete eine Proklamation an das deutsche Volk, „die den fanatischen Willen deutscher Männer und Frauen, deutscher Jungen und Mädel in den besetzten Gebieten betont, hinter dem Rücken des Feindes den Kampf für Freiheit und Ehre unseres Volkes fortzusetzen und dem Feinde blutig heimzuzahlen, was er dem deutschen Volke angetan hat." Das berichtet die Hildesheimer Zeitung am Dienstag nach Ostern, 3. April.

Weiter heißt es dort: „Die im Werwolf Zusammengefaßten bekennen in der Proklamation ‚ihren festen, unverrückbaren, durch feierlichen Eid bekräftigten Entschluß, sich niemals dem Feind zu beugen, ihm, wenn auch unter schwierigsten Umständen und mit beschränkten Mitteln, Widerstand über Widerstand entgegenzusetzen, ihm unter Verachtung bürgerlicher Bequemlichkeiten und eines möglichen Todesstolz und beharrlich entgegenzutreten und jede Untat, die er einem Angehörigen unseres Volkes zufügt, mit seinem Tod zu rächen.' Jedes Mittel ist ihm recht, um dem Feind Schaden zuzufügen. Er hat seine eigene Gerichtsbarkeit, die über Leben und Tod des Feindes wie der Verräter an unserem Volke entscheidet. ‚Unser Auftrag', so heißt es weiter in der Proklamation, ‚stammt aus dem Freiheitswillen unseres Volkes und aus der unveräußerlichen Ehre der deutschen Nation, als deren Hüter wir uns berufen fühlen." Mit diesen Festlegungen stellte sich der Werwolf außerhalb jeder geläufigen und anerkannten Rechtsordnnug.

Kein Wunder, daß die in Ochtersum vier Tage später einrückenden Amerikaner zwar in der Küche des Bauernhofes, wo Edith Hostmann damals war, kochen und essen wollten – aber anfangs die Eier doch lieber nicht vom Bauern nahmen, sondern eigene mitbrachten, wie sie berichtet. Die Soldaten hatten vielleicht Angst, per Aktion Werwolf vergiftet zu werden. In besetztem Feindesland war mit allem zu rechnen.

Ernst Kirchhoff hatte sich sein Leben bestimmt ganz anders vorgestellt, als es dann verlief. Er war Schüler am Andreanum an der Goslarschen Straße, am Mühlengraben lag gleich vor dem Haus sein Klepper-

Faltboot, ein Einer, mit dem er schöne Fahrten machte. In der Innerste und im Mühlengraben konnte man damals noch schwimmen, erzählt er. Beinahe heile Welt. Sein Vater war Lehrer gewesen, ursprünglich in Mechtshausen, hatte sich wegen des Schulbesuchs der Kinder nach Hildesheim versetzen lassen. Von Mechtshausen aus war der Besuch der weiterführenden Schulen nicht so einfach. Wohnstationen hier: Sedanstraße, Schützenwiese, Mühlengraben.

Aber dann erfolgte der Bruch. Der Lehrer wurde eingezogen, ist schon früh im Osten gefallen, 1941. Hinterließ eine Frau und die Kinder als Halbwaisen. Deshalb wurde Gauleiter Lauterbacher formell Ernstens „Pate", ohne ihn zu kennen, und Ernst bekam zur Konfirmation von ihm „Mein Kampf". So wollte es das Dritte Reich. In den Bestimmungen hatte es geheißen „ein gutes Buch", aber natürlich war „Mein Kampf" ein solches, um die Bibel sorgten sich – vielleicht – andere. Der Junge von damals möchte sich im Alter übrigens nicht als NS-Gegner der ersten Stunde verstanden wissen, der immer schon „dagegen" war, obwohl er schlimme Taten gesehen hat, die ihn bis heute tief bewegen. Aber: „Ich habe mit meiner Erziehung und Ausbildung bei Jungvolk und HJ den Einmarsch der Amerikaner und den 8. Mai nicht als Befreiung empfunden," sagt er, „ich habe darüber oft nachgedacht, aber es war nicht so. Ich habe die Flugzeuge, die uns bombardierten, und die Leute darin gehaßt. Ich habe auch die Angriffe auf Hildesheim nicht verstanden und verstehe sie noch nicht. Es war ein Töten von Greisen, Frauen und Kindern. Was da geschah, war absurd."

Der 15jährige lag am 22. März 1945, einem, wie vielfach berichtet, sehr schönen Frühlingstag, im Garten in der Hängematte und las ein Buch „Der Kampf um die Cheopspyramide". Nach der Vorentwarnung des früheren Alarms kam plötzlich Vollalarm, er hörte das tiefe Brummen voll beladener Flugzeuge, nach seiner Schätzung noch etwa 30 Kilometer entfernt. Für gewöhnlich gingen die Leute vom Mühlengraben zu einem Splitterschutzgraben im Ehrlicherpark, etwa eineinhalb Meter breit, mit Betonhalbbögen abgedeckt; aber diesmal reichte die Zeit nicht. Neben der Terrasse stand zwar ein Kinderwagen mit dem nötigsten Gepäck, sein Fahrrad mit Rucksack darauf, alles fertig für den Weg zum Ehrlicherpark. Der 15jährige war übrigens nach eigenem Bekunden zu der Zeit der „einzige Mann in der Nähe".

Eben sollte es losgehen, da entdeckte er die sogenannten Christbäume am Himmel, die Angriffszeichen, wußte, es war soweit und zu spät, und schrie: „Zurück in den Keller!" Es war nur der einstige Plättkeller des Hauses, Kriegsgefangene hatten in der Vergangenheit vor die Fenster Betonfertigteile gebaut, aber viel ausgehalten hätte er wohl nicht. Zwei Marinehelferinnen vom Marinekommando Berlin wohnten mit im Haus und liefen in den Keller, ein Sanitätssoldat stürzte von der Straße herein, zwei fremde Frauen, dazu Kirchhoff mit Mutter und Schwester. So erwarteten sie, dicht um den Schornstein gedrängt, mit Wolldecken umhüllt, den Angriff.

Kirchhoff: „Es knallte und krachte, überall war Staub, die Klappe aus dem Schornstein flog heraus, also auch noch Ruß, die nächsten Treffer waren am Krankenhaus und an der Innerste. Aber das wußte man erst später. Eine Frau betete ganz laut, wir anderen haben keinen Mucks gesagt, ich hatte eine fürchterliche Angst, aber ich war wie in einer absoluten Starre. Ich habe nicht oft Angst gehabt im Leben, aber die Angst an dem Tag, das reicht für immer.

„Dann war auf einmal alles vorüber, und wir haben gesessen und uns angesehen. Der Soldat war bleich wie eine Wand. Ich habe gar keine Erleichterung verspürt, kein Aufatmen, nichts dergleichen. Diese Starre ging irgendwie so weiter." Das Haus hatte wenig abbekommen, die Fenster waren weg, das Dach größtenteils abgedeckt, aber das zählte kaum. Die Mutter fing an aufzuräumen, das war wohl mehr wie ein Reflex, irgendetwas tun.

„Es dauerte nicht lange, da kamen die ersten Ausgebombten. Sie kamen aus Richtung Kreuzstraße, Alter Markt, Andreasplatz, Domhof, Brühl, sie wälzten sich in einem unabsehbaren Strom vorbei in Richtung Hohnsenbrücke und Lönsbruch. Sie kamen verdreckt, mit Koffern, bepackten Kinderwagen, eine endlose Schlange. Was mich am meisten betroffen machte: Sie kamen ohne Laut. Man hörte keinen Ton von all diesen vielen Menschen. Fast zum Schluß kam eine Gruppe Häftlinge, gestreift gekleidet. Ein alter Landsturmmann begleitete sie mit einem alten Gewehr. Wenn sie gewollt hätten, er hätte gar keine Chance gehabt. Aber sie machten einen abgetriebenen, erbärmlichen Eindruck, sie schlichen den Mühlengraben entlang. Das hat mich besonders erschüttert."

Kirchhoff fragt sich, woher sie kommen. Vielleicht von der Stadthalle? Dort waren KZ-Häftlinge untergebracht. In dieser Zeit sieht der Junge auch an der Römerringbrücke, wie im Eisenbahnzug, in offenen Güterwagen, KZ-Häftlinge oder andere Gefangene von West nach Ost transportiert werden, weg von der anrückenden amerikanischen Front. Was wird mit ihnen geschehen?

Am 22. März will der 15jährige aber vor allem wissen, was aus der Stadt geworden ist.

Gegen die Bitten seiner Mutter nimmt er sein Fahrrad und fährt los. „Ich weiß nicht, war es nur Neugier? Ich mußte mal dahin, ich kannte ja auch viele Leute in der Stadt. Aber es war kein Reinkommen. Ich war am Kalenberger Graben, Liebesgrund, Schützenwiese, bis zur Senkingbrücke, also Römerringbrücke. Da mußte ich umkehren, noch weiter ging es einfach nicht." Kirchhoff bot sich ein Anblick, den er nie im Leben vergessen wird: „Ich sah für Augenblicke den Andreasturm. Ich sah zum erstenmal das nackte Gerüst, wie es noch lange nach dem Krieg gestanden hat. Aber es glühte hellrot vor einem dunklen und dunkelroten Himmel. Es war unbeschreiblich."

Nach den allgemeinen Befehlen hätte sich Kirchhoff bald am Berghölzchen melden müssen, aber er ging am nächsten Tag erst einmal auf eigene Faust in die Innenstadt, Bekannte suchen. Sie gehörten zum Fähnlein 6, Totila, er selber auch zur Motorgefolgschaft 2. „Unterwegs wurde ich von Soldaten vereinnahmt, die haben mich mit zum Andreasplatz genommen. Da habe ich die ersten Toten gesehen. Ich mußte beim Leichenbergen helfen. Sie wurden aus den Kellern geholt, da mußte ich nicht hinein. Aber ich mußte sie mit sortieren. Sie wurden in langer Reihe an der Straße zum Zuckerhut hingelegt. Dabei war ein Veteran mit einem Holzbein. Das weiß ich wie heute." Schlimm gewesen sei es auch am Mutterhaus am Brühl. Da waren frisch Operierte. – Nach Seeland sind hier jedoch alle gerettet worden.

Mit Wagen und Handwagen wurden die Toten zum Zentralfriedhof gebracht, das machten vor allem Kriegsgefangene, viele Italiener in grünen Uniformen waren dabei, erzählt Kirchhoff. In den ersten Tagen habe die Organisation ganz gut geklappt, später war kaum noch eine da.

Wilhelm Kruse meldet in seiner Chronik, an vielen Straßenecken seien Tote hingelegt, auf dem Marktplatz lagen etwa 50 aus der Stadtschenke, in der Sedanstraße wurde ein Splitterschutzgraben getroffen. Kruse ging an einem der Tage nach dem Angriff durch die Stadt: „Vom Marktplatz, Hoher Weg kommend, merkte ich schon bei der Einbiegung in die Almsstraße einen eigentümlichen Geruch so wie von Leichen, aber ging dann wieder beruhigt weiter. Gegenüber dem ehemaligen Arneken-Hospital, das nur noch ein Trümmerhaufen war, mit einem notdürftig schmalen freigelegten Wege, sah ich beim Vorübergehen, wie Gefangene in der Öffnung gerad verschwanden und der Leichengeruch sehr stark geworden war. Weit und breit war niemand sonst zu sehen. Gegenüber der Trümmer des Arneken-Hospitals stand ein großer Lastwagen mit Anhänger.

„Zurückblickend sah ich diese Wagen voller Leichen, weitere wurden aus dem ehemaligen Hospital auf Tragbahren laufend geholt. Die Leichen lagen wie Holzscheite geworfen auf den Wagen, schon bis an den Rand vollgeladen, mit jungen und alten Personen, alle mit rauchbedeckten Händen und Gesichtern, man vermeinte fast Neger vor sich zu haben, ein furchtbarer Anblick. (...) In der Folge sah ich in diesen Tagen des öfteren solch beladene große Wagen, mit einem Laken bedeckt, zum Friedhofe fahren, wo diese erst identifiziert und danach in Papiersäcken begraben wurden. Denn soviele Särge waren gar nicht vorhanden."

Der Angriff vom 22. März war noch nicht der letzte, am 28. März wurden wiederum einige Bomben auf Hildesheim abgeworfen, sie trafen unter anderem das Altersheim der Barmherzigen Schwestern, mehrere von ihnen wurden getötet, am 31. März, dem Karsamstag, fielen Bomben auf Nebengebäude der Kasernen an der Steuerwalder Straße, Tiefflieger beschossen die Gegend bei Hasede und Steuerwald, in der Nacht zum Ostermontag (2. April) wurden in der Richthofenstraße zwei Häuser stark beschädigt, dann warf ein Tiefflieger Bomben in Groß Förste. Mit Bordwaffen tieffliegender Flugzeuge wurden ferner in diesen Tagen die Gegend um den Zentralfriedhof und der Flugplatz beschossen, anscheinend zuletzt in der Nacht zum 4. April. Übrigens hat es am 22. März auch zahlreiche Bomben auf Emmerke und Himmelsthür gegeben, die in der Berichterstattung über den Untergang Hildesheims zumeist unbemerkt blieben.

Am 6. April ist für alle Hildesheimer klar, daß man zur Front gehört, man hört Geschieße: Panzer, Artillerie oder was immer das sein mag - mit diesen Klängen gab es noch keine Erfahrung. In der Nacht zuvor wurde die Kanalbrücke bei Hasede gesprengt, noch am 7. April die zwischen Klein Förste und Harsum. Nach Seeland sollten auch die Große Mühle in Hasede gesprengt werden und möglicherweise die Innerstebrücken – zum Beispiel die am Dammtor in Hildesheim. Sicher ist nach Aussagen von Kirchhoff, die Hohnsenbrücke zumindest war für die Sprengung vorbereitet – ein Chefarzt, nach seinem Hörensagen der der Sülte, soll die Ausführung verhindert haben. Kirchhoff selber hat den Sprengstoff hinterher noch in der Hand gehabt, mit dem zerbröckelnden Dynamit geradezu gespielt. Es gab den Sprengstoff dort also wirklich.

Am 4. April gab die Partei auf Anordnung von Lauterbacher die verschiedenen Proviantlager zur Räumung frei, bevor sie dem Feind in die Hände fielen. Hier haben sich sogleich kaum zu beschreibende Plünderungsszenen abgespielt, die deutlich zeigten, daß sich jede Ordnung auflöste. Jetzt ging es darum, kostenlos und notfalls gewalttätig zuzulangen und sich auf Sicht zu versorgen - was kommen mochte, wußte man ja nicht. Glaubte man der Propaganda, mußten bei der Besetzung durch die Alliierten sowieso die meisten Männer mit dem Tode rechnen, die Frauen mit dem Verschleppen in Bordelle, Neger würden über sie herfallen, Bolschewisten, Juden – alles wurde miteinander vermengt. Außerdem war mit einer Hungersnot zu rechnen. Die Angst, die zumindest bei manchen Frauen ausgelöst wurde, hat Schmieder in seiner Chronik mit Stimmen aus dem Bekanntenkreis beschrieben, aber auch, wie die Hildesheimer über die Malzfabrik am Zimmerplatz herfielen und sie ausplünderten. Wobei zwar viel erbeutet wurde, vieles aber auch im Getrampel und Raffen vernichtet worden ist.

Nach Kruse wurden neben der Malzfabrik mindestens fünf weitere Warenlager zur Räumung freigegeben. Im Hafen gab es Mehl, Zucker, Wurst, Fleisch in Dosen sowie Palmin in Kanistern zu 30 Pfund. In der Zuckerraffinerie war trotz der schweren Bombenangriffe noch Rohzucker zentnerweise zu holen, in Harsum vor allem Seife, in Bavenstedt Schinken und Speckseiten, in Bettmar Rauchwaren. Nach Heinz Meyer („Damals", 1980, S. 246) wurden weitere Lebensmittellager in Heisede, Bierbergen, Clauen, Hohenhameln, Lobke und Ummeln von Deutschen und Ostarbeitern ausgeräumt, sogar Teppiche waren zu erbeuten. Kirchhoff berichtet, wie er aus der Malzfabrik Schmalzfleisch geholt hat und Zigarren. Keine großen Mengen, aber wenn alle zulangten, mußte man ja nicht der letzte sein. Da gab es einen Zahlmeister, befehlsmäßig vielleicht noch nicht auf dem letzten Stand, der mit der Pistole in der Hand den Raub durch die Massen zu hindern suchte, aber niemand kümmerte sich um ihn. Es muß zugegangen sein wie bei einer Plünderung in Feindesland im 30jährigen Krieg, nur daß es diesmal die eigenen Leute im eigenen Land gewesen sind. Rücksichtsloses Gedränge, Schlägereien wohl auch gehörten dazu, nach Meyer gab es sogar einen Toten.

An der Malzfabrik wurde ein armer Franzose oder Belgier, kriegsgefangen, dorthin gekommen mit seinem deutschen Offizier als Aufsicht, von jenem getrennt und geriet ins Blickfeld eines jungen SS-Mannes. Der schlug ihn mit dem Gewehrkolben zusammen, bevor der Offizier einschreiten konnte. Er hatte nichts getan, war eben nur ein Belgier oder Franzose. Aber das genügte. So erzählt Kirchhoff fast 50 Jahre danach. Er hat diese Szene nicht vergessen.

Galgen auf dem Marktplatz

Es gab in diesen Tagen nach dem Zerstörungsangriff aber Schlimmeres in Hildesheim als ein paar Kolbenstöße. Wir kommen jetzt zu einem Kapitel Hildesheimer Geschichte, das heute weithin unbekannt geworden, teils auch bis in die Gegenwart wohl unbekannt geblieben ist oder inzwischen verdrängt wurde. Es ist ein Kapitel über Todesurteile und Hinrichtungen im Schnellverfahren, es gab keine ordentlichen Gerichtsverhandlungen, keine Verteidiger. Es gab die öffentlichen Hinrichtungen auf dem Marktplatz und die heimlichen auf dem Zentralfriedhof und dort anscheinend in den allerletzten Tagen auch den brutalen Massenmord. Anders lassen sich die Spuren kaum deuten. Auf dem historischen Marktplatz von Hildesheim wurden nach dem 22. März Menschen durch Erhängen getötet, Italiener vor allem. Es wurde ein Galgen aufgebaut, er stand bis kurz vor dem Einrücken der Amerikaner zwischen dem heutigen Bäcker-Amtshaus und dem Rolandbrunnen.

Im Durcheinander nach dem Angriff des 22. März 1945 und bei einer sich auflösenden Ordnung ist in Hildesheim massiv geplündert worden. In Läden wurde eingedrungen, damals auch schon von sogenannten Ostarbeitern, die sich später deutlicher bemerkbar machten. Oftmals wurde Bombengeschädigten das wenige Gerettete noch vom Trümmerhaufen gestohlen. Auch von Einheimischen. Vielleicht nicht gleich am ersten Tag, aber danach um so gründlicher. Spätere Zeitungsanzeigen belegen noch im Juni die Verluste einzelner. In jenen Tagen und Nächten waren aber offenbar ganze Banden unterwegs. Und es waren offensichtlich viele Ausländer dabei. Bürgermeister Schrader hat später in einem Prozeß erklärt, man habe in der Tat im Kreisbefehlsstand wirksame Maßnahmen gegen die Plünderer erwägen müssen und deshalb gezielt nächtliche Streifen eingesetzt. Die bandenmäßigen Plünderungen nahmen überhand.

In der Zeitung steht am 24. März 1945 eindeutig zu lesen: „Im übrigen muß nochmals eindringlich darauf hingewiesen werden, daß jeder, der beim Plündern angetroffen wird, unverzüglich an der Stelle seines Verbrechens den verdienten Tod erleidet." Auch an Trümmern wurden Plakate angeklebt. Am 27. März schreibt die Hildesheimer Zeitung:" Plünderer müssen sterben!" Vier Ausländer seien letzte Nacht gefaßt und nach Feststellung des Tatbestandes erhängt worden, ein Deutscher auf der Flucht erschossen.

Die Zahl der Getöteten ist aber sehr viel größer gewesen. Als Leiter der Gestapo-Außenstelle Hildesheim fungierte seit 1944 Heinrich Huck. Nach dem Kriege wurde Huck vor dem Hildesheimer Schwurgericht angeklagt. Zuvor hatte er jahrelang in Gefängnissen und Lagern gesessen, war zwischendurch nach Frankreich ausgeliefert worden. Vor Gericht hat er 1951/52 eingeräumt, die Erhängung von 70 bis 80 Italienern geleitet zu haben. Einige wenige Exekutionen, um die sechs bis acht, fanden auf dem Marktplatz statt, die meisten im „Ersatzgefängnis" auf dem Zentralfriedhof. Das hat ihm vor Kriegsende noch den Vorwurf eingebracht, die Abschreckung sei nicht deutlich genug. Die Exekutionen geschahen auf Befehl von SS-Obersturmbannführer Rentsch als Standgerichtsleiter in Hannover (er verübte später Selbstmord).

Nach den Einlassungen von Huck geschahen die Hinrichtungen durch die beiden Ausländer Iwan und Alexander, er habe ihnen, wo notwendig, praktische Anweisungen gegeben. Der Mitangeklagte Gustav Kraege, er wurde freigesprochen, hatte als „Besitzer einer Armbanduhr mit Leuchtzifferblatt" die Aufhängezeit von 20 Minuten zu kontrollieren. Huck wurde – wegen des erschossenen Deutschen – zunächst zu fünf Jahren Zuchthaus verurteilt, im Juni 1953 aber in allen Anklagepunkten freigesprochen: Er habe nachweislich unter einem klaren Befehl gestanden.

Auf dem Marktplatz sind aber noch mehr Menschen gehenkt worden, als hier eingeräumt, so wird einmal im Huck-Prozeß von weiteren 21 Ausländern gesprochen, dafür war möglicherweise ein „Fliegendes Standgericht" verantwortlich, mit dem Huck nichts zu tun haben wollte. Die Hinrichtung auf dem Marktplatz sollte der Abschreckung dienen. Dazu brauchte man Zeugen. Ernst Kirchhoff, der 15jährige Hitlerjunge, wurde am 26. oder 28. März von der HJ mit anderen Jungen als Beobachter auf den Marktplatz befohlen, um einer solchen Hinrichtung beizuwohnen.

Kirchhoff erinnert sich: „Es waren jeweils vier Leute, die an dem Querbalken aufgehängt wurden, soviel ich sah, zusammen zwölf. Alles Italiener. Sie wurden in Gruppen aus einem Hintergrund etwa an der Scheelenstraße, wo sie den Galgen nicht erblicken konnten, auf den Markt geführt. Dort hinten, wohin ich aber nicht sehen konnte, gab es Schreie, dann trieb man die Leute auf den Markt. Dort standen Zuschauer drumherum, so 50 bis 60, glaube ich. Es gab da außerdem eine Gruppe von italienischen Kriegsgefangenen in ihren grünen Uniformen, keine Plünderer, wohlgemerkt, die gehörten nicht zu den Verurteilten, die legten die Hand an die Mütze und erwiesen ihren Kameraden die letzte militärische Ehre. Das hat mich sehr beeindruckt."

Allesamt waren sie anscheinend sogenannte Badoglio-Italiener. Aus den ehemaligen Verbündeten waren die Unglücklichen zu Feinden geworden, weil Pietro Badoglio, italienischer Marschall, mehrfach

Generalstabschef und 1943/44 italienischer Ministerpräsident, 1943 mit den Alliierten einen Waffenstillstand geschlossen hatte.

Huck hat sich auf den Tatbestand der Plünderung berufen, in den Prozessen der Nachkriegszeit wurde nachgewiesen, daß er sich für seinen Anteil am Geschehen jedenfalls zumindest auf eine Hinrichtungsliste seines Vorgesetzten stützen konnte, die als Urteilsgrund Plünderung nannte. Aber in jenen letzten Tagen zwischen dem Untergang Alt-Hildesheims und der Besetzung durch die Amerikaner ist noch mehr geschehen, Furchtbares auf dem Zentralfriedhof bzw. in seinen Gebäuden, wie dem alten Seuchenhaus.

Auf dem Ausländer-Teil des Nordfriedhofes mit 456 Gräbern steht ein massiver Totenstein mit der Inschrift: 208 Unbekannte. Es sind keine Bombenopfer. Schon Teich hat in seinem Buch über den antifaschistischen Widerstand auf ein – wie er schreibt – im Zuge der Huck-Ermittlungen 1951 entdecktes Massengrab hingewiesen und Huck nach einem Zeitungsbericht aus Hannover für einen Massenmord auf dem Zentralfriedhof mitverantwortlich machen wollen. Im Huck-Prozeß war 1951/52 auch einmal kurz von einem Fund unbekleideter Leichen die Rede. Der Angeklagte blieb aber dabei: Die unter seiner Verantwortung Getöteten seien bekleidet begraben worden. Mit anderen Toten habe er nichts zu tun. Da Huck zu keiner Zeit die Tötung von 70 bis 80 Italienern und einem Deutschen bestritten hat, spricht viel dafür, daß er auch hier die Wahrheit sagte.

1948, vom 30. August 7.30 Uhr bis zum 4. September, mittags 12 Uhr, (nicht erst 1951) ist auf dem Zentralfriedhof wirklich ein Massengrab entdeckt und geöffnet worden. Die Zeitung berichtete darüber damals nicht, vielleicht hielt die Stadt den Vorgang zunächst geheim (in Hannover war es in einem ähnlichen Fall zu Ausschreitungen der Russen gekommen). Dies Grab hat zu jenem Gedenkstein geführt, ist aber heute sogar in der Stadtverwaltung fast unbekannt geworden. Manfred Härtel, Leiter des Garten- und Friedhofsamtes, hat sich im Juli 1994 auf Bitten des Verfassers um eine Klärung bemüht und ist in der Stadtverwaltung auf einen unscheinbaren Aktenhefter 1948/49 gestoßen, der unter anderem den Vorgang enthält: „Bericht über die Öffnung des Massengrabes in der Abt. VI. a. links, Reihe 9". Es gibt für die damaligen Vorgänge nach vielerlei Gerüchten also nunmehr ein authentisches Dokument.

Nach der Akte, die auch mehrere Listen namentlich identifizierter ausländischer Toter (vor allem Franzosen und Italiener) enthält, die in jener Zeit exhumiert und an andere Orte überführt wurden, ist der Hinweis auf das Grab aus Italien gekommen. Das Italienische Rote Kreuz fragte am 24. August 1948 brieflich nach einem Massengrab mit vermutlich etwa 135 Italienern. Arbeiter des städtischen Friedhofsamtes fanden dann nach dem Abräumen einer 80 Zentimeter starken Erdschicht die Leichen von 191 Männern und 17 Frauen, also 208 bis dahin unbekannte Tote.

In dem Bericht an Oberstadtdirektor Dr. Sattler heißt es: „Die Leichen lagen in einer Schicht zu vier bzw. fünf Stück übereinander. Diese Schicht war weder mit Zweigen noch irgendwelchem anderen Material abgedeckt. Die Erde lag unmittelbar auf den Leichen."
135 männliche Tote waren nackt, ebenso 17 Frauen. 56 Männer waren teils mit Zivilsachen bekleidet, teils mit der gestreiften Kleidung der KZ-Häftlinge. Eine Frau hatte einen Knebel im Mund, vier Männer trugen noch einen Strick um den Hals. „Irgendwelche Erkennungsmarken oder sonstige die Person ausweisende Gegenstände wurden nicht vorgefunden, sodaß eine Identifizierung der Leichen ausgeschlossen war." An Gegenständen fanden die Arbeiter lediglich ein kleines Kreuz, das eine weibliche Leiche an einer Schnur um den Hals trug, einen Ring an der Hand einer unbekleideten männlichen Leiche, ferner freiliegend ein kleines Kreuz mit Kette, einige russische Geldscheine sowie einen Ausweis mit Schutzhülle, der nicht mehr zu entziffern war. Die Leichen wurden nachher nebeneinander und bis zu drei Personen übereinander wieder bestattet und mit Erde bedeckt, die zu einem Hügel geformt worden ist (der Hügel ist heute, 1994, nicht mehr erkennbar). Der Stein, der später aufgestellt worden ist, trägt die Inschrift

„MEMORIAE EORUM, QUI TEMPORE BELLICO 1939 - 1945 VITAM SUAM PRO PATRIA ET FIDE OBTULERUNT"

Darunter steht die Anrufung: „Bone Jesu, dulce Domine, libera animas eorum de poenis inferni et da eis beatitudinem aeternam!"

Übersetzt: „Zur Erinnerung derer, die in den Kriegszeiten 1939 - 1945 ihr Leben für Vaterland und Glauben hingegeben haben.– Guter Jesus, süßer Herr, befreie ihre Seelen von Strafen der Hölle und gib ihnen ewige Glückseligkeit".

Offensichtlich sind also in den letzten Tagen der NS-Herrschaft auf dem Zentralfriedhof von der SS oder Gestapo oder beiden noch Greueltaten verübt worden, die einem heute kaum faßbar erscheinen. Die Gestapo in Hannover brachte auf dem Seelhorster Friedhof 1945 noch am 6. April 154 sowjetische Zwangsarbeiter um (Mlynek/Röhrbein, Geschichte der Stadt Hannover, Bd.2, 1994, S. 559 und passim). Nach Hans Teich (Seite 142 f.) sind noch am 7. April gerade verhaftete Deutsche aus dem Peiner Raum nach Hildesheim zum Zentralfriedhof gebracht worden. Sie rechneten mit dem Tode. Die SS sei dann aber plötzlich verschwunden, weil die Amerikaner einrückten. Aber für 208 Männer und Frauen, die heimlich getötet und im Massengrab verscharrt wurden, kamen die Amerikaner zu spät. Es ist nicht einmal bekannt, wer die hier Begrabenen gewesen sind, woher sie stammten. Die gefundenen Geldscheine mögen in die damalige Sowjetunion weisen, die Häftlingskleidung vielleicht nach Bergen Belsen.

Mehr als 1600 Bombentote

Hildesheims Innenstadt war vernichtet. Beobachtern fiel damals auf, man konnte plötzlich mitten in der Stadt die umliegenden Berge sehen. Zum Beispiel vom Marktplatz aus den Steinberg. Wo Fachwerkhäuser gestanden hatten, lag wenig mehr als ein Haufen Asche, Steingebäude reckten ausgebrannte Mauern in den Himmel, vielfach standen noch die Kamine. Wo schwere Sprengbomben eingeschlagen waren, wurden auch größere Steinbauten in niedrige Schutthügel verwandelt, die keine Gebäudeformen mehr erkennen ließen. Darunter wurden noch viele Tote vermutet.

Wieviele Opfer an Menschenleben dieser Angriff wirklich gefordert hat, läßt sich nicht mehr feststellen. Zum Teil wurden einzelne Körperteile geborgen, oft genug verkohlt, zum Teil gar nur Knochenreste. Identifizierungen waren da nicht mehr möglich, allenfalls Vermutungen vom Fundort her, zum Beispiel Lazarett Goetheschule. Die schon mehrfach zitierte Statistik der Stadt Hildesheim von 1957 nennt für den 22. März 1006 Tote. Davon sind beurkundet 689, nämlich 401 weibliche und 288 männliche Personen (davon 19 durch gerichtliche Todeserklärungen). Nicht beurkundet wurden 317 Opfer. Ohne Identifizierung geborgen wurden von diesen 248 Menschen.

Diese Zahl sagt etwas über die Grausigkeit des Geschehens: Bei dem Angriff vom 22. Februar waren 14 Tote nicht zu identifizieren, am 3. März einer, am 14. März 14. Jetzt aber sind es 248 – darunter 72, bei denen sich nicht einmal mehr feststellen ließ, ob es sich um Männer oder Frauen handelte. Manche wurden von Explosionen zerrissen, aber die meisten Opfer, die nicht zu identifizieren waren, sind wohl im Feuer bis zur Unkenntlichkeit verbrannt. Hildesheim war am 22. März 1945 eine unvorstellbare Hölle.

Bei den Totenlisten ergibt sich ein weiterer Hinweis darauf, daß das furchtbare Geschehen nicht mehr geordnet zu erfassen war. Für die früheren Angriffe läßt sich aus den Listen ziemlich genau erkennen, wo die Menschen zu Tode kamen. Fast immer ist der Ort mit Straße und Hausnummer genannt. Beim 22. März ist das anders. Hinter der Spalte mit der Adresse der Lebenden ist als Todesort zumeist nur noch „Hildesheim" angeführt.

Zum Beispiel wird eine dreiköpfige Familie aus der Schützenallee 37 getötet. Todesort: „Hildesheim". Man kann nicht erkennen, starben die Menschen in ihrem Haus oder etwa im Liebesgrund in Stollen oder Splitterschutzgraben oder ganz woanders? Ein anderes Beispiel: Eine Mutter und drei Kinder aus der Rathausstraße 25 sterben am 22. März 1945 in „Hildesheim", der Vater fiel übrigens 1941 bei Leningrad. Eine ganze Familie war getötet. Wo starben die Mutter und ihre Kinder? Am Langen Hagen 20 kommen aus einer Familie fünf Personen um, die sechste in „Hildesheim". Heinrich Rabe aus der Judenstraße 13 starb beim Angriff auf Senking am 14. März, seine Familie wenig später am 22. März. Für sie steht „Hildesheim". Für drei Personen Plischke aus dem Hohen Weg 37 ergibt die Totenliste: „Hildesheim, Hoher Weg, Hoher Weg 37". Und so weiter. Insofern lassen sich keine Zahlen für bestimmte Orte ermitteln. So heißt es in der Überlieferung, allein im Lazarett Goetheschule seien etwa 135 Menschen umgekommen, Krankenschwestern, Soldaten und andere. Aus den Listen der Stadt läßt sich darüber kein Aufschluß gewinnen. Ähnlich verhält es sich mit der Mädchenmittelschule am Langen Hagen. Nach den vorliegenden Zeugnissen sind dort viele Menschen gestorben, teils durch Feuer, teils durch einen Gewölbeeinsturz. Die städtischen Listen helfen bei der Ermittlung nicht weiter. Ebenso bei der Arneken-Stiftung, aus deren Keller nach Kruse Hunderte Tote geborgen wurden. Die Statistik liefert dazu kein Bild.

Insgesamt hat der Luftkrieg in Hildesheim nach der schon mehrfach zitierten Ausarbeitung (1957/58) der Stadt 1645 Menschen umgebracht, davon 1250 Einheimische. 100 Opfer gehörten der Wehrmacht an, davon sind 67, also die große Mehrheit, damals nicht beurkundet worden. Sie starben auf der Straße, in Kellern, zu einem Teil auch in den Lazaretten, die ihnen eigentlich Genesung bringen sollten, als Bombenopfer. In den Lazaretten an Verwundungen von der Front gestorbene Soldaten sind nämlich in den Listen an anderer Stelle erfaßt und gehören nicht zu den 100.

Gestorben sind in den Bombenangriffen auch 146 Ausländer, gestorben sind weiterhin – unter den beurkundeten Toten – 170 Kinder bis zum 18. Lebensjahr, wahrscheinlich aber noch mehr. Es gibt eine Zahl von 34, bei denen das Alter unbekannt gewesen ist, möglicherweise waren hier auch Kinder dabei. Unter den bekannten Opfern waren allein 68 unter sechs Jahren und 79 unter vierzehn. Über 65 Jahre alt waren 349 Getötete, davon 204 Frauen; im ganzen starben 586 Frauen im Alter von 18 Jahren bis 65 und älter, Männer in der gleichen Altersgruppe 450. Wenn Kirchhoff von dem Angriff auf Greise, Frauen und Kinder spricht, hat er so unrecht nicht. Und jeder einzelne Todesfall war ein persönliches Schicksal, das die Statistik nicht wiedergeben kann.

Etwas andere Zahlen als die hier zitierten nennt das Statistische Jahrbuch der Stadt von 1960/61. In Band 1, Seite 228, heißt es in einem Bericht des Standesamtes, nach der seinerzeit von der Kriminalpolizei übergebenen Liste betrage die Zahl der Todesopfer 1736. „Identifiziert werden konnten 1356 Personen, darunter 38 Ausländer. Nach Angaben der Polizei sollen etwa 150 gesuchte Personen unter den Trümmern verblieben sein. An unbekannten Toten wurden ca. 250 festgestellt. Von den 1356 identifizierten Toten konnten bislang 804 Todesfälle beurkundet werden...."

Diese Angaben des Standesamtes widersprechen der älteren Ausarbeitung des Statistischen Amtes von 1957/58, stützen sich aber, wenn etwa von den Polizeilisten die Rede ist, wohl auf noch ältere Daten. Nach dem neueren Bericht waren nur 38 Ausländer identifiziert, nach dem von 1957/58 sind jedoch 103 ausländische Tote standesamtlich beurkundet worden, nicht beurkundet waren 43. Ohne Identifizierung geborgen wurden nach diesem Bericht im ganzen allerdings 277 Opfer, Deutsche wie Ausländer; wer davon Ausländer war, ist unbekannt.

Unrichtig wird jedenfalls die Angabe von 1960/61 sein, nur 804 Todesfälle von 1356 identifizierten Toten seien beurkundet. Schon 1957/58 lagen 1219 standesamtliche Beurkundungen (ohne 21 gerichtliche Todeserklärungen) vor, die 277 nicht identifizierten Toten zählen ausdrücklich als „nicht beurkundet" und sind also nicht enthalten. Daß die Polizei bei Kriegsende noch 150 Opfer unter den Trümmern der Stadt vermutete, ist sehr verständlich. Aber nach der Großräumung der nächsten Jahre müßte bis zu den Namenslisten von 1957/58 in diesem Punkt einigermaßen Klarheit geschaffen worden sein.

Ob der Luftkrieg 1645 oder 1736 Opfer gefordert hat, das mag allerdings dahingestellt sein, eine Tragödie war er in jedem Fall. Im ganzen scheint dem Verfasser jedoch die Arbeit von 1957/58 die richtigere und genauere zu sein.

Am Mittwoch, dem 4. April, erst, am späten Nachmittag, fand auf dem Marktplatz die Trauerfeier für die Opfer des 22. März statt. Das Jungvolk war angetreten, dumpfe Paukenschläge, Fahnen und Standarten, das Lied vom guten Kameraden gehörten zu dieser Feier, der Kreisleiter legte auf den Trümmern des Knochenhauer-Amtshauses einen Kranz nieder. „Wie eine lebendige Anklage wirkt dieser Kranz der Lebenden zum Gedenken der Toten inmitten der Ruinen", schrieb F. H. am nächsten Tag in der Hildesheimer Zeitung unter der Überschrift „Und was sonst sterblich war, das wird unsterblich". Der Artikel endet mit dem Satz: „Wenn darum jemals die Frage nach dem Frieden ein Herz beschleichen sollte, so kann und wird es – im Gedenken an diese Gefallenen – immer nur die Frage nach dem deutschen Siege sein." Veröffentlicht zwei Tage, bevor die Amerikaner Hildesheim besetzten. Der Teil des Nordfriedhofs, wo die mehr als 1600 Bombentoten des Zweiten Weltkrieges bestattet sind, wurde im wesentlichen 1946 und später gestaltet. Ein großes Steinkreuz, ähnlich dem auf dem Ausländerfriedhof, steht vor dem weiten Gräberfeld mit den kleinen Gedenksteinen, deren Schrift allmählich verwittert. Auf einer Steinplatte neben dem Kreuz ist zu lesen: „Trauernd gedenkt die Stadt der erschlagenen Söhne und Töchter, wehrlose Opfer der Willkür. Unvergessen ruhen sie hier in der Erde der Heimat".

Dies waren die Menschenopfer des totalen Krieges. Daneben gab es den Sachschaden einer zerstörten Stadt. Vollkommen zerstört wurden etwa 1300 von 1500 Fachwerkhäusern, die bis ins 16. Jahrhundert zurückreichten. Nicht alle waren bei dieser Überfülle sozusagen berühmte Bauten. Aber auch sie gingen verloren. Unter den bedeutenderen oder gar weltbekannten stehen vorn: das Knochenhauer-Amtshaus von 1524, die Ratsapotheke, Pfeilerhaus und Umgestülpter Zuckerhut, Wiener Hof und Neuer Schaden, die Neustädter Schenke, das Altdeutsche Haus, das Storre- oder Wedekindhaus, der Goldene Engel und die Domschenke, das Rolandhospital, das Kaiserhaus am Langen Hagen, das allerdings kein eigentlicher Fachwerkbau gewesen ist. Dazu die Kirchen, neben modernen wie der Bernwardkirche die Bauten des frühen Mittelalters, die in der Welt von Kunst und Theologie ihresgleichen suchten. Der Dom und überhaupt der ganze Domhof, St. Michaelis, Heilig Kreuz, geborsten und ausgebrannt, Trümmerstätten wie aus dem Bomber-Bilderbuch, St. Andreas, ebenso auseinandergebrochen, das Gerüst der oberen Turmhälfte ausgeglüht und deshalb noch über Jahre nach dem Krieg als Hildesheimer Eiffelturm bezeichnet, St. Lamberti in der Neustadt, die einzige spätgotische Hallenkirche, deren Gewölbe teils im Krieg, teils aber auch erst danach zusammmenstürzten. Dazu die Steinruinen von Rathaus und Tempelhaus, die später wieder aufgebaut wurden wie schließlich auch die Kirchen.

Aber das konnte Ende März 1945 noch niemand ahnen, und auch nach dem Kriege hing das Schicksal mancher Kirche noch lange in der Schwebe. So ist inzwischen deutlich, daß die Andreaskirche, ausgerechnet die Hildesheimer Bürgerkirche, über Jahre hinweg vom Abriß bedroht war. Es gehört wirklich zu den „guten Taten" Hildesheimer Nachkriegsgeschichte, daß dies dann doch nicht geschehen ist. Aber es hätte leicht passieren können. Welcher Verlust damit entstanden wäre, lehrt ein Blick über die heutige Stadt. Man denke sich St. Andreas nur einmal fort, das buchstäblich herausragende Gebäude in der Stadtsilhouette. Geht man in das Gotteshaus hinein, schaut hinauf in das Deckengewölbe, erblickt auf einem Rundgang im Turm das alte romanische Westwerk, hört vielleicht die Beckerath-Orgel – welch ungeheuerlicher Schade wäre es gewesen, könnten wir diese Kirche nur noch auf alten Fotos bewundern. Aber nah genug an solchem Schicksal hat die Ruine gestanden. Wir kommen später noch darauf zurück. Neben den vielen Schäden und Totalverlusten der historischen Bauten meldete auch die Öffentliche Hand beträchtliche Verluste an. 80 Prozent der öffentlichen Gebäude waren zerstört. Nach A. C. Gothe in der Schrift „Hildesheim 1945 - 1955" waren zerstört: 85 Prozent aller Geschäftshäuser, 70 Prozent aller Handwerksbetriebe, 50 Prozent aller Industrieanlagen, 80 Prozent aller öffentlichen Gebäude, 87 Prozent aller Fachwerkhäuser. Die Schuttmassen wurden mit 750 000 Kubikmeter berechnet.

Bis zum August 1952 sind beim damaligen Kriegssachschadenamt 20 629 Anträge auf Entschädigung mit einem Volumen von 379 Millionen Mark eingegangen. Davon entfielen 122,2 Millionen auf Gebäude-, 154 Millionen auf Sachschäden wie Mobiliar und 102 Millionen auf Nutzungsschäden (Statistisches Jahrbuch der Stadt Hildesheim, 1960/61, Seite 206). Nicht klar wird aus dem Text, wieviele Anträge auf Reichsmark, wieviele schon auf D-Mark lauteten. Gewählt wird die Bezeichnung „M."

Ziemlich hoch sind ferner die Verluste an Anlagen und Gebäuden der Eisenbahn gewesen. Nach einem Bericht im gleichen Jahrbuch (Seite 75 ff.) hatte schon der Angriff am 29. Juli 1944 den Güterbahnhof schwer getroffen. Der Angriff vom 14. März 1945 vernichtete 70 Prozent der Gleise und sonstigen Anlagen des Güterbahnhofs und des

Die Barockfassade des Gymnasiums Josephinum blieb im wesentlichen erhalten.

Am Steine. Deutete nicht das Denkmal auf das Roemer-Pelizaeus-Museum, man fände sich kaum zurecht.

Wiederum Am Steine. Links im Bild das Gebäude der Landschaft, heute Stadtarchiv und Bibliothek. Die Ruine rechts wich später dem Straßenbau.

Die fast völlig zerstörte Burgstraße mit der Ruine der Michaeliskirche.

St. Michaelis. Halbrechts im Bild das Portal, durch das man heute die Kirche betritt.

Trümmer über Trümmer. Hier sind es die Reste des Michaelisklosters.

Fassade des Michaelisklosters. Ein Teil des Mittelstücks ist bis heute als Denkmal erhalten.

Schutt und Ruinen. Den Andreasturm im Hintergrund nannte man nach dem Kriege den Hildesheimer Eiffelturm.

Bahnbetriebswerks. Am 22. März fielen fast sämtliche Hochbauten der Reichsbahn den Bomben zum Opfer, der gesamte Eisenbahnverkehr lag zunächst still. In den nächsten Tagen wurden einige Gleise wieder befahrbar gemacht, wie Truppen- und Gefangenentransporte zeigen. Bei Kriegsende wird diese Schadensrechnung aufgemacht:

„16 Kilometer Gleise, 90 Weichen und der größte Teil der Hochbauten war zerstört. Es waren alle Stellwerke vernichtet, bis auf die am Ostende des Personenbahnhofs gelegenen. Das obere und untere Empfangsgebäude, der Güterschuppen und die Abfertigungsräume waren nur noch Ruinen. 45 Prozent der Anlagen des Bahnbetriebswerks lagen in Trümmern. Es bestand kein Lokschuppen mehr, und auch die Drehscheiben waren unbrauchbar. Außerdem war das Verwaltungsgebäude des Eisenbahn-Betriebsamtes im Pepperworth vollständig ausgebombt. Der Gesamtschaden wurde auf sieben Millionen Reichsmark geschätzt."

Erst im Mai konnte der Bahnverkehr einigermaßen wieder aufgenommen werden. Es standen noch fünf Lokomotiven mit sieben Reisezugwagen zur Verfügung. Beschädigt waren auch Anschlußgleise und Hafenbahn, der Hafen selber blieb heil. Außerdem waren zahlreiche Brücken und Straßen im Stadtbereich schwer beschädigt, ebenso die Kanalisation, Telefonanlagen vernichtet, die Energieversorgung gestört, Straßenbahn und Oberleitungs-Busse ausgefallen, großenteils zerstört. Der Stichkanal war zunächst nicht befahrbar, weil die Trümmer gesprengter Brücken darin lagen.

Viele Menschen suchten nach dem 22. März 1945 in den Trümmerhaufen ihrer Häuser noch hier und dort nach Resten ihres Hab und Gutes, betrachteten fassungslos die Vernichtung einer mehr als tausendjährigen Stadt. Vor allem aber waren sie jetzt zum nackten Überleben auf die öffentliche Fürsorge angewiesen.

Die Hildesheimer Zeitung titelt am 23. März: „Sadistische Barbaren! Anglo-amerikanischer Mordterror über Hildesheim – Die Stunde der Bewährung." Im Aufmacher heißt es: „Die anglo-amerikanischen Mordbrenner führten in den frühen Nachmittagsstunden des 22. März einen besonders schweren und barbarischen Terrorangriff gegen die Wohngebiete der Stadt Hildesheim. Nachdem im Oktober 1943 die Gauhauptstadt Hannover und im Oktober 1944 die Stadt Braunschweig durch die gleichen Methoden eines unmenschlichen Sadismus in Schutt und Asche gelegt worden waren, traf gestern das gleiche grausame Schicksal die Stadt Hildesheim. Eine Unzahl von Brandbomben und von Sprengbomben wurden ziel- und wahllos über die Wohnstätten der Zivilbevölkerung abgeworfen. Sie vernichteten in kürzester Zeit das, was sich unsere Volksgenossen durch ihren Fleiß und durch ihre Sparsamkeit erarbeitet und aufgebaut haben. Unersetzliche Werte fielen den rasenden Feuerstürmen zum Opfer. Neben den Wohnungen sind es die wertvollsten und kostbarsten Kulturgüter, die den Bomben und damit der Vernichtung zum Opfer gefallen sind. Die ganzen Minderwertigkeitskomplexe eines Gegners, der keine Kultur besitzt und der keine Kultur kennt, wurden auch an einer unserer kulturreichsten Städte haßerfüllt abreagiert."

So geht das ein Stück weiter, dann folgt die zu erwartende Durchhalteparole: „Die Gefallenen dieses Angriffs legen uns die heilige Verpflichtung auf, im nationalsozialistischen Glauben und in vorbildlicher Pflichterfüllung zusammenzustehen und uns auch aus der Glut dieses furchtbaren Angriffs und über die Trümmer hinaus zum kompromißlosen Kampf bis zur völligen Vernichtung unserer Feinde zu bekennen."

In einem Zehn-Punkte-Programm werden Verhaltensmaßregeln mitgeteilt. Alle vom Angriff Betroffenen sollen sich umgehend in den Auffangsammelstellen melden. Genannt werden Moltkeschule, Stadtgut Steuerwald, Gallwitzkaserne, Cernykaserne, Provinzialgut Einum, Drispenstedt, Sorsum, Domäne Marienburg, Ochtersum. Dort gibt es Verpflegung, Bombenpässe, dort werden Quartiere zugewiesen. Über die Auffangsammelstellen werden auch der Abtransport aus Hildesheim und die Bergung der Möbel sichergestellt. Die Warmverpflegung beginnt am 23. März um 12 Uhr, abends wird Kaltverpflegung ausgegeben. In entfernteren Stadtteilen sollen fliegende Verpflegungsausgabestellen der NSV eingerichtet werden. In Vier Linden wird eine Vermißten-Nachweisstelle eingerichtet. Verletzte können in der Moltkeschule, in der Cernykaserne und im Städt. Krankenhaus Hilfe erhalten, Augenverletzungen durch Rauch werden in allen Auffangstellen behandelt. Über Verletzungen durch Rauch klagt übrigens fast jeder, die Augen brennen noch tagelang, das Ausspritzen verschafft nur vorübergehend Linderung.

Am nächsten Tag, Sonnabend, 24. März, werden weitere Ausgabestellen für Verpflegung genannt: Karl-Dincklage-Platz (Steingrube), Waterloo-Kaserne, Luftschutzhaus Keßlerstraße, Bahnhofsplatz 5, Humboldtstraße 11, Landgericht Domhof, Dingworthstraße. Noch bis einschließlich Sonntag wird kostenlos und markenfrei Essen angeboten. Wer abtransportiert wird, soll vor allem Betten mitnehmen, die fehlen in den Quartieren. Für den Möbeltransport soll man sich im Aufnahmeort an den Ortsgruppenleiter oder Ortsbauernführer wenden, die werden dann die Möbel mit Gespannen abholen. „Es genügt vollauf, wenn ein Familienmitglied solange bei den Möbeln verbleibt."

Im übrigen meldet das Blatt: „Der Kampf geht weiter" und „Hildesheim bindet den Helm noch fester". Im Innern der Ausgabe ein Bericht zur Frontlage. Danach steht der Gegner im Osten bei Danzig, Leobschütz und Küstrin, im Westen mit dem Brückenkopf Remagen am Rande des Ruhrgebiets, weiter südlich am Rhein bei Ludwigshafen. Gekämpft wird in Mainz, Bingen ist gefallen.

Eine ganze Seite ist dem zerbombten Hildesheim gewidmet („Dokumente der Schande") mit Bildern des zerstörten Doms, des Rathaussaales und der zertrümmerten Kreuzkirche und Lambertikirche. Dazu wird die Wüste des Marktplatzes gezeigt mit der Bildzeile: „Vor zwanzig Jahren wollten sie das Knochenhaueramtshaus erfolglos kaufen. Heute hinterließen sie dafür diese Trümmerstätte." Das sind die

133

ersten authentischen Bilder des zerstörten Hildesheim, aufgenommen von W. Hauschild aus Hannover, der mit seinem Lebenswerk später ein sehr bekannter Fotograf geworden ist.

In der Ausgabe vom 27. März wird noch einmal, zweispaltig und im Fettdruck, betont: „Plünderer müssen sterben!" Trotzdem, es wurde weiter gestohlen und wurde sogar schon, wenigstens in Einzelfällen, noch am Unglückstag des 22. März geraubt, Seeland schildert Beispiele am Domhof. Aber je mehr die Ordnung zerbrach, desto schlimmer wurde es. In diesen Tagen fragen Zeitungsanzeigen noch vorsichtig nach möglicherweise vertauschten Gegenständen, später, nach dem 7. April, wird deutlich von Diebstahl gesprochen. Es heißt dann wohl, der Täter sei erkannt und solle sich melden.

Über die Lage in der Stadt erfährt der Leser von heute einiges aus redaktionellen Meldungen. „Helft, Gefallene festzustellen", heißt es zum Beispiel. Auf dem Zentralfriedhof liegen Leichen, die keiner kennt. „Die Angehörigen von Vermißten werden gebeten, der Kriminalpolizei auf dem Friedhof bei der Feststellung der Persönlichkeit der Toten (durch Erkennen der Kleider usw.) behilflich zu sein." Die nächste Meldung: „Einsturzgefahr". „Auf sämtlichen Verkehrsstraßen der Innenstadt, an denen sich größere Ruinen ausgebrannter Häuser befinden, besteht Einsturzgefahr. Beim Verkehr auf diesen Straßenzügen ist daher Vorsicht geboten. Die an sich erforderliche Sperrung kann mit Rücksicht auf die Dringlichkeit des Verkehrs nicht durchgeführt werden."

Anscheinend gibt es Probleme bei der Bergung von Möbeln. Die Tage zuvor bekanntgegebene Regelung funktioniert nicht. Offensichtlich sind die Leute mißtrauisch und wollen von ihrem Hab und Gut nicht weg. „Dazu ist zu sagen, daß es falsch ist, die Umquartierung hinauszuzögern und auf einen gleichzeitigen Abtransport der Möbel zu bestehen. Die in den letzten Tagen gemachten Erfahrungen haben eindeutig gezeigt, daß unwirtschaftliche Leerfahrten, untragbarer Zeitverlust und langes Warten am sichersten vermieden werden, wenn die Umquartierten zuerst ihren Bergungsort aufsuchen und sich von dem Ortsbauernführer, der entsprechend angewiesen ist, das benötigte Fahrzeug zuweisen lassen. Der Wunsch, die Möbel in dieser Zeit nicht ohne Aufsicht zu lassen, ist begreiflich. Es wird aber in jedem Falle möglich sein, daß ein einzelnes Familienmitglied zu diesem Zwecke zurückbleibt oder daß sich zwei alleinstehende Personen zusammentun, von denen einer die Quartierfrage regelt und den Möbeltransport in Gang bringt, während die andere solange bei dem Bergungsgut bleibt."

„Wohnungszuweisung innerhalb der Stadt Hildesheim. Die Wohnungszuweisung in der Stadt Hildesheim, bei der in erster Linie die Volksgenossen zu berücksichtigen sind, die durch ihren Arbeitsplatz an die Stadt gebunden sind, erfolgt durch das Wohnungsüberwachungsamt der Stadt, das sich im Hause Hinterer Brühl 14 befindet."

„Verpflegungskannen sicherstellen! Es wird darauf hingewiesen, daß die Gefäße und Kannen, die zum Transport der Warmverpflegung ausgegeben werden, unter allen Umständen zu den Verpflegungsstellen zurückgegeben werden müssen. Die reibungslose Versorgung der Bevölkerung hängt von der gewissenhaften Befolgung dieser Anordnung ab."– Schlendrian oder Diebstahl?

Noch eine Meldung, ganz klein, aber wichtig für die Einschätzung der Lage: „Wasser ist knapp und darf bis auf weiteres nur zu Koch- und Trinkzwecken verwendet werden. Im übrigen wird mit allen Kräften an der Verbesserung der Wasserversorgung gearbeitet." – Das heißt doch wohl, daß Waschen oder gar Duschen derzeit nicht in Frage kommen. Auch das Waschen von Wäsche ist demnach nicht erlaubt. Fettgedruckt ist eine Amtliche Bekanntmachung des „Oberbürgermeisters", der ja eigentlich gar keiner war: „Gegen Vorlage der Fl-Bescheinigung werden pro Kopf ab sofort 3 Eier ausgegeben. Der Einkauf kann in jedem einschlägigen Geschäft erfolgen. Die Kaufleute stempeln die Fl-Bescheinigung entsprechend ab und melden ihren Restbestand bis zum 30.3.45." – Mit dem Fl-Schein dürfte der Bombenschein gemeint sein. Übrigens war 1945 Ostersonntag am 1. April.

Weitere Bekanntmachungen fordern die Lebensmittelhändler auf, sich beim Kreisgruppenleiter, Karthäuser Straße 1, zu melden, die Fleischer sollen sich am 28. März, 7.30 Uhr, zu einer Besprechung im Gebäude der Wurstfabrik Gebrüder Schmauder in Bavenstedt pünktlich einfinden. Diese Fabrik war schon seit Jahren geschlossen, wurde aber als Ausweichquartier für den Schlachthof vorgehalten. – „Alle Textileinzelhändler melden sich zur Entgegennahme wichtiger Mitteilungen bei Dr. Kallweit, Stüvestraße 6."

Schließlich: „Die Reichsbank zahlt. Die Kassen der Reichsbankstelle sind bis auf weiteres (nur für Auszahlungen) werktags von 7.30 bis 8.30 Uhr geöffnet." – Mühselig schleppend begann das Leben in der Ruinenstadt wieder seinen Gang.

Aus der Osterausgabe – der Verlag der Hildesheimer Zeitung ist zum Kalenberger Graben 26 umgesiedelt – ist zu entnehmen, daß Evakuierung und Versorgung in der Hauptphase abgeschlossen sind. Demnächst wird der Notwendigkeitsnachweis für Umquartierte kontrolliert werden, denn es sind auch solche Leute aufs Land gezogen, deren Wohnungen nicht so sehr beschädigt waren. Sie nehmen den wirklich Obdachlosen den Raum weg, sagt die Zeitung. Die Abgabe von Verpflegung soll vom 2. April an nur noch auf noch Obdachlose und solche ohne Kochmöglichkeit beschränkt werden. Nunmehr sind Marken und Bezahlung nötig, Essen gibt es in der Moltkeschule, Kindergarten Vier Linden, Ortsgruppe Moritzberg, Gaststätte Günther, Steuerwalder Straße, Luftschutzhaus Keßlerstraße und Landgericht Domhof. Als Auffangsammelstelle bleibt nur noch die Moltkeschule. Die Städtische Sparkasse hat den Barzahlungsverkehr in die Theaterstraße 6 (Beamtenwohnungsverein) verlegt, das Staatliche Gesundheitsamt ist Bennoburg 12 zu erreichen. Alle Entgiftungskräfte sollen sich am Sonntag Königstraße 30 melden, für das Amt für Volkswohlfahrt ist am Ostermontag um 10 Uhr Dienstbesprechung im

Restaurant Berghölzchen, alle Mädel und Führerinnen des BDM vom 12. Lebensjahr an treffen sich am Sonntag um 8 Uhr am gleichen Ort, und die Justizbehörde verlangt, daß sich alle noch nicht erschienenen Gefolgschaftsmitglieder spätestens am 3. April bei ihren Dienststellen melden.

Eine fett gedruckte Meldung verkündet Maßnahmen gegen „mißbräuchliche Stromentnahme". Damit ist nicht etwa das Anzapfen von Leitungen unter Umgehung des Zählers gemeint. Sondern: „Keinesfalls darf in einer Wohnung mehr als eine (und zwar die schwachkerzigste) Lampe brennen. In jedem Hause darf nur ein Rundfunkapparat in Betrieb sein, dessen Besitzer die Luftnachrichten den anderen Hausbewohnern mitteilen kann. Die Benutzung elektrischer Heiz- und Kochgeräte ist auf das strengste untersagt. Halten sich die Verbraucher nicht an diese zwingenden Notwendigkeiten, so muß das gesamte Verbraucherviertel vom Lichtnetz für längere Zeit abgeschaltet werden." – Damit soll erreicht werden, daß jeder auf jeden aufpaßt. Ein ganzes „Verbraucherviertel" wird abgeschaltet, benutzt einer einen Elektrokocher. Ein ganzes Viertel wird ihn deshalb beobachten und vielleicht „melden". Denn sonst sind die anderen ja selber dran.

Richtig ist allerdings, Strom muß dringend gespart werden. Schon im Februar hatte Bürgermeister Schrader im engen Ratsherrenkreis auf die Versorgungsschwierigkeiten hingewiesen, die dürften seitdem nicht geringer geworden sein. Seit dem Bombenangriff am 22. März sind zwar Tausende Wohnungen und Haushalte und damit Verbrauchsstellen gar nicht mehr da, aber die Versorgungseinrichtungen haben auch einiges abbekommen. So ist in der Altstadt die Station Alte Münze zwar als Bauwerk und auch technisch erhalten geblieben, aber das sagt noch nichts über Geräte, Leitungen und ähnliches an anderen Stellen. Telefonieren ist nicht mehr möglich. Die Gasversorgung ist ebenfalls zerstört, die Gasometer sind nur noch Trümmer, Wasser ist denkbar knapp – und Heizmaterial für den Küchenherd gibt es auch nicht. Statt dessen haben in der ausgebrannten Innenstadt die Kohlenvorräte in Kellern noch zusätzlich geholfen, Menschen umzubringen. Bei der Hitze begannen die Kohlen zu brennen, erzeugten neue Hitze und dazu noch tödliches Gas.

Jetzt ist die Lage so, daß der Bürgermeister die Erlaubnis gibt, in den Trümmerstätten nach Splitterholz zu suchen. Es darf von der Bevölkerung als Brennholz gesammelt und verwendet werden. „Nicht zersplitterte Bretter und Balken dagegen dürfen nicht fortgeholt werden." Auch hier setzte eine Form von Plünderung ein, die sich später bei Steinen zum Wiederaufbau fortsetzte. Wer wollte sagen, daß ein Balken nicht doch „zersplittert" war? Um Haaresbreite wären sogar die einzelnen Brettchen der kostbaren Holzdecke aus St. Michaelis im Ofen gelandet. Im letzten Augenblick wurde die Tat entdeckt und verhindert. Man stelle sich nur vor, eins der bedeutendsten Werke des Mittelalters vor allen Bomben gerettet – und dann buchstäblich verheizt.

„Unser Osterglaube: Das Reich"

Aber auch noch etwas Österliches zu Ostern 1945. Titelüberschrift auf Seite 1 der Hildesheimer Zeitung: „Unser Osterglaube: Das Reich!" Fritz Hirschner beginnt seinen großen Artikel mit Goethes „Faust". Und dann kommt ein geradezu phantastischer Satz: „Und nun ist wieder Ostern. Trotz des Kriegslärms künden in allen Ländern der christlichen Welt die Glocken das Lied der Auferstehung. So gewaltig ist der Glaube." Im amtlichen Mitteilungsblatt der NSDAP der christliche Glaube – was war denn da passiert? Aber es geht weiter mit Frühlingserwachen, Christian Dietrich Grabbe wird zitiert, Jean Paul, aber dann kommt es nach längeren Ausführungen zum Westfälischen Frieden, Friedrich dem Großen, Maria Theresia, den Befreiungskriegen: „Wie vor dem Osterfest der Stille Freitag steht, ist vor das Glück der Zukunft das Opfer der Gegenwart gesetzt." Also doch nur wieder Durchhalten, Opfern, Endsieg? Aber diesmal gleich quer durch die deutsche Geschichte mit dem Endziel Europa – und Hitler kommt im ganzen langen Artikel nicht ein einziges Mal vor. Ein erstaunliches Erzeugnis.

Eine kleine Meldung unten auf Seite 2 hat die Überschrift: „Sühne für ehrlosen Verrat". – „Berlin, 31. März. Wie das amtliche englische Nachrichtenbüro Reuter bekanntgibt, wurde der von den alliierten Militärbehörden als Bürgermeister von Aachen eingesetzte Franz Oppenhof in der Nacht zum Mittwoch von deutschen Freiheitskämpfern getötet. Ergänzend wird hierzu mitgeteilt, daß ein Gericht zur Wahrung der deutschen Ehre den treulosen Verräter sofort nach Antritt seines Amtes im Solde des verhaßten Feindes zum Tode verurteilte. Das Urteil wurde in der Nacht zum Mittwoch durch Erschießen vollstreckt."

Was die Redakteure der Hildesheimer Zeitung mit Sicherheit nicht gewußt haben werden: Die Meldung gehörte fast ins Lokale. Denn vom Hildesheimer Flugplatz aus war das Unternehmen am 20. März abends mit dem Kampfgeschwader 200 gestartet worden. Mit einer „Fliegenden Festung" B 17, einem amerikanischen Beuteflugzeug, das im besetzten Gebiet kaum auffallen konnte, flogen die „Werwölfe" als Vollstrecker des „Urteils" los. Ein SS-Unterscharführer aus Österreich, ein 16jähriger (!) HJ-Führer, eine 23jährige Hauptgruppenführerin des BDM, die sich in Aachen auskannte, sprangen nachts mit Fallschirmen bei Gemmenich ab. Sie kamen ans Ziel und erschossen Dr. Oppenhof. Auch das war Ostern 1945.

Aufmerksamkeit der Leser verlangt ebenfalls der Aufmacher mit der Überschrift: „Kampf bis zum letzten Atemzug!"– „Nur noch eine Parole: Siegen oder fallen." Danach hat der Leiter der Parteikanzlei, Bormann, angeordnet: „Gauleiter und Kreisleiter, sonstige politische Leiter und Gliederungsführer kämpfen in ihrem Gau oder Kreis, siegen oder fallen. Ein Hundsfott, wer seinen vom Feind angegriffenen Gau ohne ausdrücklichen Befehl des Führers verläßt, wer nicht bis zum letzten Atemzuge kämpft; er wird als Fahnenflüchtiger geächtet und behandelt. Reißt hoch die Herzen und überwindet alle Schwächen! Jetzt gilt nur noch eine Parole: Siegen oder fallen. Es lebe Deutschland! Es lebe Adolf Hitler!"

Da werden also ausdrücklich die Führer an die Kandare genommen. Bormann wußte, daß sie für sich selber bereits Fluchtwege erkundet hatten, während das gewöhnliche Volk immer noch an den Endsieg glauben sollte und sich auf keinen Fall wegrühren durfte. Zum Beispiel, wenn der Volkssturm rief. Im Grunde bedeutete der Artikel einen Aufruf an die gewöhnlichen Parteigenossen: Paßt auf eure Führer auf. Achtet auf ihren Einsatz, laßt sie nicht entweichen. Tiefes Mißtrauen steht in den Zeilen – aber schließlich hat auch Bormann versucht, aus Berlin zu entkommen.

Mit dem Datum 5. April wird die Innenstadt Hildesheims per Bekanntmachung zum Sperrgebiet erklärt. Es soll niemand mehr hineindürfen. Es riecht immer noch süßlich nach Leichen und stinkt nach Brand, und die Einsturzgefahr ist trotz zahlloser Gefangener und Zwangsarbeiter als Räumkommando größer denn je. Es gibt zwei Sperrgebiete:

„Sperrgebiet I: Hagentorwall, Wall, Bischofsmühle, nördliche Johannisstraße, nördlich Am Steine, nördlich Pfaffenstieg, westliche Poststraße, westliche Rolandstraße, westlicher Langer Hagen. Sperrgebiet II: Südöstliche Straße der SA, westliche Adolf-Hitler-Straße, westliche bzw. nordwestliche Zingel, nördliche Friesenstraße, nördliche Kreuzstraße, östlicher Bohlweg, östliche Poststraße, östliche Rolandstraße, östlicher Langer Hagen.

„Die Straßeneingänge zu diesen Gebieten werden in absehbarer Zeit abgemauert. Das Betreten der Sperrgebiete ist ab sofort nur mit besonderer Erlaubnis des Oberbürgermeisters als örtlichen Luftschutzleiters gestattet. In jedem Falle – auch wenn die Erlaubnis zum Betreten der Sperrgebiete erteilt wurde – erfolgt das Begehen, Befahren usw. der Gebiete auf eigene Gefahr."

Auch daran ist zu erkennen, wie sehr Hildesheim zerstört war. Praktisch die gesamte Innenstadt, jener Teil, da das Herz der Stadt schlug, wo die Geschäfte gewesen waren und die Behörden, war zur toten Fläche geworden, die man erst einmal abschrieb. Von Reparaturen oder Wiederaufbau war gar nicht erst die Rede.

Am gleichen Tage aber, als dies verkündet wurde, rief der Gauleiter in der gleichen Zeitung „alle Volksgenossen zum fanatischen Einsatz auf", um das Land gegen den anrückenden Feind zu verteidigen. Es ist Lauterbachers berüchtigter Aufruf „Lieber tot als Sklav!". Er nimmt die ganze erste Seite der Hildesheimer Zeitung ein (und wird ebenso in Hannover veröffentlicht). Anders als Generalfeldmarschall Model, der Verteidiger des Ruhrgebiets, der meinte, nicht kapitulieren zu können (und sich das Leben nahm), aber seinen sehr jungen und sehr alten Soldaten schließlich, um ihr Leben zu retten, befahl, als Zivilisten nach Hause zu gehen, wollte ein Mann wie Hartmann Lauterbacher („kein Parteigenosse wird weichen") sogar noch Hildesheimer Zivilisten mit dem Tode bedrohen. So wie Gauleiter Koch in Ostpreußen das Volk verriet, indem er die Flucht vor den Russen verbot, bis es für viele zu spät war, sehr wohl aber für seinen eigenen Rückzug sorgte, so verlangte Lauterbacher vom zerstörten Hildesheim:

„Der Führer und Ihr alle, meine Volksgenossen, werdet durch uns nicht enttäuscht werden. Wenn sich das Schicksal gegen uns wenden sollte, werden wir genauso anständig, wie wir glauben, gelebt zu haben, auch sterben können. Unser Kampfruf dieser Tage ist: Lieber tot als Sklav! Wer dabei nicht mit uns ist oder feige oder verräterisch die Hand gegen unsere gerechte Sache erheben sollte, wer weiße Fahnen hißt und sich kampflos ergibt, ist des Todes." – Dann verschwand er selber unter Mitnahme gewaltiger Mengen von Zigaretten in den Harz.

Die Lage war desolat. Der Feind stand zwei Tage vor Hildesheim, dessen Trümmer zum Teil noch qualmten. Bielefeld, Soest, Lippstadt standen schon im Wehrmachtsbericht, Bad Oeynhausen. Im Osten ist Küstrin gefallen, in Glogau halten sich die Verteidiger noch im Schloß, Breslau erlebt einen Angriff nach dem anderen. Im Südwesten sind Amerikaner längst in Heidelberg eingedrungen. Mit welchem Wunder sollte man noch rechnen? Aber Lauterbacher: „Der Feind kann geschlagen werden, wenn wir anständig und tapfer bleiben." In Hildesheim ging das Gerücht um, von Braunschweig her werde es den großen Gegenangriff mit Vergeltungswaffen wie der V 2 geben, der die Front bereinige. So erzählt 1994 Eva Behrens geb. Ringling, damals junge BDM-Führerin: „Sie mögen es nicht glauben, aber ich habe bis fast zuletzt daran geglaubt, wir seien noch nicht verloren." Ihr Vater allerdings hatte schon beim Angriff auf Rußland gemeint, Zweifrontenkrieg, das kann nicht gutgehen.

Am Teutoburger Wald wurde in den letzten Tagen offensichtlich noch hart, teils sogar geradezu erbittert gekämpft; Generalfeldmarschall Kesselring, verantwortlich für die Westfront, weiß, wenn es dem Gegner gelingt, die Ebene zu erreichen, ist das Ruhrgebiet verloren, kein Eingreifen aus Richtung Harz mehr möglich, und der Marsch auf Berlin ist nur noch eine Frage der Zeit. Tatsächlich ist aber, wie Charles Whiting („Die Schlacht um den Ruhrkessel", 1970, deutsch 1983, 1994) betont, „die Schlacht um das Ruhrgebiet eine Schlacht (gewesen), die niemals hätte stattfinden dürfen." Sie hängt damit zusammen, daß Eisenhower – so die Historiker – zunächst ohne Wissen des Generalstabs oder auch der amerikanischen und britischen Regierung Stalin mitgeteilt hatte, daß es kein Vorrücken der westlichen Verbündeten auf die Reichshauptstadt geben werde, sondern ein Treffen an der Elbe bzw. auf einer Linie Erfurt – Leipzig – Dresden.

Seine Generale glaubten dagegen an einen Marsch auf Berlin, nicht zuletzt der Chef der 9. Armee, die dann zur „Säuberung" des Ruhrgebiets nach der Einkreisung eingesetzt werden sollte, was einen hohen Zeitverlust ergeben mußte. Zwar wurden am Ende bei geringen eigenen Verlusten etwa 317 000 großenteils kriegsmüde Gefangene gemacht, aber zugleich wurde der Marsch auf Berlin zugunsten der Sowjets bewußt gestoppt.

Ein Foto vom Andreasturm Richtung Süden. Im Mittelgrund Hl. Kreuz und Choralei, hinten ganz rechts St. Godehard, Mitte Kehrwiederturm.

Ruine der Stadthalle an der Neuen Straße. Heute ist hier das Paulus-Altenheim.

Von St. Godehard schweift das Auge über die erhaltenen Häuser am Godehardplatz und Hinterem Brühl zu St. Andreas, selbst als Ruine noch ein eindrucksvoller Bau im Stadtzentrum.

Die Kreuzstraße mit Blick auf Hl. Kreuz und den Giebel der Choralei. Vorn links stand die Gaststätte Neuer Schaden.

Beschädigt, aber in der Hauptsache gerettet: St. Godehard am Godehardsplatz.

Die Amerikaner marschieren ein (7. April 1945)

General Simpson, Kommandeur der 9. Armee, glaubte sich noch auf dem geraden Weg nach Berlin, als er am 4. April den „Instruktionsbrief Nr. 20" der 12. Heeresgruppe bekam, der ihm mitteilte, er solle zunächst auf Hildesheim vorstoßen. Am 15. April, gut eine Woche nach der Besetzung Hildesheims, glaubte er sich immer noch auf dem besten Wege, war nach seiner Auffassung eigentlich nur noch 24 Stunden von Berlin entfernt, als er von General Bradley in Wiesbaden erfuhr, er dürfe nicht einmal die Elbe überschreiten. Bradleys einziger Kommentar: „Ich habe den Befehl gerade von Ike bekommen."

Man kann davon ausgehen, daß Hildesheim für die 9. Armee nach deren Auffassung nur eine rasche Durchgangsstation sein sollte, eine lästige noch dazu, denn soetwas hielt beim Marsch auf das gedachte Siegesfest in Berlin nur auf. Und da wollte man auf jeden Fall dabeisein. Die Hildesheimer konnten nicht ahnen, was Historiker wie Whiting und andere später herausfanden, wahrscheinlich wäre es ihnen auch egal gewesen. Die meisten hatten eher eine unbestimmte Angst. Was würde geschehen? Niemand hatte Erfahrung mit der Besetzung durch feindliche Kräfte, aber in der Zeitung hatten Greuelmeldungen jeder Art gestanden.

Die Menschen hörten nach den schweren und schließlich vernichtenden Flugzeugangriffen nun aus der Ferne den neuartigen Lärm von Geschützen und machten sich Sorgen. Zuvor waren zurückflutende deutsche Truppen durch die Stadt nach Osten gefahren und hatten unter anderem erhebliche Schwierigkeiten mit den großen Bombentrichtern an der Goslarschen Straße, die sie im Dunkel der Nacht nicht rechtzeitig erkannten. Übrigens wurde auch die Polizei als Truppe befehlsmäßig in Richtung Harz verlegt, der Fliegerhorst war fast verwaist. Schon bevor die Amerikaner kamen, gab es also kaum noch eine deutsche Autorität – auch nicht für die zahlreichen Gefangenen- und Arbeiterlager, die sich aufzulösen begannen. Dazu ist hier einiges zu sagen.

Nach Heinz Meyer („Damals", Seite 25) standen schon 1943 in Hildesheim allein 1770 Kriegsgefangene in 37 Arbeitskommandos unter militärischer Bewachung, hier nicht eingerechnet sind Zivil- und Zwangsarbeiter verschiedenster Nationen, die im Laufe des Krieges immer zahlreicher wurden und in der großen Mehrheit ebenfalls in Lagern hausten.

Im Hauptstaatsarchiv in Hannover (Hann. 140) liegen Originalakten der Gewerbeaufsicht zu Hildesheimer Arbeitslagern der Jahre 1943/44. Sie sind entstanden, weil die Gewerbeaufsicht die Lager hinsichtlich Unterbringung, Hygiene usw. zu kontrollieren hatte. Im Hildesheimer Stadtarchiv gibt es von diesen Akten Kopien im neu geordneten Bestand 803, Nr. 6 (bisher Bestand 699, Nr. 387). Nach überschlägiger Rechnung des Verfassers beschäftigten die größeren Hildesheimer Firmen nach dieser Quelle 1943/44 etwa 6000 Fremdarbeiter aus Hildesheimer Lagern, am meisten VDM, nämlich gut 1600. Es gab jedoch weitere Lager in der Nähe, zum Beispiel in Ahrbergen. Die Insassen arbeiteten im Munitionslager, bei Voss in Sarstedt und in Siegfried Giesen. (Nach den Aufzeichnungen des Lehrers Himstedt wurden in Ahrbergen nach dem 7. Mai 1945 2000 Russen zusammengezogen, Ende des Monats folgten ihnen 2300 Polen, die zum Schrecken der Umgebung wurden.)

Von den VDM-Verpflichteten lebten etwas über 1000 im Lager Lademühle der DAF, das um die 2000 Arbeitskräfte beherbergte. Die Gewerbeaufsicht hatte dort viel zu bemängeln, verlangte namentlich Maßnahmen gegen die Wanzenplage und dringend die Fertigstellung einer Entlausungsanstalt (September 1943). Das zweitgrößte Lager (eigentlich zwei Lager) hatte das Trillke-Werk mit 1300 Plätzen und damals etwa 1000 Insassen, hier gab es kaum Beanstandungen. Die Russen gingen übrigens in die Stadt, um Joghurtmilch zu kaufen, die Werkleitung bat um direkte Belieferung, um Zeit zu sparen. Man darf sich die Lager also nicht als eine Art Gefängnis vorstellen, in dem die Leute ständig eingesperrt waren. Es waren keine „KZs". Ein Lager „des Baubevollmächtigten" für 1200 Menschen wurde damals am Pferdeanger fertig, dort waren einige Leute der Firma Mölders (die hatte im ganzen 180 Fremdarbeiter) untergebracht, die ein eigenes Lager außerdem beim Trillke-Werk betrieb. In davon getrennten Baracken (Sonderlager) hausten dort 58 Zuchthäusler. Die waren allerdings eingesperrt.

Senking hatte 383 Fremde, teils an der Lademühle, teils auf eigenem Gelände, Ahlborn 275, Wetzell 90 internierte Italiener in einem Bau der Klinkerfabrik am Steinberg, die der Glückauf Kohlenhandelsgesellschaft gehörte. Ein weiteres Lager wurde zu jener Zeit in Bavenstedt geplant. Die Continental Konserven- und Präservenfabrik Warnecke & Co GmbH, Twetje 10, brachte auf eigenem Gelände 90 Polinnen und 10 Kroatinnen unter. Die Zuckerraffinerie hatte 51 ausländische Arbeitskräfte „lagermäßig in der ehemaligen Entzuckerung", die Ziegelei Bromberger Straße 80 auf dem Fabrikgelände, die Annahütte 44, die Stadtwerke 25. Zu diesen Lagern kamen noch zahlreiche kleinere Quartiere, unter anderem in Gaststätten, die DAF betrieb neben dem großen Lager Lademühle ein kleineres an der Zingel, schließlich gab es im Rosenhagen 37 eine Art Privatlager. Dort waren Arbeiterinnen einer Firma Karl Kasper & Co, Kartoffelschälgroßbetrieb Berlin, Zweigbetrieb Hildesheim, gegen Miete untergebracht. Wieviele, geht aus den Akten nicht hervor, wohl aber, daß das Lager als überbelegt galt, und Wasch- wie Abortanlage völlig unzureichend waren.

Glücklicher als die Menschen in den Lagern – besonders das der DAF an der Lademühle war unbeliebt – waren durchweg jene dran, die in der Landwirtschaft oder sonst in kleineren Einheiten wie dem städtischen Milchhof arbeiten mußten und oft genug in freundlichem Einvernehmen mit dem Arbeitgeber lebten. Diese Menschen blieben im Zusammenbruch der Ordnung auch zumeist ruhig oder beschützten ihre Deutschen sogar vor Ausschreitungen – aber namentlich Russen und

Polen aus den Lagern und nicht zuletzt Italiener entwickelten sich bald zu einer gefährlichen Plage.

Die amerikanischen Panzerspitzen der 2. Panzerdivision als Teil der 9. US-Armee nähern sich Hildesheim von zwei Seiten. Ein Teil der Einheiten – neben Infanteriesoldaten, die anscheinend durch den Hildesheimer Wald zur Waldquelle gelangen – fährt über die Reichsstraße 1 (heute Bundesstraße 1) mit Escherde und Himmelsthür. Nach Meyer (Seite 246 ff.) standen hier noch zwei deutsche Flakgeschütze, die die Panzer bei Heyersum beschossen. Als Antwort schlagen Granaten in Himmelsthür ein. Das eine Geschütz wird erledigt, das andere zieht sich zum Flugplatz zurück, der sich noch bis zum nächsten Morgen, dem 8. April, halten kann. Auch Himmelsthür wird erst am 8. April besetzt.

Bereits am 7. April rücken nachmittags Panzer von Süden über Ochtersum in die Stadt ein. Sie gehören, so Meyer, zum 1. Bataillon des 41. US-Infanterie-Regiments. Eine weitere Einheit, das 67. US-Panzer-Regiment, trifft nach Meyer vorher zwischen Diekholzen und Ochtersum auf eine Panzersperre, die von Hitlerjungen verteidigt wird. Dort gab es mehrere Tote, heißt es, bevor der Vormarsch weiterging. Diekholzens Ortschronik von Müller und Alphei (S. 117 f.) schildert die Vorfälle genauer. Danach fielen zwei deutsche Soldaten, Angehörige eines Musikkorps, bei einem kurzen Feuergefecht an einer Sperre am Roten Berg. Ihre Leichen wurden erst Tage später im Wald gefunden. Ein anderer Musiker zündete am Heidekrug eine Panzerfaust. Darauf wurde das Stallgebäude beschossen. So kamen dort noch an diesem 7. April der Vater des Heidekrug-Wirtes, außerdem ein Feldwebel Pomme und der Hildesheimer Leutnant Karl Behning aus der Mellingerstraße um. – Nach Gebauer („Die Stadt Hildesheim", 1950, Seite 195) rollten auch Panzer über die Alfelder Straße in die Stadt.

Einige Volkssturmleute kämpften noch im Raum Söhre/Marienburg, der Hildesheimer Volkssturm mit anscheinend 3000 Verpflichteten, aber nur 270 Gewehren, wurde jedoch nicht mehr zum Kampf eingesetzt. Schmieder berichtet über die Erlebnisse seines Bekannten Franke, der zum Volkssturm einberufen war: „Führung und Truppe haben sich überall verduftet, Waffen und Uniformen weggeworfen. Gewisse Elemente haben sich der Verpflegung bemächtigt, besonders der Fleischbüchsen, anstatt sie mit den Kameraden redlich zu teilen."

Am Nachmittag des 7. April standen also von Ochtersum her 40 Panzer vor der Stadt, zunächst wurden nur einige Panzerspähwagen vorgeschickt. Edith Hostmann erlebte den Einmarsch in Ochtersum als friedlich. Die Panzer kamen die Serpentinen von Diekholzen herunter, verteilten sich. Auf dem Bauernhof, da Hostmanns untergebracht waren, benahmen sich die Amerikaner durchweg freundlich, Ediths Zöpfe gefielen ihnen aber nicht. Sie waren eben typisch deutsch, BDM, Nazi, paßten zu dem Propagandabild, daß die GIs mitbrachten.

Ernst Kirchhoff beobachtet die Amerikaner vom Ende des Mühlengrabens aus an der Hohnsenbrücke. „Auf dem ersten Panzer saß ein Deutscher, der rief über Lautsprecher: ‚Widerstand ist zwecklos, werft die Waffen weg!' Es gab auch keinen Widerstand. Aber plötzlich tauchten über Ochtersum im Tiefflug zwei FW 190 (Focke-Wulf-Jagdflugzeuge) auf und flogen einen Angriff gegen die Amerikaner. Da sind wir gelaufen."

Nach Heinz Meyer ist der ‚Deutsche' auf dem Panzer tatsächlich ein gut deutschsprechender amerikanischer Sergeant gewesen. Die Amerikaner drohten Hildesheim mit einem neuen Luftangriff, falls es Widerstand gäbe. Angeblich war ein Geschwader schon unterwegs. Flugzeuge hatten die Amerikaner ja genug, und Bomben hatten die Hildesheimer genügend in Erinnerung. Nein, es gab keinen Widerstand, obwohl sich am Stadtrand im Osten noch zahlreiche deutsche Soldaten befanden. Am Nachmittag rückten die Amerikaner unbehelligt in die Stadt ein. Dr. Hans Beitzen schreibt im Hildesheimer Heimatkalender 1970 in einem Beitrag („Um uns die Sintflut, Erinnerungen an die ersten Nachkriegstage"): „Die bedrohliche Situation vom 7. 4. 1945 abends wird keiner vergessen, der sie miterlebt hat: Die Stadt von den Alliierten besetzt, alliierte Panzer vor den Osttoren an der Scheune vor Achtum, und gegenüber deutsche Flak am Dorfeingang von Einum! – Auch nicht das Bild am nächsten Tag im Niemandsland: Die deutschen Truppen nach Osten abgezogen. Von allen Kirchtürmen wehende, weiße Fahnen. Dazwischen noch einzelne SS-Streifen, die verschiedene Fahnen unter Todesdrohungen für jedermann wieder einzogen. – Und schließlich das Bild am 9. 4. 45. nachmittags: Alliierte Panzerkolonnen auf weiterem Vormarsch nach Osten, in den meisten Dörfern als Vorboten des Kriegsendes begrüßt. Die letzte Kriegshandlung war die etwa einstündige Beschießung Bettmars aus allen Rohren als Vergeltung für eine noch verspätet verschossene Panzerfaust."

Eva Ringling war mit ihrem Vater, dem Lebensmittelkaufmann aus der Oststadt, am 7. April mit dem Auto zum Uppener Paß gefahren, um ausgelagerte Warenvorräte der Edeka zu inspizieren. Wenige Kilometer von der Stadt entfernt wurde noch ein Lastwagen des Arbeitsdienstens aus Saldern bedient, allerdings gab es bei der Arbeit Störungen durch amerikanische Tieffflieger, die gefürchteten Jagdbomber, sogenannte Jabos. Ernst Ringling fürchtete in diesem Fall speziell Treffer in seinem Auto, dort hätten auf dem Rücksitz die Gasflaschen hochgehen können. Die Situation war nicht so ohne.

Aber insoweit ging alles gut. Der Lastwagen entschwand Richtung Wendhausen, und Ringlings machten sich auf den Heimweg. Bei der Achtumer Feldscheune legte ein deutscher Soldat noch Telefonleitungen, überhaupt beobachtete Eva zahlreiche deutsche Soldaten an der Straße. Aber ein Bekannter behauptete schon, die Amerikaner seien in der Stadt. Eva wollte das nicht glauben, aber in Höhe der Kasernen tauchte aus dem Straßengraben ein Uniformierter auf und stoppte den „Kadett". Nein, Deutscher sei er nicht, meinte er auf Befragen, sondern Kanadier.

Ringlings wurden erst einmal weitergereicht, bei Dost (Ecke Windmühlen- und Goslarsche Landstraße) standen drei amerikanische Panzer und ein Jeep, Eva mußte mit ihren Englischkenntnissen aus der Mittelschule dolmetschen. Die Fragen nach woher und wohin wurden brav beantwortet, über deutsche Soldaten schwieg sich die BDM-Führerin aus, dann durften Vater und Tochter zum Auto zurück, das nicht einmal beschlagnahmt wurde. Und fuhren weiter heimwärts. Eva Behrens 1994 in einem Bericht: „Überall an den Bahnübergängen Goslarsche Straße, Galgenbergstraße standen deutsche Soldaten fassungslos herum, zu Hause waren jede Menge Leute, die noch einkauften, was sie kriegen konnten. Vom Flughafen schoß die Flak, und die Leute mochten unser Erlebnis kaum glauben, hatte man sich die feindliche, kämpfende Truppe doch ganz anders vorgestellt." Aber nun war sie wirklich da.

Eine merkwürdige Situation, wie Eva Behrens weiter erzählt: Einerseits waren die Amerikaner in der Stadt, andererseits gab es noch deutsche Soldaten und darunter zumindest einen jungen Leutnant, der die Anwesenheit des Feindes nicht glauben wollte. Am Abend nämlich fuhren Ringlings mit der Frau aus Gelsenkirchen Richtung Einum und wurden von Flugplatz-Leuten angehalten. Auf die Bemerkung, die Amis seien in der Stadt, bedrohte der Leutnant die Gelsenkirchenerin, sie solle schweigen, sonst müsse er sie wegen Wehrkraftzersetzung an die Wand stellen. Er konnte es nicht fassen. Wahrscheinlich gehörte er nachher zu dem kleinen Haufen, der die Amerikaner bei Bettmar noch eine Weile aufhielt und ihren Feuerzauber auslöste. So vermutet Eva Behrens, die die Vorgänge aus der Ferne beobachtete.

Jedenfalls waren die Amerikaner wirklich in Hildesheim angekommen, und binnen kurzem ergingen die ersten Anordnungen an die Bevölkerung. Zunächst gab es für kurze Zeit eine drastische Ausgangssperre, nur zwei Stunden durfte man morgens aus dem Haus für die nötigsten Einkäufe. Hildesheim war noch kein rückwärtiges, besetztes Gebiet, sondern mindestens theoretisch Front. Als in Bettmar nach dem Beschuß durch die Amerikaner verschiedene Häuser und Höfe brannten, kamen eilends Feuerwehrleute aus den Nachbarorten zu Hilfe, wurden aber von den Amerikanern zurückgewiesen: Hier sei „Krieg". Das stimmte auch insofern, als noch verschiedentlich deutsche Flugzeuge die Gegend unsicher machten, während beim schweren Luftangriff vom 22. März ja nicht einmal die Maschinen vom eigenen Hildesheimer Fliegerhorst wegen Benzinmangels die britischen und kanadischen Bomber stören konnten.

Es gibt überhaupt mancherlei Merkwürdigkeiten. In den schweren Tagen der schweren Luftangriffe ist kaum von einer Flakabwehr die Rede, aber am 7. April stehen zwei Flak-Geschütze im Kampf gegen Panzer in Heyersum bei Himmelsthür. Sonst kam neben der leichten Flakbatterie am Fliegerhorst allenfalls einmal eine Zwei-Zentimeter-Flak vom letzten Wagen eines durchreisenden Eisenbahnzuges als Abwehr in Frage, aber kurz vor dem Einmarsch in Hildesheim zerstören die Amerikaner irgendwo zwischen Hildesheim, Nordstemmen und Sarstedt durch Beschuß noch einen ganzen Eisenbahngeschützzug, der immerhin auch mit 170 Millimeter-Flak ausgerüstet war. Wo waren diese Dinge, als man sie hätte gut gebrauchen können? Und auch dies sei noch bemerkt: Beschossen wurde an anderer Stelle weiter westlich in diesen Tagen auch ein deutscher Lazarettzug, dessen rotes Kreuz nicht zu übersehen war. Es gab Tote und Verwundete. Im Weserbergland ist vom Gegner nach einem Luftkampf sogar auf einen deutschen Piloten geschossen worden, der nach dem Aussteigen am Fallschirm hing, berichtet Heinz Meyer. Der Pilot wurde schwer verletzt. Andererseits hat ein Panzerkommandant in der gleichen Gegend einen deutschen Schwerverwundeten vor möglichem weiteren Beschuß dadurch bewahrt, daß er sein Fahrzeug quer davor stellte.

So sind die Menschen mit ihren Entscheidungen verschieden, und die überlieferten Erlebnisse jener Zeit sind es demzufolge auch. Das gilt genauso für die Ereignisse im besetzten Hildesheim. Namentlich farbige Soldaten sollen ziemlich energisch Uhren, Cameras, aber auch Lebensmittel, etwa Eier, gefordert haben, andererseits rühmt man ihnen nach, sie seien besonders nett zu Kindern gewesen. Andere amerikanische Soldaten suchten lediglich nach versteckten deutschen Soldaten und Waffen und machten sich keiner Übergriffe schuldig. Freilich heißt es auch, die Amerikaner hätten wenig unternommen, als nunmehr die befreiten Zwangsarbeiter und Gefangenen anfingen – besonders auf dem Lande –, geradezu systematisch die Einwohner zu bedrücken und auszurauben. Offensichtlich hat es auch regelrechte Jagden auf mißliebige frühere Vorarbeiter und Meister der Fabriken gegeben, in denen die Leute bisher hatten arbeiten müssen. Die befreiten Fremd- oder Zwangsarbeiter bildeten, zum Teil noch für Jahre, eine erhebliche Gefahr für Leben und Besitz der Bevölkerung. So wurde Mitte April von Russen und Polen die Gaststätte Jungborn ausgeraubt und in Brand gesteckt, später ein einfacher Wegewärter in Uppen bei einem Einbruch ermordet - nur zwei Beispiele.

Dennoch ist all das, was an Drangsal, Raub und Mord oder Totschlag im Hildesheimer Raum passierte, in nichts zu vergleichen mit dem, was Ostdeutschlands Bevölkerung erdulden mußte. Man erinnert sich an vergewaltigte Frauen, die in Ostpreußen nackt an Scheunentore genagelt wurden, oder an Männer, die, mit Benzin übergossen, bei lebendigem Leibe verbrannt wurden, oder überhaupt an die Aufrufe etwa Ilja Ehrenburgs an die sowjetischen Soldaten. Mancher weiß noch, welch grauenhafte Dinge die Prager Bevölkerung den Deutschen im Sieges- und Befreiungstaumel antat, und auch, was zum Beispiel in Freudenstadt im Schwarzwald durch Franzosen und ihre Nordafrikaner geschah. Von Amerikanern oder Briten besetzt zu werden, das war schon ein vergleichsweise sehr günstiges Los.

Auch wenn dabei nicht vergessen werden darf, daß Eisenhower den Sowjets die Masse der 1. (deutschen) Panzerarmee auslieferte, während die Briten den Jugoslawen unter anderem 200 000 Kosaken mit Frauen und Kindern preisgaben. Man weiß seit dem Buch von James Bacque

(„Der geplante Tod") inzwischen auch mehr über das Elend der Deutschen in amerikanischen und französischen Kriegsgefangenenlagern. Dennoch ist festzuhalten: Die Bevölkerung des westlichen Deutschland hatte – alles in allem genommen – bei der Besetzung noch großes Glück.

Letzte Durchhalte-Parolen

Der 7. April 1945 war ein Sonnabend. Noch an diesem Tage, als die Amerikaner vor der Stadt standen und am Nachmittag in sie einrückten, erschien in all dem Wirrwarr eine Tageszeitung. Mit ihrer Nummer 81 im 15. Jahrgang als Wochenendausgabe beschloß die Hildesheimer Zeitung der NSDAP ihr Dasein. Sieht man genauer hin, ist es allerdings wohl die hannoversche, bei der nur noch der Kopf ausgetauscht wurde, die 16 kleinen Todesanzeigen durch Terrorangriff Getöteter gehören nicht nach Hildesheim. Ein Impressum gibt es nicht mehr. Aufmacher ist ein Artikel „Bewährt Euch als Niedersachsen", der letzte Aufruf in dieser Zeit, vielleicht von Hirschner geschrieben. Er erinnert an den Appell von Lauterbacher kurz vorher und zitiert daraus: „Es gäbe nach einer deutschen Niederlage kein englisch-amerikanisches West- und kein bolschewistisches Osteuropa. Der Diktator der Alliierten ist Stalin. Europa und Deutschland würden den innerasiatischen Aasgeiern und Dschingiskhanen zum Opfer fallen, und damit würden auch unsere Heimat und wir alle ausgemerzt." – „Es ist ein verhängnisvoller Zweifel, der das Leben kostet, zu glauben, man könnte in solcher Lage vor dem Schicksal desertieren. Der Deserteur fällt, so oder so. Das bleibt ein uraltes, immer wieder mit Blut geschriebenes Gesetz..."

Ein Stück weiter: „Ja, werden Kleingläubige und Verzagte einwenden, hat es denn überhaupt noch einen Sinn, daß wir Widerstand leisten? Es hat ihn! Noch stets haben sich in der Geschichte die Völker behauptet, denen ihre Freiheit und ihre Ehre mehr galten als das Leben. (...) Nicht die Schwächlinge und Charakterlosen bestimmen schließlich ein Zeitalter, auch nicht die Völker des Niedergangs, sondern diejenigen, die sich den heldischen Sinn bewahrten und denen die Achtung vor der wahren Leistung mehr galt als das Streben nach Wohlleben und Eigennutz." Schließlich: „Die Brücken hinter uns – auch darüber muß sich jeder klar sein – sind unwiederbringlich abgebrochen. Es gibt kein Zurück mehr. (...) Wo es ums Leben oder Sterben geht, ist Halbheit schon der Tod. Die Gegner haben uns über den Ernst der Lage und über den Zwang, zu bestehen, wenn wir nicht untergehen wollen, auch nicht den geringsten Zweifel gelassen. Was die Werwölfe wußten, gilt für jeden von uns: Wer heute nicht zubeißt, der wird gebissen." (Mit den Werwölfen sind hier die Figuren im Roman von Löns gemeint.)

Man sieht, gequastes Wortgeklingel um Blut und Ehre, Aufforderungen zum heldischen Sinn, als stünden nicht die weit übermächtigen Truppen der Alliierten schon mitten im Haus – und kein Wort des Trostes oder der Hoffnung zum Überleben an die Adresse des Volkes, das mit einem gigantischen Zusammenbruch fertig zu werden hatte, den nun wahrlich jeder sehen konnte.

Statt dessen beinhaltet das Blatt noch ein halbseitiges Feuilleton mit einem Beitrag „Über das Leid" von Hans Künkel und „Der König" von Eckart von Naso. Der König ist Friedrich II. der Große von Preußen, der vom Flötenspieler in der Not zum Soldaten wird. „Jetzt erst, in der furchtbaren Umklammerung des europäischen Mächtespiels, das bedrohlicher wurde, je weiter die Zeit fortschritt, entluden sich die Kraftströme des Königs. Der Krieg prägte sein Antlitz und machte es ewig." Und weiter: „Alle großen Erneuerer der Menschheit müssen einmal die Straße des Todes gehen, weil es ihnen bestimmt ist, den Frieden aus der Saat des Krieges zu ernten. Denn die alternde Welt widersetzt sich dem schöpferischen Gedanken, der aus der Jugend empfangen ist. Das wußte der König und handelte. Er unterwarf sich dem Schicksal nicht, er bändigte es. Seine ruhmvollsten Siege wurden gegen das Schicksal erkämpft, manchmal gegen die Vernunft. Er marschierte mit zusammengebissenen Zähnen und dem Gleichmut eines Mannes, für den der Kampf erst zu Ende ist, wenn er selber zu atmen aufgehört hat; keine Sekunde eher."

Der erste amerikanische Panzer, der von Ochtersum in die Stadt rollt, ist das Schicksal, dem sich die Stadt unterwirft. Er kommt mit einem deutschsprechenden Mann, der zur Übergabe auffordert, er kommt – so erinnert sich Kirchhoff – mit einer großen weißen Fahne als einer Art Parlamentärflagge, und den ganzen Hohnsen entlang werden schleunigst Bettücher oder andere weiße Fahnen aus den Fenstern gehängt. Hildesheim leistet keinen Widerstand, und damit unterwirft es sich nicht nur einem Schicksal, sondern erreicht auch Schadensbegrenzung. Was auf Dauer eben auch eine Bewältigung des Schicksals ist.

Hätte sich Hildesheim noch verteidigen sollen? Widerstand leisten mit fast unbewaffneten Volkssturmleuten, während die Wehrmacht großenteils abgezogen war oder sich, einige kleinere Haufen am östlichen Stadtrand ausgenommen, in ihren Resten auflöste? Die noch verbliebenen Stadtteile den Panzerkanonen opfern? Sogar wer nur bis zwei zählen konnte, konnte wissen, daß Deutschland besiegt war. Widerstand war im Osten das Gebot der Stunde und wurde auch so verstanden, damit noch möglichst viele flüchtende Menschen den Russen entkommen konnten, nicht aber in Hildesheim. Opfer in diesem Kriege hatten die Hildesheimer im übrigen wahrhaftig reichlich gebracht. Neben den vielen Luftkriegstoten waren an allen Fronten bis zur Zählung von 1957 beurkundet 2831 Wehrmachtsangehörige, Männer und Frauen, gefallen oder an Verwundungen gestorben – nicht eingerechnet die Vermißten, 1960 mit 1816 beziffert.

Die Amerikaner waren da, hatten die Stadt besetzt. In vielen Häusern wurden nach dem Verstecken oder Vergraben von Wertgegenständen wie etwa Silberbestecken jetzt in aller Eile Braunhemden, Hakenkreuzfahnen, entsprechende Armbinden, Parteiabzeichen und Auszeichnungen beseitigt, man ging den Bücherschrank durch, und „Mein Kampf" landete im Ofen, vielleicht auch Rosenbergs „Mythos", dazu mancherlei Jubellektüre für die NSDAP oder den Krieg und seine Waffengattungen. Man wußte ja nicht genau, was einem bei den Eroberern schaden konnte. Hitlerbilder wurden rasch abgehängt und hinterließen in Schulen und Büros vielsagende Rechtecke dunkleren Farbtons an ausgeblichenen Wänden. So wie früher in mancher Schule noch lange Zeit an der Färbung der Mauer zu erkennen war, wo einst das Kruzifix gehangen hatte, das die Nationalsozialisten entfernen ließen.

Daß sich 1945 viele als getäuschte Mitläufer empfanden, ist kein Wunder. Kein Wunder aber auch, daß andere, die wirklich aktiv dabei waren, dies möglichst rasch vergessen lassen wollten – denn sie hatten sich zu fürchten. Und wer sucht da nicht einen Ausweg? Die späteren Entnazifizierungsprozesse haben eine ganze Palette menschlichen Verhaltens und Fehlverhaltens (von dem auch die Entnazifizierer nicht frei waren) aufgezeigt. Viele „Nazis" – gemeint sind hier nicht die großen Bonzen – bis hinunter zu kleinen Ortsgruppenleitern oder weniger noch sind in Lager gesteckt worden und nicht wenige davon umgekommen – nach dem Krieg. Allein in der britischen Zone waren Anfang 1946 in acht Zivilinternierungslagern 53 000 Deutsche in Haft, und täglich kamen 2000 dazu – meldet damals der Neue Hannoversche Kurier, der von den Alliierten kontrolliert wurde. Viele Lehrer und andere Leute aus dem öffentlichen Dienst verloren ihre Stellung. Manche Verwaltung war kaum noch funktionsfähig.

Über das Verhalten der Amerikaner in Hildesheim gibt es verschiedenartige Darstellungen. Alles in allem scheint, sie fühlten sich von vornherein als Durchgangstruppe, die mehr gewähren ließ als gestalten wollte. Tatsächlich waren ja die ersten Truppenteile, die Hildesheim erreichten, keine Besatzungssoldaten, sondern kämpfende Einheiten. Diejenigen, die für eine Verwaltung in Frage kamen, lagen zwei bis vier Tage hinter ihnen. Außerdem sollte Hildesheim schon bald den Engländern übergeben werden.

Eine Stadt im Frontgebiet

Die ersten zwei bis drei Tage war Hildesheim eine Stadt im Kriegsgebiet, auch die Verdunkelung blieb zunächst in Kraft. Die Amerikaner brachten noch Gefangene ein, suchten nach Waffen – deren Besitz war höchst gefährlich –, im übrigen galt das Fraternisierungsverbot. Das heißt hier noch, nicht einmal ein Gespräch durfte mit Deutschen stattfinden. Zumindest theoretisch. Trotzdem wurden Kinder mit Bonbons und Schokolade beglückt, drängelten sich um die Panzer, am Zimmerplatz und anderswo. Andererseits nahmen sich die Amerikaner auch, was sie brauchten, Möbel zum Einrichten von Wohnungen etwa, und Kirchhoff mußte sein schönes Paddelboot hergeben. Die beiden amerikanischen Soldaten wollten es „leihen" – wiedergebracht haben sie es nicht. Beim Zahnarzt in der Nachbarschaft räumten Russen und Polen die Wohnung aus, der Besitzer rief Amerikaner zur Hilfe, aber die konnten nur darüber lachen.

Aber immerhin, drei oder vier Tage nach der Besetzung riefen die Amerikaner nach dem früheren Hildesheimer Oberbürgermeister Dr. Ernst Ehrlicher. Stadtkommandant Oberst Hindley-Smith setzte ihn, der 1937 in den Ruhestand getreten war, wieder als Oberbürgermeister ein. Damit beginnt eine neue Phase Hildesheimer Geschichte. Doch noch war Krieg, noch lebte Hitler, noch verkündete der Werwolf-Sender Parolen, noch wurde in Pillau und anderswo alles unternommen, um Zivilisten und Soldaten vor den Sowjets zu retten.

Anders als diese Soldaten im Osten verhielten sich die Partei-Oberen. Sie verlangten vom bewaffneten wie vom gewöhnlichen Volksgenossen den Widerstand bis zum letzten, aber als es darum ging, waren sie selber verschwunden. Zu ihnen gehörte auch Hartmann Lauterbacher, der Gauleiter. Als die Amerikaner in Hildesheim einmarschierten, konnte ihn kein kleiner Ortsgruppenleiter oder Blockwart mehr um Rat fragen. Er war weg. Ab nach Hahnenklee (gefaßt wurde er im Juli in Kärnten). Ungefähr drei Wochen später brachte sich Adolf Hitler um, der dann angeblich heldenhaft im Kampf um Berlin fiel, wie der Rundfunk behauptete. Und bestimmt haben ihm das noch sehr viele Deutsche geglaubt.

Der Rundfunk war das letzte Informationssystem, das wenigstens in Teilen funktionierte, die bisherige Zeitung gab es seit dem 7. April in Hildesheim nicht mehr und eine neue noch nicht wieder. Die Besatzungsmacht arbeitete zunächst mit Plakaten und Aushängen und Lautsprecherwagen. Im übrigen blieb vieles, wie es war, auch die Lebensmittelkarten galten weiter. Die Laufzeit der 74. Periode wurde bis zum 6. Mai verlängert.

Mit dem Datum 26. April 1945 erschien nach fast drei Wochen zeitungsloser Zeit zum Preis von 20 Pfennigen das „Nachrichtenblatt für Stadt und Land Hildesheim, Veröffentlichungsorgan der Stadtverwaltung Hildesheim und anderer Behörden", sechs Seiten stark, ein erster Leitfaden durch die Verordnungen und Bestimmungen einer neuen Zeit. Das Blatt hat kein Impressum, nennt also keinen Verlag und Drucker, stammt aber offensichtlich aus dem Hause Gebr. Gerstenberg. Eine zweite Ausgabe vom 16. Mai in fast gleicher Aufmachung nennt dies nämlich im Kopf: „Verlag: Buchdruckerei Gebr. Gerstenberg, Hildesheim". Einen Verteiler gab es nicht, das Blatt war im Einzelverkauf Zingel 18 erhältlich, in den Landkreis konnte man nicht liefern. Deshalb sollten die örtlichen Dienststellen dort für das Abholen der vorgesehenen Exmplare sorgen.

Die neue Zeit – in Hildesheim als besetztem Gebiet noch vor der Kapitulation Deutschlands am 8. und 9. Mai – beginnt im Nachrichtenblatt mit der „Proklamation Nr. 1" von Dwight D. Eisenhower, General, Oberster Befehlshaber Alliierte Streitkräfte. Darin steht der Satz: „Wir kommen als siegreiches Heer, jedoch nicht als Unterdrücker." Wir werden „den Nationalsozialismus und den deutschen

Einzelpreis 20 Pfg.

Nachrichtenblatt für Stadt und Land Hildesheim

Veröffentlichungsorgan der Stadtverwaltung Hildesheim und anderer Behörden

Nr. 1 — **Hildesheim, den 26. April** — **1945**

Bekanntmachungen der Militär-Regierung

MILITÄRREGIERUNG — DEUTSCHLAND
KONTROLL-GEBIET DES OBERSTEN BEFEHLSHABERS

Proklamation Nr. 1

AN DAS DEUTSCHE VOLK:

Ich, General Dwight D. Eisenhower, Oberster Befehlshaber der Alliierten Streitkräfte, gebe hiermit Folgendes bekannt:

I.

Die Alliierten Streitkräfte, die unter meinem Oberbefehl stehen, haben jetzt deutschen Boden betreten. Wir kommen als ein siegreiches Heer; jedoch nicht als Unterdrücker. In dem deutschen Gebiet, das von Streitkräften unter meinem Oberbefehl besetzt ist, werden wir den Nationalsozialismus und den deutschen Militarismus vernichten, die Herrschaft der Nationalsozialistischen Deutschen Arbeiter-Partei beseitigen, die NSDAP. auflösen sowie die grausamen, harten und ungerechten Rechtsätze und Einrichtungen, die von der NSDAP. geschaffen worden sind, aufheben. Den deutschen Militarismus, der so oft den Frieden der Welt gestört hat, werden wir endgültig beseitigen. Führer der Wehrmacht und der NSDAP., Mitglieder der Geheimen Staats-Polizei und andere Personen, die verdächtigt sind, Verbrechen und Grausamkeiten begangen zu haben, werden gerichtlich angeklagt und, falls für schuldig befunden, ihrer gerechten Bestrafung zugeführt.

II.

Die höchste gesetzgebende, rechtsprechende und vollziehende Machtbefugnis und Gewalt in dem besetzten Gebiet ist in meiner Person als Oberster Befehlshaber der Alliierten Streitkräfte und als Militär-Gouverneur vereinigt. Die Militärregierung ist eingesetzt, um diese Gewalten unter meinem Befehl auszuüben. Alle Personen in dem besetzten Gebiet haben unverzüglich und widerspruchslos alle Befehle und Veröffentlichungen der Militärregierung zu befolgen. Gerichte der Militärregierung werden eingesetzt, um Rechtsbrecher zu verurteilen. Widerstand gegen die Alliierten Streitkräfte wird unnachsichtlich gebrochen. Andere schwere strafbare Handlungen werden strengstens geahndet.

III.

Alle deutschen Gerichte, Unterrichts- und Erziehungsanstalten innerhalb des besetzten Gebietes werden bis auf Weiteres geschlossen. Dem Volksgerichtshof, den Sondergerichten, den SS.-Polizei-Gerichten und anderen außerordentlichen Gerichten wird überall im besetzten Gebiet die Gerichtsbarkeit entzogen. Die Wiederaufnahme der Tätigkeit der Straf- und Zivilgerichte und die Wiedereröffnung der Unterrichts- und Erziehungsanstalten wird genehmigt, sobald die Zustände es zulassen.

IV.

Alle Beamten sind verpflichtet, bis auf weiteres auf ihren Posten zu verbleiben und alle Befehle und Anordnungen der Militärregierung oder der Alliierten Behörden, die an die deutsche Regierung oder an das deutsche Volk gerichtet sind, zu befolgen und auszuführen. Dies gilt auch für die Beamten, Arbeiter und Angestellten sämtlicher öffentlichen und gemeinwirtschaftlichen Betriebe, sowie für sonstige Personen, die notwendige Tätigkeiten verrichten.

DWIGHT D. EISENHOWER
General
Oberster Befehlshaber
Alliierte Streitkräfte — CA/Gl 19d.

MILITÄRREGIERUNG — DEUTSCHLAND
KONTROLL-GEBIET DES OBERSTEN BEFEHLSHABERS

Gesetz Nr. 1. Aufhebung Nationalsozialistischer Gesetze

Um die Grundsätze und Lehren der NSDAP. aus dem deutschen Recht und der Verwaltung innerhalb des besetzten Gebietes auszurotten, um für das deutsche Volk Recht und Gerechtigkeit wiederherzustellen und den Grundsatz der Gleichheit vor dem Gesetz wiedereinzuführen, wird folgendes verordnet:

ARTIKEL I

1. Die folgenden nationalsozialistischen Grundgesetze, die seit dem 30. Januar 1933 eingeführt wurden, sowie sämtliche Ergänzungs- Durchführungs- und Ausführungsgesetze, -Vorschriften und -Bestimmungen, verlieren hiermit ihre Wirksamkeit innerhalb des besetzten Gebietes:
   (a) Gesetz zum Schutze der nationalen Symbole vom 19. Mai 1933, RGBl I/285.
   (b) Gesetz gegen die Neubildung von Parteien vom 14. Juli 1933, RGBl I/479.
   (c) Gesetz zur Sicherung der Einheit von Partei und Staat vom 1. Dez. 1933, RGBl I/1016.
   (d) Gesetz gegen heimtückische Angriffe auf Staat und Partei und zum Schutze der Parteiuniformen vom 20. Dezember 1934, RGBl I/1269.
   (e) Reichsflaggengesetz vom 15. September 1935, RGBl I/1145.
   (f) Hitlerjugendgesetz vom 1. Dezember 1936, RGBl I/993.
   (g) Gesetz zum Schutze des deutschen Blutes und der deutschen Ehre vom 15. September 1935. RGBl I/1146.
   (h) Erlaß des Führers betreffend die Rechtsstellung der NSDAP vom 12. Dezember 1942, RGBl I/733.
   (i) Reichsbürgergesetz vom 15. September 1935, RGBl I/1146.
2. Weitere nationalsozialistische Gesetze werden durch die Militärregierung zu dem in der Einleitung genannten Zweck außer Kraft gesetzt werden.

ARTIKEL II
NICHT-ANWENDUNG VON RECHTSSAETZEN

3. Kein deutscher Rechtssatz, gleichgültig wie und wann erlassen oder verkündet, darf durch die Gerichte oder die Verwaltung innerhalb des besetzten Gebietes angewendet werden, falls solche Anwendung im Einzelfalle Ungerechtigkeit und Ungleichheit verursachen würde, indem entweder (a) jemand wegen seiner Beziehungen zur NSDAP., zu den Gliederungen, angeschlossenen Verbänden oder betreuten Organisationen begünstigt wird, oder (b) jemandem wegen seiner Rasse, Staatsangehörigkeit, seines Glaubensbekenntnisses oder seiner Gegnerschaft zur NSDAP und deren Lehren Nachteile zugefügt werden.

ARTIKEL III
ALLGEMEINE AUSLEGUNGS-VORSCHRIFTEN

4. Die Auslegung oder Anwendung des deutschen Rechtes nach nationalsozialistischen Grundsätzen, gleichgültig wann und wo dieselben kundgemacht wurden, ist verboten.
5. Entscheidungen der deutschen Gerichte, Amtsstellen und Beamten, die nationalsozialistische Ziele oder Lehren erklären oder anwenden, oder derartiges juristisches Schrifttum, dürfen in Zukunft nicht mehr als Quelle für die Auslegung oder Anwendung deutschen Rechtes zitiert oder befolgt werden.
6. Deutsches Recht, das nach dem 30. Januar 1933 in Kraft trat und in Kraft bleibt, ist so auszulegen und anzuwenden, wie es seinem einfachen Wortlaut entspricht. Der Gesetzeszweck und Auslegungen, die in Vorsprüchen oder anderen Erklärungen enthalten sind, bleiben bei der Auslegung außer Betracht.

(Fortsetzung nächste Seite)

Bekanntmachungen des Oberbürgermeisters

Der Militärbefehlshaber hat mir mit dem heutigen Tage die Verwaltung der Stadt übertragen.

Der Entschluß, dieses Amt zu übernehmen, ist mir bei meinen Jahren nicht leicht gefallen. Ich halte es aber für meine Pflicht, die Bevölkerung Hildesheims in dieser schweren Zeit nicht im Stich zu lassen.

Ich bitte die Bürgerschaft Hildesheims um ihre Mitarbeit und um Verständnis dafür, daß manche harte Maßnahme getroffen werden muß, um wieder geordnete Verhältnisse herbeizuführen.

Herrn Rechtsanwalt Beitzen III ist die Stelle des Bürgermeisters übertragen worden.

Hildesheim, den 11. 4. 1945.

Dr. Ehrlicher.

Die Plünderung der Läger sowie der auswärtigen Ausweichläger hat sofort zu unterbleiben.

Plünderung wird von den Gerichten der Militärregierung schwer bestraft. Die Kaufleute dürfen ihre Waren nur gegen ordnungsgemäßen Bezugschein und Bezahlung abgeben. Die Lebensmittelmarken und Bezugscheine haben bis auf weiteres Gültigkeit.

Hildesheim, den 11. April 1945.

Der Oberbürgermeister
Dr. Ehrlicher

Auf mein Ersuchen hat der alliierte Militärbefehlshaber gestattet, daß ab sofort die Sperrstunden in Hildesheim auf die Zeit von 20 Uhr bis 6 Uhr abgekürzt werden.

Es ist dies eine Bevorzugung und geschieht in der Voraussetzung, daß die Bevölkerung sich strikt an die gegebenen Anordnungen hält.

Alle Personen aus Hildesheim, gleich welcher Nationalität, die während der Sperrstunden auf der Straße angetroffen werden, werden mit einer Haft bis zu 2 Jahren bestraft.

Innerhalb der Ausgehzeit ist der Verkehr in der Stadt und in einem Umkreis von 6 km von der Stadtgrenze entfernt ohne Passierschein gestattet.

Hildesheim, den 21. April 1945.

Der Oberbürgermeister.

Uhrzeit.

Es wird darauf hingewiesen, daß die deutsche Sommerzeit gültig ist. Sie befindet sich in Uebereinstimmung mit der Uhrzeit der Militärregierung.

Verzeichnis der städtischen Amtsstellen.

Büro des Oberbürgermeisters: Weinberg 63.
Eingangsstelle: Weinberg 63.
Finanzverwaltungsamt: Weinberg 62.
Gehalts- und Lohnamt: Weinberg 63.
Hauptamt: Weinberg 63.
Stadthauptkasse: Weinberg 62.
Personalamt: Weinberg 63.
Rechnungsprüfungsamt: Weinberg 63.
Steuerkasse: Weinberg 63.
Stadtschulamt: Hohnsen 3.
Rechtsamt: Weinberg 64 (Villa Dyes).
Grundstücksamt: Weinberg 64 (Villa Dyes).
Preisbehörde: Weinberg 64 (Villa Dyes).
Häuserverwaltungs- und Wohnungsüberwachungsamt: Weinberg 64 (Villa Dyes).
Ortspolizeibehörde: Weinberg 64 a (Schweizerhaus).
Steueramt: Waisenhaus Tappenstraße
Kriegssachschädenamt: Waisenhaus Tappenstraße.
Stadtwerke: Nikolaistraße 8b (Harzwasserwerke).
Stadtbauamt: Weinberg 64 (Villa Dyes).
Garten- und Friedhofsamt: Zentralfriedhof.
Wohlfahrts- und Jugendamt: Moltkestraße 62.
Gesch.-Stelle für Familienunterhalt: Moltkestr. 62.
Versicherungsamt: Teichstraße 6/7.
Ernährungsamt: Pelizaeusmuseum.
Wirtschaftsnebenstelle: Weinberg 63.
Kohlenstelle: Weinberg 63.
Baupolizei: Weinberg 64 (Villa Dyes).
Forstamt: Am Steinberg (Forsthaus).
Städt. Krankenhaus: Weinberg 1.
Städt. Schlachthof: Bavenstedt (Schmauder).
Städt. Sparkasse: Theaterstraße 6.
Standesamt: Weinberg 63.
Fuhrpark: Weinberg 64 (Villa Dyes).
Fahrbereitschaft: Nikolaistraße 8 b.
Passierschein-Stelle: Weinberg 64 a.

Das Rote Kreuz

befindet sich Binderstraße 17. Dienststunden von 8—12 und 14—17 Uhr.

Alle Helferinen melden sich dort schnellstens.

Passierscheine.

Passierscheine werden z. Zt. nur in dringenden Fällen, soweit es sich um die Heranschaffung von Lebensmitteln für die Stadt handelt, ausgestellt. Andere Passierscheine werden z. Zt. nicht genehmigt.

Sämtliche bisher erteilten Passierscheine sind bis Sonnabend, dem 28. April, vormittags 11 Uhr, auf der Paßstelle unter eingehender Begründung zwecks evtl. Verlängerung abzugeben. Sie können, soweit die Militärregierung die Verlängerung genehmigt, um 16 Uhr wieder abgeholt werden. Nicht vorgelegte Passierscheine werden von der Verlängerung ausgeschlossen.

Ab sofort wird auf den Straßen 1 und 6 jeglicher privater Verkehr von Autos, Motorrädern, Fahrrädern, Pferdefuhrwerken, Handwagen und dergleichen gesperrt. Zuwiderhandlungen haben den Verlust des Fahrzeuges zur Folge und ziehen Bestrafungen nach sich. Innerhalb Hildesheims handelt es sich um folgende Straßen: Bückebergstraße, Schützenallee, Kaiserstraße, Bahnhofsallee, Einumer Straße, Zingel, Goslarsche Straße, Friesenstraße, Kreuzstraße, Bohlweg, Pfaffenstieg, Am Stein, Dammstraße, Schützenwiese. Beim Kreuzen vorgenannter Straßen sind Räder an der Hand und Pferdefuhrwerke am Kopf zu führen. Es ist hierbei sorgfältig zu beachten, daß der Verkehr der alliierten Fahrzeuge nicht durch die Ueberquerung gestört wird.

Regelung der Verkaufszeit.

Die Verkaufsläden sind von 8 bis 13 und von 15 bis 17 Uhr offen zu halten.

Das Wohnungsamt bleibt auf einige Tage geschlossen,

weil z. Zt. eine Neuerfassung des Wohnraumes durchgeführt wird. Die Wiedereröffnung erfolgt, sobald die grundlegenden Arbeiten für eine ordnungsgemäße Wohnungsplanung durchgeführt sind.

Wegen Mangel an Wohnraum ist eine Rückkehr fortgezogener bezw. evakuierter Familien nach Hildesheim bis auf weiteres nicht gestattet.

Es wird angeordnet:

1. **Sämtliche Lastkraftwagen, Personenwagen, Zugmaschinen und Pferdegespanne sind sofort bei der Fahrbereitschaft zu melden.**
2. Für die Fahrer der Lastkraftwagen und Zugmaschinen sowie der Personenkraftwagen, die für die Sicherstellung der Ernährungswirtschaft eingesetzt sind, sind die Namen mit Geburtsdatum, Geburtsort, persönlicher Ausweis des Fahrers mit Nummer anzugeben.
3. Für sämtliche Fahrzeuge sind Fahrtenbücher zu führen. Es dürfen Fahrten jeglicher Art nur auf Anweisung der Fahrbereitschaft ausgeführt werden. Fahrten ohne Anweisung der Fahrbereitschaft sind verboten und haben Entziehung des betreffenden Verkehrsmittels zur Folge.

Das »Nachrichtenblatt für Stadt und Land Hildesheim« erscheint als Veröffentlichungsorgan der Stadtverwaltung Hildesheim und anderer Behörden. Es bringt auch die wichtigsten Veröffentlichungen der Militär-Regierung. Die Erscheinungsweise richtet sich nach den gegebenen Notwendigkeiten.

Das Blatt ist nur im Einzelverkauf erhältlich. Die Geschäftsstelle befindet sich vorläufig Zingel 18. Hier können auch Familien- und Geschäftsanzeigen, sofern der beschränkte Raum es zuläßt und sie den gegebenen Voraussetzungen entsprechen, aufgegeben werden.

Für die Landgemeinden ist ein bestimmter Teil der Auflage reserviert. Da eine Zustellung auf das Land z. Zt. nicht möglich ist, werden die örtlichen Dienststellen ersucht, für Abholung des Nachrichtenblattes aus der Geschäftsstelle Zingel 18 zu sorgen.

Die nächste Ausgabe erscheint voraussichtlich am Donnerstag, dem 3. Mai 1945.

Am 26. April 1945 erscheint das erste Nachrichtenblatt mit Bekanntmachungen für die Bevölkerung. Oben halbrechts meldet Dr. Ehrlicher seine Einsetzung als Oberbürgermeister. (Quelle: Stadtarchiv)

Einzelpreis 10 Pfg.

Nachrichtenblatt für Stadt und Land Hildesheim

Veröffentlichungsorgan der Militär-Regierung, des Regierungspräsidenten, des Oberbürgermeisters der Stadt Hildesheim, des Landrats der Kreise Hildesheim u. Marienburg u. andererBehörden

Verlag: Buchdruckerei Gebr. Gerstenberg, Hildesheim.

Nr. 2 Hildesheim, den 16. Mai 1945

Die Militär-Regierung

Gesetz Nr. 191

Einstweilige Schließung des Zeitungsgewerbes, Rundfunks, Vergnügungsgewerbes, und Untersagung der Tätigkeit des Reichsministeriums für Volksaufklärung und Propaganda

Zwecks Gewährleistung der Sicherheit der Allierten Streitkräfte in Deutschland und zwecks Erfüllung der Aufgaben des Obersten Befehlshabers wird hiermit folgendes verordnet:

1. Bis zum Erlaß neuer Bestimmungen der Militärregierung ist verboten: Die Drucklegung und Veröffentlichung von Zeitungen, Magazinen, Zeitschriften, Büchern, Anschlagzetteln und sonstiger Druckwerke jeder Art sowie die Tätigkeit und der Betrieb von Korrespondenzbüros und Nachrichtenagenturen, von Rundfunksendern, von Drahtfunksendern, von Nieder-Frequenz - Uebertragungsanlagen, von Theatern, Lichtspieltheatern, Filmateliers, Filmleihanstalten und Unternehmungen, die theatralischer und musikalischer Unterhaltung dienen.

2. Innerhalb des besetzten Gebietes ist die Ausübung jeglicher Tätigkeit und Amtsgewalt durch das Reichsministerium für Volksaufklärung und Propaganda untersagt. Ohne Genehmigung der Militärregierung ist es verboten, Material, das von dem genannten Ministerium herrührt, zu gebrauchen, dessen Richtlinien zu befolgen oder dessen Anweisungen und Anordnungen auszuführen.

3. Aufgehoben werden alle Bestimmungen des deutschen Rechts, welche die Ueberprüfung, Genehmigung oder Ermächtigung durch das genannte Ministerium, die Unterstellung unter dessen Leitung oder die Befolgung der Anweisungen und Anordnungen des genannten Ministeriums vorschreiben.

4. Sämtliche Werte, Vermögensgegenstände, Ausrüstung Guthaben und Schriftstücke des genannten Ministeriums sind unversehrt zu erhalten und nur nach Anweisungen der Militärregierung abzuliefern oder zu übertragen. Bis zur Auslieferung oder Uebertragung stehen sämtliche Vermögensgegenstände, Guthaben und Schriftstücke zur Einsicht zur Verfügung. Beamte und andere Personen, die diese Vermögensgegenstände, Guthaben und Schriftstücke in Verwaltung haben, sowie die behördlichen Angestellten haben auf ihren Posten zu verbleiben bis andere Weisungen erlassen werden und sind der Militärregierung dafür verantwortlich, daß alle Maßnahmen getroffen werden, um die vorgenannten Werte, Vermögensgegenstände, Ausrüstungen, Guthaben und Schriftstücke unversehrt und unbeschädigt zu erhalten und allen Anordnungen der Militärregierung betreffend Vermögenssperre und Kontrolle zu entsprechen.

5. Die Ausdrücke „Reichsministerium für Volksaufklärung und Propaganda" und „genanntes Ministerium", wie sie in diesem Gesetz gebraucht werden, bedeuten nicht nur das „Reichsministerium für Volksaufklärung und Propaganda", sondern auch jede Zweigstelle, jede dem Ministerium angeschlossene oder von dem Ministerium beaufsichtigte behördliche Organisation oder Dienststelle, ferner alle Personen and Organisationen, die für oder an statt einer der erstgenannten Behörden und Aemter zu handeln vorgeben.

6. Jeder Verstoß gegen die Vorschriften dieses Gesetzes wird nach Schuldigsprechung des Täters durch ein Gericht der Militärregierung nach dessem Ermessen mit jeder gesetzlichen Strafe, einschließlich der Todesstrafe, bestraft.

7. Dieses Gesetz tritt am Tage seiner Verkündung in Kraft.

IM AUFTRAGE DER MILITAERREGIERUNG

Der Regierungs-Präsident

Bekanntmachung Nr. 1

Betrifft: Wiederaufnahme der Arbeit

Am 30. April 1945 habe ich mein Amt als Regierungspräsident des Regierungsbezirks Hildesheim angetreten. In Zeiten schwerer Not übernehme ich diese gewaltige Aufgabe in dem festen Vertrauen darauf, daß sich bewährte Mitarbeiter finden werden, die an dem vor uns liegenden Werk des Aufbaues und der Befriedung mit voller Kraft schaffen wollen. An die Bevölkerung des Regierungsbezirks Hildesheim richte ich die herzliche Bitte, daß jeder an seinem Platze alles tun möge, damit bald wieder geordnete Verhältnisse sich ergeben. Nach dem tiefen Niedergang kann nur angestrengte Arbeit aller uns wieder aufwärts bringen. Ich erwarte deshalb, daß alle Einwohner, die ich in den nächsten Tagen zur tatkräftigen Mitarbeit auffordern werde, sei es im Großeinsatz zum Aufräumen der Straßen und Plätze, sei es zur Durchführung großer Transportaufgaben oder zur intensivsten Landarbeit, bereitwillig meinem Ruf folgen werden.

Die Alliierte Militär-Regierung hat meinen Plänen größtes Verständnis gezeigt. Wir müssen dieses Vertrauen dadurch rechtfertigen, daß wir ruhig und besonnen die vor uns liegenden Aufgaben bewältigen. Vor allem gilt es, die in unserem Regierungsbezirk vorhandenen vielen ausländischen Arbeitskräfte zufrieden zu stellen. Diese Männer und Frauen, die oft unter ungünstigsten Bedingungen jahrelang bei uns arbeiten mußten, haben den Anspruch, daß wir versuchen, an ihnen das Versäumte wieder gut zu machen. Sie sind mit sofortiger Wirkung in der gesamten Lebenshaltung den Deutschen gleichzustellen. Die Ernährung erscheint bei diszipliniertem Verhalten lösbar.

Ich habe besondere, fest umrissene Aufgaben erhalten, die ich zuerst lösen muß und lösen werde. Hierbei steht die einheitliche Ausrichtung des Regierungsbezirks Hildesheim im Vordergrund. Der gesamte Regierungsbezirk wird durch einen besonderen Kurierdienst von mir über alle wichtigen Fragen und Aufgaben unterichtet, so daß von Hildesheim aus wieder, wie früher, der Antrieb zu hohen Leistungen ausgeht.

Für den gesamten Regierungsbezirk wird nunmehr die Ausgehzeit auf die Zeit früh 6.30 bis abends 20.30 Uhr festgelegt. Bei dem Verkehr zwischen den einzelnen Landgemeinden ist die Benutzung der als solche gekennzeichneten Militärstraßen zu vermeiden.

Die Banken werden ab 1. Mai 1945 in den Stadt- und Landgemeinden wieder eröffnet. Jedoch ist nur ein Zahlungsverkehr im Rahmen der allgemeinen Vorschrift Nr. 1 zur Ausführung des Gesetzes Nr. 52 der Militär-Regierung (Sperre und Beaufsichtigung von Vermögen) statthaft.

Nicht viele Worte, propagandistische Aufrufe oder Massenversammlungen können uns helfen, sondern nur die praktische Arbeit. Ich rufe deshalb nochmals alle auf: Helft mit an dem Wiederaufbau unserer Heimat.

Hildesheim, 30. April 1945.

Julius Hange, Regierungspräsident.

Der Oberbürgermeister

Auf die Lebensmittelkarten der 75. Zuteilungsperiode werden abgegeben:

Fleisch:

Normalverbraucher E	Abschnitte 1 bis 5	je 50 Gramm	ab 30. 4. 1945
	Abschnitte 7 bis 11	je 50 Gramm	ab 7. 5. 1945
	Abschnitte 13 bis 17	je 50 Gramm	ab 14. 5. 1945
	Abschnitte 49 bis 53	je 50 Gramm	ab 21. 5. 1945
Normalverbraucher Jgd.	Abschnitte 1 bis 6	je 50 Gramm	ab 30. 4. 1945
	Abschnitte 7 bis 12	je 50 Gramm	ab 7. 5. 1945
	Abschnitte 13 bis 18	je 50 Gramm	ab 14. 5. 1945
	Abschnitte 49 bis 54	je 50 Gramm	ab 21. 5. 1945
Normalverbraucher K	Abschnitte 1 u. 2	je 50 Gramm	ab 30. 4. 1945
	Abschnitte 3 u. 4	je 50 Gramm	ab 7. 5. 1945
	Abschnitte 5 u. 6	je 50 Gramm	ab 14. 5. 1945
	Abschnitte 9 u. 10	je 50 Gramm	ab 21. 5. 1945

Ausländische Zivilarbeiter:
Auf Abschnitte 701 bis 705 (1. Woche), 716 bis 720 (2. Woche), 731 bis 735 (3. Woche), 746 bis 750 (4. Woche) je 50 Gramm.

Zusatzkarten für Schwerarbeiter:
Auf Abschnitte 503 bis 507 (1. Woche), 513 bis 517 (2. Woche), 523 bis 527 (3. Woche), 533 bis 537 (4. Woche), je 50 Gramm.

Teilselbstversorger in Butter erhalten Fleisch auf die gleichen um 100 erhöhten Nummern wie Normalverbraucher.

Teilselbstversorger in Fleisch und Schlachtfetten und Vollselbstversorger erhalten kein Fleisch auf Karten.

Fett:

Normalverbraucher E Abschnitt 19 50 Gramm Abschnitt 20 125 Gramm und 200 Gramm auf Kleinabschnitte.

Normalverbraucher Jgd. Abschnitt 19 50 Gramm, Abschnitte 20, 21 und 22 je 125 Gr. und 200 Gramm auf Kleinabschnitte.

Normalverbraucher K Abschnitt 19, 20, 21 je 125 Gramm.

Ausl. Zivilarbeiter Abschnitte 721, 736 und 751 je 50 Gramm und 200 Gramm auf Kleinabschnitte.

Zulagekarten für Schwerarbeiter Abschnitt 522 50 Gramm und 40 Gramm je Woche auf Kleinabschnitt.

Teilselbstversorger in Butter E u. Jgdl. erhalten nur auf Kleinstabschnitte je 200 Gramm Fett.

Teilselbstversorger in Butter K Abschnitt 119, 120 und 121 je 125 Gramm.

Teilselbstversorger in Fleisch und Schlachtfetten E 200 Gramm auf Kleinabschnitte, Jgd, 219 50 Gramm und 200 Gramm auf Kleinabschnitte; K Abschnitte 219 bis 221 je 125 Gramm.

Vollselbstversorger erhalten kein Fett auf Karten.

Auf Fettabschnitte können nach Vorratslage alle Arten Speisefette abgegeben werden. Bei Abgabe von Speiseöl, Schweineschmalz und Talg sind entsprechend dem Fettgehalt 4/5 der angegebenen Mengen zu liefern.

Ein Einspruch auf Belieferung besteht nur im Rahmen der Lieferungsmöglichkeit. Eine gerechte Verteilung der zur Verfügung stehenden Mengen wird allen Verteilern zur Pflicht gemacht.

Brot:

Normalverbraucher E	Abschnitte 25 bis 27 und 6	je 500 Gramm	ab 30. 4. 1945
	Abschnitte 12	250 Gramm	ab 30. 4. 1945
	Abschnitte 22 u. 28	je 500 Gramm	ab 7. 5. 1945
	Abschnitte 23 u. 29	je 500 Gramm	ab 14. 5. 1945
	Abschnitte 35 u. 41	je 500 Gramm	ab 21. 5. 1945
	auf Kleinabschnitte	1500 Gramm	
Normalverbraucher Jgdl.	Abschnitte 25 bis 27	je 500 Gramm	ab 30. 4. 1945
	Abschnitte 28 bis 30	je 500 Gramm	ab 7. 5. 1945
	Abschnitte 36, 42 und 48	je 500 Gramm	ab 14. 5. 1945
	Abschnitte 44 bis 47	je 500 Gramm	ab 21. 5. 1945
	auf Kleinabschnitte	1500 Gramm	
Normalverbraucher K	Abschnitte 25	500 Gramm	ab 30. 4. 1945
	Abschnitte 26	500 Gramm	ab 7. 5. 1945
	Abschnitte 27	500 Gramm	ab 14. 5. 1945
	Abschnitte 28 und 29	je 500 Gramm	ab 21. 5. 1945
	auf Kleinabschnitte	1500 Gramm	

Auf Brotkarte für Selbstversorger 75 (76.) Periode. Abschnitte 401 bis 406 je 1000 Gramm, Abschnitt 407 750 Gramm.

Wochenkarte für ausl. Zivilarbeiter (AZ.) Abschnitt 707 1000 Gramm ab 30. 4. 1945, Abschnitt 706 250 Gramm ab 30. 4. 1945, Abschnitte 722 und 723 je 1000 Gramm ab 7. 5. 1945, Abschnitt 737 1000 Gramm ab 14. 5. 1945, Abschnitte 752 1000 Gramm ab 21. 5, 1945, auf Kleinabschnitte 1500 Gramm.

Zusatzkarten für Schwerarbeiter. Abschnitte 509 und 510 je 500 Gramm ab 30. 4. 1945, Abschnitte 519 und 520 je 500 Gramm ab 7. 5. 1945, Abschnitte 529 und 530 je 500 Gramm ab 14. 5. 1945, Abschnitte 539 und 540 je 500 Gramm ab 21. 5. 1945., auf Kleinabschnitte 100 Gramm je Woche.

Vollselbstversorger erhalten kein Brot auf Karten.

Teilselbstversorger in Butter erhalten Brot auf die gleichen um 100 erhöhten Nummern wie Normalverbraucher.

Teilselbstversorger in Fleisch und Schlachtfetten erhalten Brot auf die gleichen um 200 erhöhten Nummern wie Normalverbraucher.

Auf alle Abschnitte kann Brot aller Art (auch Weißbrot) verabfolgt werden. Eine gerechte Verteilung über die zur Verfügung stehenden Weißbrotmengen wird allen Verteilern zur Pflicht gemacht.

Auf alle Abschnitte kann auch Mehl in Höhe von 3/4 der vorstehend genannten Mengen abgegeben werden.

Nährmittel

Normalverbraucher E. Jgdl. und K.	Abschnitte 31	150 Gramm	ab 30. 4. 45
	32 bis 34	je 50 Gramm	ab 14. 5. 45
Ausländ. Zivilarbeiter	Abschnitte 708 und 709	je 75 Gramm	ab 30. 4. 45
	738 und 739	je 75 Gramm	ab 14. 5. 45
Vollselbstversorger K	Abschnitte 304 bis 306	je 100 Gramm	ab 30. 4. 45

Zucker

Normalverbraucher E	Abschnitte 38	500 Gramm oder 1000 Gramm Marmelade
„ Jgdl.	Abschnitte 38	500 Gramm oder 1000 Gramm Marmelade
	39	125 Gramm oder 250 Gramm Marmelade
„ K.	Abschnitte 8	500 Gramm oder 1000 Gramm Marmelade
Vollselbstversorger E. u. K.	Abschnitte 301	500 Gramm oder 1000 Gramm Marmelade
Ausländ. Zivilarbeiter (AZ)	Abschnitte 713	250 Gramm oder 500 Gramm Marmelade
	743	250 Gramm oder 500 Gramm Marmelade

Marmelade nur, wenn Ware zur Verfügung steht.

Käse

Normalverbraucher E. und Jgdl.	Abschnitte 43	125 Gramm	ab 30. 4. 45
K.	Abschnitte 13	125 Gramm	ab 30. 4. 45
Vollselbstversorger E. u. K.	Abschnitte 302	125 Gramm	ab 30. 4. 45
Ausländ. Zivilarbeiter (AZ)	Abschnitte 740	125 Gramm	ab 14. 5. 45

Kaffee-Ersatz

Normalverbraucher E. Jgdl. und K.	Abschnitte 37	125 Gramm	ab 30. 4. 45
Vollselbstversorger E. u. K.	Abschnitte 307	125 Gramm	ab 30. 4. 45
Ausländ. Zivilarbeiter	Abschnitte 724	125 Gramm	ab 7. 5. 45

Kaffee-Ersatz lieferbar nach Eingang der Ware. — Teilselbstversorger in Butter erhalten Nährmittel, Zucker, Käse und Kaffee-Ersatz auf die gleichen um 100 erhöhten Nummern. — Teilselbstversorger in Fleisch und Schlachtfetten auf die gleichen um 200 erhöhten Nummern wie Normalverbraucher.

Für die Ausländerläger bestehen höhere Verpflegungssätze.

Waschmittel (1 Stck. E Seife, 1 N. P Waschmittel, 1 N. P.-Zusatz-Waschmittel) sind abzugeben an Normalverbraucher E. Jgd. und K. auf Abschnitt 55; Selbstversorger in Butter E., Jgdl. und K. auf Abschnitt 155; Selbstversorger in Fleisch und Schlachtfetten E., Jgdl. u. K. auf Abschnitt 255; ausländ. Zivilarbeiter (AZ) auf Abschnitt 715.

Der Oberbürgermeister
Ernährungsamt Abt. B, Hildesheim.

Die zweite Ausgabe erscheint am 16. Mai 1945. Da ist Deutschlands Kapitulation bereits vollzogen.

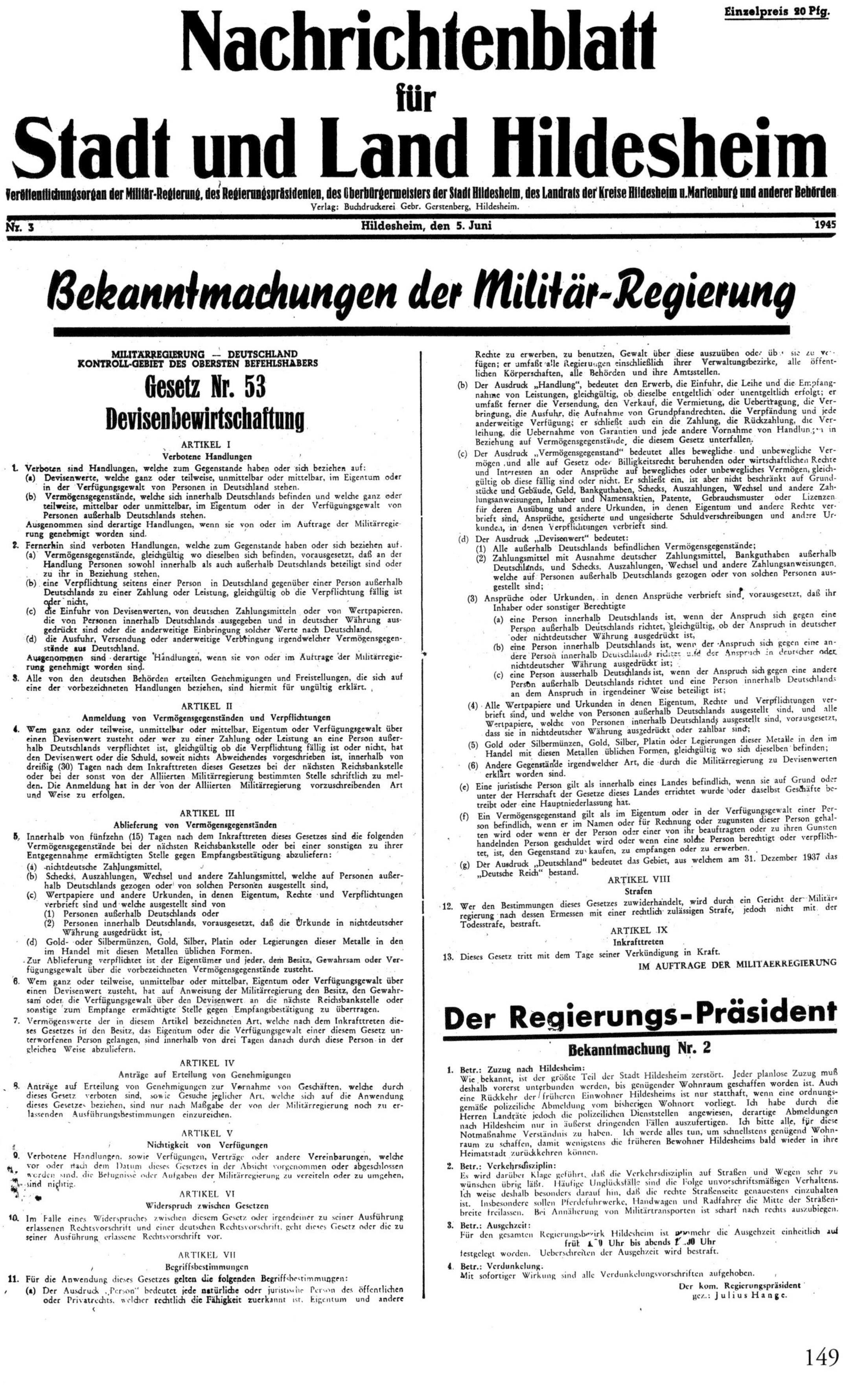

Einzelpreis 20 Pfg.

Nachrichtenblatt für Stadt und Land Hildesheim

Veröffentlichungsorgan der Militär-Regierung, des Regierungspräsidenten, des Oberbürgermeisters der Stadt Hildesheim, des Landrats der Kreise Hildesheim u. Marienburg und anderer Behörden

Verlag: Buchdruckerei Gebr. Gerstenberg, Hildesheim.

Nr. 3 — Hildesheim, den 5. Juni — 1945

Bekanntmachungen der Militär-Regierung

MILITÄRREGIERUNG — DEUTSCHLAND
KONTROLL-GEBIET DES OBERSTEN BEFEHLSHABERS

Gesetz Nr. 53
Devisenbewirtschaftung

ARTIKEL I

Verbotene Handlungen

1. Verboten sind Handlungen, welche zum Gegenstande haben oder sich beziehen auf:
   (a) Devisenwerte, welche ganz oder teilweise, unmittelbar oder mittelbar, im Eigentum oder in der Verfügungsgewalt von Personen in Deutschland stehen.
   (b) Vermögensgegenstände, welche sich innerhalb Deutschlands befinden und welche ganz oder teilweise, mittelbar oder unmittelbar, im Eigentum oder in der Verfügungsgewalt von Personen außerhalb Deutschlands stehen.
   Ausgenommen sind derartige Handlungen, wenn sie von oder im Auftrage der Militärregierung genehmigt worden sind.
2. Fernerhin sind verboten Handlungen, welche zum Gegenstande haben oder sich beziehen auf.
   (a) Vermögensgegenstände, gleichgültig wo dieselben sich befinden, vorausgesetzt, daß an der Handlung Personen sowohl innerhalb als auch außerhalb Deutschlands beteiligt sind oder zu ihr in Beziehung stehen,
   (b) eine Verpflichtung seitens einer Person in Deutschland gegenüber einer Person außerhalb Deutschlands zu einer Zahlung oder Leistung, gleichgültig ob die Verpflichtung fällig ist oder nicht,
   (c) die Einfuhr von Devisenwerten, von deutschen Zahlungsmitteln oder von Wertpapieren, die von Personen innerhalb Deutschlands ausgegeben und in deutscher Währung ausgedrückt sind oder die anderweitige Einbringung solcher Werte nach Deutschland,
   (d) die Ausfuhr, Versendung oder anderweitige Verbringung irgendwelcher Vermögensgegenstände aus Deutschland.
   Ausgenommen sind derartige Handlungen, wenn sie von oder im Auftrage der Militärregierung genehmigt worden sind.
3. Alle von den deutschen Behörden erteilten Genehmigungen und Freistellungen, die sich auf eine der vorbezeichneten Handlungen beziehen, sind hiermit für ungültig erklärt.

ARTIKEL II

Anmeldung von Vermögensgegenständen und Verpflichtungen

4. Wem ganz oder teilweise, unmittelbar oder mittelbar, Eigentum oder Verfügungsgewalt über einen Devisenwert zusteht oder wer zu einer Zahlung oder Leistung an eine Person außerhalb Deutschlands verpflichtet ist, gleichgültig ob die Verpflichtung fällig ist oder nicht, hat den Devisenwert oder die Schuld, soweit nichts Abweichendes vorgeschrieben ist, innerhalb von dreißig (30) Tagen nach dem Inkrafttreten dieses Gesetzes bei der nächsten Reichsbankstelle oder bei der sonst von der Alliierten Militärregierung bestimmten Stelle schriftlich zu melden. Die Anmeldung hat in der von der Alliierten Militärregierung vorzuschreibenden Art und Weise zu erfolgen.

ARTIKEL III

Ablieferung von Vermögensgegenständen

5. Innerhalb von fünfzehn (15) Tagen nach dem Inkrafttreten dieses Gesetzes sind die folgenden Vermögensgegenstände bei der nächsten Reichsbankstelle oder bei einer sonstigen zu ihrer Entgegennahme ermächtigten Stelle gegen Empfangsbestätigung abzuliefern:
   (a) nichtdeutsche Zahlungsmittel,
   (b) Schecks, Auszahlungen, Wechsel und andere Zahlungsmittel, welche auf Personen außerhalb Deutschlands gezogen oder von solchen Personen ausgestellt sind,
   (c) Wertpapiere und andere Urkunden, in denen Eigentum, Rechte und Verpflichtungen verbrieft sind und welche ausgestellt sind von
      (1) Personen außerhalb Deutschlands oder
      (2) Personen innerhalb Deutschlands, vorausgesetzt, daß die Urkunde in nichtdeutscher Währung ausgedrückt ist,
   (d) Gold- oder Silbermünzen, Gold, Silber, Platin oder Legierungen dieser Metalle in den im Handel mit diesen Metallen üblichen Formen.
   Zur Ablieferung verpflichtet ist der Eigentümer und jeder, dem Besitz, Gewahrsam oder Verfügungsgewalt über die vorbezeichneten Vermögensgegenstände zusteht.
6. Wem ganz oder teilweise, unmittelbar oder mittelbar, Eigentum oder Verfügungsgewalt über einen Devisenwert zusteht, hat auf Anweisung der Militärregierung den Besitz, den Gewahrsam oder die Verfügungsgewalt über den Devisenwert an die nächste Reichsbankstelle oder sonstige zum Empfange ermächtigte Stelle gegen Empfangsbestätigung zu übertragen.
7. Vermögenswerte der in diesem Artikel bezeichneten Art, welche nach dem Inkrafttreten dieses Gesetzes in den Besitz, das Eigentum oder die Verfügungsgewalt einer diesem Gesetz unterworfenen Person gelangen, sind innerhalb von drei Tagen danach durch diese Person in der gleichen Weise abzuliefern.

ARTIKEL IV

Anträge auf Erteilung von Genehmigungen

8. Anträge auf Erteilung von Genehmigungen zur Vornahme von Geschäften, welche durch dieses Gesetz verboten sind, sowie Gesuche jeglicher Art, welche sich auf die Anwendung dieses Gesetzes beziehen, sind nur nach Maßgabe der von der Militärregierung noch zu erlassenden Ausführungsbestimmungen einzureichen.

ARTIKEL V

Nichtigkeit von Verfügungen

9. Verbotene Handlungen, sowie Verfügungen, Verträge oder andere Vereinbarungen, welche vor oder nach dem Datum dieses Gesetzes in der Absicht vorgenommen oder abgeschlossen worden sind, die Befugnisse oder Aufgaben der Militärregierung zu vereiteln oder zu umgehen, sind nichtig.

ARTIKEL VI

Widerspruch zwischen Gesetzen

10. Im Falle eines Widerspruches zwischen diesem Gesetz oder irgendeiner zu seiner Ausführung erlassenen Rechtsvorschrift und einer deutschen Rechtsvorschrift, geht dieses Gesetz oder die zu seiner Ausführung erlassene Rechtsvorschrift vor.

ARTIKEL VII

Begriffsbestimmungen

11. Für die Anwendung dieses Gesetzes gelten die folgenden Begriffsbestimmungen:
   (a) Der Ausdruck „Person" bedeutet jede natürliche oder juristische Person des öffentlichen oder Privatrechts, welcher rechtlich die Fähigkeit zuerkannt ist, Eigentum und andere Rechte zu erwerben, zu benutzen, Gewalt über diese auszuüben oder über sie zu verfügen; er umfaßt alle Regierungen einschließlich ihrer Verwaltungsbezirke, alle öffentlichen Körperschaften, alle Behörden und ihre Amtsstellen.
   (b) Der Ausdruck „Handlung", bedeutet den Erwerb, die Einfuhr, die Leihe und die Empfangnahme von Leistungen, gleichgültig, ob dieselbe entgeltlich oder unentgeltlich erfolgt; er umfaßt ferner die Versendung, den Verkauf, die Vermietung, die Uebertragung, die Verbringung, die Ausfuhr, die Aufnahme von Grundpfandrechten, die Verpfändung und jede anderweitige Verfügung; er schließt auch ein die Zahlung, die Rückzahlung, die Verleihung, die Uebernahme von Garantien und jede andere Vornahme von Handlungen in Beziehung auf Vermögensgegenstände, die diesem Gesetz unterfallen.
   (c) Der Ausdruck „Vermögensgegenstand" bedeutet alles bewegliche und unbewegliche Vermögen und alle auf Gesetz oder Billigkeitsrecht beruhenden oder wirtschaftlichen Rechte und Interessen an oder Ansprüche auf bewegliches oder unbewegliches Vermögen, gleichgültig ob diese fällig sind oder nicht. Er schließt ein, ist aber nicht beschränkt auf Grundstücke und Gebäude, Geld, Bankguthaben, Schecks, Auszahlungen, Wechsel und andere Zahlungsanweisungen, Inhaber und Namensaktien, Patente, Gebrauchsmuster oder Lizenzen für deren Ausübung und andere Urkunden, in denen Eigentum und andere Rechte verbrieft sind, Ansprüche, gesicherte und ungesicherte Schuldverschreibungen und andere Urkunden, in denen Verpflichtungen verbrieft sind.
   (d) Der Ausdruck „Devisenwert" bedeutet:
      (1) Alle außerhalb Deutschlands befindlichen Vermögensgegenstände;
      (2) Zahlungsmittel mit Ausnahme deutscher Zahlungsmittel, Bankguthaben außerhalb Deutschlands, und Schecks, Auszahlungen, Wechsel und andere Zahlungsanweisungen, welche auf Personen außerhalb Deutschlands gezogen oder von solchen Personen ausgestellt sind;
      (3) Ansprüche oder Urkunden, in denen Ansprüche verbrieft sind, vorausgesetzt, daß ihr Inhaber oder sonstiger Berechtigte
         (a) eine Person innerhalb Deutschlands ist, wenn der Anspruch sich gegen eine Person außerhalb Deutschlands richtet, gleichgültig, ob der Anspruch in deutscher oder nichtdeutscher Währung ausgedrückt ist,
         (b) eine Person innerhalb Deutschlands ist, wenn der Anspruch sich gegen eine andere Person innerhalb Deutschlands richtet und der Anspruch in deutscher oder nichtdeutscher Währung ausgedrückt ist;
         (c) eine Person ausserhalb Deutschlands ist, wenn der Anspruch sich gegen eine andere Person außerhalb Deutschlands richtet und eine Person innerhalb Deutschlands an dem Anspruch in irgendeiner Weise beteiligt ist;
      (4) Alle Wertpapiere und Urkunden in denen Eigentum, Rechte und Verpflichtungen verbrieft sind, und welche von Personen außerhalb Deutschlands ausgestellt sind, und alle Wertpapiere, welche von Personen innerhalb Deutschlands ausgestellt sind, vorausgesetzt, dass sie in nichtdeutscher Währung ausgedrückt oder zahlbar sind;
      (5) Gold oder Silbermünzen, Gold, Silber, Platin oder Legierungen dieser Metalle in den im Handel mit diesen Metallen üblichen Formen, gleichgültig wo sich dieselben befinden;
      (6) Andere Gegenstände irgendwelcher Art, die durch die Militärregierung zu Devisenwerten erklärt worden sind.
   (e) Eine juristische Person gilt als innerhalb eines Landes befindlich, wenn sie auf Grund oder unter der Herrschaft der Gesetze dieses Landes errichtet wurde oder daselbst Geschäfte betreibt oder eine Hauptniederlassung hat.
   (f) Ein Vermögensgegenstand gilt als im Eigentum oder in der Verfügungsgewalt einer Person befindlich, wenn er im Namen oder für Rechnung oder zugunsten dieser Person gehalten wird oder wenn er der Person oder einer von ihr beauftragten oder zu ihren Gunsten handelnden Person geschuldet wird oder wenn eine solche Person berechtigt oder verpflichtet, ist, den Gegenstand zu kaufen, zu empfangen oder zu erwerben.
   (g) Der Ausdruck „Deutschland" bedeutet das Gebiet, aus welchem am 31. Dezember 1937 das „Deutsche Reich" bestand.

ARTIKEL VIII

Strafen

12. Wer den Bestimmungen dieses Gesetzes zuwiderhandelt, wird durch ein Gericht der Militärregierung nach dessen Ermessen mit einer rechtlich zulässigen Strafe, jedoch nicht mit der Todesstrafe, bestraft.

ARTIKEL IX

Inkrafttreten

13. Dieses Gesetz tritt mit dem Tage seiner Verkündigung in Kraft.

IM AUFTRAGE DER MILITAERREGIERUNG

Der Regierungs-Präsident

Bekanntmachung Nr. 2

1. **Betr.: Zuzug nach Hildesheim:**
   Wie bekannt, ist der größte Teil der Stadt Hildesheim zerstört. Jeder planlose Zuzug muß deshalb vorerst unterbunden werden, bis genügender Wohnraum geschaffen worden ist. Auch eine Rückkehr der früheren Einwohner Hildesheims ist nur statthaft, wenn eine ordnungsgemäße polizeiliche Abmeldung vom bisherigen Wohnort vorliegt. Ich habe durch die Herren Landräte jedoch die polizeilichen Dienststellen angewiesen, derartige Abmeldungen nach Hildesheim nur in äußerst dringenden Fällen auszufertigen. Ich bitte alle, für diese Notmaßnahme Verständnis zu haben. Ich werde alles tun, um schnellstens genügend Wohnraum zu schaffen, damit wenigstens die früheren Bewohner Hildesheims bald wieder in ihre Heimatstadt zurückkehren können.
2. **Betr.: Verkehrsdisziplin:**
   Es wird darüber Klage geführt, daß die Verkehrsdisziplin auf Straßen und Wegen sehr zu wünschen übrig läßt. Häufige Unglücksfälle sind die Folge unvorschriftsmäßigen Verhaltens. Ich weise deshalb besonders darauf hin, daß die rechte Straßenseite genauestens einzuhalten ist. Insbesondere sollen Pferdefuhrwerke, Handwagen und Radfahrer die Mitte der Straßenbreite freilassen. Bei Annäherung von Militärtransporten ist scharf nach rechts auszubiegen.
3. **Betr.: Ausgehzeit:**
   Für den gesamten Regierungsbezirk Hildesheim ist nunmehr die Ausgehzeit einheitlich auf
   früh [illegible] Uhr bis abends [illegible] Uhr
   festgelegt worden. Ueberschreiten der Ausgehzeit wird bestraft.
4. **Betr.: Verdunkelung:**
   Mit sofortiger Wirkung sind alle Verdunkelungsvorschriften aufgehoben.

Der kom. Regierungspräsident
gez.: Julius Hange.

Die dritte und letzte Ausgabe des Nachrichtenblatts vom 5. Juni 1945. Rechts unten erklärt der Regierungspräsident: Planloser Zuzug nach Hildesheim wird unterbunden.

Militarismus vernichten, die Herrschaft der Nationalsozialistischen Deutschen Arbeiter-Partei beseitigen, die NSDAP auflösen sowie die grausamen, harten und ungerechten Rechtssätze und Einrichtungen, die von der NSDAP geschaffen worden sind, aufheben. Den deutschen Militarismus, der so oft den Frieden der Welt gestört hat, werden wir endgültig beseitigen. Führer der Wehrmacht und der NSDAP, Mitglieder der Geheimen Staats-Polizei und andere Personen, die verdächtigt sind, Verbrechen und Grausamkeiten begangen zu haben, werden gerichtlich angeklagt und, falls für schuldig befunden, ihrer gerechten Bestrafung zugeführt."

„Die höchste gesetzgebende, rechtsprechende und vollziehende Machtbefugnis und Gewalt in den besetzten Gebieten ist in meiner Person als Oberster Befehlshaber der Alliierten Streitkräfte und als Militär-Gouverneur vereinigt. Die Militärregierung ist eingesetzt, um diese Gewalten unter meinem Befehl auszuüben. Alle Personen in dem besetzten Gebiet haben unverzüglich und widerspruchslos alle Befehle und Veröffentlichungen der Militärregierung zu befolgen. Gerichte der Militärregierung werden eingesetzt, um Rechtsbrecher zu verurteilen. Widerstand gegen die Alliierten Streitkräfte wird unnachsichtlich gebrochen. Andere schwere strafbare Handlungen werden strengstens geahndet.

„Alle deutschen Gerichte, Unterrichts- und Erziehungsanstalten innerhalb des besetzten Gebietes werden bis auf Weiteres geschlossen. Dem Volksgerichtshof, den Sondergerichten, den SS-Polizei-Gerichten und anderen außerordentlichen Gerichten wird überall im besetzten Gebiet die Gerichtsbarkeit entzogen. Die Wiederaufnahme der Tätigkeit der Straf- und Zivilgerichte und die Wiedereröffnung der Unterrichts- und Erziehungsanstalten wird genehmigt, sobald die Zustände es zulassen.

„Alle Beamten sind verpflichtet, bis auf weiteres auf ihren Posten zu verbleiben und alle Befehle und Anordnungen der Militärregierung oder der Alliierten Behörden, die an die deutsche Regierung oder an das deutsche Volk gerichtet sind, zu befolgen und auszuführen. Dies gilt auch für die Beamten, Arbeiter und Angestellten sämtlicher öffentlichen und gemeinwirtschaftlichen Betriebe, sowie für sonstige Personen, die notwendige Tätigkeiten verrichten."

Das Nachrichtenblatt enthält ferner das Gesetz Nr. 1, Aufhebung Nationalsozialistischer Gesetze, Nr. 2, Deutsche Gerichte, Verordnung Nr. 1, Verbrechen und andere strafbare Handlungen, Nr. 2, Gerichte der Militärregierung, Gesetz Nr. 5, Auflösung der NSDAP, Nr. 52, Sperre und Beaufsichtigung von Vermögen, dazu die Allgemeine Vorschrift Nr. 1 und Allgemeine Genehmigungen Nr. 1 – 5; Gesetz Nr. 76, Post, Fernsprech-, Telegrafen- und Rundfunkwesen, dazu eine Bekanntmachung über das Anmelden von Geräten. Im Gesetz Nr. 76 wird in Artikel II, Private Nachrichtenverkehrsanlagen, unter anderem auch verfügt, daß Brieftauben gegen Empfangsbescheinigung abzuliefern sind. Im übrigen werden alle Schreiben und Briefe der Zensur unterworfen. Wer gegen das Gesetz verstößt, kann mit dem Tode bestraft werden.

Gesetz Nr. 77 regelt die Aufhebung bestimmter Arbeitsorganisationen und Arbeitsämter. Zuletzt wird eine Bekanntmachung der Militärregierung über Ausgeh- und Sperrstunden sowie Verdunkelung abgedruckt. Danach wird nun grundsätzlich das Ausgehen zwischen 6 und 20 Uhr gestattet, der Stadtkreis Hildesheim darf aber nur mit besonderer Erlaubnis verlassen werden. Kraftfahrzeuge sind genehmigungspflichtig und haben die Aufschrift zu tragen „Military Government Permit". Jeder Verkehr auf oder entlang gekennzeichneter Militärstraßen ist verboten, strengste Verdunkelung ist in der Zeit zwischen einer halben Stunde nach Sonnenuntergang und einer halben Stunde vor Sonnenaufgang einzuhalten.

Und schließlich: „Jedes ungerechtfertigte Umherstehen ist verboten. Zivilpersonen dürfen nicht stehen bleiben oder sie müssen Arbeit verrichten, die Stillstand verlangt. – Zusammenkünfte sind verboten; ausgenommen sind Gottesdienste, die während der Ausgehstunden oder Versammlungen, die auf Grund einer entsprechend gefertigten schriftlichen Bewilligung der Militärregierung stattfinden."

Dr. Ehrlicher wieder Oberbürgermeister

Diese Gebote regeln den Tageslauf, Einzelheiten dazu und weitere Mitteilungen enthalten die Bekanntmachungen des Oberbürgermeisters. Die erste Meldung mit Datum 11. April hat seine Einsetzung zum Inhalt. Aus dem Ruhestand seit 1937 hatte ihn der Stadtkommandant zurückgeholt. Nach späteren Berichten zu urteilen, wie in der Hildesheimer Allgemeinen Zeitung vom 13. April 1951 zum Tode Ehrlichers, fuhr der neue Oberbürgermeister damals im amerikanischen Jeep als Passagier in der Stadt umher, um für seine Verwaltung Menschen zu finden, die politisch möglichst unbelastet und zugleich bereit waren, in der Stunde Null neu zu beginnen und Wege aus dem Nichts zu suchen. Dazu gehörte Mut bei allen Beteiligten, wenn sie denn die Aufgabe ernst nahmen. Der wörtliche Text der Meldung über Ehrlichers Einsetzung lautet:

„Der Militärbefehlshaber hat mir mit dem heutigen Tage die Verwaltung der Stadt übertragen. Der Entschluß, dieses Amt zu übernehmen, ist mir bei meinen Jahren nicht leicht gefallen. Ich halte es aber für meine Pflicht, die Bevölkerung Hildesheims in dieser schweren Zeit nicht im Stich zu lassen. Ich bitte die Bürgerschaft Hildesheims um ihre Mitarbeit und um Verständnis dafür, daß manche harte Maßnahme getroffen werden muß, um wieder geordnete Verhältnisse herbeizuführen. Rechtsanwalt Beitzen III ist die Stelle des Bürgermeisters übertragen worden. Hildesheim, den 11. 4. 1945. Dr. Ehrlicher."

Unter dem gleichen Datum und gleich unter dieser Meldung steht als erste Amtshandlung Ehrlichers die Aufforderung: „Die Plünderung der Läger sowie der auswärtigen Ausweichläger hat sofort zu unterbleiben. Plünderung wird von den Gerichten der Militärregierung schwer bestraft. Die Kaufleute dürfen ihre Waren nur gegen ordnungs-

gemäßen Bezugschein und Bezahlung abgeben. Die Lebensmittelmarken und Bezugscheine haben bis auf weiteres Gültigkeit."
Weiter enthalten die Bekanntmachungen den Hinweis, die deutsche Sommerzeit sei gültig und befinde sich in Übereinstimmung mit der Uhrzeit der Militärregierung. Ein Verzeichnis der städtischen Amtsstellen wird veröffentlicht. Die meisten befinden sich Weinberg 63 und 64, einige in der Moltkestraße, Tappenstraße und Teichstraße. Zugleich wird den Mitbürgern die Regelung der Ausgangssperre mitgeteilt: „Auf mein Ersuchen hat der alliierte Militärbefehlshaber gestattet, daß ab sofort die Sperrstunden in Hildesheim auf die Zeit von 20 Uhr bis 6 Uhr abgekürzt werden. Es ist dies eine Bevorzugung und geschieht in der Voraussetzung, daß die Bevölkerung sich strikt an die gegebenen Anordnungen hält. Alle Personen aus Hildesheim, gleich welcher Nationalität, die während der Sperrstunden auf der Straße angetroffen werden, werden mit einer Haft bis zu zwei Jahren bestraft. Innerhalb der Ausgehzeit ist der Verkehr in der Stadt und in einem Umkreis von 6 km von der Stadtgrenze entfernt ohne Passierschein gestattet."

Man durfte damals aber keineswegs verkehren, wo man wollte. Die Besatzungsmacht hatte sich die Straßen 1 und 6, früher Reichsstraßen, heute die Bundesstraßen 1 und 6, für ihren Militärverkehr vorbehalten. Ursprünglich sollten nicht einmal Fußgänger auf den Bürgersteigen verkehren dürfen, aber die Amerikaner sahen doch ein, daß Anlieger wenigstens nach Hause dürfen mußten. Also wurde „jeglicher privater Verkehr von Autos, Motorrädern, Fahrrädern, Pferdefuhrwerken, Handwagen und dergleichen" verboten. „Zuwiderhandlungen haben den Verlust des Fahrzeuges zur Folge und ziehen Bestrafungen nach sich."

In einer Bekanntmachung steht zu lesen, welche Straßen im Stadtgebiet in Frage kommen: Bückebergstraße, Schützenallee, Kaiserstraße, Bahnhofsallee, Einumer Straße, Zingel, Goslarsche Straße, Friesenstraße, Kreuzstraße, Bohlweg, Pfaffenstieg, Am Stein, Dammstraße, Schützenwiese. Für den heutigen Leser ist das etwas verwirrend. Es gab eben damals noch nicht im Zuge der Straße 1 die Ausfahrt Bismarckstraße, Berliner Straße Richtung Einum und nicht den Weg vom Berliner Kreisel über die Senator-Braun-Allee zur Goslarschen Straße als Straße 6 nach Wendhausen. Es gab auch nicht in der Altstadt den Durchbruch, der die heutige Schuhstraße schuf zwischen Hindenburgplatz und der Kreuzung Kardinal-Bertram-Straße/Bohlweg, Am Stein war eine richtige Straße mit einem Knick, da heute ein kleiner Park liegt, an der „Landschaft" vorbei, während gegenwärtig der Pfaffenstieg zur Dammstraße durchgezogen ist. Ebenso war am Hindenburgplatz die Situation völlig anders als heute. Zum Beispiel: Die Goslarsche Straße verlief bis lange nach dem Krieg südlich der großen Kastanie, die heute am Straßenrand auf dem Hindenburgplatz steht. Und: Den Durchgang von der Zingel zur Wollenweberstraße gab es so auch nicht.

Gebrauchsanweisung damals zum Kreuzen der Militärstraßen: „Beim Kreuzen vorgenannter Straßen sind Räder an der Hand und Pferdefuhrwerke am Kopf zu führen. Es ist hierbei sorgfältig zu beachten, daß der Verkehr der alliierten Fahrzeuge nicht durch die Überquerung gestört wird." – Sie hatten immer Vorfahrt.

In der Moltkeschule (heute Elisabethschule) gab es ein Gefangenenlager für deutsche Soldaten, später auch an der Steingrube und anderen Stellen wie der Ochtersumer Ziegelei. Eva Behrens geb. Ringling wohnte an der Moltkestraße, war Augenzeugin bei dem, was dort geschah, und ist noch heute, im August 1994, empört darüber. In einem privaten Bericht, „Meine Reise in die Vergangenheit", schreibt sie: „Auf riesigen Transportern wurden die armen Kerle, wie Schlachtvieh zusammengepfercht, herangekarrt. Wir trieben uns oft um den Schulhof herum, um uns von den Soldaten Zettel mit Adressen ihrer Angehörigen geben zu lassen. Wenn wir in der Lage dazu waren, gaben wir sie weiter, denn Post gab es ja kaum. Vielen Soldaten gelang es auch, sich abzusetzen. Es passierte immer wieder, daß sie vom Nachbarhaus auf unseren Hof kamen, wo sie mit Trinkbarem versorgt wurden und dann über den Gartenzaun verschwanden. Das hatte natürlich zur Folge, daß alle naselang GI's auftauchten. Glücklicherweise fanden sie nie jemand."

Dann schildert sie dieses: „Es waren die Bewacher der Moltkeschule, die sich einen feinen Empfang für ihre Gefangenen ausgedacht hatten. Wenn die Soldaten von den überfüllten Lastwagen gerissen wurden, unter ihnen Pimpfe, Luftwaffen-Helfer und Leute vom Volkssturm, mußten sie durch eine Gasse von 5 Amis laufen, die mit Gewehrkolben und Knüppeln auf die Wehrlosen einschlugen. Wir sahen das durch die Glasfenster der Ladentür. Ich war so empört, daß ich dazwischengehen wollte und mein Vater und zwei Kundinnen Mühe hatten, mich daran zu hindern. Die Soldaten wurden dann wieder in den besagten Lastwagen abgeholt. Da die Ladefläche nur mit einem Strick abgesichert war und die Amerikaner in ziemlichem Tempo in die Bismarckstraße einfuhren, riß der Strick und viele Soldaten fielen raus. Es gab Tote und Verwundete. Empörte Anwohner legten Blumen auf die Straßen."

Solche Übergriffe amerikanischer Soldaten kamen vor, bildeten in Hildesheim aber wohl die Ausnahme. Manchmal waren die Amerikaner auch sehr lässig und locker in der Behandlung von Gefangenen. So beobachtet Kirchhoff ein Dutzend deutscher Landser an der Hohnsenbrücke, die sich ergeben. Man nimmt ihre Waffen, zerschlägt sie auf dem Brückengeländer und schickt den ganzen Trupp ohne jede Bewachung irgendwohin in die Stadt.

Viel gefährlicher erschienen der Bevölkerung die „DPs", die „Displaced Persons", jene Gruppen von Russen, Polen und so fort, die vielfach in Lagern zusammengefaßt waren, etwa in der Gallwitzkaserne, bei der Annahütte, im Hildesheimer Wald beim Trillke-Werk, in Ahrbergen oder wo immer, keine Autorität mehr über sich hatten, aber auch nicht wußten, wohin sie eigentlich gehörten. Aus den verschiedensten Ländern hatten die Deutschen sie zumeist zwangsweise zusammengeholt, ihre Heimat war in vielen Fällen verwüstet, Familien wurden auseinander gerissen. Schon der englische Begriff zeigt, daß man davon ausging, hier handelte es sich um entwurzelte Menschen. Darunter waren auch gewalttätige Diebe, wie sie diese furchtbare Zeit hervorbrachte.

Zurück zu den Amerikanern: Die gleiche Zeitzeugin Eva Behrens geb. Ringling, die die Gemeinheiten an der Moltkestraße sah, nennt auch Beispiele freundlicher Hilfe. So beim Suchen nach Trümmerholz für den Ofen. Ein amerikanischer Soldat schleppt einen Balken heran und wuchtet ihn auf Ringlings Handwagen. Ein anderer hilft einmal mit, einen schwankenden Wagen mit Schlafzimmermöbeln über den schwierigen Bahnübergang Frankenstraße zu schieben. Als man sich bei ihm bedankt, schenkt er noch Schokolade. Ernst Kirchhoff erlebt bei Königsdahlum eine dramatische Situation. „Da kamen DPs, sie haben uns von unsern Fahrrädern heruntergeholt. Einer hat mir eine Pistole, eine 08, auf die Brust gesetzt und drohte mich zu erschießen. Gerade in dem Augenblick kam ein Jeep mit Amerikanern. Ich glaube, die haben mir buchstäblich das Leben gerettet."

Im Nachrichtenblatt wird in einigen Meldungen der Stadtverwaltung die Lage der zerstörten Stadt deutlich. So werden mit sofortiger Wirkung alle Vorräte an Holz, Zement, Dachziegeln und Glas beschlagnahmt. Die Vorräte sind beim Stadtbauamt zu melden, das Erlaubnisbehörde für die Verfügung der Bestände ist. Mit der Instandsetzung industrieller und gewerblicher Anlagen und der Reparatur leicht beschädigter Häuser wird begonnen, heißt es, „sobald bereits laufende Ermittlungen, insbesondere über die verfügbaren Arbeitskräfte und Materialien, abgeschlossen sind. Der Umfang der Bauaufgaben und die Knappheit vor allem an Baumaterial machen eine zentrale Lenkung erforderlich. Die Vergabe und Durchführung von Dachdecker-, Maurer-, Zimmerer- und Tischlerarbeiten durch Private und die Annahme solcher Arbeiten durch das Handwerk sind deshalb untersagt."

Ferner: „Alle Anträge auf Wiederinstandsetzung industrieller und solcher gewerblicher Betriebe, die der Ernährung dienen, sind an das Stadtbauamt, Abt. Wiederaufbau, Nicolaistraße 8b (Büro Harzwasserwerke) zu richten. Anfragen und Anträge privater Hauseigentümer sind zwecklos, da der Wohnraum nach einheitlichem Plan der Reihe nach wieder hergestellt wird."

Eine weitere Meldung: „Die Betriebe der Bauwirtschaft und Ernährung stellen Arbeitskräfte ein. – Da es im Augenblick noch nicht zu übersehen ist, wann die übrigen Hildesheimer Betriebe ihre Arbeit wieder aufnehmen können, wird allen beschäftigungslosen Gefolgschaftsmitgliedern dringend empfohlen, von dieser Arbeits- und Verdienstmöglichkeit umgehend Gebrauch zu machen. Rückkehr in die alten Betriebe ist möglich, sobald diese Kräfte dort wieder benötigt werden. Meldungen gehen an das Arbeitsamt. Das Arbeitsamt befindet sich weiter Ohlendorferstraße. Dienststunden 9–15 Uhr."

Und noch eins: „Die Kohlenlage macht bis auf weiteres die Ausgabe von Kohlen für Haushaltszwecke unmöglich. Anträge auf Zuteilung von Kohlen für Industrie und gewerbliche Betriebe, die der Ernährung dienen, sind an die Kohlenbewirtschaftungsstelle, Weinberg 63, zu richten. Sprechstunden nur Dienstags und Donnerstags von 9 bis 12 Uhr."

Dr. Ehrlicher versucht, eine mehr als schwierige Lage in den Griff zu bekommen. Am 11. April ist in einigen Stadtteilen wieder Strom vorhanden, am 19. April anscheinend in allen noch verbliebenen, die Wasserversorgung kommt in Gang, die Gasversorgung braucht allerdings noch bis Weihnachten. Zwar fehlt es in der Trümmerlandschaft an allem, aber Bauarbeiter werden schon einmal gesammelt. Sie sind neben Kräften für die Landwirtschaft die gesuchtesten Leute. Sie sind auch die ersten, die aus dem Umland wieder in die Stadt zurückziehen dürfen und Quartiere bekommen. Denn nur mit ihrer Hilfe lassen sich neue Quartiere schaffen. Andere müssen oft noch bis in die 50er Jahre auf die Heimkehr warten, und manche zerbrechen daran, werden durch den Verlust von Menschen, Wohnung und Habe aus der Bahn geschleudert.

In einer Bekanntmachung vom 30. April ist zu lesen: „Jeder Zuzug nach Hildesheim ist gesperrt, ausgenommen für einsatzfähige Bauhandwerker, Tiefbauarbeiter und Bauhilfsarbeiter, soweit diese im Besitze eines Zulassungsscheines vom Wohnungsüberwachungsamt Hildesheim sind. Das Wohnungsüberwachungsamt bleibt zunächst geschlossen und ist nur für auswärtige Bauhandwerker geöffnet. Jeder, der ohne diese Bescheinigung zuzieht, hat Rücksendung zu gewärtigen."

Das Leben in Hildesheim hat sich in die Randbezirke verlagert. Die Wohnungsnot ist ungeheuer, das Wohnungsamt („Häuserverwaltungs- und Wohnungsüberwachungsamt") gleicht, obschon offiziell geschlossen, oft genug einer belagerten Festung. Die Misere wird noch verschlimmert durch die Beschlagnahmen der Militärregierung. Deren Ansprüche auf großzügig bemessenen Wohnraum in guter Gegend führen bei Hildesheimern, die kärglich und zusammengedrängt leben müssen, zu bitteren Kommentaren, die aus ihren Wohnungen Verdrängten müssen noch viele Jahre warten, bis sie wieder einziehen können.

Still und tot liegt dagegen die ruinierte Innenstadt, aber ganz so tot und still dann doch nicht, schaut man näher hin. Da sind allerlei Leute unterwegs, die sich nicht nur mit Brennholz versorgen – was ja unter dem Stichwort Splitterholz teilweise genehmigt worden war –, sondern inzwischen darangehen, regelrecht wertvolles Baumaterial zu plündern. In der zweiten Ausgabe des Nachrichtenblatts mit Datum vom 16. Mai erscheint darauf diese Meldung des Oberbürgermeisters: „Zur Zeit werden von der Bevölkerung aus den Schadensstellen nicht nur Splitterholz, sondern vollwertige unbeschädigte Balken und sonstiges Bauholz entnommen, wie Balken, Fußbodenbretter, Fensterflügel, Türen usw., die von der Stadt beschlagnahmt sind und zum Wiederaufbau dringend benötigt werden. Es wird nochmals darauf hingewiesen, daß es strengstens verboten ist, derartiges Bauholz von den Schadenstellen abzuführen oder gar, wie es vielfach geschieht, es in einzelne Stücke zu zersägen. Ebenso ist es strengstens verboten, das für

In bescheidenem Rahmen beginnt das geistige Leben der Nachkriegszeit. Hier das Behelfsheim der Stadtbibliothek an der Kreuzstraße (im Hintergrund Hl. Kreuz).

Archivgut und Bücher haben im Kalibergwerk Hildesheims Zerstörung überstanden. Jetzt werden sie heimgeholt.

Ein denkwürdiger Augenblick. Die Bernwardsäule kehrt aus dem Schutz des Stollens im Stadtwall ans Tageslicht zurück.

Viele Bomben hatte sie im Kriege auszuhalten, aber sie steht noch, wenn auch vorerst nur zu Fuß passierbar – die alte Römerringbrücke.

die Abstützung von Luftschutzkellern verwendete Holz aus den Häusern zu holen. Auch alle übrigen in den Luftschutzkellern, Splitterschutzgräben, Stollen und ähnlichen Einrichtungen vorhandenen Holzbestände, wie Bänke, Pritschen, Türen, Tische und auch Geräte, dürfen unter keinen Umständen für private Zwecke verwendet werden."

Aber auch Privatfirmen klagen über Plünderungen und Diebstähle. So veröffentlicht die F.W. Otto Malzfabrik als Kleinanzeige eine „Aufforderung". „Bei der gewaltsamen Räumung des Wehrmachtslagers in unserer Fabrik wurden u.a. die mit uns. Firma gezeichneten Säcke unrechtmäßiger Weise entwendet. Wir fordern die Inhaber dieser Säcke auf, dieselben umgehend an uns zurückzugeben, da Anzeige erfolgt ist." Schlimmer traf es die Firma Feise. Ihr Anzeigentext: „Hiermit fordere ich alle Personen, die sich aus meinem Ausweichlager Ziegelei Ochtersum Holz, Holzfaserplatten, Glas, Fenster, Betten, Hobelbänke, Werkzeuge u. ähnliches aneigneten, auf, sich binnen 8 Tagen in meinem Büro, Hildesheim, Am Katztore 11, zu melden. Bei sofortiger Rückgabe des Materials werde ich von einer Strafverfolgung absehen, andernfalls erfolgt Anzeige, da mir die Täter zum Teil bereits bekannt sind. August Feise, Werkstätten für Holzbearbeitg., Hildesheim Am Katztor 11 (früher Schützenwiese 25)."

Karl Lehnhoff, „jetzt Einumer Straße 10", fordert Diebe auf, ihm zwei Leitern, gestohlen vom Grundstück Kreuzstraße 2, zurückzugeben, „da sonst Anzeige erfolgt. Täter ist erkannt." Der gleiche sucht einen Mann, der Backsteine abputzt und aufstapelt, und wirbt für seine Bürstenfabrikation in der Einumer Straße 4, fügt aber ehrlicherweise hinzu, Lieferungen an Krankenhäuser, Lazarette, Fabriken könnten „nur klein erfolgen, da die Heranschaffung v. Bürstenhölzern u. Material noch schwierig ist."

Es gab auch etwas Gutes in diesen Tagen: Die Pflicht zur Verdunkelung wurde aufgehoben. Aber der Krieg war ja auch beendet. Es herrschte Waffenstillstand. Endlich Ruhe, von keinem Alarm gestörter Schlaf in der Nacht, den man so lange vermißt hatte.

Als Kuriosum mag man heute ansehen, daß in dem Nachrichtenblatt für Stadt und Land Hildesheim Nr. 2 vom 16. Mai 1945, das sogar schon Anzeigen veröffentlicht und damit fast eine Zeitung darstellt, die erste und wichtigste, groß aufgemachte Meldung jene der Militärregierung ist, die als Gesetz Nr. 191 „zwecks Gewährleistung der Sicherheit der Alliierten Streitkräfte in Deutschland und zwecks Erfüllung der Aufgaben des Obersten Befehlshabers" – einstweilig alle Zeitungen verbietet. Dazu alle Formen des Rundfunks, Bücher, aber auch den Betrieb von Theatern, Kinos und „Unternehmungen, die theatralischer und musikalischer Unterhaltung dienen." Gerichtet ist das Gesetz eigentlich gegen das Reichsministerium für Volksaufklärung und Propaganda (Goebbels-Ministerium), aber es fegt gleich alles andere mit weg. Sogar den Druck von „Anschlagzetteln". Und wer nicht folgt, kann mit dem Tode bestraft werden. Trotzdem erschien das Nachrichtenblatt – mit Billigung der Militärregierung – weiter.

Hange wird Regierungspräsident

Einen neuen (kommissarischen) Regierungspräsidenten hat Hildesheim mit Datum vom 30. April bekommen, es ist Julius Hange. Er fordert mit seiner Bekanntmachung Nr. 1 die Wiederaufnahme von Arbeit. „An die Bevölkerung des Regierungsbezirks Hildesheim richte ich die herzliche Bitte, daß jeder an seinem Platz alles tun möge, damit bald wieder geordnete Verhältnisse sich ergeben. Nach dem tiefen Niedergang kann nur angestrengte Arbeit aller uns wieder aufwärts bringen. Ich erwarte deshalb, daß alle Einwohner, die ich in den nächsten Tagen zur tatkräftigen Mitarbeit auffordern werde, sei es im Großeinsatz zum Aufräumen der Straßen und Plätze, sei es zur Durchführung großer Transportaufgaben oder zur intensivsten Landarbeit, bereitwillig meinem Ruf folgen werden."

Besonders interessant sind in der Bekanntmachung Nr. 1 dann diese Sätze: „Vor allem gilt es, die in unserem Regierungsbezirk vorhandenen vielen ausländischen Arbeitskräfte zufrieden zu stellen. Diese Männer und Frauen, die oft unter ungünstigsten Bedingungen jahrelang bei uns arbeiten mußten, haben den Anspruch, daß wir versuchen, an ihnen das Versäumte wieder gut zu machen. Sie sind mit sofortiger Wirkung in der gesamten Lebenshaltung den Deutschen gleichzustellen. Die Ernährung erscheint bei diszipliniertem Verhalten lösbar."

Das lasen die Deutschen vermutlich mit großer Begeisterung. Bei Tag und bei Nacht hatten sie begründete Angst vor den Ausländern, jetzt kam einer und verlangte auch noch Nächstenliebe und Wiedergutmachung. Hange hat die Lage durchaus falsch beurteilt. Nach den vorliegenden Zeugnissen wurden die DPs nämlich sowieso bevorzugt behandelt. Kruse berichtet: „Im Laden wurden zuerst die Ausländer bedient. Sie bekommen auch bessere Rationen." Eva Behrens, die Kaufmannstochter, schreibt: „Oft hielten Züge auf den Gleisen mit zurückfahrenden Fremdarbeitern, und die Leute stürmten dann die Läden. Sie hatten viel Geld und brauchten den Einkauf nur zu unterschreiben." Betrachtet man die offiziellen Bekanntmachungen über Lebensmittelkarten und Rationen, ist zwischen „Normalverbrauchern" und „Ausländischen Zivilarbeitern" eigentlich kein Unterschied festzustellen. In der Bekanntmachung steht aber andererseits: „Für die Ausländerläger bestehen höhere Verpflegungssätze."

Richtig ist, eine Gleichstellung der Lebenshaltung gab es nicht insoweit, daß die DPs die deutschen Wohnungen bekamen und die Deutschen in die Kasernen zogen. Darüber ist in Hildesheim, soweit wir wissen, nicht einmal diskutiert worden. Anderswo wurden solche Forderungen erhoben, hier und da auch durchgesetzt. Deutsche wie alliierte Behörden versuchten andererseits, als erst die Eisenbahnen wieder funktionierten, Fremd- und Zwangsarbeiter und Gefangene möglichst bald in ihre Heimat zurückzubringen. Was bei westlichen Völkern nicht so schwierig war, erwies sich bei den östlichen allerdings als um so problematischer.

So weigerten sich zum Beispiel Polen mit gutem Grund, in Gegenden ihrer Heimat verbracht zu werden, die inzwischen die Russen eingenommen hatten. Aber auch viele Sowjet-Bürger ahnten, daß ihr Staat sie nicht willkommen heißen werde. Wer sich im Krieg hatte gefangen nehmen lassen, war eigentlich des Todes, und wer die Industriestaaten des Westens gesehen hatte und davon berichten konnte, bildete für heimische Propagandisten und Funktionäre eine potentielle Gefahr. Bei zwangsweisen Rückführungen durch die Alliierten ist es zu großen Tragödien und vielen Selbstmorden namentlich von Ukrainern gekommen. Bei der Überquerung einer Schlucht in Polen sprangen Hunderte vom Zug in die Tiefe (Ron Ziel, Räder müssen rollen, Die Eisenbahn im Zweiten Weltkrieg, (1), deutsche Ausgabe Stuttgart 1973, S.278). Noch eine Tragödie zu den schon so vielen anderen.

Davon hatten die Hildesheimer natürlich damals keine Ahnung, aber daß sie den DPs besonders zugetan gewesen wären, kann man nicht behaupten. Wenn man sich kannte wie beim Fremdarbeiter im kleinen bäuerlichen Betrieb, dem Hausmädchen oder der Ladenhilfe, das war etwas anderes, aber in den Lagern steckten Tausende als Masse ohne weitere persönliche Beziehung zu den Einheimischen. Dazu kamen die Sprachschwierigkeiten, die einer Verständigung (auch wörtlich genommen) zusätzlich im Wege standen. Aber davon abgesehen, die Deutschen gingen den DPs möglichst weit aus der Bahn. Lieber wollte man Kontakt zu den Amerikanern, später zu den Briten, das gestaltete sich wegen des Fraternisierungsverbots anfangs zwar auch schwierig – aber allmählich wurden die Zügel lockerer. Zu Pfingsten gab es in der unzerstörten Elisabethkirche einen großen Gottesdienst mit Bischof Godehard Machens, Vertretern der Stadt und der Militärregierung. Die Militärs fuhren den Bischof im Auto hin.

Das alte Regierungsgebäude am Bohlweg war bald wieder in gutem Zustand, dort hingen seit dem 22. Mai die Fahnen der „Großen Drei" als Symbol der Macht. Am 29. Mai, berichtet Kruse, wurden die Amerikaner durch die britische Besatzung abgelöst. Man lebte in der „Britischen Zone". Rechtsanwalt Beitzen III (Wilhelm Beitzen) hatte sein Amt als Bürgermeister am 10. Mai niedergelegt, ihm folgte der Sozialdemokrat Franz Eger, der später Ehrlichers Nachfolger wurde – der kehrte im Oktober 1945 in den Ruhestand zurück – und dann der erste Oberstadtdirektor geworden ist. Aber schon im März 1946 lösten ihn die Briten wieder ab. Nach einem Artikel von Dr. Hans Beitzen im Hildesheimer Heimatkalender 1971 („Reeducation") hatte Eger deutsche Interessen zu nachdrücklich vertreten. Die offizielle Version war eine andere. Nach dem Ratsprotokoll vom 27. März 1946 bat Eger um die Entlassung in den Ruhestand aus gesundheitlichen Gründen, ein ärztliches Gutachten lag vor. Aber in Protokollen steht nicht immer die ganze Wahrheit.

Laut Hans Beitzen hatten sich schon früh wieder politische Kräfte in Hildesheim geregt, Ende Juni 1945 wurde der sogenannte Neunerrat zur Beratung des Oberbürgermeisters wie des Stadtkommandanten eingesetzt, es gab Versuche, die Gewerkschaften wieder aufzubauen, im August und September wurden die ersten Parteien zugelassen. Am 7. November tagte zum erstenmal der neue Rat, noch nicht gewählt, sondern eingesetzt. Beitzen: „Dabei sollte eigentlich nicht nur die Parteizugehörigkeit, sondern mehr die Zugehörigkeit zu möglichst vielen Berufsständen entscheidend sein. Dem Geschick des SPD-Oberbürgermeisters Eger gelang es aber, daß der später ernannte Rat sich aus 17 SPD-, 10 CDU- und 3 KPD-Leuten zusammensetzte, die SPD also die absolute Mehrheit hatte. Dieser Rat amtierte (...) bis zum 12. 10. 1946, an welchem Tage die Bürgerschaft erstmalig wieder ihren Rat (mit einer CDU-Mehrheit) selbst wählte."

Die britische Besatzungsmacht setzte mehr Ordnung durch als die amerikanischen Vorgänger, auch plündernde Ausländer mußten jetzt damit rechnen, gefaßt und bestraft zu werden. Es gab wieder Anfänge einer deutschen Polizei, gekennzeichnet durch eine Armbinde und bewaffnet mit einem Knüppel. Mit der Zeit wurden die Polizisten auch bewaffnet, als die Raubüberfälle immer noch zunahmen. Die Männer bekamen um die Jahreswende 1945/46 einen Revolver und in der Stadt 30, auf dem Lande 60 Schuß Munition. Bedingung dabei: Die Munition durfte nicht deutscher Herkunft sein.

Freilich sind damals auch völlig Ungeeignete, sogar Kriminelle als Polizisten eingestellt worden, schreibt 1960 im Statistischen Jahrbuch der Stadt Hildesheim der damalige Polizeirat Ernst Bell, Leiter des Polizeiabschnitts Stadt Hildesheim. „Stellenjägerei und Denunziantentum waren an der Tagesordnung", berichtet er, bei der Besatzungsmacht waren zunächst zuständig „Public Safety"-Offiziere (PSO). Erstmals am 15. Oktober 1945 wurde ein Chef der Polizei für den Regierungsbezirk eingesetzt. Er unterstand dem PSO und keiner deutschen Behörde. „Die Jahre 1946 und 1947 brachten die Entnazifizierung und Entmilitarisierung, aber ebenso die Entlassung ungeeigneter Elemente aus dem Polizeidienst und die Wiedereinstellung ehemaliger Polizisten der Stadt Hildesheim und aus den Ostgebieten." Übrigens hatten deutsche Polizisten Briten zuerst zu grüßen, alle Deutschen konnten hart bestraft werden, wenn sie beim Erklingen der britischen Nationalhymne nicht aufstanden und den Hut abnahmen.

Die Ausgehzeiten wurden von fünf bis 22.30 Uhr verlängert, 15 Minuten vor der Sperre heulten Sirenen. Man achtete streng auf die Einhaltung. Im dritten Nachrichtenblatt vom 5. Juni sind allein sechs Männer und Frauen genannt, die wegen Übertretung der Sperrstunde zu jeweils drei Monaten Haft vom Einfachen Militärgericht verurteilt wurden. Ein 13jähriger bekam drei Monate Erziehungsanstalt, weil er gegen eine Proklamation verstoßen hatte, ein 15jähriger zwölf Monate wegen ungesetzlichen Besitzes von Feuerwaffen. Erwachsene konnten für den Besitz einer Pistole mit dem Tode bestraft werden - mehrere solcher Urteile sind tatsächlich gefällt worden.

Am 5. Juni wird „erneut" auf die Bekanntmachung Nr. 3 verwiesen, wonach Englisch im Verkehr mit der Militärregierung Amtssprache ist. Alle Anträge sind in englischer Sprache auszufüllen. Wer mit deutschen

Bevor der Aufbau der neuen Stadt beginnen kann, müssen Ruinen beseitigt und Trümmer geräumt werden. Im Bild die Vorbereitung einer Sprengung.

Der Pelizaeus-Platz, einst Umsteige-Knotenpunkt der Straßenbahn. Über ihren Schienen liegen schon die der Trümmerbahn, die den Schutt abfahren soll.

Die Räumung hat begonnen. Große Raupenbagger beladen die Loren wie hier an der Scheelenstraße.

Unaufhörlich, Monat für Monat, sind die Bagger am Werk, hier an der Friesenstraße. Die Loren werden von einer Dampflokomotive gezogen.

Fast wie ein Rangierbahnhof mutet die Almsstraße mit Gleisen und Zügen an. Vorn rechts die Bahnhofsapotheke des Apothekers Link, hinten St. Jakobi und St. Andreas.

Ein Bagger zeigt die gewaltigen Zähne, mit denen er sich in die Trümmer gräbt. Ein kritischer Blick der Arbeiter gilt dem Fotografen.

Der Anblick solcher Löcher bereitete den Anliegern Kummer. Die Tiefräumung bis unter den Keller – hier an der Almsstraße – ließ Teiche entstehen und erschwerte den Wiederaufbau.

Die Almsstraße nach Norden eine Weile später. J. Peemöller hat gebaut, dahinter Schafhausen. Rechts die Jakobikirche.

Texten kommt, darf gleich wieder gehen und muß sie übersetzen lassen. Der Anzeigenteil des Nachrichtenblatts bietet mehrere Angebote für Englisch-Unterricht. – Die dritte Ausgabe des Nachrichtenblatts vom 5. Juni ist übrigens die letzte, die erschien, am gleichen Tag kam aus Hannover die Nr. 2 des Neuen Hannoverschen Kurier, Nachrichtenblatt der Alliierten Militärregierung. Es hatte schon mehr Zeitungscharakter, brachte allerdings zunächst nur wenig aus Hildesheim.

Am 31. August mußten sich alle Männer und Frauen von 14 bis zu 65 Jahren beim Arbeitsamt zur Registrierung melden. Die Bescheinigung darüber war beim Empfang der Lebensmittelkarten vorzulegen. Einen ersten Versuch der Erfassung hatte es nach Kruse schon am 14. April gegeben, damals verkündeten Lautsprecher, die Werktätigen sollten sich am 16. an ihren früheren Arbeitsplätzen melden zwecks Arbeitsaufnahme oder Erfassung.

Ilse Wittenberg erinnert sich

Hildesheims heutige erste Bürgermeisterin Ilse Wittenberg geb. Kühn ist Jahrgang 1925. Sie gehört zu denen, die in der Innenstadt viele tausend Steine „geklopft" haben, um überhaupt Lebensmittelkarten zu bekommen. Das heißt, sie mühte sich unweit der Jakobikirche damit ab, von alten Ziegelsteinen den Mörtel abzukratzen, damit sie wieder verwendet werden konnten. Ende Juni 1945 kam sie aus amerikanischer Gefangenschaft in Eger, Tschechoslowakei, mit einem Holzgas-Bus, der Verwundete transportierte, in der Heimat an. Der freundlichen und ausgeglichenen Frau von heute merkt man nicht an, was alles sie als junges Mädchen erlebt hat. Die vielen Toten, die sie gesehen hat, die entsetzlichen Bedingungen, unter denen etwa 100 Frauen und 60 000 Männer im Gefangenenlager Eger vegetieren mußten, darüber spricht sie gewöhnlich nicht. Als junges Mädchen schrieb sie am 4. Februar 1940 in ihr Poesiealbum die Verse: „Deutsch sein heißt gut sein/ treu sein und echt/kämpfen für Freiheit/Wahrheit und Recht/ Deutsch sein heißt stark sein/zäh und hart/ galt's zu beschützen/die alt-deutsche Art". Heute hat sie dafür die Überschrift gewählt: „Die verlorene Jugend".

Ilse Kühn, Osterstraße 11 geboren, wuchs zunächst im Hintereckhaus ohne Sonne zwischen Essig-Pagel und der Tischlerei Gerke auf, bis die Familie in die Elzer Straße 91 umziehen konnte. Dort gab es eine Wohnküche, ein Elternschlafzimmer, ein Kinderzimmer und eine Toilette innerhalb der Wohnung, schon ein beträchtlicher Fortschritt. Und dazu Sonne und Licht. 1941 begann Ilse eine Lehre, aber schon ein Jahr später ist sie bei der Luftwaffe in Gütersloh – Ausbildung zur Fernschreiberin. Von dort geht es direkt in den Kriegseinsatz beim IX. Fliegerkorps, in erster Linie Nachtjagd-Steuerung, mit Einsatzorten wie Zeist bei Utrecht (Niederlande), Braunschweig, Berlin, schließlich Husinci unweit Prag.

Ende März hört sie Gerüchte, Hildesheim sei zerstört. In ihr Tagebuch schreibt sie: „In mir ist alles leer, ich darf nicht denken." Aber eine Möglichkeit, nachzufragen, hatte sie nicht. Für dieses Buch schreibt sie im August 1994 auf: „Mein Vater war Soldat, meine Mutter, damals 42 Jahre alt, mein Bruder 19 Jahre, meine Schwester 5 Jahre alt – ich wußte, sie gingen bei Bombenangriffen immer in den „Felsenkeller" in der Elzer Straße, aber auch der sollte von einer Bombe getroffen sein."
Übrigens wohnte auch die 80jährige Großmutter bei der Familie. Die junge Ilse mußte den Tod aller Verwandten fürchten, konnte aber nicht einmal Verbindung aufnehmen – statt dessen war sie unterwegs: „Inzwischen ging meine Einheit auf die Flucht – vom Westen die Amerikaner, vom Osten die Russen und wir auf dem Weg von Berlin durch das zerstörte, noch brennende Dresden nach Prag. Immer wieder angegriffen von Tieffliegern und in der ständigen Sorge, der Holzvergaser-Bus könnte liegen bleiben."

„In Prag blieben wir nicht lange. Wir machten uns auf den ‚geordneten Rückzug', dem Amerikaner entgegen, der uns am 9. Mai entwaffnete."
Es folgten sechs Wochen Gefangenschaft in Eger, für nichts war Vorsorge getroffen, mindestens acht Tage gab es keine Möglichkeit, sich zu waschen – dazu die wahnsinnige Furcht, anderen Siegermächten ausgeliefert zu werden. Was ja auch vielfach geschah. Jeder versuchte, Russen, Polen, Jugoslawen, Tschechen zu entkommen und wenn es irgend ging, in amerikanische Gefangenschaft zu geraten. Unglaubliche Wege wurden zurückgelegt, Wahnsinnstaten vollbracht, nur um den östlichen Kräften zu entgehen. So ist Hildesheims früherer Oberbürgermeister und Ehrenbürger Friedrich Nämsch praktisch zu Fuß und vor allem bei Nacht und Nebel aus Ungarn in sechs Wochen nach Hildesheim entkommen. Viele zivile Flüchtlinge aus dem Osten mit ganzen Wagentrecks versuchten ähnliches und wurden oft genug in allen Hoffnungen auf den Westen getrogen.

Hans Kolbe marschierte zu Fuß aus einer Gegend irgendwo vor Berlin, wohin ihn der Arbeitsdienst noch verschlagen hatte, zu Fuß heimwärts. In Zivilkleidung, Drillichjacke, roter Schal. Während der nächtlichen Sperrstunden hielt er sich versteckt, um nicht aufzufallen. Einmal schlief er tief und fest auf einem Feld in einer Art Heuhaufen. Am nächsten Morgen sah er eine frische Panzerspur gleich daneben. Gehört hatte er nichts, aber beinahe wäre er nie mehr aufgewacht. In einer Stadt beggnete er amerikanischen Truppen. Deutsche wollten ihn nicht ins Haus lassen. Er mußte auf der Straße bleiben. Ging an der Häuserwand entlang, Mütze halb im Gesicht. „Es gab nur eins, sich doof stellen", erzählt er. Ein Farbiger mit Maschinenpistole hält ihn an, fragt etwas, Kolbe murmelt dagegen. Der Amerikaner versteht. „Polski?" fragt er. Kolbe nickt – und darf weitergehen.

Ilse Kühn hatte Glück. Vielleicht mochten die Amerikaner nicht so wenige Frauen unter so vielen Männern und sahen Probleme voraus, vielleicht waren sie Frauen gegenüber auch einfach nur milder gestimmt – jedenfalls ging es nach Hause. Mit einem Verwundetentransport per Bus von Eger nach Hannover. In der damaligen Situation mit haßerfüllten Tschechen unterwegs fast nicht vorstellbar, aber es gelang. Von ihrer Familie wußte Ilse Kühn noch immer nichts, irgendein netter Mensch nahm sie von Hannover bis Hasede mit, da war die Kanalbrücke noch kaputt, übernachtet wurde im Dorf. Mit einem Mühlenwagen ging es am nächsten Tag über Nordstemmen nach Hildesheim.

Ilse Wittenberg heute: „Ich hatte viel Not und Elend erlebt - aber diese Fahrt von Hasede nach Hildesheim, diese Ungewißheit, steht das Haus noch, leben meine Angehörigen noch? übertraf alles.

„Ich stand auf der Schützenallee vor den Trümmern der Aktien-Brauerei, die Kastanien-Bäume reckten ihre Reste in die Luft, vor mir nichts als Trümmer und irgendwo im Hintergrund die Ruine des Rathauses, da war es mit meiner Fassung vorbei, ich habe geweint und konnte nicht wieder aufhören."

Ihrer Familie ging es gottlob gut, der Vater war schon aus amerikanischer Gefangenschaft zurück und „besorgte" Essen für die Familie. Alle waren gerettet, die Wohnung stand. Ilse weiter: „Lebensmittelmarken bekam ich gegen eine Bescheinigung, daß ich Steine geklopft hatte. Von nun an war ich jeden Tag in der Nähe der Jakobikirche und habe Backsteine gesäubert und aufgeschichtet – Tausende! Und – keine Schuhe, keine Jacke, ein Kleid selbstgenäht aus einem bunten Bettbezug, und immer auf der Jagd nach etwas Eßbarem."

Die Kleiderfrage war namentlich für Männer schwierig. Die meisten hatten nur feldgraue Landser-Klamotten, und die wurden im September 1945 verboten. Mindestens mußte man sie einfärben lassen. Verboten wurden gleichzeitig alle Militärmützen und Schirmmützen überhaupt. Was sollten die Männer im kommenden Winter als Kopfbedeckung nehmen?

Die erste Sitzung des ernannten Rates – genaugenommen nennt er sich „Stadtvertretung" – fand am 7. November in der Baugewerkeschule am Hohnsen statt, der Stadtkommandant führte die Ratsherren persönlich in „Sinn und Ziel" ihrer Aufgaben ein. Zuhörer hatte diese Sitzung keine, der Raum reichte nicht, schreibt Dr. Hans Beitzen. Leider gibt es im Stadtarchiv kein Protokoll dieser wirklich „historischen" Sitzung, der ersten Übung in parlamentarischer Demokratie, wenn auch mit ernannten Volksvertretern, seit 1933. Im Stadtarchiv (Bestand 103-10, Nr.1) beginnt die neue Ratstätigkeit mit dem Protokoll der Sitzung vom 14. November. Sie dauerte von 17 bis 20 Uhr. Da geht es unter anderem um eine Bestandsaufnahme.

Für die Bauverwaltung berichtet Dipl.-Ing. Lichtenhahn als Dezernent, daß aus den Hildesheimer Straßen bereits rund eine Million Tonnen Schutt beseitigt seien, künftig soll für den Transport mit Eisenbahnen (gemeint sind Lorenbahnen) gearbeitet werden. Ein interessanter Blick in die Zukunft: „Die Zerstörung der Stadt gestattet, beim Wiederaufbau Straßenverbreiterungen und andere Maßnahmen durchzuführen, die sich früher schwer durchsetzen ließen."

Wilhelm Kruse meldet in seiner Chronik, seit dem 9. Juni sei das Betreten der Luftschutzstollen wegen Einsturzgefahr verboten gewesen, am 12. Juni begann der Abriß von Ruinen, vom 22. Juni an waren die Großbagger im Einsatz, die die Innenstadt völlig ausräumten – einschließlich der Keller. Aus dem „Kurier" wissen wir, daß Räumgeräte der Firma Kaelble und große Löffelbagger benutzt wurden, die Steine wurden zunächst mit der Hand bearbeitet, später waren mehr und mehr Schleifmaschinen da. Die gesamte Trümmerwelt war beschlagnahmt, den Hauseigentümern gehörte vom eigenen Schutt nichts, sie durften zum Beispiel keine Heizkörper oder Rohre bergen. Das hat zu viel Ärger und Protesten geführt. Im September heißt es in einer Zeitungsnotiz, pro tausend geputzter Steine werden 25 Reichsmark gezahlt, davon bekommt der Grundstückseigentümer fünf Mark. Einen Zugriff auf die fertigen Steine hat er nicht. Trotzdem war am 26. Juni mit dem Bau oder Wiederaufbau der ersten Häuser begonnen worden, schreibt Kruse, aber am 25. September wurde für die Innenstadt eine generelle Bausperre verhängt. Warum? Aus anderer Quelle wissen wir: Neue Grundstückszuschnitte und Fluchtlinien sollten erarbeitet werden, „wildes" Bauen stand dem im Weg.

Frauen putzen Trümmersteine

Zwei Tage danach werden alle Bürger für den 1. Oktober zum Großeinsatz bei der Trümmerräumung aufgefordert. Ziegel sind zu bergen und zu putzen, wie das Ilse Kühn tat. Am 12. Oktober schreibt die Zeitung, das Arbeitsamt habe den Firmen 700 Leute zugewiesen, davon sind 500 Frauen. Weitere 300 Frauen werden in den nächsten Tagen erwartet. „Man denkt, diese Zahl für sechs bis acht Wochen halten zu können." In erster Linie werden die Leute bei der Ziegelgewinnung eingesetzt, genügend Putzmaschinen stehen zur Verfügung. Es sei inzwischen aber auch ein Gerät entwickelt worden, das beim Handputzen fast die Maschinenleistung erreiche. – Lichtenhahns Bericht im Rat liegt sechs Wochen später, eine Millionen Tonnen Schutt sind da schon weg. Die grobe Arbeit haben Bagger und Maschinen geleistet, die Wiedergewinnung von Material aber ist in erster Linie den Hildesheimer Frauen zu verdanken.

Ihre Männer sind großenteils noch in der Kriegsgefangenschaft, rund um Hannover sollen allein 16 000 Gefangene bei Straßenreparaturen eingesetzt werden. 40 Arbeitskompanien werden dafür von den Engländern gebildet, die ihrerseits mit Maschinen helfen. Eine fettgedruckte Meldung am 2. Oktober besagt, daß Kriegsgefangene auf keinen Fall die Zonengrenzen überschreiten dürfen, es sei denn, sie besitzen einen besonderen Ausweis. Viele haben aber sogar ihre Soldbücher weggeworfen, als sie in Gefangenschaft gerieten – jetzt sind sie unterwegs, um nach Hause zu gelangen, zum Beispiel aus der amerikanischen in die britische Zone, zu der Hildesheim gehört. Wer keine ordentlichen Entlassungspapiere besaß, auf den war die Militärregierung besonders scharf, schreibt Dr. Hans Beitzen. „Wer geschnappt wurde, verfiel ohne weiteres der Festnahme und mehr oder minder langer Haft. Die Stadt erreichte über die Militärregierung, daß ein besonderes Entlassungskommando nach hier kam, von dem im großen Saal des ‚Berghölzchen' nach öffentlicher Bekanntmachung eine großangelegte Entlassungsaktion durchgeführt wurde." Dort erhielt dann auch Hans Kolbe entsprechende Papiere.

Die Militärregierung hatte für ihre Zwecke 45 Häuser beschlagnahmt, bis 1947 wurden es 164 Wohnungen. Andererseits hat sie 1945 mitgeholfen, alte Baracken zu erwerben, die seinerzeit vom Reichsarbeitsdienst (RAD) und anderen Organisationen geschaffen wurden, dies könnten nach Ansicht des Rates 2000 Wohnplätze sein. Allerdings weiß man, sie waren schlecht isoliert, nicht für die Dauer gedacht - und als der Winter 1946/47 sehr kalt wurde, haben die Menschen darin erbärmlich gefroren. Kälte wurde allerdings auch schon für den Winter 1945/46 befürchtet. Kohlen waren fast überhaupt nicht zu bekommen, die Menschen suchten Trümmerholz oder wie Eva Ringling in den Wäldern Zapfen und Äste. Kirchhoff berichtet, er habe im Ehrlicherpark Bäume „ausgeästet". Die Stadtverwaltung stellt dazu – siehe weiter unten – im Rat fest, man müsse zufrieden sein, wenn es keine Erfrierungen gebe.

Eine besondere Spezies neuartiger „Wohnungen" waren die Wellblechbauten, auch Nissenhütten genannt. Im Sommer konnte man in ihnen braten, im Winter glichen sie Tiefkühltruhen. 90 Stück gab es nach einem Bericht in der Ratssitzung vom 28. November. Dazu das Protokoll wörtlich: „Das Wohnen in diesen Baracken stellt eine erhebliche Zumutung dar. Es soll darauf geachtet werden, daß in diese Baracken Nazis eingewiesen werden."

Zum Problem durchreisender Flüchtlinge – das Problem begann gerade erst, vielleicht eins zu werden – sagt das Protokoll: „Sie sollen soweit als möglich in einem Gasthaus Steuerwald untergebracht werden. Ein besonderes Hinweisschild am Bahnhof empfiehlt sich nicht, um nicht den Eindruck zu erwecken, als ob Hildesheim Flüchtlinge aufnehmen kann."

Später ist man allerdings nicht ganz so hart. Als es in der Sitzung vom 14. Februar 1946 um eine Unterkunft für durchreisende weibliche Flüchtlinge und Kinder geht, ist der Rat wenigstens bereit, die Kosten für die Instandsetzung zweier Baracken im sogenannten Ahlborns Kamp unweit des Cheruskerrings zu übernehmen. Für die Pflege der Flüchtlinge zeichnen Wohlfahrtsverbände verantwortlich.

In der ersten im Protokoll überlieferten Sitzung (14. November 1945) berichtet Stadtrat Weise über das Walderholungsheim am Rottsberg. Die dauernden Überfälle nötigten zur Räumung der dort untergebrachten Bewohner, sagt er, es war also nicht möglich, deren Sicherheit auch nur annähernd zu gewährleisten. Andererseits will man die Anlagen auch nicht leerstehen und verfallen lassen. Also lautet der Vorschlag, man könne ehemalige deutsche Soldaten dort unterbringen.

Stadtrechtsrat Büsse erklärt, von ehemals 23 000 Wohnungen seien allenfalls noch 9000 da. Im September wurde auf Anordnung der Militärregierung eine neue Ermittlungsaktion betreffend Wohnraum gestartet, bei der sogar die Maße des Raumes festgestellt wurden. Mehr noch (so meldet die Zeitung am 21. September): An der Haustür muß ein Schild Angaben über alle Räume mit mehr als acht Quadratmetern Größe enthalten, Flur und Küche ausgenommen, die Zahl der Bewohner ist aufzuführen mit Namens- und Altersangaben. Damit solle gegen Scheinvermietungen vorgegangen werden.

Büsse im Rat: „Die Bevölkerung zeigt leider wenig Einsicht und Verständnis für die schwierigen Wohnungsprobleme." 70 Prozent der Arbeit des Wohnungsamtes entstehe durch Klagen von Leuten, die schon eine Wohnung haben, aber nicht zufrieden sind. 20 Prozent der Arbeit machten neue Wohnungssuchende, zehn Prozent entfallen auf die Unterbringung von Menschen, die bislang in Gartenlauben und ähnlichen Behausungen leben. Täglich gebe es 70 Wohnungszuweisungen, davon führten 40 zu Schwierigkeiten. Im übrigen kritisiert Büsse, daß die Bevölkerung freien Raum, zum Beispiel durch Um- und Fortzug entstanden, nicht meldet.

Die Stadtverwaltung wollte die Probleme in dieser Zeit auf recht eigentümliche Art lösen. Wohnungssünder sollten unter Ausschluß ordentlicher Gerichte mit bis zu zwei Jahren Gefängnis bestraft werden können. Wohlgemerkt: von der Verwaltung. Die Vorlage stammte noch aus der NS-Zeit. Beitzen rief die Militärregierung an, die die Verordnung wegen unzulässiger Vermischung von Verwaltung und Rechtspflege ablehnte. Da war nicht nur die Verwaltung sauer, sogar Teile des Rates drohten Beitzen mit einer „Mißbilligung". Zu der kam es dann doch nicht. Aber man sieht, Demokratie und Rechtsstaatlichkeit waren erst mühsam zu erlernen.

Ein weiteres Thema im Rat (Stadtrat Weise) ist im November 1945 die Holzversorgung. Mit Kohle ist kaum zu rechnen: „Die Stadt Hildesheim hat vorsorglich sehr früh die Holzbeschaffung eingeleitet. Zum Fällen wurden 135 frühere B-Soldaten eingesetzt, die seit mehreren Monaten Holz schlagen, zum größten Teil mit ihrer Leistung aber nicht sehr befriedigen. Bei der geringen Holzbeschaffungsmöglichkeit müssen wir zufrieden sein, wenn wir Erfrierungen vermeiden können. Das Landesforstamt hat nur 45 000 Raummeter zugestanden, aber schon diese Menge bedeutet ein riesiges Transportproblem. Wenn das Holz glücklich in Hildesheim ist, muß es in Ofenlängen geschnitten und durch die Kohlenhändler verteilt werden. Die Stadtverwaltung wird darüber wachen, daß die Händler, was teilweise aus verschiedenen technischen Gründen noch nicht geschah, das erhaltene Holz schnellstens zersägen und an die Bevölkerung verteilen. Die Bevölkerung sollte soweit als möglich sich das Holz selbst vom Kohlenhändler abholen, da es bei der Knappheit an Transportmitteln unmöglich ist, allen Leuten das Holz zur Wohnung zu bringen.

„Um die zentrale Holzversorgung zu entlasten, wurde Ende August auf dem Wege der Selbstwerbung der Holzschlag durch größere Betriebe eingeführt. Auf diese Weise wurden 4000 Haushaltungen durch Selbstversorgung mit Holz versorgt, sodaß nur noch 15 000 Haushaltungen versorgt werden müssen. Bislang wurden 11 200 Raummeter nach Hildesheim geschafft und zur Verteilung gebracht. Weitere Tausende von Raummetern liegen im Walde bereits geschlagen, und die Stadt ist um weitere laufende Anlieferung dieses Holzes bemüht." Aber, wie gesagt, man ist froh, wenn wenigstens Erfrierungen vermieden werden können.

Am 28. November beschäftigt man sich auch mit der „De-Nazifizierung" (so hieß das damals noch), da sollen Listen erstellt werden der städtischen Arbeiter und Angestellten, die vor dem 1. April 1933 Mitglied der NSDAP gewesen sind. Dies war ein entscheidendes Datum für einen gewesenen Parteigenossen, war er nachher beigetreten, galt er meist nur als Mitläufer, trat er früher bei – egal, was er später tat –, ging es um Wohnung, Beruf und alles. Ein Angestellter wird sofort entlassen. Er hatte, steht im Protokoll, bei der HJ die Jugend „unglaublich schikaniert und terrorisiert". Wenn es stimmt, war dieser Beschluß sehr gerechtfertigt.

Ob ein anderer – späterer – Beschluß auch in Ordnung war, einem aus der Kriegsgefangenschaft heimkehrenden Soldaten „aus politischen Gründen" die Wiedereinstellung bei der Stadt zu versagen, weil er Soldat war, ist eine andere Frage. Der Rat scheint zuweilen recht selbstgefällig und selbstgerecht gewesen zu sein. Ein Indiz ist zum Beispiel in der Sitzung vom 12. Dezember der Vorwurf, da gebe es Handwerker und ähnliche Firmen, die für Geschäftszwecke eine Baracke bekommen oder „schwarz" hingestellt haben. Und es wird aufgelistet, sie seien Nazis gewesen. Deshalb ist man gegen sie. Oder benutzt das als Vorwand bei ganz anderen Motiven. Ausgelöst hat die Diskussion ein konkurrierender Handwerker, der keine Baracke bekam.

Die De-Nazifizierung oder später Entnazifizierung genannt, ist in der ersten Zeit ein ziemlich düsteres Kapitel, Denunziationen sind Tür und Tor geöffnet, Seilschaften aber auch. Es gibt keine Berufungsmöglichkeit, einige wenige Personen entscheiden über Schicksal und Existenz, andererseits kann sich der, der sich auskennt, „Persilscheine" besorgen, Leumundszeugnisse – nie waren Pastoren und Pfarrer als Entlastungszeugen so gefragt.

In der Sitzung vom 14. Februar 1946 teilt Oberbürgermeister Bruschke Neuigkeiten mit. Er erklärt, „daß in der Kommandanturbesprechung (des gleichen Tages) von Herrn Oberst Barker (er ist jetzt für Kreis und Stadt zuständig) ein neues Verfahren über die Entnazifizierung bekanntgegeben sei. Alle Entnazifizierungsausschüsse, wie sie bis jetzt bestanden hätten, seien aufgelöst. Der neue Auftrag sehe vor, daß die Stadtvertretung 6 – 16 Personen zu bestimmen hätte, die aber nicht Stadtvertreter sein sollen. Für Hildesheim seien 10 Personen in Aussicht genommen. Dieser Ausschuß solle den Namen ‚Deutscher Hauptausschuß für Entnazifizierung' führen."

Geplant sind Haupt- und Nebenausschüsse, aber auch ein Berufungsausschuß. Den betrachtet Bruschke als vordringlich, weil es schon Berufungsanträge gibt. Im Protokoll heißt es zur Lage aber auch: „Alle Betriebs- und Behördenleiter dürfen von sich aus ihre Betriebe und Dienststellen von untragbaren Personen bereinigen." Wer immer wem im Wege stand, das war die Kehrseite der Medaille, der war auf diesem Wege ganz leicht zu entfernen. – In der Sitzung vom 20. Februar werden die Listen derer vorgelegt, die künftig das Entnazifizierungsgeschäft betreiben sollen. Es dauerte noch recht lange und dürfte in Hildesheim wenig anders als anderswo verlaufen sein: Die kleinen Fische fingen sich im Netz, die größeren schwammen mit einigen Schwanzschlägen im trüben Wasser davon.

Bei der Stadtverwaltung gab es noch andere Probleme, am 27. März 1946 gibt es eine Ratsvorlage über „Doppelverdiener". Da fliegen Leute aus dem Beruf, wenn der Partner – aber es kann auch ein Verwandter sein – ebenfalls Geld verdient. Was heute jede Gewerkschaft auf die Barrikaden treiben würde, galt damals offenbar als in Ordnung. Es ging aber nicht nur um Ehepartner als Doppelverdiener – da hätten ja bei größerer Arbeitslosigkeit noch viele Verständnis für die Kündigung des einen –, im Rat wird der Fall einer Frau Krone verhandelt. Der Beschluß: Frau Krone wird einstweilen solange weiterbeschäftigt, bis der Schwiegersohn aus englischer Kriegsgefangenschaft zurückgekehrt ist. Alsdann sind die wirtschaftlichen Verhältnisse erneut zu überprüfen."

Verlassen wir den Rat. Wie ging es der Bevölkerung? Mühsam wurden hier und dort neue Arbeitsplätze geschaffen, aber bis die Wirtschaft wieder für eine Weile in Gang kam, bevor Kohlen- und Strommangel, aber auch Demontagen sie erneut zum Erliegen brachten, dauerte es noch. 23 kleinere Betriebe sind bis August wieder in Gang gesetzt. Im Oktober fängt auch Senking mit 200 Leuten wieder an, im Trillkewerk werden Maschinen für Handwerker aufgearbeitet, aus dem Schutt geborgene Elektromotoren. Wo vorher in großen Serien elektrisches Zubehör für Kraftfahrzeuge produziert wurde, arbeiten jetzt nur wenige Leute, aber es sei doch für Führung und Facharbeiter für eine Übergangszeit eine Beschäftigung, meint der „Kurier" am 4. September: „Es arbeiten nur wenige Menschen, aber sie arbeiten intensiv und mit Freude an der Aufgabe."

Das sollte vielleicht den Gegensatz zur Vergangenheit herausarbeiten. Während des Krieges beschäftigte das Trillkewerk zahlreiche Fremd- und Zwangsarbeiter, die wohl nicht gerade mit „Freude an der Aufgabe" wirkten, und auch Deutsche hatten mit harten Maßnahmen zu rechnen, blieben sie zum Beispiel der Arbeit unentschuldigt fern. Der Weg zum „Arbeitserziehungslager" war dann nicht weit.

Die Reparaturen an Motoren seien eigentlich Unsinn, meint der Redakteur weiter, in normalen Zeiten hätten sie in den Schrott gehört. Einzelteile würden eigens hergestellt, aber jedenfalls sei kein besonderer Rohstoffaufwand erforderlich. Immerhin könne der Reparaturaufwand den Neupreis einer Maschine leicht übersteigen. Doch gab es neue kaum zu kaufen, wenn man nicht „kungeln" konnte, wie die Hildesheimer das Tauschen, Schieben und den Schwarzmarkt jener Jahre noch heute nennen.

*Zum Hunger kommt die Kälte.
Einige wenige Kohlen wird dieser Kunde
im Rucksack nach Hause tragen.*

Glück gehabt. Mit dem Kohlensack auf dem Schlitten geht es heimwärts. Das gibt eine warme Stube.

Mitte September 1945 arbeiteten im Regierungsbezirk mit Auftragsgenehmiguing der Besatzungsmacht 250 Betriebe (ohne Handwerk) mit 15 000 Beschäftigten. Davon im Stadtkreis Hildesheim 23, Kreis Alfeld 34, Hildesheim Land 7, Marienburg 9. Aber es fehlt an Arbeitskräften. 3500 Stellen seien zu besetzen, heißt es in der Zeitung.

Die Versorgungslage wird kritisch

Die Versorgung mit Lebensmitteln sah zunächst nicht ganz schlecht aus, viele hatten auch noch Vorräte – nicht zuletzt aus geplünderten Lagern –, aber die ersten Kürzungen kündigten sich an. So beim Fleisch. Standen dem Normalverbraucher 1945 in der 75. Zuteilungsperiode noch 250 Gramm pro Woche zu, in der nächsten waren es nur noch 175 Gramm. Brot bekam er ab 28. Mai zunächst 2250 Gramm pro Woche, danach aber ab 4., 11. und 18. Juni nur jeweils 500 Gramm und alles zusammen über „Kleinabschnitte" noch 1500 Gramm. Dabei ist nicht sicher, welche Art von Brot zu bekommen ist – ist es Mehl, kann auch 3/4 der Menge in dieser Form abgegeben werden. Zum Fett: „Auf Fettabschnitte können nach Vorratslage alle Arten Speisefette abgegeben werden. Bei Abgabe von Speiseöl, Schweineschmalz und Talg sind entsprechend dem Fettgehalt 4/5 der angegebenen Mengen zu liefern." Im ganzen hat der Normalverbraucher zu bekommen 50 Gramm auf Abschnitt 19, 125 Gramm auf Abschnitt 20 und 200 Gramm auf Kleinabschnitte. Aber: „Ein Anspruch auf Belieferung besteht nur im Rahmen der Lieferungsmöglichkeit. Eine gerechte Verteilung der zur Verfügung stehenden Mengen wird allen Verteilern zur Pflicht gemacht." Schon Ende Mai wird für Selbstversorger mit Fleisch und Schlachtfetten verfügt, ihre zugestandenen Mengen müssen statt bis zum 11. November 1945 bis zum 6. Januar 1946 reichen. Neu ist für Ziegenbesitzer, daß auch sie zu den Teilselbstversorgern gehören, keinen vollen Anspruch auf Fette, Vollmilch und entrahmte Frischmilch haben und wenn sie ein Tier schlachten, dies vorher beim Ernährungsamt anmelden müssen. War das Tier älter als sechs Wochen, wird es mit Fünf Kilogramm berechnet. Ab sofort muß auch der Bestand an Ziegen angemeldet werden.

Zu dieser Zeit war für das Volk vermutlich noch nicht unmittelbar zu übersehen, daß über kurz oder lang wirkliche Not bevorstand. Anfangs konnte noch dem ein halbes Pfund Butter versprochen werden, der unentgeltlich an der Trümmerräumung teilnahm. Wilhelm Kruse fiel aber im Laufe des Sommers auf, daß die Fleischration pro Person und Woche schließlich – mindestens vorübergehend – auf 150 Gramm zurückging, das waren bei vier Personen 600 Gramm. Auf heute umgerechnet bedeutete das, daß in diesem Haushalt für eine Woche reichen mußte, was 1994 zwei ordentliche Steaks darstellt, dann hatte man aber noch kein Scheibchen Wurst. Es sollte aber schlimmer werden.

Nach einem Bericht des Neuen Hannoverschen Kuriers warnte ein gewisser Colonel Patterson vor einem Notwinter 1945/46. Montgomery hatte allerdings eine Weizenlieferung angekündigt. Im Dezember war die Lage dann tatsächlich bereits so schlecht, daß Angehörigen der Besatzungsmacht ausdrücklich verboten wurde, deutsche Lebensmittel zu kaufen, um die Versorgung der Besiegten nicht zu schmälern. Schon im Sommer war eigentlich klar geworden, das Wetter war freundlich, aber die Ernte konnte wohl knapp werden. Zeitweise war die Einsaat durch Kriegsverhältnisse behindert, Tiefflieger jagten Bauern auf dem Feld wie andernorts Soldaten oder Lokomotiven, später zündeten Marodeure Felder oder Scheunen an. Danach kam die Phase, wo manche Landwirte versuchten, der Ablieferungspflicht zu entgehen und statt dessen ihren eigenen Handel zu betreiben. Doch vorher machte sich ein erheblicher Mangel an Arbeitskräften bemerkbar.

Im Nachrichtenblatt vom 5. Juni schrieb der kommissarische Regierungspräsident Hange: „Die Ernährung der Bevölkerung im kommenden Winter ist gefährdet, wenn es nicht gelingt, der Landwirtschaft Arbeitskräfte in größerem Umfang zuzuführen. Durch die Abreise der ausländischen Arbeitskräfte ist ein großer Mangel an landwirtschaftlichen Kräften entstanden, der schnellstens aus den Kreisen der deutschen Bevölkerung gedeckt werden muß. Ich rufe daher hierdurch alle Evakuierten, die sich in Landgemeinden befinden, auf, sich umgehend freiwillig der Landwirtschaft zum Arbeiten zur Verfügung zu stellen. Die Herren Bürgermeister sind beauftragt, zu überprüfen, inwieweit diesem Aufruf zur freiwilligen Mitarbeit Folge geleistet wird. Sollte diesem Appell an das Gemeinschaftsgefühl aller nicht in genügendem Maße Rechnung getragen werden, sieht sich die Regierung genötigt, Zwangsmaßnahmen zu ergreifen."

Auf der gleichen Seite des Blattes steht die Bekanntmachung Nr. 4, die die Jugendlichen zur Landarbeit einberuft. An die Eltern gewandt, heißt es unter anderem: „Es gilt jetzt, in kurzer Zeit den Kartoffel- und Rübenanbau zu erweitern, damit alle im kommenden Winter genug zu essen haben. In dieser Stunde der Not wende ich mich an Euch. Die Militärregierung hat genehmigt, daß Jungen und Mädchen auf dem Lande eingesetzt werden, um diese Lücke zu füllen. Deshalb gebe ich Euch bekannt, daß mit sofortiger Wirkung alle Jugendlichen im Alter von 14 bis 18 Jahren ausnahmslos in der Landwirtschaft eingesetzt werden. Ausgenommen sind diejenigen Jugendlichen, die mit Genehmigung des Arbeitsamtes bereits anderweit fest in Arbeit stehen (...) Es handelt sich vorerst nur um eine zeitliche begrenzte Maßnahme, bis die nötigen Kulturarbeiten beendet sind. Ein weiterer Einsatz wird jedoch auch zur Erntezeit nötig sein."

Er wurde es in der Tat, später wanderten ganze Schulklassen – es gab seit September wieder einigen Unterricht – mit ihren Lehrern auf die Felder, wie sie das im Dritten Reich auch schon getan hatten. Auch die Bekämpfung des Kartoffelkäfers 1946 und später wurde Schülersache. Übrigens blieben die Bestimmungen über Erzeugung, Bearbeitung, Ablieferung und Abgabe von Nahrungsmitteln aus der NS-Zeit in

Kraft. In der letzten Ausgabe des Nachrichtenblatts, das insofern schon eine richtige Zeitung darstellt, stehen neben den amtlichen Mitteilungen und Anzeigen mehrere redaktionelle Beiträge. Ein großer Artikel hat die Überschrift „Arbeit in Hildesheim", daneben stehen „Aufgaben der Landwirtschaft", „Ernährung durch eigene Arbeit", „So gewinnt man einwandfreies Heu" und „Die ersten Pilze kommen".

Ilse Wittenberg geb. Kühn erinnerte sich weiter oben, „mein Vater besorgte Essen für die Familie." Das war mit das wichtigste Unternehmen überhaupt. Weiter schreibt sie aus der Erinnerung: „Am schlimmsten war der Hunger, und so machten wir die weitesten Wege, um günstig an Ware zu kommen. Zu Fuß vom Moritzberg an der Innerste entlang nach Heinde zum Beispiel. Da war ein Schlachter. Wenn die Leute ihre Wochenrationen an Fleisch und Wurst dort einkauften, dann bekamen sie Grützwurst (Blut mit Gerstengrütze) ohne Marken dazu! Also, Ilse war die kräftigste und zuverlässigste – denn die Versuchung war groß, sich einfach an die Innerste zu setzen und sich satt zu essen, jedenfalls einmal die Woche. Auf nach Heinde!"

Neben solchen Erinnerungen bei knurrendem Magen erscheinen Meldungen wie die, am 1. September habe das Stadttheater in der Baugewerkschule am Hohnsen zum erstenmal wieder gespielt, wie fast aus einer anderen Welt – aber Tatsache war dies auch. Ebenso wie jene völlig andere Meldung, daß nach wie vor und allerorten Ausländer unterwegs waren, um Deutsche zu berauben. Besonders schlimm war es auf dem Lande. Sogar Montgomery fühlte sich bemüßigt, Ende August eine Erklärung herauszugeben, in der er die „Staatsbürger der Vereinten Nationen" ausdrücklich vor Übergriffen gegen die Deutschen warnt. Und dabei sagt er, „daß ich meinen Truppen drastische Maßnahmen gegen alle Personen anbefohlen habe, die bei der Begehung von Notzucht, Mord gefaßt werden, oder planmäßige Plünderung begehen."

Diese Erklärung wäre nicht entstanden, wenn es nicht wirklichen Grund dafür gegeben hätte. Schmeichelhaft war sie für die Besatzung gerade nicht. Im Januar 1946 wurden bei einer Kontrolle zwischen Dehnsen und Godenau ein Polizist erschossen, zwei andere schwer verletzt. In Achtum-Uppen wird der Wegewärter Josef Sackmann von vier Einbrechern, die das Haus völlig ausplündern, erschossen. Immerhin, die Täter aus östlichen Regionen werden später gefaßt und zum Tode verurteilt. Unweit des „Brockenblick" werden Mitte September 1945 zwei Männer von Räubern mit Schußwaffen überfallen. Der eine Mann kann sich hinwerfen, der andere wird durch Schüsse schwer verletzt. Ungerührt nehmen ihm die Räuber noch die Taschenuhr ab und verschwinden unerkannt im Wald.

Der Wiederaufbau der Stadt begann mit der Zerstörung ihrer Reste. An den Ruinen waren Zeichen angebracht, die für Verwirrung sorgten. Ein einfaches Kreuz, an die Mauer gepinselt, sollte bedeuten: Für den Wiederaufbau geeignet. Gelesen wurde es aber als Todesurteil. Wirklich dem Tod geweiht waren dagegen Überbleibsel, die als Zeichen das Kreuz im Kreis trugen. Rhombus oder Raute, rot gemalt, hieß, hier sei der Denkmalschutz gefragt. Trümmer wurden teils abgetragen, teils gesprengt, viel zu viele, meinten manche, andererseits stürzten bei einem leichten Gewittersturm Trümmer ein und zeigten, die Standsicherheit war doch nicht sehr hoch. Als es zur Jahreswende schwere Stürme gab, wurde gar am Ostertor eine Familie, die sich in einem Keller eingerichtet hatte, durch herabstürzenden Trümmer verschüttet, ein Toter war zu beklagen.

Viele Tote hatte es schon zuvor bei einem Eisenbahnunglück an der Römerringbrücke gegeben, dem größten in der Hildesheimer Geschichte. Am 5. November 1945 fuhren zwei Züge ineinander, was letztendlich eine Folge der schwierigen Gleis-, Signal- und Personalverhältnisse nach der gründlichen Kriegszerstörung der Anlagen sein mußte. 35 Tote und 148 Verletzte waren zu beklagen.

Überhaupt endete 1945 schlecht, und 1946 begann nicht besser. Zu Weihnachten herrschten frühlingshafte Temperaturen, was gut war im Blick auf den Brennstoffvorrat, aber es gab heftige Stürme, die alte Mauern ins Wanken brachten. Nicht nur der Todesfall am Ostertor wird gemeldet, schon vorher gab es verschiedene Verletzte. Dann setzte Anfang Februar an Innerste und Nebenflüssen Hochwasser ein und verursachte große Schäden. Aus heutiger Sicht muß man dabei bedenken, es waren nicht einfach ein paar Sachschäden, die man jetzt notieren und nach Möglichkeit einer Versicherung ins Soll schreiben würde – damals verloren viele Menschen einfach alles, was sie mühsam gerettet hatten. Da gab es im Einzugsgebiet der Flut Bombengeschädigte in Kellern und Gartenhäusern, denen alles davonschwamm oder unterging, an der Schützenwiese/Schützenallee standen Betriebe unter Wasser, die es gerade erst wieder gab. Das Bergholzviertel war von der übrigen Stadt abgeschnitten. Der Hamelner Weser-Pegel meldete 7,88 Meter, in Hannover schwammen Ölvorräte der Briten davon und verseuchten die Leine, oberhalb Hildesheims war nach Berichten des Neuen Hannoverschen Kuriers die Lage noch schlimmer als unterhalb der Stadt. Lamme, Nette, Riehe waren über die Ufer getreten, Dörfer wie Hotteln, Werder, Klein Düngen, Domäne Marienburg waren überschwemmt, der Innerstedamm an zwei Stellen gebrochen, ebenso der Bahndamm der Strecke Marienburg–Goslar unterbrochen, ferner die Hildesheimer Hafenbahn.

Wenn man heute von „Hochwasserkatastrophen" an Leine oder Weser redet, wenn Felder überschwemmt sind, einige Züge nicht verkehren können – dies war wirklich eine. Und das in einer Zeit, da es kaum Hilfsmittel gab, wenig oder kein Geld für Entschädigungen. Bewohner mußten – mitten im Winter – wieder einmal flüchten, und Rotes Kreuz und Wohnungsamt versorgten sie mit warmem Essen. So mancher ist damals noch einmal „ausgebombt" worden und hat das auch so empfunden. Nach Kruse wurden unter anderem der Bergsteinweg und der Bereich Alfelder Straße und Umgebung betroffen, es gab Stromunterbrechungen, und der Moritzberg war von Wasser eingeschlossen. Die Engländer beteiligten sich an der Nothilfe und halfen, Möbel zu

bergen. Gewarnt wird davor, Brunnen und Zisternen im Überschwemmungsgebiet zu nutzen: Es bestehe Seuchengefahr.
Heute haben wir die großen Flußregulierungen wie die Innerstetalsperre im Harz oder bei der Leine das Überschwemmungsbauwerk bei Salzderhelden – damals machte man sich im Rat ernsthafte Gedanken über Eselsgraben und Innerste, wie sie zu regulieren seien, und schüttete die Eisteiche zwischen Dammtor und Lucienvörder Allee zu, weil man nicht wußte, wohin mit all dem Schutt aus der Stadt. Was sich heute die Innersteau nennt zwischen Innerste und Alfelder Straße, wo man spazieren geht oder Minigolf spielt, ist erst auf diese Weise nach dem Krieg entstanden. Wer weiß das noch?

Schulkinder ohne Schuhe

Ein Wort zu den Schulen. 1944 wurden – von höheren und anderen Schulen abgesehen – 7200 Kinder in 15 Volksschulen unterrichtet. 1945 waren von früher 29 Schulgebäuden bis auf vier Volksschulen alle zerstört. Stadtschulrat Eickemeyer am 14. November 1945 im Rat: „Trotzdem gelang es einzurichten, daß seit einem Monat alle schulpflichtigen Kinder in Hildesheim wieder beschult werden." (Nach dem Neuen Hannoverschen Kurier begann die Schule im September.) Jeder Raum wird dreimal täglich genutzt. Das heißt, drei Klassen haben nacheinander Unterricht. Damit werden in sechs Gebäuden mit 99 Klassen mit 92 Lehrern alle schulpflichtigen Kinder beschult. Am Pfaffenstieg sollen in Kürze sieben Räume zur Verfügung stehen, sie werden für Berufsschüler vorgehalten, allerdings fehlt es noch an Schulbänken. Die Höheren Schulen haben noch zu warten. Da weiß sich der Stadtschulrat mit der Besatzungsbehörde einig. Am 31. August hatte Montgomery übrigens im Rahmen einer „persönlichen Botschaft" mitgeteilt, er lasse als Notmaßnahme alte Schulbücher nachdrucken – solche aus der Zeit vor dem Nationalsozialismus.
Kein Thema ist im Rat vorläufig die Schwierigkeit, die Kinder haben, um überhaupt zur Schule zu kommen. Nicht nur Nahrung und Heizmaterial werden zunehmend knapp, es mangelt auch an Kleidung und Schuhen. Erst im Juli 1946 beschließt der Rat, eine Eingabe an das Landeswirtschaftsamt Hannover über eine höhere Zuweisung „der dem Markenzwang oder der Bezugscheinpflicht unterliegenden Bedarfsartikel zu richten. Die Eingabe ist damit zu begründen, daß bei der äußerst starken Zerstörung der Stadt und bei dem Mangel an Verkehrsmitteln ein starker Verschleiß an Schuhwerk und Bekleidung eintritt."
Im Dezember 1945 heißt es im Rat zur Energielage, die Ilseder Hütte habe den Betrieb wieder aufgenommen, sie wolle 10 000 bis 12 000 Kubikmeter Gas abgeben, davon 9000 für Hildesheim, den Rest für Sarstedt und umliegende Gemeinden. In der Stadt soll die Belieferung im Nordbezirk beginnen. Das klingt positiv, gleichzeitig ist die Lage bei der Stromversorgung jedoch ganz anders. Die Verwaltung (Theuerkauf) erklärt, daß sich Ausfälle in den stromerzeugenden Werken sowie Kohlenmangel bei den Reichswerken in einer empfindlichen Senkung der Stromerzeugung auswirken, sodaß vom 13. Dezember an die tägliche Strombelieferung Hildesheims von 5000 auf 2000 Kilowatt (KW) sinken wird. „Infolgedessen wird empfohlen, die Verwaltung durcharbeiten und bei Dunkelheit schließen zu lassen und die Industriebetriebe weitmöglichst in der Nachtschicht arbeiten zu lassen."
Im Laufe des Jahres 1946 wird die Gesamtlage nicht besser, sondern im Gegenteil in jeder Hinsicht schwieriger. Am 27. Juli hält Oberbürgermeister Bruschke im Rat eine Rede zur Versorgungslage. Quintessenz: Die Industrie hat keine Kohle, die Lebensmittelrationen werden immer dürftiger, die Kinder sind mager, und ein Ansturm von Flüchtlingen aus dem Osten ist im Gange. In Hildesheim müssen zwei Drittel der Bevölkerung mit 1100 Kalorien auskommen (das war damals eine Bezugsgröße, die über den Wert der Nahrung wenig sagte). Bruschke: Der Mensch brauche zum Erhalt der Kräfte 50 bis 60 Gramm Fett am Tag, er bekomme aber nur 7! Gemüse allein mache es auch nicht, so wertvoll es in Verbindung mit Fett und Fleisch sein könne. Es gebe schon jetzt erhebliche Unruhe in der Stadt. „Wir haben die Verpflichtung, die Militärregierung zu bitten, für Abhilfe zu sorgen."
Die Lage wurde trotzdem immer schlechter. So hat der Schulausschuß im Oktober berichtet, die Kinder hätten so wenig Schuhwerk, daß viele in den Ferien nicht zur Schulspeisung kommen konnten, die sie so dringend benötigt hätten. Überhaupt seien drei Viertel aller Kinder ohne ausreichendes Schuhwerk. Und der Winter stand vor der Tür.
Am 3. Oktober 1946 fand am Hohnsen 3, Zimmer 7, die letzte Sitzung des eingesetzten Rates statt, am 12. Oktober wurde ein neuer Rat gewählt, der am 25. Oktober zum erstenmal zusammentrat (zu den Wahlen vgl. Anton Josef Knott, „Wahlen in der Besatzungszeit", Zeitschrift Alt-Hildesheim 1982). Eine neue Aera begann - aber die alten Hauptprobleme waren schon alle da, neue kamen hinzu wie der Kampf um die Bekenntnisschule, der Zustrom von Flüchtlingen, noch mehr Kälte und Hunger, Gefährdung der Arbeitsplätze wegen des Zusammenbruchs der Energieversorgung mangels Kohle, schließlich auch noch die Demontage in Industriebetrieben als Reparationen.
Nimmt man alles zusammen, so müssen die Arbeiter und Führungskräfte, die Verwaltungen und gewählten Gremien, die Familienväter und -mütter wirklich sehr viel Mut und Standvermögen aufgebracht haben, um all den sich verstärkenden Schwierigkeiten zu begegnen. Der Schwarzhandel am Hauptbahnhof blühte, das Pfund Butter kostete bald um die 500 Reichsmark, ein Zentner Kartoffeln 150, mit dem Besitz von Kaffee und Zigaretten konnte man eine Weile blendend leben. Kohlenzüge wurden in vielen Gegenden Deutschlands am hellen Tage vor Signalen oder bei langsamer Fahrt erklettert und beraubt – niemand sah darin Diebstahl, sondern willkommene Winterhilfe. Auch die Eisenbahner hatten oft genug Verständnis für die „Diebe" und halfen durch Langsamfahren noch mit, daß sie ihren

Teil bekommen konnten – aber gefährlich war das Unternehmen allemal. Manch einer ist vom Kohlewagen gestürzt und unter die Räder gekommen. Und waren die Kohlen oder Brikett erst hinuntergeworfen, dann begann oft genug ein Verteilungskampf am Bahndamm, bei dem nicht immer der die Kohle nach Hause brachte, der sie eigentlich auf dem Waggon erobert hatte.

Dazu kamen die Hamsterfahrten in völlig überfüllten Zügen. Glücklicherweise hatten die alten preußischen Abteilwagen, die vor allem in Norddeutschland weit verbreitet waren, noch Trittbretter, auf denen man stehen und Griffe, an denen man sich festhalten konnte. Aber das reichte nicht. Viele reisten auf dem Dach, viele sogar auf den Puffern zwischen den Wagen. Gut nur, daß die Züge damals nur ziemlich langsam fuhren. Andererseits wurde man bei abgewirtschafteten Schienen auch recht unsanft umhergeschleudert. Wer sich nicht gut festhielt, war draußen.

Der alte Bahnhof Hildesheim Ost.

Ernst Kirchhoff, der damals Fünfzehnjährige vom Mühlengraben, kann auch davon erzählen. Mit heute 65 stehen ihm die Bilder deutlich vor Augen. „1947 wurde es wirklich böse", sagt er 1994 in seinem gemütlichen Fuldaer Haus. Die Erinnerung geht zurück in einen Winter mit 20 Grad Kälte und mehr: „Zu heizen gab es kaum etwas, ich habe Äste von den Eichen im Ehrlicherpark geschlagen. In unserer kleinen Küche sammelten sich neun Personen um den kleinen Ofen. Aber auch der Hunger wurde besonders schlimm. Ich habe alles gemacht, zum Beispiel Gersteähren gelesen. Die Gerste kam in die Kaffeemühle, wurde gemahlen, dann kam kochendes Wasser darauf und etwas Salz. Wir hatten noch Freunde in Mechtshausen, dort konnten wir Zuckerrüben bekommen. Mit dem flüssigen Rübensaft wurde gesüßt. Natürlich war ich auch auf Hamsterfahrten, kam mit zwei Pfund Grieß oder sogar fünf Pfund Mehl wieder. Dafür fuhr ich bei eisiger Kälte auf dem Puffer." Der 15jährige war der „Mann" in der Familie.

Ein Rübentransport Mechtshausen – Hildesheim spielte sich etwa so ab: Erstmal karrte Ernst mit Freund oder Familienmitglied einen Wagen und drei Sack von Mechtshausen nach Groß Rhüden. Dann ging einer mit dem Wagen zurück nach Mechtshausen. Darauf zu Fuß zurück zum Bahnhof. Da hatte er noch keine Probleme, außer dem unbedeutenden, überhaupt auf den Zug zu kommen. Dann Umsteigen in Derneburg. Sozusagen mit Sack und Pack. Schließlich Ankunft Hildesheim Ost. Die drei Säcke raus. Einer mußte dableiben, Wache halten. Der andere trabte zum Mühlengraben, Handwagen holen. Dann Aufladen am Bahnhof, mit dem Handwagen nach Hause, hoffen, man kommt heil hin. Drei Säcke Zuckerrüben heimgebracht – todmüde, ab. Wieviele Kilometer gelaufen? Und das bei der Verpflegung jener Zeit. Aber man konnte Sirup bereiten – wenn es die Brennstofflage erlaubte.

Kirchhoff ist nur ein Beispiel, sein Abenteuer sogar ein verhältnismäßig kleines. Andere fuhren für ein paar Kartoffeln oder ein Stückchen Speck oder Wurst Hunderte von Kilometern in Güterwagen. Lieferten beim Bauern ihr Tafelsilber dafür ab oder die letzte Bettwäsche, die geerbte Taschenuhr. Bei der Landbevölkerung stapelten sich nach den Lageberichten der Polizei Bekleidungs- und Wäschebestände „überreichlich". Wenn die Hamsterer aus der Stadt Pech hatten, wurden sie unterwegs beraubt, oder die Polizei nahm ihnen die Sachen ab. Beschlagnahme hieß das. Amtlich war nämlich Hamstern verboten. Trotzdem hat es unzähligen Menschen geholfen, bei den kümmerlichen Marken-Rationen, die schließlich unter 1000 Kalorien lagen, die Jahre bis nach der Währungsreform zu überstehen. Gegen höhere Kartoffelabgaben wehrten sich die Bauern, einen Teil brauchten sie zum „Kompensieren" – das erklärten sie ganz offiziell.

Wer damals überleben wollte, mußte irgendetwas unternehmen. Gesetz und Ordnung blieben auch bei ganz normalen Leuten leicht auf der Strecke. Die Rationen wurden immer knapper. Felddiebstahl galt längst als läßliches Delikt. Aber wer deshalb unterwegs war, mußte damit rechnen, von anderen überfallen zu werden, die ihm die kleine Beute wieder abnahmen. Namentlich in den dunklen Stunden. Es war soviel Gesindel auf dem Wege, daß ein Ratsherr ernsthaft vorschlug, die nächtlichen Sperrstunden wieder einzuführen. Das wurde im Rat zwar abgelehnt, aber verstärkte Patrouillen sollte es geben, vielleicht sogar Selbstschutzgruppen. Die Anregung wurde an den Chef der Polizei weitergeleitet, doch aus der Schutztruppe wurde nichts – nur 15 Leute hatten sich dazu gemeldet.

Trübselig, schwer und voller Not beginnt für viele Menschen die Nachkriegszeit. Essenspause und Windelwechseln einer heimatlosen Familie zwischen Schutthalden. Die Kinder sind barfuß.

Wo Häuser fehlen, muß das Leben in kümmerlichen Baracken weitergehen, dazu noch mit Regen und Schlamm. Die Aufnahme entstand auf einem Gelände unweit der Zuckerraffinerie.

Am schwersten haben es die Frauen in der Enge der Notquartiere. Hier wird gleichzeitig auf mehreren Herden gekocht. Sechs Töpfe sind zu sehen.

Drangvolle Enge am Mittagstisch. Elf Personen zählt diese Flüchtlingsfamilie.

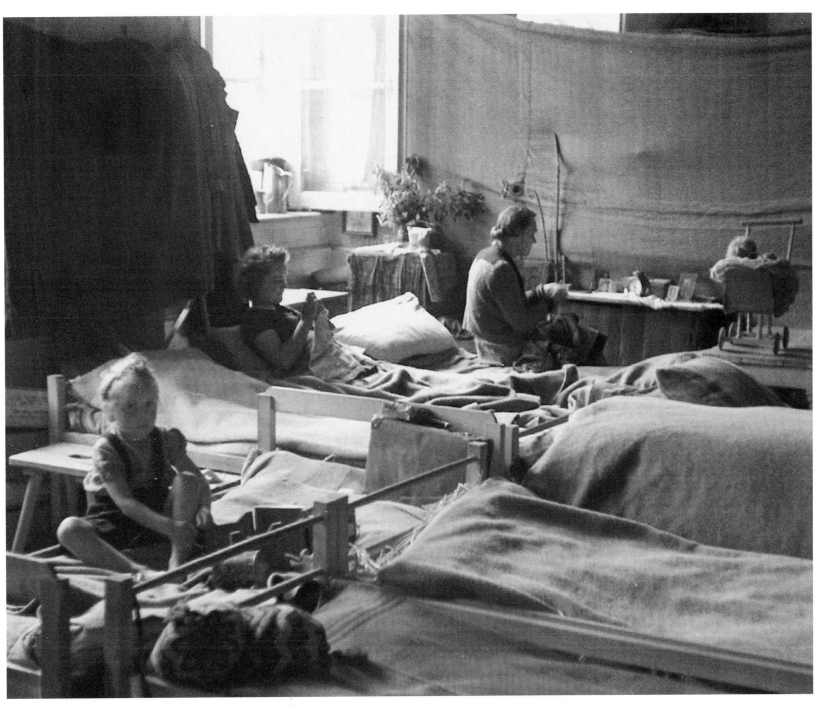

Blick in eines der Massenquartiere mit Schlafstellen dicht an dicht. Die Frau versucht mit ihren Familienfotos einen Rest von Privatsphäre zu schaffen.

Im Hildesheimer Stadtarchiv gibt es einen Aktenhefter mit Berichten zur Lage in den Jahren 1945 bis 1947 (HA 416). Sie wurden befehlsgemäß von der Polizei und vom Ernährungsamt gefertigt und dem Oberbürgermeister vorgelegt. Der filterte sie zuweilen, schwächte ab oder glättete und gab das Ergebnis danach weiter an den Regierungspräsidenten zur Berichterstattung an die Militärregierung. Die wollte unter anderem die Stimmung in der Bevölkerung kennen, ein wichtiger Punkt war die Lebensmittelversorgung.

Helmut von Jan hat 1973 in der Zeitschrift Alt-Hildesheim einen Auszug aus den Papieren veröffentlicht und später im Sammelband seiner Schriften (1985) wiederholt. Diesen Veröffentlichungen und den zum Teil weitergehenden Originalakten ist Wichtiges zur Lage in dieser traurigen Zeit zu entnehmen.

In einem Polizeibericht vom September 1945 heißt es über die Polen: „Ihr Auftreten ist anmaßend, herrisch und herausfordernd. Wenn nicht die deutsche Bevölkerung größte Zurückhaltung üben würde, so wären wohl Zwischenfälle an der Tagesordnung. Täglich mehren sich die Klagen über Einbrüche, Diebstähle, Raubüberfälle und Plünderungen in den Außenbezirken, die von Polen begangen werden. Das gespannte Verhältnis wird dadurch bis zur Unerträglichkeit gesteigert." In den Polizeiberichten wird umrißhaft auch deutlich, wie die Stimmung in der Bevölkerung immer düsterer wird. Im November 1945 bei bevorstehendem Winter wird sie „ernst" genannt, im Januar 1946 „bedrückt". Ein paar Monate später sind die Verhältnisse bedeutend schlimmer geworden. Sehr schlecht geht es Witwen und Kleinrentnern, deren Bezüge auch noch gekürzt wurden, dann entlassenen Soldaten und ganz besonders schlecht den Kriegsbeschädigten, die ja auf dem Arbeitsmarkt zusätzlich behindert sind. Mit Heimarbeit versuchten sie damals etwas zu verdienen, aber man sah schon, das waren improvisierte Zwischenlösungen, die nicht trugen. Von Flüchtlingen aus den östlichen Gebieten ist Hildesheim wegen der Zuzugsperre zunächst weniger betroffen, „aber man sah manches von ihrem Elend, da viele in der näheren Umgebung untergebracht waren."

Für 1946 rechnet man, so eine Zeitungsmeldung, in der britischen Zone mit 30 Prozent weniger Getreide als 1943 – bei stark angewachsener Bevölkerungszahl durch Vertriebene und Flüchtlinge. Um die Ernte einbringen zu können, werden verstärkt Kriegsgefangene als landwirtschaftliche Arbeiter entlassen; seit März 1946 lief das Unternehmen „Barleycorn". Aber die Entlassung der Kriegsgefangenen verläuft nach den Berichten dennoch sehr schleppend.

Seit dem Sommer werden in Hildesheim immer mehr Grünflächen umbrochen, vor allem Kartoffeln sollen angebaut werden. Andererseits haben Kleingärtner schon mehrfach erklärt, sie wollten gar nichts mehr pflanzen, weil doch alles gestohlen werde. Der Flurschutz ist zur Bewachung der Ledebur-Kaserne mit eingeteilt, wo Polen untergebracht sind, die Kleingartenanlagen sollen auf sich selber aufpassen.

Übrigens heißt es in der Zeitung, der Schweinebestand solle verringert werden, damit mehr Kartoffeln für die Menschen da seien. Als wenn die Schweine bloß Kartoffeln kriegten. In Drispenstedt gab es nach wie vor die Schweinemästerei, Küchenabfälle aus Ausländerlagern wie jenem im Hildesheimer Wald oder Neuhof wurden zur Fütterung dorthin gefahren, damit Fleisch und Fett heranwuchsen. Sollte man darauf etwa verzichten? Diebe zerbrachen sich über solche Fragen nicht lange den Kopf, sie verringerten den Bestand auf ihre Weise, mehrfach wurden Schweine gestohlen und geschlachtet. Die Diebe hatten es leicht, eine Wache gab es nicht. Aber wer hätte sich auch nachts freiwillig dafür hergegeben, wenn er nicht einmal eine Waffe haben durfte? Aber zugleich wußte, die andere Seite war gerüstet?

Am 21. März 1947 berichtet die Hannoversche Presse, in der Drispenstedter Mästerei seien wiederum vier der schwersten Schweine gestohlen. Bewaffnete Diebe waren mit einem ausländischen Auto vorgefahren. Damit seien im letzten halben Jahr bei fünf Einbrüchen 27 Schweine gestohlen worden. Am 28. März kommt die Meldung: Als Nr. 28 sei in Drispenstedt nun auch noch der Eber mitgenommen worden.

Die allgemeine Ernährungslage verschlechterte sich weiter. Die Brotzuteilung zum Beispiel wurde – jedenfalls für einige Zeit – im März 1946 auf 5000 Gramm pro vier Wochen halbiert. Das hat laut Kruse zu großer Erbitterung in der Bevölkerung geführt. Im März 1947 betrug die Brotration zwar 11 500 Gramm, dafür gab es an Fett nur 200 Gramm. Im April sackte die Brotmenge wieder um 750 Gramm ab. Im Mai waren es 6500 Gramm, obwohl die Verwaltung der Bi-Zone (amerikanische und britische Zone sollten inzwischen ein Wirtschaftsraum sein) in Stuttgart 10 000 Gramm angekündigt hatte. Fleisch gab es im Schnitt 450 Gramm. Kinder bekamen im Rahmen des Schulmilchfrühstücks im Dezember 1945 noch einen Liter Frischmilch pro Woche, also vier im Monat. 1946 war es ähnlich, aber 1947 gab es nur noch entrahmte Frischmilch, also Magermilch. Erwachsene mußten übrigens mit einem halben Liter Magermilch pro Woche auskommen. Und zur Einweckzeit gab es keine Zuckerzuteilung, obwohl man mitten im Zuckergebiet lebte. Das haben die Leute dann gar nicht mehr verstanden.

Besonders kritisch war jedoch die Fettversorgung. Und das von Anfang an. Im August 1946 standen Erwachsenen statt zuletzt 400 nur noch 200 Gramm Fett pro Monat zu, im April 1947 gar nur noch 137,5 Gramm. Das sollte für einen ganzen Monat reichen, und dabei sollten die Leute auch noch arbeiten. – Die Kartoffelversorgung verlief sehr uneinheitlich. Gelegentlich wurden Aufträge für Einkellerung angenommen, dann wieder gab es zwei Pfund die Woche, ein andermal vier, zeitweilig gar nichts mit dem Hinweis, alle Kartoffeln würden als Pflanzkartoffeln gebraucht, im Juni 1946 erfolgte eine Sonderzuteilung von Trockengemüse in Mengen von 100 bis 150 Gramm, im

Februar 1947 heißt es im Bericht an den Regierungspräsidenten: „Nährmittel sind selten oder kaum zu haben. Die Kartoffel- und Gemüseversorgung ist vollkommen unzureichend durch die Witterungsverhältnisse geworden."

Durch den starken Frost jenes Winters gab es zu allem Überfluß auch noch große Ausfälle in den Kartoffelmieten, das wenige, das da war, ging so auch noch verloren, heißt es im Bericht vom 27. März 1947. Im April ordnet das Zwei-Zonenamt an, die nicht belieferten Bezugsausweise der 92. bis 96. Periode seien verfallen. Einfach so. Versorgung gestrichen. Das Volk hatte damit fertig zu werden. Kein Wunder, daß es in einem Polizeibericht vom 19. Mai 1945 heißt: „Das Ernährungsproblem nähert sich langsam diesem Punkt, wo ein Fortkommen auf normalem Wege nicht mehr möglich ist. Überall sind Hungerdemonstrationen und Streiks zu verzeichnen. Auf die ehemaligen Zwangsverschleppten und Deportierten wird von der Seite geschaut, weil diese trotz der Entziehung der Unrra-Verpflegung ernährungsmäßig weitgehend sich besser stehen als das arbeitende deutsche Volk, obwohl dieselben größtenteils keiner geregelten Beschäftigung nachgehen und auch ihre Heimat bereits frei ist, wo sie jedoch nicht zurückkehren wollen. Die Arbeitslust der Bevölkerung hat wesentlich abgenommen, weil die Kräfte dazu nicht mehr zur Verfügung stehen. Aus diesem Grunde verhält man sich selbst dem Wiederaufbau gegenüber völlig apathisch, und selbst bisher unbelastete Elemente betätigen sich aus Not auf dem Schwarzmarkt."

Ein kleiner Lichtblick zwischendurch (Bericht vom 28. Oktober 1946): „Die gute Bucheckernernte des Jahres gibt einem erheblichen Teil der Bevölkerung durch die gewährte Öl- oder Margarineprämie einen wesentlichen Zuschuß zu der unzulänglichen 200-Gramm-Fettration." Wer Bucheckern sammelte und ablieferte, bekam Gutscheine für Margarine.

Im Juni 1946 war in der Stadt Hildesheim die Schulspeisung eingeführt worden, eine außerordentlich wichtige Maßnahme für die jungen, heranwachsenden Menschen, deren Bedeutung man heute, wo alles im Überfluß vorhanden ist, gar nicht mehr richtig würdigen kann. Nach dem Neuen Hanoverschen Kurier vom 25. Juni bekommen Sechs- bis 18jährige wochentags täglich einen halben Liter Essen, zweimal Haferflocken, dreimal Hülsenfrüchte, einmal Bisquit-Suppe. Die Nahrungsmittel dafür müssen eingeführt werden, gekocht wird in einer Hildesheimer Firma. Etwa 9000 Portionen täglich.

Als Albin Hunger am 25. Oktober 1946 zum Oberbürgermeister gewählt war, stiftete er seine Aufwandsentschädigung (am 4. Dezember) dieser Schulspeisung. Die Teilnehmer der Schulspeisung, längst nicht alle Schüler, bekamen auf Anordnung der Militärregierung zuweilen Schokolade und Kekse. Darüber wurde im Rat diskutiert, über Schokolade und Kekse. Man kann sich das heute kaum vorstellen, aber so war es wirklich – und manchem Ratsherrn wird schon beim Wort Schokolade das Wasser im Munde zusammengelaufen sein.

Leben in der Laube

Eine Zeitzeugin, Ursel P., Jahrgang 1932, war damals für Schokolade nicht mehr so sehr zu haben. Sie hatte sich 1945 mit der großen Schwester an der Ausräumung der Malzfabrik beteiligt. Als sie hinkamen, war zwar nicht mehr sehr viel da, aber Zigaretten und Fliegerschokolade gab es noch genug. Danach haben die beiden tagelang Schokolade gegessen, bis ihnen buchstäblich schlecht wurde, erzählt sie heute. Von Schokolade wollte sie lange Zeit nichts wissen. Mit den anderen Sachen haben die Eltern dann „getauscht".

Aber im ganzen ging es ihnen nicht bedeutend. Zweimal waren sie ausgebombt worden, zuerst in der Goschenstraße am 22. Februar 1945. Vater war damals nicht da, aus irgendeinem Grund hatte die Mutter beschlossen, gerade an diesem Tag mit den Kindern in den Galgenberg zu gehen. So entgingen sie dem ziemlich wahrscheinlichen Tod, das Haus mit der Tischlerei war zerstört. Die Großeltern kamen ums Leben.

Die Ausgebombten bekamen sehr rasch ein neues Quartier in der Braunschweiger Straße, richteten sich gerade wieder ein, da kam der Angriff vom 22. März, wiederum Totalverlust. Aber wieder entkamen sie den Bomben, weil sie eben in ihrem Kleingarten am Entenpfuhl hockten. Ursel P.: „Man muß sich das mal vorstellen, da wurde die Stadt vernichtet, und meine Schwester und ich standen einfach auf dem Dach unserer Laube und sahen zu. Wir konnten sogar sehen, wie der Turm der Lambertikirche abkippte." Gerettet haben sie aus der Braunschweiger Straße ihren alten Kohlenkasten. Der lag ausgeglüht auf den Trümmern. Er wurde zum Entenpfuhl mitgenommen.

In der Gartenlaube wurden zwei Sommer und ein Winter verbracht. 20 Quadratmeter Wohnfläche, drei Kinder. „Und da hatten wir es ja immer noch gut, wir waren nicht beim Bauern oder bei Familien untergebracht, wir wurden nicht tyrannisiert. Aber immer dieses Wasserschleppen, weil man keinen Brunnen hatte, und oft für einen Liter Petroleum viele Kilometer gelaufen. Elektrisches Licht hatten wir ja nicht." Geheizt und gekocht wurde mit einem Einheitsherd, einem Kriegsherd, verheizt wurden zunächst Eisenbahnschwellen.

„Dann sind wir im Winter, meine Mutter, meine Schwester und ich, zum Söhrer Forsthaus, da mußten wir uns einen Holzleseschein holen. Also wenn ich so denke, wenn wir heute da manchmal gemütlich beim Kaffee sitzen und ich gucke da so auf den Weg, da sag' ich zu meinem Mann: Nun sieh mal, da bin ich mit Marlis und Mutti im Winter mit so hoch Schnee, daß unsere Beine versackt sind, mit dem Handwagen losgezogen und habe Holz geholt. Was wir Kinder gemacht haben, Kartoffeln nachgehackt, Ähren nachgelesen, Pferdebohnen nachgelesen... Und das hat uns sogar Spaß gemacht."

Sie waren unternehmungslustig die Schwestern, einmal wollte Ursel gar mithelfen, eine Gans zu stehlen. Als die aber furchtbar zu schnattern anfing, ist sie weggerannt. Auf Kohlenzüge kletterten die Mädchen nicht, dafür organisierten sie Kohlen im Hafen. Mit dem Handwagen, dem Fahrzeug für alles. Damit man das Gerappel der Räder auf den Steinen nicht hörte, haben sie die Räder mit Lappen umwunden – das war schon fast professionell.

Aber Hauptsache, der Schornstein rauchte. Und zweite Hauptsache: Die Laube war dicht. Ein halbes Jahrhundert später macht Ursel kein Hehl daraus: Um Eigentumsverhältnisse haben sie sich damals nicht groß gekümmert. Aus der Ochtersumer Ziegelei besorgte sich der Vater Bretter und anderes Material, und die Laube am Entenpfuhl wurde winterfest gemacht. Sollte man, zweimal ausgebombt, zwischenzeitlich wegen zersetzender Reden von der Gestapo eingesperrt, noch große Skrupel haben? Vater P. war als Tischler in Berlin zum Einsatz gekommen, Parkett war irgendwo zu legen. Dabei hatte er wohl Reden geführt, die nicht mit dem Glauben an den Endsieg in Einklang zu bringen waren. In Berlin passierte ihm nichts, aber als er zum Wochenende in Hildesheim ankam, wartete die Gestapo schon am Bahnhof. Der Mann landete in irgendeinem Lager oder Gefängnis in der Lüneburger Heide, wo genau, weiß Tochter Ursel heute nicht mehr. Aber daran erinnert sie sich: Auch die Mutter mußte zu Vernehmungen zur Gestapo an der Gartenstraße. Der Vater kam schließlich zurück. Er war magenkrank, aber vor allem war er Tischler. Und hatte als solcher dem Lagerchef, der eben heiraten wollte, die passenden Möbel gebaut. Das half ihm dann wohl, wieder entlassen zu werden. Daß er nach solchen Erlebnissen nicht lange fragte, wem die Bretter in der Ochtersumer Ziegelei gehörten, ob der Partei, der Stadt oder einem Parteigenossen mit Firma, versteht sich. Viel wichtiger war ihm, für Frau und drei Kinder den Unterschlupf im Kleingarten einigermaßen hinzukriegen. Im Garten selber hat er dann vor dem 7. April 1945 noch Gruben ausgehoben und mit Säcken ausgekleidet als Deckungslöcher. „Nein", sagt seine Tochter 1994, „nicht aus Angst vor den Amerikanern, die nun kommen mußten, vor denen hatte er keine Angst. Er hatte Angst vor unseren eigenen Irren, die da vielleicht noch herumschießen würden."

Das Leben in der Gartenlaube über eineinhalb Jahre war beengt und schwierig, den Winter 1945/46 hat die Familie dort überstanden, Federbetten hatten sie keine mehr, den Sommer 1946 konnte man ertragen, aber im eisigen Winter 1947 mit 20 Grad unter Null wäre es wohl doch wirklich ernst geworden. Da aber wurden sie in der Goschenstraße bei einer Witwe einquartiert, die bis dahin eine Fünf-Zimmer-Wohnung besaß. Der Kohlenkasten kam mit. Ursel P.: „So war das, sie behielt drei Zimmer, wir bekamen zwei, wir durften die Küche benutzen, und ihr gehörte sie. Aber wir waren eigentlich nie eine traurige Familie. Erst später hat mir meine Mutter erzählt, daß sie oft hungrig ins Bett gegangen ist, aber wir Kinder sollten satt sein. Und Vater."

Bis auf den letzten Satz klingt das ganz munter, aber in Wahrheit war alles zusammen ein ziemlich dürftiges Leben. Und wie die Mutter es geschafft hat, die Familie über die Runden zu bringen, kann man nur ahnen. Aber so erging es den meisten, man hatte nichts anzuziehen, nichts zu heizen und – bis auf Schieber und Schwarzhändler – kaum etwas zu essen.

Ein Bericht aus den Lagemeldungen widmet sich am 19. Februar 1947 dem Schwarzmarkt. Bargeld für die Ware scheint nicht mehr sehr gefragt. Es entwickelt sich „die neuere Form der Kompensationsgeschäfte". Zum Beispiel werden Lebensmittel gegen andere Mangelware, elektrische Geräte und Möbel, gehandelt. Wiegescheine der Bucheckernsammlung wurden gefälscht „und beim hiesigen Wirtschaftsamt gegen Margarinescheine eingetauscht (insgesamt 30 Pfund Margarine). Die so erhaltenen Margarinescheine wurden in Verkehr gebracht und mit RM 100 pro Pfund gehandelt." Auch Reste eines früheren Diebstahls von Lebensmittelmarken sind noch im Handel.

Beschlagnahmt wurden in einem Fall 25 Pfund Zucker, die für einen Kompensationstausch mit Glühbirnen gedacht waren, in der gleichen Angelegenheit werden 120 Pfund Zucker in Hamburg sichergestellt (da gab es also auch überörtliche Verbindungen). Örtlich organisiert ist der Schwarzhandel nach Ansicht der Polizei aber nicht. Sichergestellt wurden ferner 13 Flaschen Halberstädter Branntwein, „die von einem Grenzgänger nach hier gebracht wurden und gegen Lebensmittel auf dem Lande eingetauscht werden sollten." Schließlich wurden noch 110 Pfund Zucker und 200 Pfund Mehl beschlagnahmt, „die zum Eintausch von Möbeln ihre Verwendung finden sollten." In zwei Fällen sind Schwarzbrennereien bekannt geworden, die in geringen Mengen Schnaps zum Eigenverbrauch herstellten – die benutzten Geräte wurden sichergestellt. Eine Schwarzschlachtung wird bemerkt, 13 Pfund von einem Kalb waren noch da. „Der Erwerb des Kalbes geschah auf Gegenlieferung von Industriewaren."

Dies ist natürlich nur die Spitze des Eisberges. Schwarzschlachtungen wurden rund um Hildesheim ständig vorgenommen, dazu kamen noch die Diebstähle an Vieh, da ebenfalls geschlachtet wurde. Das Fleisch wurde teils auf dem Schwarzmarkt angeboten.

Gleichzeitig hatte die normale Versorgung der Bevölkerung neue Tiefpunkte erreicht, und die Stimmungsberichte an den Regierungspräsidenten und die Militärregierung sind düster. Vom Abkommen über die Bi-Zone, ein Zusammenschluß von britischer und US-Zone zu einem Wirtschaftsgebiet, ist die Bevölkerung enttäuscht, weil eine Verbesserung auf wirtschaftlichem Gebiet nicht eintrat. „Man sieht den kommenden Monaten voller Mutlosigkeit entgegen, da durch Presse und Rundfunk nur trostlose Nachrichten kommen." – „Die ausgebliebene angekündigte Erhöhung der Rationen hat in der Bevölkerung größtes Mißtrauen hervorgerufen. Wiederholt wurden die für die Ernährung verantwortlichen Stellen in schärfster Form angegriffen, weil die Erhöhung der Rationen lediglich auf Kosten der Schulpflichtigen vorgenommen worden ist." – „Der Mangel an Heizmaterial (…) dürfte nachhaltige Folgen für die ohnehin unterernährte Bevölkerung mit sich bringen. Unter diesen Verhältnissen würde z.B. eine Grippe-

epidemie zu einer Katastrophe führen. Von der pharmazeutischen Industrie ist seit langem auf diese Gefahr hingewiesen worden."
Aber die Hildesheimer machten sich auch ihre eigenen Gedanken über die politische Lage. Die Moskauer Verhandlungen wurden genau registriert. Wenn es zu Gebietsabtretungen im Osten kommen sollte, meinten sie, dann sei Deutschland die Existenzgrundlage entzogen weil die Kornkammer fehlt. Zeitweise wurde „allgemein gemunkelt", daß eine Auseinandersetzung zwischen West und Ost in nächster Zeit zu erwarten sei. Und weiter heißt es in den Lageberichten: „Im Zusammenhang mit diesem schiebt man den Großteil der Schuld der Starrköpfigkeit des sowjetischen Außenministers zu. Ebenfalls wird davon gesprochen, daß eine große Geldknappheit zu erwarten wäre, was sich teilweise schon jetzt bemerkbar macht. Den politischen Parteien gegenüber ist ein Sinken des Interesses zu bemerken." – Dies galt insbesondere für die Jugend, wird mehrfach berichtet – die übrigens mindestens in Teilen kriminell gefährdet erscheint und im übrigen „Modeberufen" nachträumt, während (nach Ansicht der Behörden) Maurer gebraucht werden – aber auch für jene, die ihre Ideale in die Hitlerjugend eingebracht hatten und entsprechend enttäuscht worden waren.

Viele von ihnen haben sich auf Jahrzehnte der Politik und den Parteien verschlossen – zum Beispiel Ilse Wittenberg geb. Kühn, die nach ihren BDM- und Wehrmachtserlebnissen so sehr „genug" hatte, daß sie zwar Elternarbeit in der Schule machte, im Kirchenvorstand der Martin-Luther-Gemeinde und im Kirchenkreisvorstand tätig wurde, sich aber erst 1973 wieder politisch engagierte und der SPD beitrat. Das galt nicht für alle. So sind Leute wie Ratsherr Anton Teyssen, der langjährige Landtagsabgeordnete der CDU, schon früh in die Politik „eingestiegen", Friedrich Nämsch gehörte zu den Gründungsmitgliedern der neuen SPD und war zunächst ihr Vorsitzender, aber zugleich gab es eine breite Bewegung gerade unter jungen Menschen, die mit all dem nichts zu tun haben wollten: „Ohne mich!" hieß die Parole.

Der letzte Lagebericht der Polizei stammt vom 19. Mai 1947, der letzte des Ernährungsamtes vom 20. Mai. Danach wurde diese Form von Berichten aufgegeben und durch kurze Meldungen ersetzt, die auch telefonisch sein konnten – wenn es Wichtiges zu melden gab. Im Stadtarchiv endet der schmale Aktenband. Noch einige Berichte daraus scheinen bedeutsam. So hieß es am 18. März 1947, neuer Wohnraum sei in den letzten Monaten nicht geschaffen, weil wegen des „überaus strengen Winters" die Bautätigkeit völlig zum Erliegen kam. – Die Lage der Kriegsbeschädigten ist nach wie vor „trostlos". Ehemalige Kriegsgefangene fügen sich in die veränderte Gesamtlage Deutschlands im allgemeinen gut ein, soweit sie in der britischen Zone beheimatet sind. „Schlimmer sind schon die ehemaligen Gefangenen dran, die aus den geräumten Ostgebieten stammen und ohne festen Halt in der Zone umherirren. Bei Kontrollen sind im Berichtsmonat mehrere solcher Personen wegen verschiedenartiger Delikte festgenommen worden."
18. April 1947: „In den Kreisen der Kriegsbeschädigten macht sich eine vernehmliche Unruhe bemerkbar, die insbesondere auf die mangelnde Rentenversorgung zurückzuführen ist. Die kargen Invalidenrenten reichen nicht annähernd zur Ernährung der darauf angewiesenen Familien aus. In den weitaus meisten Fällen können nicht einmal unverheiratete Kriegsbeschädigte davon ihren notwendigsten Lebensunterhalt bestreiten." (Erst in den 50er Jahren ging es den Kriegsbeschädigten etwas besser.)

1947: Kälte und Hungersnot

„Die Ernährung ist schlechter denn je." – „Die Ernährungslage befindet sich zweifelsohne in einem gefährlichen Stadium. Brot ist zeitweise nicht erhältlich, tägliches Schlangestehen vor Bäckereien und Lebensmittelgeschäften kennzeichnen die Not, den Hunger und die Verelendung der Bevölkerung. Die Hungersnot der Bevölkerung hat das Maß des Erträglichen bereits überschritten." So der offizielle Bericht.

Zur Kriminalität wird mitgeteilt: Gestohlen wurden ein Kalb, drei Schweine, ein Schaf, 110 Kaninchen, zwei Gänse, 105 Hühner, 42 Fahrräder, ein Motorrad, ferner wurden 41 Kohlen- und 22 Holzdiebstähle angezeigt. Für die Viehdiebstähle werden zumeist Polen verantwortlich gemacht. Am 19. Mai heißt es: „Auf kriminellem Gebiete ist weiterhin ein Ansteigen des Verbrechertums zu verzeichnen. Der Bandendiebstahl hat erschreckend zugenommen. Hierbei muß bemerkt werden, daß ein großer Teil der Fälle auf Ausländer zurückzuführen ist. Die Moral der Menschheit ist soweit gesunken, daß selbst bei kleinstem Widerstand ohne Rücksicht Gewalt angewendet wird."

Ende April 1947 ist ein Mehl-Engpaß da. Nach dem Aufruf des Zwei-Zonen-Amtes für die 4. Woche gibt es für erwachsene, jugendliche und sechs- bis zehnjährige Normalverbraucher statt der ursprünglichen Mengen von 2500, 3000 und 2500 Gramm Brot nur einheitlich 1500 Gramm. „Nach der gestrigen Mitteilung des Landesernährungsamtes wird in der ersten Woche der am 28. 4. beginnenden 101. Periode zunächst nur mit einer Brotzuteilung von nur 1000 Gramm zu rechnen sein." Die Lebensmittelkarten waren im Prinzip zunächst ein eher unverbindlicher Plan, der noch keine Ansprüche festlegte. Erst durch den „Aufruf" wurde geklärt, was wirklich gekauft werden konnte. Der „Aufruf" entsprach damit der tatsächlichen „Zuteilung", auf die man Anspruch hatte.

Weiter teilt die Stadtverwaltung, Ernährungsamt, Abt. B, mit, Kartoffelzuteilungen seien verfallen. „Vom Kartoffelwirtschaftsverband sind der Stadt jetzt 5 Tonnen Kartoffelgrieß zugewiesen, der im Verhältnis 1 : 8 auf laufende Bezugsberechtigungen abgegeben werden darf. Da hiervon aber umgerechnet nur 4000 Normalverbraucher eine Periode versorgt werden können, bedeutet diese Hilfe angesichts der erheblichen Belieferungsrückstände nur einen Tropfen auf den heißen Stein." Die letzten Worte strich der Oberbürgermeister durch und schrieb statt dessen mit Bleistift: „keine nennenswerte Hilfe".

Das konnte solcher Grieß tatsächlich nicht sein. Schlimmer noch: Es gab Lieferungen, die überhaupt nicht als Nahrungsmittel taugten. Am 3. Mai berichtet die Hannoversche Presse über ein Gutachten des Hildesheimer Lebensmitteluntersuchungsamtes über eine Warenprobe, die am 21. April eingeliefert wurde. Wörtlich: „Die am 21. 4. eingelieferte Probe Kartoffelgrieß besteht aus einem sehr stark verunreinigten Mahlprodukt, das grobe Holzstücke, Bindfäden, Metallteile, Maiskörner und Schmutzklumpen enthält. Es handelt sich dabei anscheinend um sogenanntes Kehrmehl, das auf dem Boden zusammengefegt worden ist und in einen Sack abgefüllt und in Verkehr gekommen ist. Das Produkt läßt sich nicht einmal als Viehfutter verwenden, sondern kann nur für technische Zwecke verwendet werden. Die Lieferfirma ist zu der Angelegenheit verantwortlich zu vernehmen."

Dieser Kartoffelgrieß ist keine Probe vom Schwarzen Markt, sondern sollte auf Marken verkauft werden. Ein übles Zeug, das den Menschen angeboten wurde, die sich schon sowieso in Not befanden und bei den winzigen Rationen doch wenigstens ordentliche Ware hätten erwarten können.

Übrigens waren in jenen Tagen Aufkäufer aus anderen Regionen in der eigenen unterwegs und schmälerten die Erträge noch weiter. So heißt es schon früher in einem Lagebericht vom 9. Dezember 1946: „Die Ernährung der Bevölkerung liegt unter jeglichem Existenzminimum. Die Erntevorräte sind infolge der erheblichen Vermehrung der Bevölkerung schon vor Beginn des Winters aufgezehrt. Dadurch, daß die Zuschüsse aus den deutschen Ostgebieten entfallen, wird die Not der Bevölkerung von Tag zu Tag größer. Die Lebensmitteleinkäufer der Rhein- und Ruhrbevölkerung im hiesigen Regierungsbezirk haben eine allgemeine Beunruhigung hervorgerufen. Eine Verknappung an Brot und Nährmitteln wird bereits auf diesen Übelstand zurückgeführt."

Der letzte Lagebericht des Ernährungsamtes zeichnet am 20. Mai 1947 in vollkommener Klarheit ein Bild der Misere. Der Bericht beginnt: „Der Aufruf des Ernährungs- und Landwirtschaftsrates in Stuttgart sieht für die 101. Zuteilungsperiode einen Tageskaloriensatz von 1509 vor, der natürlich immer von Qualitätserzeugnissen ermittelt ist, wie sie die Allgemeinheit heute kaum noch kennt. Nach den getätigten Aufrufen ergibt sich in dieser Periode aber für erwachsene Normalverbraucher nur ein Kaloriensatz von tägl. 1099, der sich für die vielen, die über keine Kartoffeln mehr verfügen, um noch 243 Kalorien vermindert, sodaß sie also mit 856 Kalorien auskommen mußten. In den nachstehend aufgeführten Lebensmitteln blieben die hiesigen Aufrufe hinter dem Soll von Stuttgart zurück: Brot 10 000 Gramm, aufgerufen 6500 Gramm, Nährmittel 1300 Gramm, aufgerufen 600 Gramm, Fleisch 600 Gramm, aufgerufen 500 Gramm, entr. Frischmilch 3000 Gramm, aufgerufen 2000 Gramm.

„Gegenüber dem Aufrufplan der Vorperiode haben sich folgende Änderungen ergeben: Kürzungen bei Brot um 500 Gramm, Nährmittel 200 Gramm, Käse erhöhte sich um 62,5 auf 125 Gramm. In dieser Periode wurden neue gewerbliche Zulagekarten ausgegeben, die praktisch auch, insbesondere wegen der fehlenden Kartoffeln und z.T. auch Nährmittel, eine Kürzung der bisherigen Zulagen bedeuten.

„Auf den Abschnitt 10 der Eierkarte wurden 2 Eier aufgerufen. Ebenso erhalten alle über 20 Jahre alten Normalverbraucher und Teilselbstversorger zusätzlich 100 Gramm Bohnenkaffee." – Bei den Leuten auf dem Lande ging die Verwaltung davon aus, ihnen gehe es sowieso besser als anderen, sie sollten deshalb keinen Kaffee bekommen. Da freilich machten sie einen Fehler. Die Flüchtlinge, die am wenigsten von allen hatten, waren größtenteils auf dem Lande untergekommen. Ausgerechnet sie, die Ärmsten der Armen, sollten deshalb auch keinen Kaffee haben. Am 16. Mai wird dagegen in der Zeitung Stellung bezogen. –

„Die Gültigkeitsdauer aufgerufener Abschnitte für Brot, Nährmittel und Kartoffeln, deren Belieferung in der 100. Periode mangels Ware nicht möglich war, mußte über den 27.4.47. hinaus verlängert werden. Trotz Einrichtung der Mehlverteilungsstelle und der Eintragung in Kundenlisten bei den Bäckern und Brotverkaufsstellen verschlechtert sich laufend die Mehl- und Brotversorgung.

„Die allgemeine Ernährungslage gestaltet sich immer aussichtsloser. Nach Ansicht der maßgebenden Stellen ist aber der Tiefpunkt noch nicht erreicht. Es kommen täglich ausgemergelte und weinende Leute ins Ernährungsamt, die aber immer nur, weil eben nichts vorhanden ist, mit leeren Redensarten weggeschickt werden müssen."

Man muß sich bei diesem Bericht erinnern: Er stammt nicht aus einer Zeitung, die vielleicht eine Misere kommentiert oder mit der Darstellung aufrütteln will – dies ist ein amtliches Schreiben, ein Bericht, an eine vorgesetzte Behörde. Ein schreckliches Dokument aus dem Hildesheimer Stadtarchiv, das an dieser Stelle zum erstenmal veröffentlicht wird. Es entstand im Jahre 1947, zwei Jahre nach dem Krieg, gut ein Jahr vor der Währungsreform. In trostloser Zeit.

All die beschriebenen Schrecken reichten noch nicht. Durch Kohlenmangel – praktisch werden nur noch Krankenhäuser beliefert – gab es auch noch zu wenig Strom, Industrie, mühsam in Gang gekommen, mußte immer wieder Ausfälle hinnehmen, nicht zuletzt Volkswagen, dessen Fahrzeuge zum Aufbau dringend gebraucht wurden, mit Zulieferern in Hildesheim. Ganze Stadtviertel wurden abgeschaltet (an je zwei Tagen bekamen zum Beispiel jeweils drei Stadtbezirke von 6.30 Uhr bis 16 Uhr keinen Strom, manchmal war die ganze Stadt betroffen) – und viel vernünftiger als seinerzeit in der NS-Gesellschaft wurde bei den Abschaltungen auch jetzt nicht verfahren. Die Sperrungen nahmen keine Rücksicht auf örtliche Bedingungen, zum Beispiel Röntgengeräte von Ärzten oder ähnliches.

In den Dörfern froren ohne Strom die Wasserversorgungen ein, Leitungen platzten. Anfang Januar reichte das Holz in Hildesheim noch für zwei Tage, die Hausbrandversorgung war nur zu 20 Prozent erfolgt. Die Menschen, vor allem in Baracken und Nissenhütten, froren furchtbar. Die berühmte Volksschauspielerin Heidi Kabel, eine Zeitzeugin gewissermaßen auch sie, sagte anläßlich ihres 80. Geburtstags Ende August 1994 in Hamburg: Den Hunger, den hätte sie noch gerade ertragen könne, aber die Kälte 1947, das habe alles überschritten. Noch heute schalte sie alle möglichen Wärmegeräte ein, frieren wolle sie nie wieder. Diese Not war in Hildesheim dieselbe – und dann in der Morgenfrühe nicht einmal Strom und Licht. Die Meldungen in der Zeitung über Selbstmorde namentlich älterer Menschen häufen sich.

Am 11. Februar 1947 bietet sich in der „Presse" für die Industrie dieses Bild:

Senking hatte im Januar Strom für nur noch wenige Abteilungen, bis auch die stillgelegt wurden. VDM (später, im September, umgewandelt in Kloth-Senking GmbH & Co) beschäftigte in der letzten Woche noch 200 Leute, jetzt noch zwei Dutzend. Trillke-Werk (später Bosch) fährt mit 40 Prozent in je einer Tag- und Nachtschicht. Ahlborn beschäftigt von 600 Leuten nur zehn Prozent nicht, denn der Reparaturdienst für Landmaschinen verlangt höchsten Einsatz. Harzer Achsenwerke in Bornum liegen still. Voss in Sarstedt geht es besser. Der Betriebsrat fuhr auf die Dörfer und überzeugte die Mitarbeiter von der Notwendigkeit der Nachtarbeit. Die wird jetzt durchgeführt. Nachts gibt es Strom.

Im Mai – seit dem 11. gilt die Doppelte Sommerzeit (die Uhren werden zwei Stunden vorgestellt) – wird erneut über eine „lähmende Stromkrise" berichtet, während es in Süddeutschland geradezu eine Stromschwemme geben soll. Aber angeblich bestehen keine technischen Möglichkeiten, die Energie nach Norden zu leiten. Zur Lage überhaupt – sogar Wasser soll möglicherweise rationiert werden - weiß auch der Rat der Stadt keinen anderen Rat mehr als den: „Hilfe kann nur von außen kommen."

Und für die Industrie und ihre Arbeitnehmer steht zu allem anderen noch das drohende Gespenst der Demontage vor der Tür. Das Stichwort hieß Reparationen. Man kassierte ganze Schiffsflotten, bemächtigte sich der Eisenbahnausrüstungen, verschleppte Menschen zur Zwangsarbeit – wie das namentlich die Sowjetunion bis zum Exzeß betrieben und ihre Besatzungszone ausgeplündert hat. Die westliche Seite dachte mit dem Morgenthau-Plan zunächst kaum anders, lernte aber ziemlich rasch dazu, und Amerika bescherte Europa den Marshall-Plan. Zuvor freilich – oder teils gar gleichzeitig – ging es auch hier noch um Reparationen und die Zerstörung industrieller Strukturen, und dazu gehörte die Demontage. Einerseits wurden Fabriken oder Werften wie etwa Blohm & Voss in Hamburg gesprengt, andererseits Maschinen beschlagnahmt und abtransportiert. Auf den Listen standen an erster Stelle kriegswichtige Betriebe.

In Hildesheim war namentlich VDM bedroht. Daß es ein kriegswichtiger Betrieb gewesen war, ließ sich nicht leugnen. Aber zu dieser Zeit war die Umstellung auf eine Friedens-Produktion schon gelungen. Unter anderem war VDM mit 750 Beschäftigten anerkannter Zulieferer der Reichsbahn, arbeitete für Büssing und VW, aber auch für Hildesheimer Firmen in der Nachbarschaft. Aus Aluminium-Schrott von Flugzeugen wurden außerdem Schuhsohlen, eine Art Sandalen gefertigt. Trotzdem waren schon 35 hochwertige Werkzeugmaschinen für die Demontage beschlagnahmt und wurden später auch abgeliefert. Bewertet wurden sie für die Reparationen nach dem Kilopreis.

VDM ist in der Ratssitzung vom 27. Juni 1947 ein großes Thema, verbunden mit einer Entschließung an die Militärregierung. Sie ist vertreten durch Oberst Wadham (mit Dolmetscherin), Nachfolger von Oberst Whalley als Residenzoffizier. Hildesheim sei durch den Krieg stark beschädigt, heißt es in der Resolution, dann wörtlich weiter: „Bei dieser Sachlage ist Hildesheim mehr denn je auf den Fortbestand der noch vorhandenen Industriewerke angewiesen. Der Rat der Stadt Hildesheim hat daher mit größter Sorge und Erschütterung davon Kenntnis genommen, daß die Vereinigten Deutschen Metallwerke 35 ihrer wertvollsten Werkzeugmaschinen auf Reparationskonto zur Ablieferung bringen müssen, obwohl das Werk vollständig auf Friedensproduktion umgestellt und inzwischen zur Spezialfabrik für Eisenbahnbedarf und die Fahrzeugindustrie umgestaltet worden ist.

„Eine etwaige Stillegung dieses Werkes würde rd. 800 Arbeitern mit ihren Familien die Existenz rauben und das soziale Gefüge der Stadt aufs schwerste erschüttern. Der Rat der Stadt Hildesheim bittet deshalb einmütig den Oberbürgermeister und die Stadtverwaltung, bei den maßgeblichen Stellen sich mit aller Kraft und Entschiedenheit dafür einzusetzen, daß eine weitere Demontage dieses Werkes im Interesse der Stadt und des allgemeinen Wiederaufbaus unterbleibe."

Übrigens wird fast gleichzeitig, im August, die erste Exportmesse in Hannover veranstaltet, aus dem Hildesheimer Raum stellen die Firmen Blaupunkt, Senking, Voss und Walter aus. Senking hat nach Zeitungsberichten „trotz des Verlustes aller Modelle" einen neuen und formschönen Herd entwickelt. Senking verbucht sogar einen wichtigen Exportauftrag nach Holland. Einerseits also neue Initiativen der Wirtschaft, andererseits Demontage. Sie sollte nicht allein Rüstungsbetriebe treffen, sondern überhaupt die deutsche Industriekapazität beschneiden.

Die Demontagepolitik, die sich bis 1950 hinzog, hat im Ruhrgebiet zu Streiks, Demonstrationen und Widerstand der Arbeiter geführt, ferner in Salzgitter. In Hildesheim war die größte Demonstration mit 15 000 Teilnehmern – allerdings schon Monate vor der genannten Ratssitzung – gegen den Hunger gerichtet. Die Säuglingssterblichkeit betrug nach Aussage von Dr. med. Clauditz 25 Prozent gegen vier Prozent vor dem Krieg, jeder 60. Einwohner hatte Tuberkulose. In einer Ratssitzung wird von 1250 Hungerkranken und 1035 TB-Kranken gesprochen. Das Gesundheitsamt berichtet im Februar 1947, die Belegschaften der Fabriken hätten zu 80 Prozent sieben bis zwölf Kilogramm Untergewicht, Soldaten aus russischer Gefangenschaft sogar 30 Prozent Untergewicht.

Am 21. Februar nannte ein Zeitungsbericht das Ergebnis einer Umfrage bei Schulkindern nach Strümpfen und Schuhen – in einem Winter von so schneidender Kälte, daß die Erde bis in Metertiefe gefroren war, wie sich aus zahlreichen Rohrbrüchen der Stadtwerke ergibt. Am 14. Februar hatte es in den Schulen Kälteferien gegeben, Schneewehen waren bis zu zwei Metern hoch, ein Zug aus Bad Harzburg kam in Hildesheim statt um 7.30 Uhr erst um zwölf Uhr an, in Lamspringe erfror eine Frau in ihrem Bett. Wegen Kohlenmangels fallen zahlreiche Eisenbahnzüge aus, D-Züge wie Köln – Braunschweig, Oberhausen – Hildesheim und auch einiges im Bezirksverkehr.

Die Umfrage unter Schülern (nur 319 von 5594 Kindern sind übrigens Flüchtlingskinder in Hildesheim, auf dem Lande sah das ganz anders aus) ergibt: 35,2 Prozent der Kinder haben keine Winterschuhe, zehn Prozent gehen in geliehenen. 557 Kinder haben keine Strümpfe an, 23,4 Prozent der 5594 besitzen nur ein Paar. 1,4 Prozent haben gar kein Hemd, 8,5 Prozent ein einziges. Bei 3,5 Prozent schlafen mehr als zwei Kinder in einem Bett, acht Kinder leben in Wohnungen ohne heizbaren Raum. Und noch eine andere Statistik vom Oktober 1946 dazu: 17 Prozent aller Kinder sind unterernährt, nur 13 Prozent gut bis befriedigend. Viele Kinder haben Drüsenschwellungen, die Hälfte leidet an Blutarmut.

Eine Untersuchung im Landkreis kommt sogar zu dem Ergebnis, 40 Prozent der Kinder seien unterernährt („sehr schlecht"), 47 Prozent gerade noch ausreichend, 13 Prozent gut. Die hohe Zahl der schlecht ernährten Kinder auf dem Lande verblüfft – aber eben dort waren sehr viele Flüchtlinge unter anderem in Barackenlagern untergebracht, sie hatten nichts zum Tauschen, aber schon schlimme Wege hinter sich und kamen von vornherein mit schlechtem Ernährungszustand an. Bei den offiziellen Rationen konnte er sich nicht bessern. Übrigens werden in der Hannoverschen Presse (November 1946) böse Dinge aus dem Kreis berichtet, was Zwangsräumungen angeht. Manche Leute sind davon bis zu viermal nacheinander betroffen. Entsprechend scharf wird die Verwaltung angegriffen.

Demonstration an der Steingrube

Vor der Hunger-Demonstration in Hildesheim hatte es in den Fabriken bereits Protestaktionen gegeben, eine außerordentliche Betriebsräte-Konferenz verfaßte Resolutionen. Oberbürgermeister Hunger sagte im Rat, der Mehlvorrat reiche noch für zwei Tage, und bat den Stadtkommandanten um Hilfe bei der Mehlversorgung und beim Wiederaufbau der Stadt. Zwischendurch ein Bericht des Gesundheitsamtes für das Jahr 1946, am 25. Februar 1947 veröffentlicht: 99 Fälle von Hungerödemen wurden gezählt, 398 Eiweißmangelschäden mit beginnender Wassersucht, 11 bis 15 Patienten kommen jeden Monat ins Krankenhaus wegen Ernährungsschäden. Es wurden 18 000 Atteste für Zusatzlebensmittel geschrieben, die Anträge stiegen in den letzten Monaten um 30 Prozent. Die Säuglingsernährung gilt als besonders gefährdet durch die Unterernährung der Mütter. Bei der Ermittlung der Kalorien sind die Werte sehr theoretisch, zum Beispiel werden bei Kartoffeln die Schalen mitgerechnet. „Die Beschaffung der Lebensmittel erfordert oft mehr Kalorien als darin enthalten sind."

Weiter: In Hildesheim sind 130 Tbc-Ansteckungsfähige ohne eigenes Zimmer, verschiedene haben nicht einmal ein eigenes Bett. Die Zahl der Erkrankten stieg von 548 auf 743 am Jahresende, 1946 starben 34 Tuberkulose-Kranke, doppelt soviele wie im Jahr davor. Die Zahl der Fehlgeburten liegt zwei- bis dreimal so hoch wie 1945, Arzneien fehlen, 40 Prozent der Rezept-Anforderungen können nicht direkt erfüllt werden, fünf Prozent überhaupt nicht. Insulin und Trockenmilch sind nur zu einem Drittel der Forderung vorhanden, die Lagerbestände aufgebraucht. Der Bedarf an Verbandsstoffen wird allenfalls zu zehn Prozent erfüllt.

Am Donnerstag, 3. April 1947, legten um 13 Uhr die Menschen in den Betrieben und in den Verwaltungen die Arbeit nieder und zogen in geschlossenen Gruppen zur Steingrube. Dort versammelten sich nach Zeitungsangaben um 14 Uhr bei Schneeschauern etwa 15 000 Menschen. Sie protestierten gegen „das Chaos in der Ernährungs- und Bedarfsgüterwirtschaft". Sie führten Transparente mit Texten wie „Wir wollen Brot und Fett und keine Kalorien" oder „Todesstrafe für Schwarzhändler" mit. Gewerkschaftssekretär Erich Braun schilderte den Hunger und den Mangel an Bekleidung und Schuhen und sagte, man lasse die Bevölkerung in Hoffnungslosigkeit versinken. – Zu Zwischenfällen kam es nicht.

Ein Wort zur „Bedarfsgüterwirtschaft": Für die Zuteilung an Arbeitskleidung, Schuhen und Fahrrädern spielte die Allgemeine Gewerkschaft eine ganz wesentliche Rolle. Die Leute waren mit ihr aber nicht zufrieden. Als der Kreistagsabgeordnete Böllersen verlangte, mehr als 50 Prozent dürften auf diese Weise nicht vergeben werden, erhielt er Beifall. Zugleich wurden die Wirtschaftsausschüsse aufgefordert, öffentlich Rechenschaft über die Verteilung abzulegen.

In all der Hoffnungslosigkeit war es trotzdem dazu gekommen, daß die Kultur aufblühte, daß das Theater spielte und für sein neues Dasein eine Trägergesellschaft gegründet wurde, und sogar der Wiederaufbau der Stadt oder eher der Bau einer neuen Stadt hatte in kleinen Schritten begonnen. Er fing an mit der Trümmerräumung, wie an anderer Stelle beschrieben, kam hier und dort zunächst zaghaft in Gang, wurde unterbrochen – aber 1949 im Herbst waren im Schnitt pro Woche 50 Richtfeste zu feiern. Nach der Währungsreform vom Juni 1948 ging es hier mit Macht voran.

Schon am 31. Januar 1947 hatte der Rat beschlossen, daß keine Wohnbaracken mehr gebaut werden sollten, sondern nur noch Geschäftsbaracken „von Fall zu Fall". In der gleichen Sitzung wird die Firma Dyckerhoff und Widmann mit dem zweiten Teil der Großräumung beauftragt, die Gebiete Hoher Weg, Almsstraße, Pelizaeusplatz waren bereits vom gleichen Unternehmen „tiefgeräumt". Für die Trümmerräumung werden nun auch genannt: Bei St. Georgen, Gerberstraße, Hinter dem Schilde, Jakobistraße, Kaiserstraße (gerade Nummern 50 bis 94), Marktstraße, Osterstraße, 2. und 3. Querstraße Rosenhagen, Seilwinderstraße, Wallstraße 1 bis 7, 13 bis 22. Einsprüche oder Wünsche der Eigentümer können vom 24. Februar bis 1. März im Stadtbauamt, Hohnsen 2, vorgebracht werden.

Die Geldmittel kamen in erster Linie vom Staat. Für den Kubikmeter Schutt wurden jetzt 5,10 Reichsmark berechnet, für die Schrottbergung 17,10 RM pro Tonne. Die Innenstadt lag noch immer weitgehend tot. Es bildeten sich mit der Zeit neue Geschäftsviertel, wenn man die so nennen darf, namentlich an der Zingel, auch an der Lilie, Baracken- und Nissenhüttenunterkünfte. Zugleich wurden Garagen in Wohnvierteln die Adressen altbekannter Hildesheimer Firmen. Gelegentlich wurde polizeilich festgestellt – die Bevölkerung vermutete das sowieso –, daß ganz offensichtlich über lange Zeit Waren gehortet worden waren mit der Hoffnung auf den richtigen Augenblick. Mit 15 Stimmen bei 9 Gegenstimmen wurde im Rat der Plakatanschlag auf drei Jahre an die Firma Gebr. Gerstenberg verpachtet, wohlgemerkt schon 1947. Da wurde doch offenbar auf einen Aufschwung gehofft, auch wenn es noch nicht danach aussah.

Die Wohnungsnot war nach wie vor sehr groß. Dabei gab es einige leere Kasernen und leerstehende, aber von der Besatzungsmacht beschlagnahmte Häuser. Der SPD-Ratsherr Bruschke (früher Oberbürgermeister) erklärte am 31. Januar 1947 im Rat, „daß im Hinblick auf die katastrophale Wohnungslage nochmals ganz deutlich auf freistehende Kasernen und die unbewohnten Häuser am Katztore hingewiesen werden müsse. Es sei nicht zu verantworten, daß die kürzlich im Galgenbergviertel beschlagnahmten Wohnhäuser von einer engl. Offiziers-Familie bezogen würden, die das Haus nur zur Hälfte ausnützen könne; andererseits hätten dafür vier bis fünf deutsche Familien das Haus verlassen müssen. Es gäbe noch zahlreiche Fälle in Hildesheim, in denen Familien in Kellern und Gartenlauben untergebracht seien. Wenn schon Mitglieder der Besatzungstruppe nicht mit Deutschen in einem Haus zusammenwohnen dürften, so müsse es doch möglich sein, wenn mehrere engl. Offiziersfamilien ein Wohnhaus gemeinsam bewohnten. Hier müsse schnellstens Wandel geschaffen werden." Später kam es im Zuge solcher Beschlagnahmen in der Brehmestraße sogar zu einem Selbstmord. Die Frau eines Architekten war über die Beschlagnahme ihres Hauses so verzweifelt, daß sie den Freitod wählte. Der Rat der Stadt gedachte der Toten in einer Sitzung durch das Aufstehen aller Mitglieder.

Übrigens nahmen, wie schon bemerkt, britische Offiziere von Zeit zu Zeit an Ratssitzungen beobachtend teil. So am 14. März 1947 Brigadier Cox und Oberst Crowe mit Dolmetscherin. Bei dieser Sitzung wurde der neue Oberstadtdirektor gewählt. 35 Bewerbungen hatte es gegeben, neun Bewerber kamen in die engere Wahl, sieben erschienen zur Vorstellung, gewählt wurde Dr. jur. Sattler „vorbehaltlich der Zustimmung der Militärregierung".

Das Bauvolumen für 1947 wurde an diesem Tage so festgesetzt: Wohnungsbauvorhaben 55 Prozent, Industrie, Gewerbe, größere handwerkliche Bauvorhaben 25 Prozent, Einzelhandel und Kleinhandwerk 10 Prozent, öffentliche Bauvorhaben 10 Prozent. Die Prozentsätze täuschen freilich, Prozent von was? Es geschah in dieser Zeit ja fast nichts. Am 31. März 1947 nahm Oberst Whalley mit Dolmetscherin bis Punkt 4 an der Ratssitzung teil. Oberbürgermeister Hunger (CDU) dankte für das persönliche Wohlwollen und bat um Unterstützung – nicht nur in der Lebensmittelversorgung, sondern auch bei der „Beschaffung von Baumaterialien für die Instandsetzung, damit die katastrophale Wohnungslage verbessert wird." Übrigens wurde der ordentliche Haushalt in jener Sitzung mit Ein- und Ausgaben von 10,958 Millionen RM festgesetzt, der außerordentliche brachte es auf ein Volumen von 2,532 Millionen. Heute beträgt das Gesamtvolumen gut eine halbe Milliarde DM. Die Grundsteuer a) lag bei 150 von Hundert, b) bei 225 von Hundert, der Gewerbesteuersatz machte 325 von Hundert aus, die Zweigstellensteuer 423 von Hundert. Darlehen und Aufnahme von Kassenkrediten waren nicht beabsichtigt.

Wichtig für die Wiederaufbau-Diskussion: Im außerordentlichen Haushalt gibt es einen Posten Erlös aus Altmaterial, „Zuschüsse von Privaten 250 000 RM", aber es gilt nicht als sicher, ob nicht Ersatzansprüche gestellt werden können. Diese „Zuschüsse" waren nämlich nicht etwa Spenden, sondern resultierten aus der Tatsache, daß die öffentliche Hand einfach alles für sich beschlagnahmte, was auf den Trümmerstätten der zerstörten Stadt bei der Räumung zum Vorschein kam. Der ehemalige Stadtbaurat Haagen macht heute – siehe weiter unten – kein Hehl daraus, daß, was damals geschah, rechtlich auf höchst unsicherem Boden vor sich ging.

Beim Wiederaufbau des Theaters, beschlossen am 21. Mai 1947, den ersten Abschnitt soll Architekt Gehrkens leiten, wird Wert auf diese Feststellung gelegt: „Bei dieser Gelegenheit wird festgestellt, daß die für den Wiederaufbau des Theaters erforderlichen Baumaterialien nicht aus dem der Stadt zur Verfügung stehenden Wohnungsbau-Kontingent, sondern aus einem Sonder-Kontingent stammen, das der engl. Kulturoffizier bewilligt hat." In der gleichen Sitzung werden die neuen Fluchtlinien für Oster- und Scheelenstraße, Hoher Weg und Judenstraße beschlossen.

Wiederaufbau mit Schwierigkeiten

Der Wiederaufbau Hildesheims ist im Rückblick ein durchweg schwierig und streckenweise fast gar nicht zu durchschauendes Unternehmen. Mal werden große Pläne entwickelt, die so nicht durchgeführt werden, mal wird für den Aufbau geworben, dann gibt es eine Bausperre. Einerseits ist die Militärregierung für die Zuteilung von Baustoffen zuständig, andererseits verfügt die Stadtverwaltung über Mengen geputzter Alt-Steine, die ihr eigentlich gar nicht gehören. Verwendet werden sie nicht an Ort und Stelle, sondern woanders, und oft genug werden sie ganz einfach gestohlen und geradezu lastwagenweise in entfernte Kreisgemeinden verschachert. Nur selten gelingt es, das Material wiederzuholen. Im übrigen gibt es vielerlei Streit mit der Verwaltung. Hildesheims Wiederaufbau – ein Abenteuer der besonderen Art.

Einige Probleme sind schon weiter vorn berührt worden, jetzt geraten sie mehr und mehr in den Mittelpunkt. Der Blick zurück zeigt zunächst im Kern eine schwer bombardierte Fläche, deren Trümmer manchen glauben lassen mochten, es werde in Zukunft gar kein richtiges Hildesheim mehr geben können. Die äußeren Stadtteile sind teils vollkommen unversehrt wie am Galgenberg, teils stückweise beschädigt, aber sonst bewohnbar. Hier drängen sich die Hildesheimer auf engstem Raum zusammen, erleben und schaffen Probleme. Zum Beispiel ist die Kanalisation im Querschnitt auf solche Bevölkerungsdichte nicht ausgelegt und schwappt über. Die dicken Rohre liegen in der Innenstadt, doch dort wohnt niemand. Eine Anzahl Familien wurde von der Besatzungsmacht aus ihren Häusern vertrieben, viele Ausgebombte leben als Evakuierte in Landgemeinden und müssen noch Jahre auf die Heimkehr warten, andere hocken in Behelfsheimen. Gelegentlich entstehen daraus mit der Zeit richtige Häuser oder gar Villen, wie man heute noch am Rottsberg sehen kann. So mancher „Schwarzbau" hat den Rat der Stadt durch Jahrzehnte beschäftigt.

Die ersten Ruinen läßt im Stadtkern noch die frisch installierte Besatzungsmacht beseitigen, damit die Brocken nicht ihren Leuten oder auch den Bürgern auf den Kopf fallen. Dazu scheint das Rokokohaus am Marktplatz gehört zu haben, es stand nämlich an einer Verkehrsstraße; die Marktstraße war damals noch eine. Nach Gothe (Heimatkalender 1951) sollte auch die Front des Tempelhauses abgetragen oder kurzerhand umgelegt werden, das sei nur durch den energischen Widerstand derjenigen Fachkräfte verhindert worden, die sich schon bei der Bergung des Kulturgutes während des Krieges bewährten. Diese Bemerkung dürfte in Richtung Josef Bohland deuten, der unter anderem die Holzdecke von St. Michaelis rettete.

Ob das Tempelhaus tatsächlich in der beschriebenen Gefahr stand, ist unsicher. Bernhard Haagen, seit dem Sommer 1945 im Dienst der Stadt, bezweifelt Gothes Version, Kurd Fleige, über lange Jahre Hildesheims Denkmalpfleger und nach 1945 im Planungsamt tätig, kann sich an solche Bedrohung des Tempelhauses auch nicht erinnern. Zumindest zu einer Zeit, als es wieder eine deutsche Verwaltung gab, war das dort kein Thema. Aber es gab eine Zeit davor. Gothe ist sicherlich ein verläßlicher Zeuge – Haagen und Fleige kamen auch erst später in die Stadt. Richtig ist, daß jedenfalls der Renaissance-Erker, „durch Luftdruck im Verband gelockert" (Gothe) später abgetragen wurde und für den Wiederaufbau, „freilich mit einigen Brand- und Bruchschäden", geborgen worden ist. Das diente aber wohl eher der Rettung.

Die Militärregierung hatte nach Dr. Lienke bis zum Herbst 1946 die alleinige Entscheidung darüber, welche Bauvorhaben zur Durchführung freigegeben werden durften. Infrage kamen zunächst lediglich leicht beschädigte Wohnbauten. Auch bei einigen Schulen wurden Reparaturen vorgenommen, damit im September 1946 ein notdürftiger Unterricht beginnen konnte.

Das Tempelhaus aus der Zeit um 1300, neben dem Rathaus das einzige Haus am Marktplatz, das in wesentlichen Mauerteilen und namentlich in der Fassade originär erhalten blieb, ging 1948 aus Stadtbesitz in das Eigentum der Familie Gerstenberg über mit der Auflage der Wiederherstellung. Haagen 1994 dazu: „Der Verkauf stand eigentlich im Widerspruch zu der Politik Ehrlichers auch schon früher, die Grundstücke rund um das Rathaus sollten im Besitz der Stadt sein. Dies Grundstück gehörte der Stadt und wurde fortgegeben. Ich habe damals dafür gesprochen. Ich habe auch befürchtet, wenn das Rathaus wieder aufgebaut wird, reicht die Kraft vielleicht nicht für mehr. Dem Tempelhaus, der früheren Stadtkasse, drohte vielleicht der Verfall. Es konnte hier aber eine schöne Buchhandlung entstehen, und es war gut für die Denkmalpflege."

Das Tempelhaus ist dann - wie die Sparkasse noch vor dem Rathaus - wieder aufgebaut worden. Am 3. Dezember 1950 wurde es mit einem Vortrag des Dichters Manfred Hausmann als Buchhandlung eingeweiht. Zahlreiche Vertreter der Behörden nahmen daran teil. Doch bis es soweit war, mußte immer wieder den Stein-Dieben Einhalt geboten werden. So schildert Josef Nowak in seiner berühmten Schrift „Wenn die Steine reden – Alt-Hildesheim klagt an" (1948): „Am 19. April 1948 geht Stadtarchitekt Gothe zufällig über den Markt. Vor dem Tempelhaus steht ein Pferdewagen. Zwei Männer beginnen Steine zu demontieren und zu verladen. Architekt Gothe erhält, bevor er sich durchsetzen kann, beinahe Prügel. Die Steineplünderer haben eine Bescheinigung des Stadtbauamts, das ihnen gestattet, in den Trümmern Material zu holen. Sie holen da, wo es am einfachsten ist, sich behauene Steine zu beschaffen."

Die Stadtverwaltung antwortet auf Nowak umgehend in einer Schrift „Die Steine reden". Zu vermuten steht, daß Haagen mit dieser Erwiderung zu tun hat, zumal er scharf angegriffen wurde. Er weist heute allerdings zumindest eine Autorschaft von sich und bedauert gar, daß diese Erwiderung ganz unnötig überhaupt geschehen sei; ihr antwortete Nowak nämlich sogleich mit einer neuen Schrift „Passion

Blick vom Jakobikirchturm auf den Marktplatz 1949. Das Tempelhaus ist schon eingedeckt, an der Fassade steht das Baugerüst der Steinmetzen.

Die zweite Baustelle am Markt ist die der Stadtsparkasse. Hoch aufgestapelt warten die Ziegelsteine auf ihre Verwendung.

Endlich schwebt der Richtkranz auch über dem Rathaus, das erst 1954 bezogen wird. St. Jakobi (im Hintergrund links) ist schon fertig, davor das Haus Kniep. Vorne rechts ist das Bettengeschäft Plünnecke noch in einer Holzhütte untergebracht.

Die Kreuzung Rathaus-, Oster- (vorn links) und Scheelenstraße. Am Ende der Rathausstraße im Hintergrund links lugt der Giebel der Reichsbank-Filiale hervor. Für die Lorenbahn sind Schienen gelegt, ein Bagger hat mit der Räumarbeit begonnen.

einer Stadt – Alt-Hildesheim klagt an". So hart wurde damals in Hildesheim gefochten.

In der Erwiderung der Stadt auf die erste Schrift heißt es zum Tempelhaus: „Eine bekannte Hildesheimer Firma hatte die Genehmigung seitens des Bauamtes, aus dem städtischen Grundstück Rathausstraße 17a Backsteine zu entnehmen, soweit dies Grundstück nicht abgebaut und die Steine anderweitig verteilt werden. Es handelt sich also um Überlassung der Reststeine. Der Unternehmer dieser Firma, der selbst für sich die Steine abfuhr und hier nicht bekannt war, äußerte auf der Baustelle, daß er noch Werksteine vom Grundstück Rathausstraße 20 (Tempelhaus) und vom Rathaus mitnehmen wolle. Dieses wurde ihm von dem stadtseitig eingesetzten Vorarbeiter ausdrücklich untersagt.

„Zu einem späteren Zeitpunkt, als der Vorarbeiter nicht mehr zugegen war, hat der Unternehmer der Firma doch noch herumliegende Werksteine vom Tempelhaus (nicht von der bekannten nördlichen Giebelwand, sondern vom hinteren Teil des Hauses) zum Teil zerschlagen und aufgeladen, um sie offensichtlich als Schotter zu verwenden. Hierzu ist Stadtarchitekt Gothe bei seinen regelmäßigen Rundgängen hinzugekommen und hat die Firma wiederum an der Steinentnahme am Tempelhaus gehindert. Der betreffenden Firma wurde mit sofortiger Wirkung jede Steinentnahme gesperrt.

„Der von der Baulenkungsstelle der Firma ausgestellte Berechtigungsschein für Entnahme von Steinen aus dem Grundstück Rathausstraße 17 a, der sich also nicht auf das Tempelhaus bezieht, hat folgenden Wortlaut: „Die Firma übernimmt nach Abbruch der Ruine Rathausstraße 17a die Abräumung. Mit den Arbeiten wird sofort begonnen. Das anfallende Baumaterial übernimmt die Firma."

Die hier zitierten Passagen werfen ein deutliches Licht auf die damaligen Zustände und Usancen. Der Berechtigungsschein ist offensichtlich auslegungs- und ausdehnungsfähig. Die Stadt erzählt etwas von „Reststeinen", nach dem Papier kann der Unternehmer aber alles mitnehmen, er soll sogar. Daß er sich noch an einem weiteren Grundstück vergreift, ist unstatthaft, aber der Mann konnte sich sagen: Es gehört ja auch der Stadt. Was für das Tempelhaus anfangs sogar noch wirklich zutraf. Aber bei privaten Grundstücken wurde oft ebenso gehandelt. Dies war in der Räumungsphase ein Problem, das sich die Stadt selber geschaffen hatte: Tatsächlich hatte sie die privaten Grundstückseigentümer mehr oder weniger enteignet, alles was auf dem Grundstück stand oder an Trümmern herumlag, war in ihre Hände gegeben. Rechtlich gesehen war übrigens die Grundlage für solches Verfahren mit dem „Reichsleistungsgesetz" höchst zweifelhaft – betont Haagen heute. Wörtlich: „Sie war rechtlich bedenklich, weil wir den armen, ausgebombten Hildesheimern unter Umständen noch das letzte wegnahmen, was sie hatten, nämlich die Ziegelsteine und die Heizkörper." Wer Steine stahl, Heizkörper oder anderes, bestahl bei diesem Verfahren nicht einen einzelnen privaten Eigentümer – da hätte er sich vielleicht nicht getraut –, sondern „besorgte" sich halt nur etwas vom Staat. Das war landläufig und einfacher – auch insofern, als von Mitbürgern weniger aufgepaßt wurde.

Nach Nowak sind bei der Landwirtschaftsschule (Michelsenschule) ganze Treppen ruiniert worden, weil Arbeiter ausgebaute Heizkörper einfach von oben nach unten darüber rutschen ließen. Das war bestimmt kein Einzelfall.

Aber wie fing das alles an? Nach den ersten Abbruchbefehlen der Militärregierung zur Gefahrenabwehr erschien der neue Regierungspräsident und forderte zum Räumen auf. Er mischte sich unter die Leute, die da mit der Schaufel die Wege freimachten, hörte sich unter ihnen um und stieß auf einen Mann namens Lichtenhahn, der war vom Fach und setzte ihm auseinander, wie man das am besten mache. Er redete sehr gescheit und sagte, wo man anfangen müsse mit dem Bagger. So schildert heute der frühere Stadtbaurat Haagen die Geschichte. Regierungspräsident Hange betrachtete sich Lichtenhahn näher und holte ihn zu sich. Er wurde Generalbaudezernent, teils war der Regierungspräsident sein Dienstherr, wo Lichtenhahn die Verwaltung machte, teils sollte er für die Stadtplanung zuständig sein, die an sich verbrieftes Hoheitsrecht der Stadt war. Von Planung war allerdings noch nicht viel die Rede. Es begann die Grundräumung der Innenstadt, Dyckerhoff und Widmann bekamen den Auftrag. Bernhard Haagen stieß erst später, etwa im August, dazu und zwar bei der Stadt als Planer. Nach seiner Darstellung 1994 waren die Weichen schon gestellt, „aber ich habe nachher die Prügel bekommen."

Lichtenhahn mußte nach einigen Monaten gehen, laut Haagen war er NSDAP-Mitglied und mit Lauterbacher befreundet gewesen. Ein Ratsprotokoll der Zeit nennt keinen Grund, aber der Rat gab Lichtenhahn eine Abfindung. Haagen wurde bei der Stadt Baudezernent, zunächst kommissarisch, später gewählt. 1948 kam die Bestätigung vom Regierungspräsidenten, damit war Haagen Stadtbaurat bzw. damals noch Stadtbaudirektor. Er hat dann auf der Verwaltungsseite für Jahrzehnte die Geschicke der Stadt in baulicher Hinsicht bestimmt. In der Anfangszeit war Aufbaubeauftragter in Hildesheim der schon genannte Dr. Lienke von den Harzwasserwerken, eigentlich von ihm übernahm Haagen die Aufgabe der Stadträumung. „Das war ja etwas schwierig, etwa im Rosenhagebiet gab es viele arme kleine Leute, deren einziger Besitz ja die Ziegelsteine waren und die Heizkörper, und ich mußte das vertreten, obwohl ich selbst das ja nicht eingesammelt habe. Ich habe das drei Jahre gemacht, etwas über die Währungsreform hinaus. Um verwundete Häuser in Gang zu setzen. Das war ein guter Zweck und damals eigentlich auch gar nicht anders möglich." Haagen räumt ein, Steine wurden gestohlen, verschoben; nach regelrechten Lieferscheinen gefragt, sagt er zögernd: „Das ist denkbar."

Die Großräumung mit großen Baggern und Lorenbahn durch die Stadt konnte auf kleine Einzelteile wenig Rücksicht nehmen, so sollen damals mancherlei Barocksäulen und ähnliches auf den Schutthalden gelandet sein, wo sie teils verschwanden, teils mühsam wieder ausgebuddelt wurden. Das Kaiserhaus am Langen Hagen war anscheinend im unteren Bereich noch zu einem guten Teil erhalten, wurde jedoch vollständig fortgeräumt – an seiner Stelle liegt heute die Kardinal-Bertram-Straße. Einzelne Stücke daraus wurden am Museum gesammelt, andere später im Rathaus ein- und noch später wieder ausgebaut, am stadtnahen Ende des Alten Marktes entstand zu einem Jubiläum der Baufirma Mölders noch viel später ein Stück der Fassade als Denkmal neu.

Seit vielen Jahren kämpft Kurd Fleige, städtischer Oberbaurat im Ruhestand, darum, das Haus wieder herzustellen. Eine Zeitlang schien es, als könne es am Steine als Teil einer neuen Bibliothek auferstehen, das zerschlug sich. 1994 ist das Kaiserhaus wieder Thema. Fleige sähe den Wiederaufbau gern am Alten Markt, relativ nah zum alten Standort, andere reden von der Lilie.

Nicht mehr gesprochen wird von Bauten wie dem Umgestülpten Zuckerhut, dem Altdeutschen Haus (ehedem Osterstraße) oder vielen anderen Kostbarkeiten wie etwa der Neustädter Schänke oder auch nur dem Fachwerkerker (erste Version) am Altstadt-Rathaus. Ein Schmuckstück wäre auch eine rekonstruierte Ratsapotheke am Hohen Weg gewesen.

Gotteshäuser von Abriß bedroht

In der ersten Aufbauphase nach dem Krieg war in der Trümmerwelt sogar noch erhaltene und also vorhandene Bausubstanz in Gefahr. Klar war für alle Beteiligten wohl von Anfang an, daß Dom und Michaeliskirche wieder aufgebaut werden sollten, auch Heilig Kreuz. St. Godehard hatte nicht sehr viel abbekommen, da war die Wiederherstellung selbstverständlich. Aber die anderen Kirchen? Schon im August 1945 ist in einer Besprechung mit Landeskonservator Dr. Deckert (so die Schrift der Stadtverwaltung 1948 gegen Nowak) die Reihenfolge der Sicherung der Denkmalsbauten festgelegt worden. Dort wurde bestimmt, daß St. Andreas, St. Lamberti und St. Jakobi Ruinen bleiben sollten.

Betrachtet man Luftbilder kurz nach dem Untergang der Stadt, fällt auf, daß von St. Lamberti die Gewölbe über dem Schiff fast vollständig erhalten sind. Erst nach dem Kriege brachen sie in Wind und Wetter Stück für Stück herunter – Gewölbeteile der einzigen spätgotischen Hallenkirche Hildesheims. Die Südostecke des Chores wurde sogar gesprengt. Daß diese Kirche heute wieder steht (mit einem neuen Gewölbe, das dem alten nicht ganz entspricht, aber dennoch sehr schön geworden ist), dünkt den Kenner der damaligen Vorgänge fast ein Wunder. Am Turm fehlt allerdings noch einiges.

Schlimmeres drohte St. Andreas, der Bürgerkirche der Altstadt, in der Bugenhagen am 1. September 1542 die erste evangelische Predigt hielt. Sie sollte, vielleicht vom Turm abgesehen, ganz verschwinden. Dies ist heute wirklich unvorstellbar und es glaubt einem auch kein fremder Besucher, wenn er den gewaltigen Bau sieht, aber noch im Hildesheimer Heimatkalender für 1951 schreibt Gothe: „St. Andreas hingegen zeigt überdies noch bedenkliche Bombenschäden an den Chorseiten und den Langschiffswänden und wird kaum wieder in allen seinen Teilen aufgebaut werden können."

Es hat eine Zeit gegeben, da wollte man das auch gar nicht. Bernhard Haagen, hierzu vom Verfasser als Zeitzeuge interviewt, hat bestätigt, daß sogar der damalige Superintendent Dr. Prenzler für den Abriß plädiert habe. In der evangelischen Kirche entwickelte sich eine neue Auffassung: kleine Kirchen innerhalb von Wohngebieten. So wie es später die Meinung gab, gar keine Kirchen mehr zu bauen, sondern sogenannte Gemeindezentren. „Multifunktional" würde man ihre Auslegung heute nennen.

Verglichen mit einer vielhundertjährigen Gemeinde- und Kunstgeschichte war eine solche Mode zwar recht kurzatmig, aber sie war für St. Andreas gefährlich – sie hätte nämlich im vollen Bewußtsein ihrer unbedingten Richtigkeit die Überlieferung und ihr Baudenkmal unwiederbringlich zerstören können. So wie der kurzlebige Rationalismus im vorigen Jahrhundert das Innere von Kirchen verwüstete und beispielsweise (1829) zur Folge hatte, daß die Teile des Peter-Paul-Altars aus St. Lamberti heute in alle Welt verstreut sind. Mit der Aussage des Superintendenten aber war jeder Meinung gegen die Wiederherstellung von St. Andreas Tür und Tor geöffnet – man konnte sich auf Prenzler berufen. Daß St. Andreas dennoch nicht unterging, rechnet sich heute Bernhard Haagen als sein Verdienst zu.

Einen hohen Anteil an der Rettung von St. Andreas hat aber vor allem die Gemeinde gehabt, die auf die „Fachleute" nicht hören wollte. So berichten die Hannoverschen Neuesten Nachrichten am 13. März 1948 von einer Versammlung der evangelischen Kirchenbauhütte. Senior Peter sagt in der Diskussion, die Gemeinde wolle eines Tages ihre Kirche wieder aufbauen, und sie wolle auch den hohen Turm behalten. Die Fachleute aber behaupten, das Turmgerüst sei unrettbar geschädigt und müsse weg. Sie sagen noch etwas anderes, und das ist blanke Ideologie: Der Turm „aus der wilhelminischen Epoche sei ein architektonisches Unding". Sie plädieren für eine niedrige und stumpfe Bedachung.

Richtig ist, der Andreasturm hatte seine endgültige Ausbildung und Höhe wirklich erst im 19. Jahrhundert erhalten, in der Zeit des Kaiserreichs. Zu Luthers 400. Geburtstag 1883 begannen die Arbeiten, 1886 war der Turm fertig. Ein architektonisches Unding war (und ist) er nicht. Der Hinweis auf die „wilhelminische Epoche" war gezielt abwertend. Nicht sehr hilfreich für die Gemeinde ist in jener Diskussion auch der Beitrag des Landessuperintendenten Detering gewesen. Er sagt, so der Zeitungsbericht, der Gedanke der Erhaltung eines alten Hildesheimer Wahrzeichens sei für den Wiederaufbau nicht entscheidend. – Beschlossen wird, erst einmal das Turmgerüst auf seine Wiederverwendbarkeit zu prüfen.

Eine weitere Gefahr drohte diesem Gotteshaus vom Straßenbau. Es soll Pläne gegeben haben, die Almsstraße quasi gerade durchzuziehen zur (neuen) Schuhstraße über das Grundstück von St. Andreas hinweg. Zwischendurch hat es offenbar auch Pläne gegeben, mindestens den Chor wegzunehmen, um Raum für Häuser auf der Westseite des Hohen Wegs zu schaffen. Der sollte auf jeden Fall verbreitert werden. Dem stand entgegen, daß bei Wegnahme des Chores das Schiff eingestürzt wäre. Lichtenhahn hatte nach Ausssage von Haagen und anderen den Plan, eine breite Straße auf die Kreuzkirche zu führen - wozu die Kreuzkirche aber als End- und Blickpunkt städtebaulich viel zu klein war.

Die nächste Version (ebenfalls Lichtenhahn) war die, den Hohen Weg ohne bebaute Westseite herzustellen, also St. Andreas blickmäßig freizulegen. Im 19. Jahrhundert haben die Kölner das bei ihrem Dom getan, mit schlechtem Erfolg. Große Kirchen brauchen ein Umfeld, oder, wie auch Haagen sagt, die Kirche muß mit den kleinen Häusern drumherum so sein wie eine Glucke mit ihren Küken. Das leuchtet ein. Außerdem wäre der Hohe Weg mit einer Bebauung nur auf der östlichen Seite seines Charakters verlustig gegangen, im übrigen wären geschäftlich wertvolle Grundstücke auf der Westseite verloren gewesen.

Dazu ist es am Ende nicht gekommen. St. Andreas ist wieder aufgebaut und 1965 durch Bischof Lilje eingeweiht worden, die Westseite des Hohen Wegs wurde wieder bebaut, aber die Straße wurde dennoch breiter. Dies wurde erreicht durch die Zurücknahme der Häuserfronten bei ihrem Neubau auf der Ostseite. Die ersten Gespräche mit den Anliegern über die Großräumung führte schon der seinerzeitige Oberbürgermeister Eger mit gutem Erfolg. Später war der Ärger um so größer. Als die Bausperre immer wieder verlängert wurde.

Ein anderes Problem jener Zeit war die Schaffung des Straßenraums für einen doch irgendwann zu erwartenden stärkeren Verkehr. Die alte Schuhstraße – westlich des Hohen Wegs – maß in der Breite sechs Meter, das kam für die Zukunft nicht in Frage. Östlich davon gab es sie gar nicht, allenfalls den „Sack". Es fehlte an einer vernünftigen Ost-West-Verbindung in diesem Teil der Stadt; aber auch der Durchbruch Zingel – Wollenweberstraße mußte erfolgen, am Potsdamer Platz (heute Almstor) sollte etwas geschehen, die Situation am Hauptbahnhof war ebenfalls nicht glücklich (ist es allerdings auch jetzt noch nicht). Aus heutiger Sicht leuchtet durchaus ein, daß eine Menge zu geschehen hatte, das mit der Tradition brach, daß neue Fluchtlinienpläne zu entwickeln waren (und das Bundesbaugesetz gab es noch nicht), daß zwar Häuser gebaut werden sollten, aber nicht den neuen Linien im Wege stehen durften, die noch nicht existierten. Das große Nachkriegsthema ist der schwer lösbare Konflikt zwischen Bauenwollen und Warten auf den großen Plan gewesen, damit man bauen durfte, der aber seine Zeit brauchte. Viel zuviel Zeit, sagten die Betroffenen und machten der Verwaltung schwere Vorwürfe. Das ging bis zur Forderung, Haagen müsse zurücktreten. Woraus jedoch nichts wurde.

Im Straßenbau wurden der Durchbruch Zingel zur Wollenweber Straße geschaffen (der einzige Weg in die Neustadt führte vorher durch die Küsthardtstraße), der Verkehrsweg von der Goslarschen Straße über den Hindenburgplatz durch die neue Schuhstraße, Pfaffenstieg, Dammstraße zum Dammtor, der veränderte Straßenzug Almsstraße/Hoher Weg. Völlig umgedreht wurden im inneren Rosenhagengebiet die Straßen von Ost-West auf Nord-Süd, der Sack ist ganz verschwunden, sonst blieb der alte Stadtplan im wesentlichen erhalten (Durchbrüche wie der Kennedydamm erfolgten erst in den 70er Jahren). Dies war auch insofern wichtig, als die alten Ver- und Entsorgungsleitungen samt der kostspieligen Kanalisation weiter genutzt werden konnten.

Im Straßenzug Goslarsche Straße – Dammtor wurde die Goslarsche Straße am Hindenburgplatz so nach Norden verschwenkt, daß es geradlinig in die obere Schuhstraße weitergehen konnte, die auf 20 Meter Breite ausgelegt wurde. Das erschien damals manchem wie eine Autobahn, während es zunächst nur wenige Autos gab. In Höhe des Hohen Wegs wurde ein Buckel abgeflacht, damit es weniger steil als früher in den unteren Teil der Schuhstraße ging, die nun ebenfalls 20 Meter (früher sechs) haben sollte. Die Verbreiterung sollte auf der Nordseite erfolgen, alle Neubauten waren entsprechend weit Richtung Andreaskirche zurückzusetzen. Uhrmachermeister Holbe hatte sich mit seinem Neubau schon nach den neuen Linien gerichtet, als Rat und Verwaltungsspitze die Bremse zogen.

Bernhard Haagen, Befürworter der 20 Meter – und da hatte er recht -, schildert das heute so: Die Fluchtlinien waren eigentlich beschlossene Sache und festgestellt, da erschien der Oberstadtdirektor Dr. Sattler (im März 1947 gewählt) in einer Bauausschuß-Sitzung und bat die Herren zum Tatort. Haagen mußte dem Ausschuß dort vorführen, was 20 Meter bedeuteten. Offenbar machte sich bei der Demonstration allgemeines Entsetzen über solche Maße breit, man beschloß aus dem Stand, zwölf Meter würden genügen, im Rat wurden daraus schließlich doch noch 16 Meter. Auf dieser Linie wurde in der Folgezeit gebaut, Holbe konnte seinem Haus ein Stück vorsetzen.

Weiter westlich war der Pfaffenstieg zu verbreitern, der Landeskonservator legte Wert auf die Mauer des ehemaligen Münchhausen-Hofs, das war zu machen. Sie steht heute mit dem schönen Torbogen zwischen Fahrbahn und Bürgersteig. Tiefere Eingriffe waren dann in Höhe des Museums notwendig. Der alte Pfaffenstieg mündete in die Burgstraße, es gab einen Knick nach Süden bis vor das „düstere Tor" des Domhofs und das Museum, sodann einen scharfen Knick nach Westnordwest („Am Steine"), hart nördlich am Landschaftsgebäude vorbei (heute Stadtarchiv und Bibliothek) führte die Straße weiter und hieß von da an Dammstraße.

Die neue Planung hat die Ecke an der Burgstraße abgeschnitten, und vor dem Museum ist auf diese Weise ein kleiner Park entstanden. Damit der Straßendurchbruch möglich wurde, mußten Grundstücke getauscht (zum Beispiel mit Familie Hage von der Firma Senking) und Entschädigungen errechnet werden. An der Dammstraße wurde für den Quadratmeter 15 RM geboten. Die Grundstücksverhandlungen insgesamt waren oft sehr schwierig, denkt man etwa an die kleinen und verzahnten Grundstücke im Rosenhagengebiet (später auch Jakobiviertel genannt), nicht immer konnten die Probleme mit freiwilliger Übereinkunft gelöst werden. Übrigens zogen sich die Straßenbaumaßnahmen, hier in einem Zug erläutert, bis in die 50er Jahre und später hin. Zum Gesamtpaket gehörten neben kleineren Maßnahmen außerdem noch die Berliner Straße vom Bismarckplatz an nach Osten, die schon angesprochene Unterführung Steuerwalder Straße, Ärger mit Anliegern bereiteten Banhofsvorplatz und Bernwardstraße.

Stillstand durch Bausperre

Aber die Bausperre in der ganzen Innenstadt über Jahre hin ist das wirklich schwierige Thema der Nachkriegszeit. Nach einem Stadtplan 1 zu 5000, dem zweiten Band der Ratsprotokolle nach 1945 beigefügt, beinhaltet die Sperre „gemäß § 3 Aufbaugesetz" die gesamte Innenstadt von den Wällen im Westen (und einem Zipfel Moritzbergs) und Süden bis zu einer Linie östlich der Sedanstraße, Zingel mit Einbeziehung der Steingrube, Bahnhofsallee. Dazu kommen Teile der Kaiser- und Bismarckstraße sowie Anschnitte der Nordstadt. Auf dieser ganzen großen Fläche darf nichts geschehen. Kein Aufbau, kein Wiederaufbau. Die Großräumung – in der Almsstraße wurde bei der Gelegenheit ein bedeutender Münzenschatz mit Brakteaten entdeckt – hatte als Tiefenräumung bis zur Kellersohle sogar dazu geführt, daß in den Löchern an der Almsstraße Pfützen und Teiche entstanden waren. Auf den übrigen Flächen grünte und blühte es, Weidenröschen, Disteln – sogar der Rosenstock am Dom hatte bereits 1946 das erste neue Grün gezeigt, 1947 die ersten Blüten, und damit nach der Sage ein neues Aufblühen der Stadt versprochen. Aber nichts durfte gebaut werden, keine Zukunft war in Sicht.

Dafür waren aber die Grundstückseigentümer an den Räumungskosten beteiligt worden, von denen sie zunächst nichts hatten. Am 22. September 1947 wird diese Maßnahme teilweise zurückgenommen. Unter Punkt 24 hält das Protokoll der Ratssitzung fest: „Gegen den Abschluß eines Vergleichs mit den Anliegern des Straßenzuges Almsstraße/Hoher Weg auf Rückzahlung der Hälfte der seiner Zeit geleisteten Aufräumungs-Beiträge wurden keine Einwendungen erhoben."

Was aber aufbaumäßig geschieht, das ist die Errichtung zahlreicher Nissenhütten und Baracken, die in dieser Zeit die Gewerbebetriebe und die Geschäftshäuser unserer Tage vertreten. Doch nicht in der Innenstadt. Die Zingel wird zu einer Art Geschäftsstraße, Hütte reiht sich an Hütte, dazwischen stehen die Freiluftstände fliegender Händler. Ein weiteres Baracken-Geschäftsviertel bildet sich 1948 an der Lilie hinter dem Rathaus und hat bis in die 50er Jahre Bestand. Man kann sich vorstellen, mit welcher Erbitterung Geschäftsleute etwa der Almsstraße zur Zingel blickten, wo das Leben schon einigermaßen pulsierte, während ihre Grundstücke der Aufbausperre verfielen und dazu noch Kosten verursachten. Auf Dauer mußten sie eine Verlagerung der Einkaufszonen und der Kundenströme befürchten.

Die Zingel mit dem Grundstück Utermöhle südlich der Sülte hatte auch begehrliche Blicke ganz anderer Leute auf sich gezogen. Die Stadtverwaltung überlegte ernsthaft, ob nicht dort das neue Rathaus und Verwaltungszentrum gebaut werden sollte, und flugs „billigte" der Kreistag am 24. Januar 1947 den Plan, dort auch die neue Kreisverwaltung anzusiedeln. Bisher war der Kreis an der Kaiserstraße beheimatet gewesen, dort könnten jetzt Wohnungen entstehen. Bernhard Haagen, im Sommer 1994 dazu gefragt, hat zum Kreis eine trockene Antwort: „Beschließen konnte man viel, aber man mußte auch das Grundstück dazu haben."

Letzten Endes sind beide, Stadt wie Kreis, dort nicht ansässig geworden, der Kreis ging zur Kaiserstraße zurück, die Stadt zog den Marktplatz in Betracht – nicht aber unbedingt das historische Rathaus. Wenigstens zunächst nicht. Das gilt es entgegen mancherlei Legenden festzuhalten. Am 3. Mai 1948 wurde im Rat beschlossen, „als Standort des Rathauses den Marktplatz zu belassen". Für weitere Verwaltungsbauten will man das Gelände zwischen Oster-, Markt-, Seilwinder- und Jakobistraße. Die Grundstückseigentümer sollen Entschädigung aus städtischem Grundbesitz bekommen. Dann der entscheidende Satz: „Der Bauausschuß soll im einzelnen beraten, wohin das künftige Rathaus gestellt werden soll, damit dieses Gelände für das Bauvorhaben freigemacht werden kann." Es ist also nicht so, daß mit der Entscheidung für den Marktplatz schon die Entscheidung für den Wiederaufbau des historischen Rathauses fiel – auch wenn es nachher so gekommen ist. Zeitweise war die Ruine an einen Elektro-Großhandel vermietet. Erst 1954 zogen Rat und Verwaltung wieder ein.

Ernst Kipker, später Oberkreisdirektor, damals Ratsherr, beantragte, das Utermöhle-Grundstück und die benachbarten Grundstücke an der Zingel für größere städtische Bauten reserviert zu halten. Dazu wurde beschlossen, Bauausschuß und Verwaltungsausschuß sollten darüber entscheiden, „ob bezüglich des Geländes zwischen Zingel, Einumer, Herder- und Marienstraße das Bauverbot weiter bestehen bleiben soll." Werde das Bauverbot aufgehoben, sei weiter zu entscheiden, ob eine Wohnbebauung oder auch eine Bebauung für geschäftliche Zwecke in Frage komme.

Daraus wird ersichtlich, hier war zu dem gewöhnlichen noch ein gezieltes Bauverbot erlassen worden, um das Gelände für eigene Baupläne zu sichern, die jetzt aber zu Gunsten des Marktplatzes aufgegeben werden. Wichtig würde für die Zukunft die Frage sein, ob Geschäftshäuser gebaut werden dürfen. Schon jetzt hatte sich ja das Geschäftsleben in Baracken an der Zingel angesiedelt, während die Innenstadt weitgehend tot dalag.

Und was sollte mit der alten Hauptgeschäftsstraße werden? Am 28. Januar 1947 wird in der Hannoverschen Presse über eine Versammlung des Einzelhandels und des Haus- und Grundbesitzervereins berichtet. Nach den Plänen der Verwaltung solle etwa 1949 mit dem

Wiederaufbau der Hauptgeschäftsstraße begonnen werden, heißt es dort. Bemängelt wird in der Versammlung das tiefe Ausschachten, die Almsstraße sei zum Sumpfgebiet geworden, eine Mückenplage im Sommer zu erwarten. Die Versammlung verlangt die Überlassung des anfallenden Bau- und Installationsmaterials, „das jetzt zum großen Teil auf das Land geliefert werde". Es wäre manchem Geschäftsmann sicher möglich gewesen, aus den vorhandenen Resten (wie das etwa an der Bahnhofsallee geschah) mindestens einen behelfsmäßigen Laden zu errichten, wenn nicht die Gebäude niedergelegt worden wären, heißt es in einer Resolution an die Adresse der Stadt.

Sie stellt sich dann auch nicht völlig taub, am 10. Februar 1948 meldet die Zeitung: „Im Zuge der Rathausstraße werden zunächst zwölf Behelfsläden nach Plänen von Architekt Steinborn errichtet, die später wieder verschwinden werden, um Hildesheim nicht das Gesicht einer Budenstadt zu geben." Ebenfalls in der Rathausstraße wird eine Baracke für das Wirtschafts- und Ernährungsamt gebaut. Das war lange zu Gast im Pelizaeus-Museum. Im Oktober eröffnete am Bahnhof ein Kaufhof mit zwölf Firmen, ein ähnliches Gebilde an der Lilie beherbergte im September neben anderen die Textilfirma Tessner.

Am 7. Februar 1947 hatte Haagen zum Thema Wiederaufbau berichtet: 140 000 Kubikmeter Schutt seien mit Kosten von 1,1 Millionen Mark beseitigt, in den nächsten zwei Jahren sollten mit Kosten von 1,3 Millionen, „hauptsächlich vom Staat getragen", weitere 250 000 Kubikmeter verschwinden. Er fordert (zwei Jahre nach dem Krieg), den Aufbau „nicht zu überstürzen". Die Stadtplanung solle diskutiert und den Bedürfnissen angeglichen werden. Nach Haagen (damals) sind 350 Wohnhäuser wieder aufgebaut worden, 570 sind noch wieder herzustellen. 2000 müßten neu gebaut werden. Am Hohen Weg stehe die Fluchtlinie noch nicht fest, aber für etwa 50 Geschäfte sollten die Gebäude Kressmann, Lindemann, Fiedler, Möller u. Sell 1948 fertig werden. Im übrigen aber solle der Neubau an Almsstraße und Hohem Weg nicht vor 1949 beginnen.

Die Hannoverschen Neuesten Nachrichten wußten dazu ein Jahr später: Das Kaufhaus Kressman soll in den Erdgeschossen diese Firmen aufnehmen: Buchhandlung Gerstenberg, Konditorei Schmidt, Juwelier Märtens, Meyer-Auswahl, das Papiergeschäft Wichmann, Friseur Ramm. Carl Kressmann dazu heute: „Richtig ist das. Die Auflage für unseren Wiederaufbau war damals, wir sollten nur im ersten Geschoß verkaufen dürfen, im Erdgeschoß sollte eine Art Passage entstehen. Dazu ist es aber nicht gekommen. Glücklicherweise."

Über das Gebäude Fiedler war übrigens, anders als Haagen erwartet hatte, nicht ohne weiteres zu verfügen. Vielmehr meint das Blatt, das Haus stehe unter der Kontrolle der Militärregierung, mit den Besitzern werde ein Briefwechsel geführt, um auch dieses Gebäude zu erhalten und wieder aufzubauen. Angedeutet ist hier das Problem, daß es am Hohen Weg unter den wachsamen Augen der Besatzungsmacht noch verschiedene Auseinandersetzungen der neuen Besitzer seit der NS-Zeit mit den Alteigentümern geben mußte, die als Juden emigriert waren. Das galt aber nicht nur für Kaufleute. Auch die Stadt Hildesheim mußte später 15 000 DM aufbringen, hatte sie seinerzeit doch ein Grundstück in der Scheelenstraße übernommen.

Zurück zu Haagens Ausführungen vom 7. Februar 1947. Nach den Angaben des Referenten sind bis dato 5,3 Millionen Ziegelsteine geborgen worden, von denen „auf höhere Anordnung" zwei Millionen abgegeben worden seien. Insgesamt würden mit der Räumung des Rosenhagengebiets, des Gebietes zwischen Langem Hagen und Pfaffenstieg sowie durch den Anfall aus der Neustadt, die in Einzelräumung enttrümmert werde, zwölf bis 15 Millionen Steine anfallen. Geschäftsmann Adamski fordert, durch den Aufbau der Geschäftsstraße rechtzeitig dem Abwandern der Kunden entgegen zu wirken.

Am 25. März 1947 wird die Gründung einer Vereinigung zur Förderung des Wiederaufbaus (der Innenstadt) gemeldet, am 25. April heißt es, Steine würden „verkompensiert", an den Ausfallstraßen sollen nunmehr Kontrollen eingerichtet werden. Am 21. Oktober beschäftigt sich ein größerer Zeitungsartikel mit der Baumisere, während am 18. November gemeldet wird, in der Trümmerräumung liege Hildesheim an der Spitze. Schon vorher hatte Haagen verkündet, die Räumung erfolge jetzt nur noch bis zur Straßenhöhe. Nur gebaut werden durfte immer noch nicht. Am 14. November 1947 war die Bausperre, am 17. September 1945 erlassen, wiederum für ein Jahr verlängert worden.

In der gleichen Sitzung werden die Fluchtlinien für den Langen Hagen, die Rolandstraße, Poststraße, Kurzer Hagen, Eckemekerstraße beschlossen, für das Rosenhagengebiet zwischen Almsstraße, Hinter dem Schilde, Osterstraße und Marktstraße ist der Bebauungsplan fertig. Es ist der erste überhaupt. Zwei Jahre später wird dort nach der Grundstücksumlegung der Beamtenwohnungsverein bauen. Vor dem Krieg war die Fläche sehr eng und dicht besetzt, jetzt soll es dreigeschossige Blöcke geben mit Licht und Luft und Grünflächen zwischen den Gebäuden. Das Ergebnis kann sich auch 1994 noch sehen lassen.

Schwieriger als hier hat sich der Wiederaufbau im Gebiet westlich der Andreaskirche gestaltet. Hier gab es Streit über die Bauhöhen. Gewünscht wurden fünf Geschosse, Haagen war das zuviel. Im Dezember 1955 schreibt er im Rückblick auf die Nachkriegsjahre in der Jubiläumsausgabe 250 Jahre Hildesheimer Allgemeine Zeitung: „Nur mit Mühe gelang es, die dortige Wohnbebauung auf die Viergeschossigkeit zu beschränken. Die beabsichtigten fünfgeschossigen Vierspännertypen hätten nicht nur die Andreaskirche, mit deren Wiederaufbau der Städtebauer als mit einer stadtbaulichen Notwendigkeit unbeirrt rechnet, gebotenen Maßstab verdorben, sondern auch Wohnverhältnisse und eine Besiedlungsdichte geschaffen, die nur als großstädtisch im alten Sinne und als ungesund angesprochen werden konnte." Gebaut hat dort namentlich die Gemeinnützige Baugesellschaft, das stadteigene Unternehmen.

1948 waren beide Baugebiete noch Zukunftsmusik. Die erhaltenen oder reparierten Wohnungen waren schon dicht belegt, doch immer wieder drängten neue Menschen in die Stadt – evakuierte Hildesheimer, die zurück wollten, aber auch Flüchtlinge. In der Ratssitzung vom 16. Juni wurde eine Entschließung gegen die weitere Zuweisung von Flüchtlingen aus dem Durchgangslager Uelzen verabschiedet. Wortführer ist der Flüchtlingsrat. Nach seiner Darstellung sollen monatlich 30 bis 50 Flüchtlinge aus Uelzen kommen. Die ersten elf kamen am 8. Juni an und wurden behelfsmäßig in der Mozartstraße 2 untergebracht. Von bisher rund 5000 „echten" Flüchtlingen in Hildesheim lebten nur 77 Familien in eigenen Wohnungen einschließlich Lauben und Behelfsheimen. 1333 Flüchtlinge hausten in Einzelzimmern mit vier bis fünf Personen in einem Raum. 242 lebten seit 1945 in Massenquartieren. Am 16. Dezember 1947 seien 25 aus Uelzen gekommen, davon seien noch jetzt zwölf in der Baracke des Roten Kreuzes. Wenn noch mehr kämen, gebe es nur noch mehr Elendsquartiere. Im übrigen meint der Flüchtlingsrat, die meisten Flüchtlinge von Uelzen seien aus der russischen Zone. Dort sollten sie, von einigen politisch Verfolgten vielleicht abgesehen, auch bleiben.

Die Ablehnung neuer Flüchtlinge hat höheren Dienststellen anscheinend nicht gerade gepaßt. Auf einmal bekamen verschiedene Ratsherren Besuch von einer besonderen Regierungskommission, die ihre Wohnungen besichtigte. Aber am Ende doch ein Kompromiß: Die Zahl der evakuierten Hildesheimer wird auf die Flüchtlingsquote angerechnet.

Den Flüchtlingen gegenüber, die noch weniger hatten als fast alle anderen, klingt die Ablehnung sicher sehr hart. Aber auch der Landkreis protestierte schon gegen die unzumutbaren Flüchtlingszahlen, sogar auf der Ebene des Regierungsbezirks gab es Ärger. Und man muß dazu wissen, die Ernährungs- und Bekleidungslage war auch 1948 noch keineswegs rosig. Ganz und gar nicht. Ende Januar zum Beispiel wurde im Landtag massiv gegen eine bedeutende Brotkürzung protestiert, gleichzeitig brach im Kreis die Schulspeisung zusammen. Am 5. Februar erfolgte gleiches in Hildesheim. Die Schulspeisung gab es nur noch an fünf Tagen in der Woche und nur noch für die Hälfte der Kinder. Auch die Fettzuteilung wurde gekürzt.

Dazu kam noch das „Speisekammer-Gesetz", auf Fragebogen war zum Stichtag 20. Februar zu erklären, was etwa man an Mehl und Kartoffeln im Hause hatte. Bei Strafandrohung, versteht sich. Am Hildesheimer Bahnhof wurden Kartoffelschieber wegen ihres sperrigen Gepäcks geschnappt. Fünf Leute hatten 15 Zentner bei sich. Der Abendzug von Braunschweig war damals der „Hamsterzubringer" zum Nachtschnellzug nach Köln. Im übrigen waren Waren auf Bezugscheinen nicht zu bekommen, selbst wenn es sie im Laden gab. Aber es gab keine Bezugscheine. Sie wurden nicht zugeteilt.

Nebenbei: In den Wäldern wurde Raubbau betrieben, allein die Briten schlugen Hunderte von Morgen ein, zum Beispiel bei Hämelerwald.

Doch auch in den Hildesheimer Wäldern in Stadtbesitz waren am Ende 400 Morgen geschlagen. Begonnen hatte es mit Stützen für die Luftschutzstollen, es endete mit Brennholz als Ersatz für nicht lieferbare Kohle. 1948/49 wurde es höchste Zeit, an eine Wiederaufforstung zu denken. Aber erst mußten sich die Zeiten ändern.

Viele redeten von einer Währungsreform, die kommen werde. Vielleicht werde dann alles besser oder auch gerade nicht. Da war man sich nicht einig.

Im Ratsprotokoll vom 16. Juni 1948 heißt es, die Hildesheimer Einwohnerzahl habe am 31. März 1948 schon wieder 67 159 betragen bei nunmehr 4700 Häusern mit 12 589 Wohnungen, minder beschädigte eingerechnet. Unter den Einwohnern seien 16 000 Ausgebombte, 10 500 Evakuierte aus der britischen Zone und 4820 wirkliche Flüchtlinge aus dem Osten. Demgegenüber warteten noch 10 000 ausgebombte Hildesheimer auf dem Lande auf ihre Rückkehr.

Diese Zahlen zeigen nicht nur etwas von der Not jener Zeit, sie machen auch deutlich, welch gewaltiges Aufbauprogramm drei Jahre nach dem Krieg noch vor den Stadtvätern stand. In der gleichen Sitzung wird wenige Tage vor der Geldreform noch einmal beschlossen, die Beschlagnahme von Baustoffen aufrecht zu erhalten. Sie dürfen nur durch Zuweisung der Stadt an einen Bauherrn vergeben werden. Ob eine Ruine ausbaufähig ist, entscheidet eine Kommission. 1947 im September war unter anderem festgelegt worden, daß wildes Bauen „insbesondere dann unterbunden werden müsse, wenn es sich um Bauvorhaben handele, die an unfertigen Straßen und in Gegenden, die noch nicht baureif seien", gelegen sind. Neubauten außerhalb der bisher bebauten Teile sind sowieso unstatthaft – abgesehen von wichtigen öffentlichen und gewerblichen Betrieben –, „soweit sie über die Errichtung von Behelfsheimen hinausgehen." In solchen „Heimen" steckten übrigens auch zahlreiche Gewerbebetriebe, unter anderem am damaligen Volksfestplatz an der Schützenwiese.

Als die Eltern von Edith Feise geb. Hostmann ihr Haus an der Sedanstraße wieder aufbauen wollten, durften dort nicht einmal Handwerker aus der Stadt arbeiten. Aber es wurde wenigstens gebaut. Im Herbst 1947 hatte Dr. Beitzen für den Aufbau (nicht: Neubau) im Rat vorgeschlagen, „daß grundsätzlich Baugenehmigungen erteilt werden, wenn Baumaterialien und Arbeitskräfte aus dem städtischen Kontingent nicht beansprucht werden." Deshalb mußten Hostmanns Leute von außerhalb kommen und von Hostmanns verpflegt werden. In der Wörthstraße konnte man fertiges Essen auf Marken bekommen, Mutter Hostmann kochte noch zusätzliche Kartoffeln hinein. Das Essen holte die junge Edith, sie putzte außerdem Steine und war auch sonst auf dem Bau tätig. Heute sagt Hildesheims zweite Bürgermeisterin nicht ohne Stolz: „Auf dem Dach liegt kein Ziegel, der nicht durch meine Hände gegangen ist." Acht Tage nach der Währungsreform war Richtfest.

Die Währungsreform

Die Währungsreform erfolgte am Sonntag, dem 20. Juni 1948. In der Geschichte der Nachkriegszeit ist das ein einschneidendes Datum. Das alte Geld war nichts mehr wert. Eigentlich ja schon längst nicht, aber nun war das klar. Am Freitag hatte eine deutsche Zigarette auf dem Hildesheimer Schwarzmarkt noch zehn Mark gekostet, am Sonnabend meldeten die Zeitungen: „Ab 21. Juni gilt nur noch die Deutsche Mark". Am Sonnabend kostete die Zigarette 30 RM. Der Schwarzhändler kalkulierte, jetzt geben die Leute das alte Geld ungehemmt aus. So war es auch. Die Damen eilten zum Friseur (so wird in vielen Quellen behauptet). In den Geschäften wurden noch unmögliche Sachen verkauft, die sonst keiner haben wollte. Am wildesten ging es auf dem Schützenplatz zu. Es war gerade Volksfest. Alle Karussells und Buden dicht umdrängt. Mit Geldwechseln hielt sich, so Kruse, keiner mehr auf. Man fuhr eben entsprechend länger. Geld spielte keine Rolle. Das Stadttheater zeigte sich von seiner besten Seite – es hat sogar noch Eintrittskarten für Reichsmark für die ganze folgende Woche abgegeben.

Im Harz brachen Kurgäste vor dem Sonntag ihren Urlaub ab, weil die Währung nichts mehr galt. Sie wollten rasch nach Hause. In Bad Sachsa mußten sie mit Gepäck kilometerweit zum Bahnhof laufen. Die Dienstmänner nahmen die alten Scheine nicht mehr an. Obschon sie noch gültiges Zahlungsmittel waren.

Am Sonntag konnte man an den 61 Ausgabestellen im Stadtgebiet nach längerem Schlangestehen seine „Kopfquote" (später sprach man auch von Kopfgeld) abholen. Gegen 40 Reichsmark gab es 40 Deutsche Mark, 20 weitere D-Mark zwei Monate später. Der Umtausch 1 : 1 galt aber nur für diese Summe. Altgeld war bis zum 26. Juni anzumelden und abzuliefern. Es kam auf Konten. An diesem Tage trat eine Steuerreform in Kraft, die die Steuern senkte, an diesem Tage wurde aber auch bekannt gemacht, daß die Reichsmark im Verhältnis 1 : 10 umgewertet war. Guthaben und Spareinlagen hatten offiziell nur noch zehn Prozent ihres bisherigen Wertes. In Wirklichkeit war es noch weniger, 100 Reichsmark verwandelten sich in 6,50 Deutsche Mark. Eine leichte Verbesserung erfolgte erst sehr viel später.

Wer Grundstücke, Häuser oder Waren besaß, dem ging es gut, wer Ersparnisse gesammelt hatte, wurde arm. Etwa 80 Prozent aller Studenten an der Hildesheimer Staatsbauschule wollten in diesen Tagen ihr Studium aufgeben, weil sie nicht mehr weiterwußten. Die Stadt meldet am 1. Juli, sie habe durch den Währungsschnitt elf Millionen Mark eingebüßt. Sogleich wollte sie die Preise für Wasser, Gas und Strom erhöhen, aber der Rat lehnte das ab. Das Stadttheater erklärt, es habe 160 000 Mark verloren, davon 100 000 Mark erspielte Einnahmen. Das Ensemble bietet an, für eine Gage von 150 D-Mark als Minimum zu spielen – falls mehr erwirtschaftet wird, soll der Überschuß aufgeteilt werden. Der Wiederaufbau des Theatergebäudes wird erst einmal eingestellt. Das ist die negative Seite der Medaille. Auch die Großräumung kommt zum Erliegen. Dyckerhoff & Widmann muß 120 Leute entlassen.

Angestellte, Arbeiter, Beamte sollen nach den Richtlinien zum vollen Satz in D-Mark bezahlt werden, es gibt eine Klausel für angefangene Zeiträume mit einer Nachzahlung von 70 Prozent. Die Hildesheimer Briten hatten den durch sie aus ihren Wohnungen vertriebenen Bürgern für die Nutzung ihrer Möbel eine Entschädigung zu bezahlen. Sie boten einfach nur zehn Prozent der vereinbarten Summe. Das war dreist. Übrigens gelten Eine-Mark-Scheine als zehn Pfennig noch eine Weile weiter, ebenso Briefmarken 1:10, und Sammelfahrscheine behalten bis zum normalen Ablauf die Gültigkeit.

Am Montag, 21. Juni, hatten die Leute ihr Kopfgeld, pro Mann oder Frau oder Kind die 40 Mark, zum Einkaufen zur Verfügung, bummelten über die Zingel und staunten, was es alles zu kaufen gab. Im Wirtschaftsamt verteilte man nun bereitwillig Punkte, während es sonst kaum welche gegeben hatte. In Hildesheim war das Angebot wohl weniger reichlich, wo 1945 auch die Geschäftsleute ausgebombt waren und ausgelagerte Ware zum Beispiel im Schacht „Fürstenhall" (Ahrbergen) schon im April '45 von Polen und Russen geplündert wurde, wie Lehrer Himstedt beschreibt – aus anderen Städten hört und liest man in dieser Zeit aber sehr bittere Kommentare. Offensichtlich haben viele Geschäftsleute trotz der Not um sie herum ganz gezielt für den Tag X Ware gehortet, im Krieg und nach dem Krieg. Wie wäre es sonst möglich gewesen, fragen sich die Kunden, daß über Nacht die Schaufenster voll sind?

Kommt es zu einem Kaufrausch? Der Wirtschaftsteil der Zeitung berichtet am 6. Juli überregional von einer „ersten Kaufwelle im Einzelhandel", aber für einen Rausch sind die meisten zu vernünftig. Vater, Mutter, zwei Kinder haben 160 Mark, aber sie müssen ja auch davon leben. „Außerordentlich lebhaft" gehen Schuhe, wen wundert es nach der Misere? Und ein „Ansturm" auf Fahrradbereifung wird festgestellt. Wer kaufen konnte, hatte Glück, wenig später wurden Reifen wieder bewirtschaftet. Radios werden noch nicht verkauft, heißt es, da es noch keine Teilzahlung gebe. Keine Einzelheiten werden aus Hildesheim gemeldet, mehr lapidar heißt es am 8. Juli: „Der Hildesheimer Einzelhandel erkennt seine Chance".

Wichtig für den weiteren Verlauf ist das Vertrauen in die neue Währung. Politisch wurde die Lage brisant. Die Berlin-Blockade der Sowjets begann, die Luftbrücke mit den „Rosinenbombern" namentlich der Amerikaner schuf ein neues Freund-Verhältnis, das bis heute gehalten hat. Eine überregionale Umfrage ergab, 53,1 Prozent der Befragten sehen die Lage mit dem neuen Geld optimistisch, eher skeptisch äußern sich die Ost-Flüchtlinge. Noch ist das Geld knapp, so muß mancher kleine Händler vom Kunden eine Vorauszahlung erbitten, damit er Bares für den Lieferanten hat, aber das gibt sich bald. Natürlich wird in der ersten Phase auch einiger Schund verkauft, doch das gibt sich auch. Und es gab ganz neue Töne: „Zuversichtlicher Frühkartoffel-Markt" war zu lesen oder: „Bahn senkt Tarife um 25

Prozent". Plötzlich kamen die Landwirte in die Städte und boten Obst und Gemüse an. Ein Pfund Erdbeeren 1.35 DM, Kirschen 75 Pfennig. Doch dafür war das Geld oft noch zu knapp. Der erste Wochenmarkt eröffnete am 10. Juli 1948 auf dem Neustädter Markt. Erst mehr als vier Jahre später (1. Oktober 1952) sollte es wieder einen Wochenmarkt am Rathaus geben.

Bei Umfragen in der amerikanischen Zone über die Hauptsorgen der Deutschen ergaben sich interessante Auskünfte. Noch im April 1948 war die Hauptsorge mit etwa 53 Prozent Nahrung, 40 Prozent Kleidung und Schuhe, etwa 12 Prozent Geldsorgen im allgemeinen. Im Oktober war Nahrung sowie Kleidung und Schuhe auf unter 10 Prozent gesunken, aber Geldsorgen im allgemeinen auf gut 65 Prozent hinaufgeschnellt.

Die Rationen auf den Lebensmittelkarten blieben zunächst noch recht dürftig. So bekamen die Hildesheimer im Juli 300 Gramm Fleisch, wofür man allerdings auch Freibankkonserven („gut konserviert") in doppelter Menge haben konnte. Die Rationen des Normalverbrauchers für den Monat August, also deutlich nach der Währungsreform, waren für vier Wochen diese:

10 000 Gramm Brot, 1500 Gr. Nährmittel, 12 000 Gr. Kartoffeln, 125 Gr. Kaffeeersatz, 200 Gr. Fleisch, 1000 Gr. Fisch, 625 Gr. Fett, 125 Gr. Käse, 3000 Gr. Milch, 1500 Gr. Zucker, 750 Gr. Trockenfrüchte. Nicht reichlich, aber schon bedeutend besser als im Februar. Im September wurde eine Sonderzuteilung angekündigt: mexikanisches Pferdefleisch. Es kam dann aber doch nicht.

Trotzdem konnte kein Zweifel bestehen: Es ging aufwärts. Die Autoindustrie – gewöhnliche Sterbliche kannten sie kaum noch - wagte Mitte Juli bereits die ersten Preiserhöhungen. Danach sollte ein VW Typ 11, 1132 Kubikzentimeter Hubraum, jetzt 5300 DM kosten, das Exportmodell war für 800 Dollar zu haben. (Jahre später waren die Autos besser und billiger.) Der Mercedes Benz 170 V wurde ohne Bereifung für 7800 DM angeboten, der Opel Olympia, fünffach bereift, für 6735 DM. Prof. Erhard hatte durchgesetzt, daß 4000 Artikel aus der Bewirtschaftung entlassen wurden. Die Preise stiegen daraufhin, aber es war Ware da.

Zuerst allerdings geriet vieles ins Stocken, angefangene Bauten ruhten. Nicht nur das Stadttheater, auch zum Beispiel der Fachwerkflügel des Pelizaeus-Museums kam vorübergehend nicht weiter. Arbeitslosigkeit wurde befürchtet und bei steigenden Preisen Zusammenbruch der Versorgung. Im Herbst verlangten die Gewerkschaften die Rückkehr zum System der zentralen Bewirtschaftung mindestens für Lebensmittel. Am 12. November 1948 ruhte im gesamten Vereinigten Wirtschaftsgebiet aus Protest die Arbeit für 24 Stunden. Die Befürworter der Marktwirtschaft behielten aber die Nerven.

Am 24. und 25. November wurden in Hildesheim billig Textilien verkauft, die erste Lieferung der „Jedermann-Ware". Am 8. Oktober eröffnete am Hohen Weg als erstes Geschäft die Kepa. Der Andrang war so, daß die Polizei regelnd eingreifen mußte.

Auch der Marshall-Plan (ERP-Mittel) kam in Schwung. Er war das, was man heute eine Anschubfinanzierung nennen könnte. Er brachte Bewegung. Westdeutschlands Wirtschaftswunder konnte beginnen.

Am Anfang sah es freilich im deutschen Westen ganz anders aus als in jenen Tagen – um das hier noch nachzuholen. Der Morgenthau-Plan (Morgenthau war der Finanzminister von Theodor Roosevelt) kam zwar nicht, wie als Denkschrift ausgearbeitet, zum Zuge, aber anfangs floß er sehr wohl in die Besatzungspolitik ein. Kennzeichen war dafür die Direktive „JCS 1067", im Mai 1945 herausgegeben und bis Oktober geheim gehalten. Darin hieß es für Deutschland, es würden keinerlei Schritte unternommen, die eine wirtschaftliche Erholung zum Ziele hätten (Trees und andere, „Stunde Null in Deutschland", S. 60 ff). Der Morgenthau-Plan hatte nach dieser Quelle (S. 54) die Überschrift „Maßnahmen zur Verhinderung eines Dritten Weltkrieges". Deutschland sollte, unter anderem auch bei seinen Nahrungsmitteln, durch Mangel bestraft werden. Ein Teil des Hungers der Nachkriegszeit ist auf solche Direktiven zurückzuführen, nicht nur auf Unvermögen oder zerstörte Verkehrswege. So wurden in der US-Zone Güterzüge mit Nahrungsmittelspenden aus der Schweiz in das stets neutrale Land zurückgeschickt.

Allerdings ist darauf hinzuweisen, daß freiwillige Spender, von der Schweiz über Schweden bis nach Amerika, trotz allem unverzagt unterwegs waren, um den hungernden Deutschen (und Europa überhaupt) zu helfen. Aus reiner Menschlichkeit. Und ihre Ziele zumeist auch erreichten. Unvergessen sind bis heute die Care-Pakete, Schweden-Speisung, Schweizer Hilfe und die der amerikanischen Quaker. Andererseits stieg in Hildesheim die Selbstmordrate besonders bei älteren Menschen. Sie wußten nicht mehr weiter. Zeitweise waren ja sogar bestimmte Renten blockiert. Die Zeitung meldete die Selbstmorde mit Namen und Alter.

Die Briten, um auch das noch anzumerken, sollen sich nach manchen Aussagen als Besatzer letzten Endes vernünftiger verhalten haben als die Amerikaner, die mehr noch als die anderen einem Kreuzzug-Gedanken anhingen. Vor Ort war das oft nicht so deutlich. Da waren die Briten nicht immer die verständnisvollen Helfer, die die Deutschen in ihrer Not erhofften. Trotz „Brücke", Deutsch-Englischer Gesellschaft, und was es in Hildesheim so gab. So ist die recht großzügige Beschlagnahme von Wohnungen einschließlich Inventar in einer Stadt fast ohne Wohnungen zum Kritikpunkt geworden, auch die Beschlagnahme eines Teils des Johannis-Bades noch bis 1949 erregte Unwillen, schließlich verlangten die Engländer noch kurz vor Gründung der Bundesrepublik Deutschland Raum für einen Golfplatz. Dafür wollten sie – so eine Wortmeldung von Hans Beitzen im Rat am 16. Mai 1949 – noch 16 Morgen Ackerland Richtung Einum beschlagnahmen. Der Rat sprach sich dagegen aus.

Währungsreform und Marshallplan waren seit dem Juni 1948 eine Tatsache und änderten im allgemeinen Leben vieles. Es wurde besser.

Frust oder Jokus? Nach einem alten Text soll dies die erste Feuerwehrübung nach dem Kriege darstellen. Beim Betrachten der „Aktiven" denkt man eher an eine lustige Einlage.

Noch stehen allenthalben Ruinen, doch das gesellschaftliche Leben hat wieder begonnen. Zur Fahnenweihe der Junggesellenkompanie findet sich am 18. Juni 1950 eine große Menschenmenge auf dem Marktplatz ein.

Es dauerte gar nicht mehr lange, da gab die Stadt Hildesheim die beschlagnahmten Bausteine frei, der Rest wurde der Firma Kost zur Verfügung gestellt, die Stadt wollte vom Gewinn einen Obolus, der Schrott aus Heizkörpern und anderem ging einen ähnlichen Weg. Was einst den Grundstückseigentümern geradezu abgepreßt wurde, war auf einmal fast nichts mehr wert. Mit dem neuen Geld gab es neue Steine, Heizkörper, Wasserhähne, Dachziegel und was man sich denken mochte. Der Schwarzmarkt war fast tot, für D-Mark wurde produziert und verkauft, was man noch vor einem Jahr kaum für möglich hielt. Zwei neue Kinos an der Steuerwalder Straße und in der Pepperworth warteten am 15. Juli nur noch auf den Einbau der neuen Stuhlreihen, um den Betrieb aufzunehmen. Ob sie Erfolg haben würden, war ein bißchen zweifelhaft. Zwar ist Hildesheim eigentlich immer ein guter Kino- wie ein guter Zirkusplatz gewesen, aber damals haben die Leute die Mark doch mehrmals umgedreht. Das Kino an der Steuerwalder Straße, im Oktober als „Metropol" im ehemaligen Nordcasino eröffnet, gibt es schon lange nicht mehr, das an der Pepperworth hat die knappen Zeiten überstanden, ebenso die „Thega". Der Name ist das Kürzel für „Theatergarten".

Nun ging es auch im innerstädtischen Gebiet in baulicher Hinsicht zunehmend auf Erfolgskurs. Zwar wurde das Stadtgebiet eigentlich erst nach dem Aufbaugesetz vom 17. Juni 1949 zum Aufbaugebiet erklärt, ein Gesamtbebauungsplan für die Innenstadt sogar erst am 27. November 1950 im Rat der Stadt gebilligt. Gebaut wurde dennoch bereits früher. Nicht zuletzt errichtete die Stadtsparkasse an der Südseite des Marktplatzes ihre große Zentrale, obwohl ein erster Wettbewerb zur Gestaltung des Marktplatzes noch gar nicht abgeschlossen war. Architektonisch umstritten, geradezu ein Klotz an dieser Stelle, beeinflußte der Bau über Jahrzehnte alle Diskussionen über den Marktplatz und seine Gestaltung. Am 1. November 1949 sprach sich der Rat in außerordentlicher und vertraulicher Sitzung im „Klee" nach einer Diskussion über die Entwürfe von Brandis und Klüser in einer Probeabstimmung mit 26 : 5 für die Erweiterung des Platzes nach Norden aus, legte sich im April 1950 darauf förmlich fest. Daß heute alles ganz anders aussieht, ist erst dem Umdenken der 80er Jahre zu verdanken.

Die Marktplatz-Diskussion dauerte Jahrzehnte. In der ersten Phase gab es neben den verschiedenen Ratsbeschlüssen Artikelschlachten in den Zeitungen, die einen waren für den hergebrachten kleinen Marktplatz und die Wiedererrichtung des Knochenhauer-Amtshauses, die anderen sprachen von einer neuen Zeit und eigener Baukultur, behauptet wurde schlichthin, der alte Holzbau sei gar nicht mehr möglich, und in die Zeit passe er auch nicht mehr. 1953 gab es gar eine Volksbefragung über den kleinen oder großen Marktplatz, und die Befürworter des kleinen (samt Knochenhauer-Amtshaus) gingen unter. Danach folgten weitere Wettbewerbe, weitere Ratsbeschlüsse. – Den Ablauf der Geschichte hat der Verfasser im Bildband „Hildesheim" (1992), Seite 73 - 83, ausführlicher dargestellt. – Doch zurück in den Sommer 1948.

Nach der Währungsreform änderten sich die Lebensverhältnisse, es änderte sich auch der Arbeitsmarkt. Im zeitgeschichtlich wertvollen Statistischem Jahrbuch 1960/61 der Stadt mit dem Rückblick auf die Nachkriegszeit heißt es in einem Bericht des Arbeitsamtes (zunächst zu den ersten Jahren): „In großer Zahl wurden Scheinarbeitsverhältnisse begründet, um Anspruch auf Lebensmittelkarten zu erhalten und der geordneten Arbeit aus dem Wege zu gehen. (...) Die Zahl der Arbeitslosen im Raum Hildesheim war zwar von 2500 im September 1945 auf 6324 im August 1946 angestiegen, aber nur ein geringer Teil bezog Arbeitslosenunterstützung, die zu diesem Zeitpunkt wenig gefragt war. Im Frühjahr 1947 ruhten viele Betriebe wegen Kohlenmangel und Stromsperre. Kurz vor der Währungsreform bestand ein akuter Mangel an Bauarbeitern. Einer Beschäftigung mit Sachwerten wurde der Vorzug gegeben. Der Wohnungsbau, ein besonders dringendes Bedürfnis, kam fast vollständig zum Erliegen. Dieses Bild änderte sich nach der Währungsreform im Jahre 1948."

Es gab Arbeit, es wurden aber auch Arbeitskräfte entlassen, „insbesondere aus den mit Kräften übersetzten Wirtschaftszweigen." In der Stadt Hildesheim, wo im Juni 1948 nur 420 Arbeitslose gemeldet waren bei 28 708 Beschäftigten, stieg die Arbeitslosenzahl zum Juni 1949 drastisch auf 2470 an, und die Beschäftigtenzahl ging auf 26 322 zurück. Im nächsten Jahr war die Arbeitslosenzahl 3651 bei kaum veränderter Beschäftigtenzahl (26 380), 1951 aber wurden 29 288 Beschäftigte gezählt bei trotzdem 3350 Arbeitslosen. Daraus wird erkennbar, die Bevölkerungszahl hat sich erhöht: Flüchtlinge gehören dazu, und viele Kriegsgefangene sind wieder daheim.

Die großen Bauvorhaben wie die Kirchengebäude brauchten ihre Zeit. Früh schon hatten die Gemeindeglieder mit Schaufel und Hacke und großem Idealismus Einzug gehalten in die Ruinen von St. Andreas, St. Lamberti, St. Michaelis und anderen evangelischen und katholischen Kirchen wie zum Beispiel der Bernwardkirche. St. Michaelis ist sogar ein Zeichen für beide großen Konfessionen. Gehört doch die Kirche den Evangelischen, die Krypta mit dem ursprünglichen Bernwardsgrab aber den Katholischen. Allerdings bemängeln die Hannoverschen Neuesten Nachrichten noch im September 1949, daß die Bernwardgruft noch immer mit Schutt und Geröll angefüllt sei. Die katholische Elisabethgemeinde an der Moltkestraße hat übrigens ihr kaum beschädigtes Gotteshaus über Jahre auch für Gottesdienste der evangelischen Andreasgemeinde geöffnet. Ein schönes Zeugnis christlichen Miteinanders.

Der Aufbau der Kirchen

Die Schaufelkolonnen der Kirchengemeinden setzten nicht nur Zeichen, sie schufen Tatsachen, die zu weiteren führten. So haben junge Leute in St. Andreas den Eingang zur Sakristei freigelegt, in der dann seit dem 31. Oktober 1950 wieder gottesdienstliche Handlungen stattfanden. Fritz Garbe schreibt dazu in seinem Buch „St. Andreas" (1965): „Das neue Leben, das sich in den Trümmern von St. Andreas regte, machte willig, im Wiederaufbau fortzufahren. Landeskonservator Dr. Decker stimmte dem zu mit dem Hinweis: St. Andreas muß erhalten bleiben." Die kleine Jakobikirche aus dem 16. Jahrhundert war schon 1949/50 fertig. Damals fanden einige, sie würde für die Andreasgemeinde genügen. Aber 1951 wurde die Erneuerung des Andreas-Turmes ernsthaft ins Auge gefaßt, 1952 eine Verstrebung mit mächtigen Balken zum Schutz der Südwand geschaffen. Im gleichen Jahr wurde die romanische Mauer in der gotischen Kirche abgetragen und neu aufgeführt, 1956 geschah Teilen der Nordwand ähnliches. Der 2. Mai 1956 gilt als Beginn des Wiederaufbaus der Andreaskirche. In diesem Jahr folgte schon der zweite Bauabschnitt mit der Eindeckung des Turmhelmes, 1957 fertig, danach wurden die Stahlkonstruktionen für das Hauptdach mit 32 000 Ziegeln und für Seitenschiffe und Chor errichtet, 1960 folgten zehn Strebepfeiler und die Einwölbung des Mittelschiffes, das mit einem Sterngewölbe geschlossen wurde. Dann ging es rasch weiter, bis Landesbischof Lilje am 29. August 1965 die wiedererstandene Bürgerkirche St. Andreas einweihen konnte. Gut 20 Jahre waren seit der Zerstörung verflossen. Als größte Glocke bekam St. Andreas vom damaligen Hamburger Glockenfriedhof die große „Osianna"-Glocke aus der Danziger Marienkirche. Sie ist 60 Zentner schwer. Die zweite stammt aus Rastenburg, die dritte aus Mühlhausen in Westpreußen. Die Beckerath-Orgel als Nachfolgerin der verbrannten Orgel aus der Barockzeit gilt als eins der bedeutendsten Instrumente Norddeutschlands.

Die Wiederherstellung von St. Andreas war ein sehr schwieriges und langwieriges Unterfangen, nachdem erst einmal entschieden war, die Ruine nicht zu beseitigen. Insoweit ist diese Kirche mit ihrem Schicksal fast ein Symbol für Hildesheim überhaupt - dem Untergang geweiht und doch wieder erstanden.

Viel selbstverständlicher erschien den Zeitgenossen, daß Dom und St. Michaelis wieder aufgebaut werden sollten. Hier ging es eher um die Frage: wie? In beiden Fällen wurde für die ursprüngliche Form mittelalterlicher Zeit entschieden. Der Wiederaufbau verlief vergleichsweise problemlos und ohne große öffentliche Debatte. Aber kaum jemand weiß heute noch, daß die Wiederherstellung des Domes erst nach beträchtlichem politischem Streit auf Landesebene erfolgen konnte. Man prozessierte sogar miteinander, erst ein Vergleich räumte die Probleme zugunsten der Kirche aus dem Wege. Es ging um die Frage, wer bauen und bezahlen müsse. Hintergrund ist die sogenannte Säkularisation von 1802/03, die dem Domkapitel das Eigentum an seinem Gotteshaus genommen hatte. Also sagte sich die Kirche, für den Wiederaufbau sei der Staat verantwortlich. Er habe die Baulast zu tragen. So kam es auch.

Generalvikar Sendker nannte die Domweihe am 27. März 1960 „die Krönung eines von Kirche und Staat getragenen Aufbauwerkes", wie er im Statistischen Jahrbuch der Stadt 1960/61 schrieb. Die Zerstörungen waren die schwersten, die einem deutschen Dom im Zweiten Weltkrieg zugefügt wurden, bemerkt Wolfgang Lorke im Jahrbuch „Die Diözese Hildesheim" (1984). 1950 wurde durch Bischof Joseph Godehard Machens ein neuer Grundstein gelegt, das sei bei keinem anderen Dom in Deutschland nach dem Kriege notwendig gewesen. Die Domgemeinde war 1945 genauso schlecht dran wie andere ausgebombte Gemeinden, aber wenigstens die Kunstschätze des Domes (Domschatz) waren fast alle bis auf Ausstellungsstücke des Diözesanmuseums in Sicherheit gewesen und somit gerettet. Manches arg beschädigt, doch reparierbar, das war, verglichen mit anderen Städten wie Würzburg, eine relativ leichte Last. Die Gemeinde freilich hatte zunächst kein Unterkommen. Eine Baracke war als Notkirche an der Innerstau geplant, die Pläne zerschlugen sich durch das Hochwasser von 1946. Jahrelang sind die Sonnntagsgottesdienste in der Gaststätte Vier Linden gehalten worden, bis wenigstens die Domsakristei (Laurentius-Kapelle) wieder zur Verfügung stand. Schon im Sommer 1945 wurden auf Krypta, Laurentius- und Annenkapelle sowie die erhaltenen Untergeschosse des Kreuzganges Notdächer gegen die Witterungseinflüsse aufgebracht. Für die großen kirchlichen Feste diente St. Godehard 15 Jahre lang als Ersatz für die Kathedrale. Hier sind drei Bischofsweihen erfolgt, auch die Trauerfeiern zum Tode von zwei Bischöfen fanden hier neben einer Reihe von Priesterweihen statt. Der alte Dom vor 1945 war, zeitgenössische Fotos zeigen dies, weitgehend barokisiert, die neuerliche Bauentscheidung mußte eine Basis in der Geschichte finden, die für die Zukunft tragen konnte. Man fand sie in der Hauptsache in der weit zurückliegenden Vergangenheit der Romanik und Gotik – ähnlich wie bei St. Michaelis. Vorausgegangen war allerdings auch hier eine Diskussion darüber, ob Wiederaufbau oder neue Kirche. 1949 wurde ein Wettbewerb ausgeschrieben. Das Domkapitel wünschte mindestens 1000 Sitzplätze und 2000 Stehplätze. Der hannoversche Architekt Fricke schuf die Pläne für den Wiederaufbau auf der Basis des alten Domes mit Änderungen in Westwerk und Westparadies.

Das Langschiff wurde schon um 1950 fertig und mit Kupfer eingedeckt. Der Chor mußte in seinen oberen Teilen abgetragen und erneuert werden. Im Kreuzganghof wurde zunächst die Annenkapelle instandgesetzt, sie beherbergte für einige Zeit die Bronzetüren Bernwards, die Christussäule und andere Kunstwerke wie das Taufbecken. Die Bauten des Kreuzgangs selber wurden, berichtet Gothe im Heimatkalender 1952, „von allen späteren Zutaten, vor allem von den mächtigen Strebepfeilern, befreit und gesichert". In der äußeren Form einschließlich des Paradieses ist der Unterschied zwischen heute und früher am Bild des Domes auf den ersten Blick nicht sehr groß zu bemerken, wäre nicht das Westwerk. Es ist beim Wiederaufbau im Sinne der Romanik geformt worden und hat seine früheren zwei schlanken Türme verloren. Der Vierungsturm im Osten ist rekonstruiert worden, aber mit Kupfer gedeckt – vor der Zerstörung 1945 war der Helm die berühmte goldene Kuppel.

Die junge Gemeinde setzt Zeichen für den Wiederaufbau der Kirchen. Das Bild zeigt erste Aufräumarbeiten in St. Andreas. Dem schwer beschädigten Gotteshaus drohte nach dem Kriege zunächst der Abriß.

Über dem Schiff von St. Jakobi ist der Richtkranz aufgezogen. Ein Zeichen der Hoffnung in einer Trümmerstadt.

Noch steht die spätgotische Hallenkirche St. Lamberti in der Neustadt als schwer zerstörte Ruine da, aber der Wiederaufbau beginnt.

Mit einem Festgottesdienst wird St. Lamberti 1952 wieder eingeweiht. Der Blick geht von der Orgelempore zum Chor. Dort stehen Landesbischof Lilje und die Pastoren Storch und Tegtmeyer.

Blick von Osten auf die Dom-Baustelle im Jahre 1950. Links im Bild ist an der Apsis der Rosenstock zu erkennen. Das Westwerk hat noch die alten Türme.

Bauarbeiten in der Michaeliskirche. Der Blick geht nach Westen. Im Hintergrund ist noch das Ziegelwerk zu erkennen, mit dem die Engelschor-Schranke vor den Bomben geschützt wurde.

Am Bau war damals noch harter körperlicher Einsatz nötig wie hier beim Arbeiten mit der Lore. Die Baustelle ist St. Michaelis.

Unter freiem Himmel, aber doch in der Kirche – Gottesdienst in St. Michaelis nach der Schuttbeseitigung.

Am Ehrenfriedhof für die Bombenopfer auf dem Zentralfriedhof, heute Nordfriedhof, wurden die Arbeiten mit dem Aufstellen des Steinkreuzes im wesentlichen 1955 abgeschlossen. Von den mehr als 1600 Toten der Luftangriffe fanden hier fast 800 ihre letzte Ruhestätte.

Ein Mann turnt auf der Mauer herum, und die Kinder schauen zu. Der schmale Turm zeigt an, es handelt sich um die Baustelle Martinikirche des Roemer-Pelizaeus-Museums.

Schon recht weit gediehen ist der Bau des neuen Roemer-Pelizaeus-Museums am Steine. Baugerüste waren in jenen Tagen komplizierte Holzgebilde. Verstrebungen, kreuz und quer, gaben den nötigen Halt.

Im Innern ist eine schlichte Kirche in einfachen Formen entstanden mit einer schmucklosen Holzdecke. Der Blick von Westen konzentriert sich auf den Hochaltar mit dem Hezilo-Leuchter darüber, im Westen bilden die Bernwardtüren den einzigen Schmuck. Er freilich ist atemberaubend, tritt man näher heran, und mehr dürfte hier auch nicht sein. Schon die Fotografien an den Seitenwänden, obgleich sie erklären und deuten, sind fast zuviel. Neben dem Hauptschiff liegen verschiedene Altäre bzw. Kapellen an den Seiten, im Osten trifft man im südlichen Teil auf die Bernwardsäule, im nördlichen auf das Taufbecken. Dazwischen, unter dem Hochaltar, die Krypta im ältesten Teil des Domes, der noch aus der Zeit vor dem Hl. Bernward stammt. Er ist ausdrücklich dem Beter vorbehalten, „besichtigen" darf man ihn nicht.

Rund um den Dom sind zwar nicht die Kurien wiedererstanden, soweit sie verlorengingen, aber neue Bauten wurden so eingefügt, daß wiederum ein geschlossenes Ensemble entstand. Die Architekten der Nachkriegszeit haben erreicht, daß der Domhof auch heute eine vergleichsweise stille Insel im Getriebe der Welt ist. Auch wenn die vielen parkenden Autos das Bild trüben. Gegenüber dem Westwerk des Domes steht das Generalvikariat, bis in die 70er Jahre hatte der Staat hier das Landgericht untergebracht. Im südlichen Teil, dem Kleinen Domhof, wurde im Krieg das Gymnasium Josephinum (in der NS-Zeit übrigens als Oberschule gleichgeschaltet) weitgehend zerstört. Doch der eindrucksvolle Barockgiebel aus der Zeit der Jesuiten in der Gegenreformation blieb stehen und ist in die neue Schule mit Feingefühl eingebracht worden. Oder, andersherum, die neue Schule wurde mit Gefühl für die Tradition in den Domhof integriert.

Gleich in der Nachbarschaft, Am Steine, entstand ein neues Roemer-Pelizaeus-Museum, dessen Schätze, ausgelagert, den 22. März 1945 zum allergrößten Teil überstanden und entgegen Göttinger Drängen in Hildesheim verblieben. Daneben stand noch sehr lange als Ruine das Gebäude der Landschaft, das erst in den 70er Jahren als Heim des Stadtarchivs und der Stadtbibliothek auf- und ausgebaut wurde. Nach Angaben von Bernhard Haagen (1994) ist die Ruine der Landschaft sehr durch Pläne der Justizverwaltung bedroht gewesen, die an dieser Stelle ein hochgetürmtes, modernes Justizzentrum nach Art des Landesrechnungshofs bauen wollte.

Es hat dann, so Haagen, auf seine Anregung einen umfänglichen Grundstückstausch gegeben, an dessen Ende das Landeskrankenhaus von der Sülte zum Galgenberg in die ehemaligen Obstplantagen der Stadt ging, der neue Volksfestplatz kam zur Lademühle, die Polizei von der Bahnhofsallee/Kaiserstraße zum damaligen Volksfestplatz (Schützenwiese), die Justiz vom Godehardsplatz und dem Domhof auf das nördliche Sültegelände, während die Landschaft ihrem zugedachten Schicksal entging. Mit Hilfe eines weiteren Projektes, das Busparkplatz und Straßenführung vor den Toren von Bosch und Blaupunkt im Hildesheimer Wald nach deren Wünschen auf Kosten der öffentlichen Hand umgestaltete, wobei die Stadt nur wenig zahlen mußte, Bund und Land um so mehr, sei es dann gelungen, Bosch zu einer gezielten Spende für Wissenschaft und Kunst zu bewegen, mit der der Wiederaufbau der Landschaft für Stadtarchiv und Bibliothek möglich wurde. Haagen heute: „Das gehört zu den wichtigsten Ereignissen der 60er und 70er Jahre für die Stadtentwicklung."

Diese Pläne und Ereignisse greifen zwar über den Rahmen dieses Buches hinaus, dessen Ende in der Zeit um 1950 liegen sollte – aber manche Dinge, die viel später geschehen, haben ihre Wurzeln irgendwo in jenen Tagen.

St. Michaelis liegt am Ende der Burgstraße heute im direkten Blickfeld der Museumsinsel. Für das Gebiet zwischen Pfaffenstieg und Langem Hagen wurde 1948 ein öffentlicher Wettbewerb ausgeschrieben, noch vor dem Marktplatzwettbewerb und als erster überhaupt. Die Blickbeziehung an der Burgstraße zu St. Michaelis auf dem Hügel war eins der Ergebnisse. Hildesheim-Besucher pflegen denn auch von der Dom- und Museumsinsel her sogleich den Weg zu Michaelis zu nehmen; der Anblick aus der Ferne lockt auch bei müden Füßen. Eine ähnlich glückliche Blickbeziehung wurde an der Ecke Schuhstraße/Hoher Weg gewonnen, dort umfaßt das Auge St. Andreas und St. Michaelis zugleich, allerdings stören inzwischen Bäume das Bild. Schließlich gibt es noch eine dritte interessante Perspektive, die wohl eher zufällig entstanden ist. Nähert man sich der Stadt von Westen auf der Bundesstraße 1, gibt es einen Punkt, von dem aus Michaelis und Andreas hintereinander genau in einer Linie liegen. Vorn die mächtige Gottesburg breit hingelagert, dahinter hoch aufragend der Andreasturm.

Die Michaeliskirche wurde schon am 22. Februar 1945 schwer getroffen, am 22. März geradezu vernichtet. 68 schwere Bomben pflügten den Michaelishügel regelrecht um, dazu kam das Feuer. Die Hitze ist so groß gewesen, daß viele Säulen platzten und bröckelten. Gab es überhaupt eine Hoffnung für die Ruine? Pastor Kurt Degener machte seiner Gemeinde Mut und rief sie, buchstäblich auf den Trümmern stehend, zum Wiederaufbau des Gotteshauses auf. Monatelang haben Gemeindeglieder in den Trümmern geschuftet, obgleich sie zu Hause doch selber Sorgen genug hatten. Schon 1947 schützte ein Dach vor weiteren Zerstörungen durch die Witterung.

Viele Spenden kamen zusammen, darunter die erstaunliche Finanzhilfe des Mr. B.R. Armour aus New York. Dann halfen städtische und staatliche Stellen weiter, nicht zuletzt die lutherische Landeskirche und die Klosterkammer. Schon bald nach dem Krieg war in Hildesheim die evangelische Kirchenbauhütte entstanden, aus der sich später das Amt für Kirchliche Baupflege (heute: Amt für Bau- und Kunstpflege) entwickelte. Sie hatte mit allen Kirchenbauten, Pfarrhäusern, Kindergärten maßgebend zu tun.

Für St. Michaelis wurden die Landeskonservatoren Prof. Deckert und Prof. Karpa und mit ihnen Dr. Roggenkamp wichtig, nicht zu vergessen die Architekten Prendel und Steinborn. Das erste Teilstück mit dem neuen westlichen Vierungsturm – der alte war 1662 abgeris-

sen worden – wurde 1950 durch Bischof Lilje eingeweiht. Die entscheidende Tat ist die gewesen, Bischof Bernwards Kirche in ihrer wesentlichen Architektur wieder auf Bernward und die ottonische Zeit zurückzuführen. Alle Türme und Treppentürme alter Art und Maße erstanden wieder, die Ostvierung mit Chor und Apsiden, die es schon lange nicht mehr gegeben hatte. Im Osten lag vor der Zerstörung 1945 der Haupteingang, der Altar im Westen. Auf Drängen von Pastor Degener wurde dies (wieder) umgedreht, die Kirche „geostet".
Beim Wiederaufbau wurden die Fundamente zum Teil verbreitert und verstärkt, in der Deckenzone Betonversteifungen eingesetzt, von 20 Säulenschäften mußten zwölf erneuert werden, auch einige Kapitelle waren zu ersetzen. Die schwer beschädigte Krypta mit ihrem Umgang wurde späterer Zutaten entkleidet, die Fenster wurden auf das ursprüngliche Maß zurückgeführt, ebenso war die Westapsis in ihre alte Form gebracht. Zuletzt wurden die Treppentürme, der südöstliche stürzte zwischendurch ein, auch noch fertig (1958). So diente die Kirche ihrer Gemeinde bis 1960, da war dann auch die berühmte Holzdecke aus dem 12. Jahrhundert, der „Jessebom", restauriert. Mit einem Gottesdienst am 27. Juni im Bernwardjahr wurde die Vollendung des Werkes gefeiert.
Obwohl ebenfalls sehr schwer zerstört, ist die evangelische Kirche St. Lamberti in der Neustadt überraschend schnell aufgebaut worden. Schon am 12. Oktober 1952 konnte Bischof Lilje sie wieder einweihen. Das klingt ganz einfach, nur zwei Sätze. Aber was steht dahinter? Erinnern wir uns: In der ersten Nachkriegsphase hatte es geheißen, Lamberti solle Ruine bleiben. Für den Gottesdienst stand ein Gemeindesaal in der Goschenstraße zur Verfügung. Zeitweise wurde Lamberti eine Notkirche aus Schweden angeboten, die Zeitung brachte ein Modellfoto. Standort konnte der Zimmerplatz sein. Der Beschluß war eigentlich schon gefallen. Angeregt wurde auch, Lamberti durch ein Gemeindehaus zu ersetzen. So berichtet Fritz Garbe in seinem Buch „St. Lamberti in Hildesheim" (1960). Die Zeichen für das Gotteshaus, das 1488, auf dem Platz eines Vorgängerbaus errichtet, im Chor geweiht wurde, aber mit dem Langhaus erst 1505 fertig geworden ist, standen um 1947 offensichtlich sehr schlecht.
Wie weiter oben bemerkt, die meisten Gewölbe waren (ähnlich dem Kreuzgang bei Hl. Kreuz) erst durch Wind und Wetter nach dem Kriege eingestürzt, an der Südostecke des Chores wurde 1947 ein Stück „bedrohlichen Mauerwerks" (so Gothe in einer Aktennotiz) gesprengt. Der Kirchengemeinde sei nahezulegen, das von der Zerstörung herumliegende Werksteinmaterial „umgehend zu sortieren und seitlich zu lagern", habe der Landeskonservator gesagt. Gegen die Sprengung hatte er nichts einzuwenden. Die Ruine hat auch diesen gefährlichen Eingriff noch überstanden, am Chor ist irgendwann eine weiße Tafel gemalt worden, die vor Einsturzgefahr warnt – ganz schwach ist sie noch heute zu erkennen. Aber sollte das alles gewesen sein?
Bei Garbe heißt es geradezu fröhlich: „Da kam 1948 Pastor Friedrich Tegtmeyer, der das Werk alsbald angriff." Ein Mann der Tat. Er wollte keine Notkirche, sondern den Wiederaufbau des ehrwürdigen Gotteshauses. Tegtmeyer hat in Hannover mit Banken und Versicherungen über Geld und Darlehn verhandelt und schließlich seinen Willen bekommen. Zur Seite standen ihm nach Garbe vor allem die Bauräte Blaich und Münter und Baumeister Rennenberg von der Kirchenbauhütte.
Zunächst wurden die Schuttmassen fortgeräumt, 1950 war Grundsteinlegung. Das Loch in der Südostmauer wurde geschlossen, im August nach der Befestigung der Mauerkränze der Dachstuhl aufgebaut, im September war Richtfest. Im Oktober war das Dach als Hildesheims größtes Ziegeldach mit 50 000 Ziegeln fertig. Vor der Zerstörung hatte Lamberti allerdings ein Schieferdach getragen.
Im August 1951 begann der Innenausbau auf hohem Gerüst. Für das Gewölbe wurde Zement-Bimsstein aus dem Rheinland genommen, um Gewicht zu sparen, aus dem Schutt wurden alte Schlußsteine geborgen und wiederverwendet. Am 24. Juni 1952 setzte Tegtmeyer den Schlußstein an seine Stelle. Im gleichen Jahr wurde die Kirche von Bischof Lilje, Pastor Storch und Pastor Tegtmeyer eingeweiht. Als Ruine ist bis heute stehen geblieben das südliche Querschiff unmittelbar vor dem Chor. Das nördliche enthält die Sakristei.
Von fünf Glocken haben drei den Krieg überstanden, die Orgel wurde nach dem Erwerb mehrerer kleinerer Orgelwerke und dem Einsammeln geborgener Reste des alten Instruments und Pfeifen aus dem Norden Niedersachsens von Palandt bewußt wiederum als Barockorgel konzipiert. 1953 war sie in dieser Form fertig und wurde zu einem wichtigen Instrument Hildesheimer Kirchenmusik. Inzwischen ist sie noch einmal überarbeitet worden.
Wieder aufgebaut wurden sämtliche anderen alten und neuen Kirchen wie St. Magdalenen, der heutige Ruheort Bischof Bernwards, Hl. Kreuz mit allerdings verkürztem Turm, dazu die Chorallei von 1184 für die Marienschule, die Seminarkirche, die neuere Bernwardkirche, für die viele Spenden aus der Gemeinde kamen. Lange Zeit blieb als Ruine die Paulikirche, die Stadthalle Union, nach dem Kriege stehen. Heute ist sie, von Architekt Sommer behutsam gestaltet, das Paulus-Altenheim geworden.
Hinzugekommen sind in der wachsenden Stadt zahlreiche neue Kirchen und Gemeindezentren von Drispenstedt bis zur Marienburger Höhe, dazu Kindergärten der Stadt und der verschiedenen Konfessionen. Daß allerdings sogar Serbisch-Orthodoxe und der Islam in der Gegenwart mit eigenen Zentren in Hildesheim bzw. dem eingemeindeten Himmelsthür vertreten sind – das hätte in der Nachkriegszeit bestimmt niemand geglaubt, hätte man ihm solches vorausgesagt.
Geglaubt hätte er allerdings wohl auch nicht, wenn jemand ihm erzählt hätte, Hildesheim werde eines Tages Partnerschaften haben mit Städten in Frankreich, Großbritannien und sogar in der ehemaligen Sowjetunion. Die damaligen Umstände boten für solche Gedanken wenig Anlaß. Obwohl, immerhin, bereits 1948 eine Hildesheimer

Gruppe England besuchen konnte. Schon früh jedoch übernahmen Stadt und Kreis Patenschaften über Lauban und Neisse und deren Landkreise – viele Heimatvertriebene kamen aus diesen Gegenden in den Hildesheimer Raum. Im ganzen waren es um die 54 000, halb soviel, wie Hildesheim heute Einwohner hat. Sie einzugliedern, das ist zu allen anderen Schwierigkeiten eine zusätzliche gewaltige Aufgabe gewesen, die die Kräfte der damaligen Gesellschaft fast überstieg.

Die Eingliederung der Vertriebenen

Großenteils waren die Vertriebenen und Flüchtlinge – auch anderswo – nicht willkommen, sie bedeuteten Einengung, Beschlagnahme von Räumen, sie waren zusätzliche Esser am bescheidenen Futternapf. Als der Staat ihnen später besondere Hilfe angedeihen ließ, weckte das Neid. Manche Dörfer hatten plötzlich mehr Flüchtlinge als Einheimische, das mußte zu Schwierigkeiten führen, umgekehrt blickten die Neuankömmlinge, besonders auf dem Lande, oft genug mit Bitterkeit auf die Eingesessenen.
Die Vertriebenen besaßen fast nichts, die anderen – namentlich die Landwirte – fast alles, und nicht jeder war freudig bereit, den Armen etwas abzugeben. Da sollten wir uns nichts vormachen bei einem Blick zurück, das Leben war hart, aber für die Flüchtlinge und Vertriebenen war es durchweg noch sehr viel härter. Sehr viele haben in den ersten Jahren unglaublich kümmerlich leben müssen, nicht zuletzt in primitiven Barackenlagern, wo es an allem fehlte. Das schließt nicht aus, daß es in Einzelfällen auch ganz anders zuging, daß Einheimische die fremden Deutschen mit offenen Armen aufnahmen und ihnen halfen, wo sie konnten. Aber die Regel war es anfangs wohl nicht.
Erst im Laufe der Zeit gewöhnte man sich aneinander, Freundschaften entstanden, Ehen wurden geschlossen, irgendwann wurde entdeckt, wie wertvoll dieser Zuzug für die Zukunft, auch wirtschaftlich, werden würde – und ja auch wurde. Viele „Flüchtlinge" sind heute angesehene „Hildesheimer" – und allenfalls die Großelterngeneration weiß noch, der kam doch aus Schlesien oder die irgendwo aus dem „Osten".
Nüchtern betrachtet, stellte der Zuzug die Verwaltungen vor erhebliche Probleme. Daß sich der Rat der Stadt Hildesheim, wie weiter oben berichtet, gegen den Zustrom wehrte, ist in einer zerbombten Stadt, die sowieso kaum weiter wußte, nicht so überraschend. Doch mit der Zeit nahm man die Tatsachen, wie sie waren, und zog daraus die Konsequenz, daß etwas geschehen mußte. Gebraucht wurden zusätzliche Wohnungen, Schulen und Arbeitsplätze.
Als das Trillke-Werk im November 1948 sein zehnjähriges Bestehen feierte, versprach der Betriebsratsvorsitzende Teich, „bei der Seßhaftmachung der Umsiedler, Flüchtlinge, Evakuierten, die in den Werken beschäftigt sind, nicht zu erlahmen" (Hannoversche Neueste Nachrichten). Arbeitsplätze hatten sie damals jedenfalls, allerdings war die Lage unsicher. Direktor Dr. Fischer von Bosch in Stuttgart hoffte bei der Jubiläumsfeier, „daß sich die Wolke der Entkartellierung verziehen möge". Es ging das Gespenst der Entflechtung um, auch Ent- oder Dekartellierung genannt, das große Konzerne wie Bosch bedrohte und damit Trillke ebenfalls.
1949 verschärfte sich die Lage. War man 1948 stolz darauf, in zehn Jahren 70 000 Lichtmaschinen und 55 000 Anlasser hergestellt zu haben, dazu Millionen von Ersatzteilen und nach dem Kriege außerdem Teile für Blaupunkt, so hieß es im Juli 1949, schon seit Monaten gebe es Entlassungen und Arbeitszeitverkürzung. Dazu verstärkte sich die Drohung der Entflechtung. Am 8. Juli wird im Rat eine Delegation der Werke gehört. Die Stadt solle sich dafür verwenden, wenigstens die Arbeitsplätze zu erhalten, verlangen die Betriebsräte, und alles tun, damit die Trillke-Werke nicht für längere Zeit die Tore schließen.
Erst 1952 war diese Gefahr vorüber. In jenem Jahr beschloß außerdem eine Blaupunkt-Gesellschafterversammlung in Berlin, den Firmensitz endgültig nach Hildesheim zu verlegen. Eine Blaupunkt Apparatebau GmbH (neben der Firma in Berlin) hatte sich schon kurz nach dem Krieg in Trillke-Hallen niedergelassen. 1947 hatte sie bereits 500 Mitarbeiter und bot einen Sechskreiser für den Export an, bis 1948 waren 40 000 Rundfunkgeräte hergestellt. Ende 1952 war Blaupunkt voll im Besitz von Bosch.
Von den alten, bekannten Hildesheimer Firmen beschäftigte Senking 1949 wieder mehr als 1000 Mitarbeiter, Ahlborn stellte sein neues Verwaltungsgebäude an der Lüntzelstraße fertig. Aus VDM war Kloth-Senking geworden. Auf dem Gelände der früheren Zuckerraffinerie hatten sich 21 kleinere und mittlere Firmen angesiedelt. In der Gallwitzkaserne produzierte eine Zigarettenfabrik Ewald Behrenfeld Zigaretten der Marke „Toto". In Kellerräumen der Tapetenfabrik Peine (heute das Grundstück der Andreas-Passage) hatte sich im April 1949 aus Elbing R. Kowalewski Nachf., seit 1757, niedergelassen und stellte den Likör „Elbinger Lachs" her, eine spezielle Art des Danziger Goldwassers. Auch andere Flüchtlingsbetriebe wurden gegründet, andererseits zogen, so am 10. August, zahlreiche Vertriebene aus dem Kreis Hildesheim-Marienburg nach Süddeutschland weiter, wo sie Arbeit und Wohnungen finden sollten.
Das erste öffentliche Wohnungsbauprogramm in Hildesheim ging in andere Richtung. Unter dem Namen „Union" (was nichts mit der ehemaligen Stadthalle zu tun hatte) baute die Gemeinnützige Baugesellschaft mit den Architekten Nave und Stecker 1948/49 Wohnungen für die britische Besatzung. Es sind jene Häuser am Galgenberg und in der Nordstadt, die 1993/94 an deutsche Interessenten verkauft wurden, nachdem die Briten abgezogen sind. Die Hildesheimer Allgemeine Zeitung (HAZ), nach der Aufhebung des Lizenzzwanges seit dem 1. Oktober 1949 wieder auf dem Markt, berichtet am 6. Oktober: „88 Wohnungen sind vollendet". In dem Beitrag heißt es: „Wohl durchdacht ist die Zukunft der Offizierswohnungen, wenn sie einmal uns zur Verfügung stehen. Mit zwei Türen lassen sich die Einzelhäuser in zwei abgeschlossene Etagenwohnungen teilen, ohne

Handel und Wandel beginnen klein und bescheiden. Wohl hat Kniep sein Haus fertig, aber das Café vorn rechts ist noch eine Hütte an der Almsstraße. Links ein Kiosk, daneben wird Dattelwein verkauft.

Der Textilhändler an der Schwemannstraße hat es schon zu einem zeltähnlichen Verkaufsstand gebracht, Ware und Kunden sind vor der Witterung nicht mehr ganz ungeschützt.

Dies war einer der Verkaufshöfe der Nachkriegszeit, er stand vor der Lilie, vorn rechts geht es in die Osterstraße. Die Schlichtbauten haben ihre Aufgabe zum Zeitpunkt der Aufnahme bereits erfüllt, so ist Tessner zum Hohen Weg umgezogen; jetzt werden sie wieder abgerissen.

Der Hohe Weg (links das Huckup-Denkmal) entwickelt sich wieder zu einer Einkaufsstraße. Die ersten Bauten stehen. Von Kressmann ist noch nicht viel zu sehen – verkauft wird anfangs an der Scheelenstraße –, weiter hinten kündigt sich die Kepa an, daneben hat die Kreissparkasse ihre Zentrale.

Das klassische Bild Almsstraße/Hoher Weg, als noch niemand an Fußgängerzonen dachte. Die Geschäftsstraße macht schon einen guten Eindruck, doch der Aufbau der Stadt ist noch längst nicht vollendet, wie der Turm von St. Andreas im Hintergrund beweist.

Wochenmarkt auf dem Hindenburgplatz in den späteren 50er Jahren. Der Bau der Industrie- und Handelskammer ist fertig, gegenüber (am linken Bildrand) das Versorgungsamt. Die Goslarsche Straße hat ihre neue Linie bereits gefunden. Erstaunlich für den heutigen Betrachter, wieviele Bäume es an der Goslarschen Straße (links im Hintergrund) noch gibt.

Ein Blick in die Wollenweberstraße zeigt, es gibt noch viel zu tun. Im Hintergrund der unzerstörte Kehrwiederturm mit den ebenfalls geretteten Fachwerkhäusern davor.

Fleißig gebaut wird auch an der Dammstraße. Der Durchbruch vom Pfaffenstieg ist erfolgt, Am Steine besteht nur noch als schmale Einfahrt vorne links. Vor dem weißen Neubau biegt rechts die Ritterstraße ab. Am linken Bildrand ist gerade noch die Ruine der Landschaft angeschnitten.

Nach der Währungsreform kam der Wiederaufbau richtig in Schwung. Das Foto vom Andreasturm aus bietet rechts das Geschäftshaus Fiedler (heute Peek u. Cloppenburg), links die neuen Wohnungen am Andreasplatz. Das aufgestelzte Haus in der Mitte erinnert an das Pfeilerhaus, das hier am 22. März 1945 verbrannte. Rechts, weiter hinten, ist die Jakobikirche zu sehen.

Hier geht der Blick von der Almsstraße zur Gerberstraße und den Wohnungsneubauten im früheren Rosenhagengebiet, das völlig umgestaltet wurde. Auf dem freien Platz vorn entstand später das Kaufhaus Merkur. Heute steht dort der größere Hortenbau, die Häuser an der Gerberstraße wurden dafür abgerissen. Die Einmündung rechts im Bild ist die der Jakobistraße.

Idylle am Hindenburgplatz (Nordseite). Die mächtigen Ruinen hinter dem Fahrradladen von Runte wurden später beseitigt und durch Neubauten ersetzt (Buhmannschule). Davor biegt nach rechts die Zingel ab.

Auch eine Art Idylle, eher aber Symbol für die Armut der Nachkriegszeit. Der Stadtbus hat nicht einmal in allen Fenstern Glasscheiben. Geduldig steht man Schlange an der Hintertür.

Pflasterarbeiten in der Hezilostraße mit Parkboxen vor dem neuen Postamt. Im Hintergrund der alte Bahnhof, im Krieg beschädigt, aber nicht zerstört. Die Taxis trugen damals noch einen weißen Streifen rundum und hießen eigentlich Kraftdroschken.

Das war er in voller Größe, der alte Hauptbahnhof, im rechten Flügel ausgebrannt, aber sonst wohl aufbaufähig. Er wurde trotzdem abgerissen und durch einen Neubau ersetzt. Vorn im Bild eine Autoparade der Zeit. Aus ihr ergibt sich, daß die Aufnahme nach 1957 entstanden ist.

daß irgendwelche Umbauten erforderlich wären. Hier hat man geschickt geplant und konstruiert." Und an anderer Stelle: „Es beschleicht einen bei einem Besuch dort nur der Kummer, daß unsere Armut es nicht zuläßt, allgemein solche Heime zu erstellen." – 45 Jahre hat es gedauert, bis die Häuser „deutsch" wurden, an eine so lange Zeit wurde damals wohl nicht gedacht.

Gebaut wurde in jenen Jahren – die Gemeinnützige errichtete 43 Häuser, die Bundesregierung weitere 65 –, um eine „vorzeitige Freigabe der beschlagnahmten Häuser zu ermöglichen". So das Amt für Verteidigungslasten im Statistischen Jahrbuch der Stadt 1960/61. Die früheren Beschlagnahmeaktionen seit 1945 beinhalteten nach dieser Quelle: 118 Wohnhäuser, 10 Einzelräume, 3 Garagen, 7 gewerbliche Betriebe, 4 Landflächen, zeitweise 1 Theater und 1 Lichtspielhaus, ferner 1 Lagerplatz, 3 Wohnlager, 4 Kasernen. In der allerersten Nachkriegszeit nahmen sich die Besatzer einfach, was sie brauchten, von Bezahlung war nicht die Rede. Dazu bemerkt der Bericht: „Statistisches Material ist nicht vorhanden, und das ist gut so, damit die Willkür in der damaligen Zeit nicht für immer dokumentiert werden kann."

Mit der vorzeitigen Freigabe der beschlagnahmten Häuser wurde es zunächst nichts, die Briten zogen in die neuen Gebäude, die eigens für sie errichtet wurden, vorläufig gar nicht ein. Am 24. Oktober 1949 meldet Ratsherr Dr. Lohmann im Rat, die Häuser seien noch immer nicht bezogen. Von der Verwaltung fordert er, sicherheitshalber das Wasser aus den Heizungsanlagen abzulassen, damit sie im kommenden Winter nicht einfrieren und platzen. Es gab noch weitere Merkwürdigkeiten. So wird bemerkt, daß von der Besatzung beschlagnahmte Häuser an der Brehmestraße leerstehen, aber immer noch von Sicherheitskräften bewacht werden, die die Stadt bezahlen muß. Gleichzeitig ist die Wohnungsnot so groß, daß (im März) von Mitarbeitern der Stadtverwaltung sämtliche Hildesheimer Wohnungen daraufhin überprüft werden, ob nicht doch noch Platz für Flüchtlinge zu schaffen ist. Das ist nicht gerade ein Zeichen für Überfluß.

Der Chronist Kruse hat uns überliefert, was die Hildesheimer im Juni 1949 für Nahrungsmittel und anderes auszugeben hatten – wobei er sich über die Teurung gegenüber früher beschwert. Heute kommen uns die Preise zum Teil recht niedrig vor. Aber nach Kruse verdiente damals ein Arbeiter 35 bis 40 D-Mark in der Woche. Hier seine Preisliste: Brot, vier Pfund, 96 Pfennig; Fleisch, ein Pfund, 3 DM; 1/4 Pfd. Kaffee 3,50 DM; ein Pfund Bananen 1,50 DM; ein Pfund Butter 2,40 DM; ein Liter Vollmilch 36 Pfg. Ein Herrenanzug kostete 180 DM, für ein Fahrrad waren 175 DM zu bezahlen.

Dem Wiederaufbau war zeitweise die Kreditlage hinderlich, aber im ganzen ging es 1949 mächtig voran. Die Osterstraße bildete sich als Geschäftsstraße heraus, an der Friesenstraße wurde gebaut, am 4. Juli war an der Zingel die Volksbank eingeweiht, am 10. September eröffnete das gegen alle Schwierigkeiten wieder aufgebaute Stadttheater unter seinem neuen Intendanten Walter Zibell mit Lessings „Nathan".

Der Beamtenwohnungsverein baute Wohnungen unter anderem am Bismarckplatz, am 28. Oktober eröffnete die Kreissparkasse am Hohen Weg und setzte damit ein Zeichen der Hoffnung für diesen Bereich, der noch immer unter den Folgen der langjährigen Bausperre litt. Im November begann die Gemeinnützige Baugesellschaft den Wohnungsbau im Bereich Rolandstraße, Eckemekerstraße, Langer Hagen. An der Rathausstraße eröffnete das Wäschehaus Bunte am 15. November, an der Almsstraße 34 das Möbelhaus Rubeco (Rudolf Bettels & Co.) am gleichen Tag und in Nr. 10 am 17. November J. Peemöller, Haus- und Küchengeräte, Eisenwaren und Öfen. Ende des Monats soll auch das Kreishaus an der Kaiserstraße bezugsfertig sein.

Im Oktober hatte die HAZ über die Bautätigkeit geschrieben: „Das Jahr 1949 wird in die Geschichte unserer Stadt als ein Jahr des Wiederaufbaus eingehen. (...) Wenn innerhalb einer Woche auf rund 50 Dachstühlen die Richtkronen gesetzt wurden, so ist damit die über alles Erwarten zielbewußte und erfolgreiche Bautätigkeit genugsam unter Beweis gestellt. Es darf uns mit Freude und Zuversicht erfüllen, daß die beteiligten Dienststellen nichts versäumen, um die eigene Kraft so gut wie die Hilfe von außen dem Wiederaufbau dienstbar zu machen. Von den im Bau befindlichen Wohnungen werden zwei Drittel von Privatpersonen errichtet, während ein Drittel in gesellschaftlicher oder genossenschaftlicher Form ersteht. Man wird dabei die Tatsache nicht übersehen können, daß auch das gesellschaftliche und genossenschaftliche Bauen erst mit dem Fortfall der Zwangswirtschaft im Baugewerbe beginnen und sich zu solcher Initiative entwickeln konnte." – Bei Geländetausch in der Innenstadt werden amtlich diese Werte angesetzt: Scheelenstraße 30 DM pro Quadratmeter, Hoher Weg 200 Mark.

Am 8. Oktober bietet die HAZ eine ganzseitige Anzeige von Architekt Ernst Gehrkens und neun Baufirmen unter der Überschrift „Wir bauen das Tempelhaus wieder auf". Am 14. Oktober ist die Bahnhofsschule im wesentlichen fertig, 29 bis dahin verstreute Klassen sind wieder unter einem Dach. Die Taubstummenschule soll Ende des Monates bezogen werden. Die Tischlerfachschule hatte am 4. Oktober am alten Platz in der Rathausstraße den Schulbetrieb wieder aufgenommen. In der Mittelschule am Pfaffenstieg halfen die Schüler tatkräftig mit, den Schutt zu beseitigen. Der erste große Schulneubau wird eines Tages die Nordstadtschule sein - damals aber mußten noch alle Kinder aus dem „Braunkohlviertel" zur Kaiserstraße.

Die Höheren Schulen haben noch große Sorgen. Die Marienschule hat inzwischen ein eigenes Gebäude errichtet, die Landwirtschaftsschule soll bald fertig sein, aber im Augenblick fehlt es an Geld, heißt es am 15. Oktober. Doch Andreanum, Goethe- und Scharnhorstschule, Josephinum, befinden sich, räumlich gesehen, „in den ärmsten Verhältnissen". Die Scharnhorstschule unterrichtet beispielsweise in der Brauhausschule (Moritzberg) und in vier Räumen der Freimaurerloge (im Krieg Luftschutzschule) in der Keßlerstraße. Beklagt wird von den Schulen namentlich, daß bei der durch Raumnot erzwungenen Art

des Unterrichtens besonders die Fahrschüler großenteils sehr früh aufstehen müssen und sehr lange Tage haben. Damit wird auch begründet, daß der Nachmittagsunterricht vor allem die Stadtschüler trifft. Sonst wären die Auswärtigen noch schwerer belastet worden. Das Andreanum gilt in jenen Tagen als geradezu heimatlos. Pläne bestehen, die Kasernen-Ruine an der Steingrube als Schule auszubauen.
Währenddessen ging auf anderer Ebene die Diskussion über den Marktplatz weiter. In der HAZ zum Beispiel wurden über Tage und Wochen über ganze Zeitungsseiten Stellungnahmen der verschiedensten Organisationen, Vereine auf der einen, auf der anderen Seite Bauräte und Oberbauräte, veröffentlicht. Eine ganze Seite für sich allein bekam am 22. Oktober Bernhard Haagen für seine Ansichten „zum Urteil des Preisgerichts im zweiten Hildesheimer Architektenwettbewerb" – klipp und klar sprach er sich für den großen Platz aus, acht Tage vor der vertraulichen Sitzung im „Klee" mit der berühmten Probeabstimmung (siehe oben) in seinem Sinne. 1994 betont er im Gespräch, daß auch Dr. Josef Nowak, der ihn bei verschiedensten Gelegenheiten zum Teil außerordentlich scharf angegriffen hatte (Haagen: „Er sagte, er werde dafür sorgen, daß ich Hildesheim auf Strümpfen verlassen müsse."), ihm in der Marktplatzfrage schriftlich bestätigt habe, er werde für den großen Platz stimmen. Vom heutigen Marktplatz ist Haagen nach allem naturgemäß nicht begeistert, seine Planung für diese Stadt war eine andere. Aber als Detail gelungen betrachtet er den kleinen Platz zwischen Forte-Hotel und Jakobikirche, der bei der Umplanung entstanden ist.

„Pioniere der Innenstadt"

Neben der Marktplatzfrage wurde sehr heftig über ein ganz anderes Problem gestritten, die sogenannte „Abriegelung" der Bernwardstraße für den Fahrzeugverkehr am Almstor. Die Planungen der Stadt werden von den Anliegern bekämpft: Sie befürchten eine Schädigung ihrer Geschäfte und die Abwertung ihrer Grundstücke. Am 5. November 1949 unterschreiben 33 Anlieger der Bernward- und der Almsstraße einen Protest an die Stadt und wollen eine Beschwerde beim Verwaltungsgericht gegen den entsprechenden Ratsbeschluß. Am 14. November berichtet die HAZ mit einem eindrucksvollen Foto von Theo Wetterau über eine Generalprobe am Almstor, wo immer wieder Fahrzeuge die kritische, vorgebaute Ecke im Schnittwinkel von Kaiser- und Bernwardstraße umfahren, um den Anliegern zu beweisen: alles halb so schlimm. Berichterstatter „GZ" beschreibt recht ironisch die Generalprobe, scheint aber in seiner Auffassung eher der Verwaltung zu folgen. Das Foto der Situation steht dazu einigermaßen im Gegensatz. 1950 wurde zwischen Anliegern und der Stadt Frieden geschlossen, die vorgebaute Sraßenecke wieder fortgenommen.
Heute ist die Aufregung kaum noch verständlich, die Straße ist seit langem Fußgängerzone wie Almsstraße und Hoher Weg. Aber wer dachte 1949 an so etwas? Damals wurde befürchtet: Wenn keine Autos kommen, kommen auch keine Kunden. Sogar die Paketzustellung war gerade am 1. Oktober von Pferdefuhrwerken auf Kraftfahrzeuge umgestellt worden. Heute gibt es Denkmodelle, sogar die damals erst geschaffene Autostraße Schuhstraße von den Benzinkutschen zu befreien. So haben sich die Zeiten geändert.
Das Jahr 1949 nähert sich dem Ende, am 18. November gibt es in der HAZ einen Artikel „Ouvertüre in der Almsstraße" zur Einweihung von Peemöller, erster Bauabschnitt. Sogar Wirtschaftsministerium, Industrie- und Handelskammer, Handwerkskammer waren als Gratulanten vertreten. Oberstadtdirektor Dr. Sattler bezeichnete Peemöller und ähnliche Investoren als „Pioniere der Innenstadt", wohl wissend, wieviel Unrecht ihnen eigentlich durch die Jahre geschehen war. Die HAZ bemerkt dazu: „Hier am Hohen Weg und in der Almsstraße korrigiert die private Initiative manch groben Fehler der Vergangenheit, worüber wir uns heute nicht näher auslassen wollen. Hier schafft die Privatinitiative unter großen Opfern, und ein Bauherr nach dem andern muß leider Gottes die Irrtümer der Großräumung mit einer Fundamentplatte aus Eisenbeton in einer Stärke von 70 cm bezahlen." Tatsächlich ist aber noch immer die Zingel ein wichtiger Geschäftsplatz. So wie sich am Hauptbahnhof und an der Lilie Kaufhöfe bildeten, haben sich an der Zingel einzelne Firmen aus ihren Baracken hinausbegeben und mit anderen zusammen in einstöckigen Flachbauten aus Stein gemeinsame Sache gemacht. Es eröffnen am 24. November Adamski, Büsse, Bodenstein und einige andere in solch einem Bau, der schon einen Fortschritt gegenüber dem früheren Durcheinander von Buden und Ständen darstellt. So hatten die Hannoverschen Neuesten Nachrichten (inzwischen am 25. August in der Hanoverschen Allgemeinen Zeitung aufgegangen) im Sommer die Zustände an der Zingel deutlich kritisiert. Trotz schlechten Wetters hatte das Blatt allein 65 fliegende Händler gezählt, bei schönem Wetter kürzlich sogar zwischen Hindenburgplatz und Hauptbahnhof allein 28 Eisverkäufer.
Nach und nach sind Almsstraße und Hoher Weg doch wieder Hildesheims Hauptgeschäftsstraße geworden mit der Verlängerung Bernwardstraße zum Hauptbahnhof, später entstand daraus eine der ersten Fußgängerzonen Deutschlands, die heute dringend der Erneuerung bedarf. Das Rathaus aus dem Jahre 1268 wurde nicht aufgegeben, sondern, wenngleich verändert, 1954 wieder eingeweiht. Längst vorher war am Marktplatz das Tempelhaus fertig, und die Stadtsparkasse stand, die heute in dieser Form schon wieder verschwunden ist. Die alten Kirchen waren wieder aufgebaut, viele neue kamen hinzu. Neue Schulen wurden errichtet, als erstes großes Programm die Nordstadtschule, später, nicht weit entfernt, die Robert-Bosch-Gesamtschule. Die Pädagogische Hochschule wurde von Alfeld nach Hildesheim verlegt und entwickelte sich zur Universität. Die Bundeswehr wurde gegründet und zog in Hildesheim ein. Die Autobahn wurde fertig, ein neuer Bahnhof gebaut, der Hafen entwickelte sich mit seinen Anlie-

gerfirmen erfreulich, vielleicht gibt es demnächst einen Regionalflughafen.

Neue Baugebiete entstanden auch außerhalb der Innenstadt – sie aber blieb Wohngebiet und ist deshalb auf Dauer außerhalb der Geschäftszeiten nicht verödet –, Waldquelle, Godehardikamp, Marienburger Höhe, später Drispenstedt, Ochtersum und in den letzten Jahrzehnten und Jahren Marienburger Höhe/Itzum, Bockfeld, Ochtersums Lindholzpark. Gewerbegebiete wurden erschlossen, Bavenstedt, Himmelsthür, ein kleineres in Ochtersum, neuerdings Wackenstedt, weitere sollen folgen. In der Wirtschaft ist manch alter, klangvoller Name verschwunden, aber neue Unternehmungen nahmen den Platz ein. Firmen aus der Innenstadt zogen nach draußen, aber auch ganz neue siedelten sich an. Fuba aus Bad Salzdetfurth verlegte die Zentrale Unternehmensleitung zum Weinberg. Nimmt man alles in allem, so hat sich Hildesheim aus der Ruinenstadt am Ende des Zweiten Weltkrieges in nur einem halben Jahrhundert in ein blühendes Gemeinwesen verwandelt, das vor jeder Stadt ähnlicher Größe bestehen kann.

Hildesheim lebt

Die furchtbaren Ereignisse der Kriegs- und Nachkriegszeit sind in der jungen Generation weitgehend vergessen, die sie nur vom Hörensagen kennt, Wehmut ergreift uns wohl, wenn wir die Bilder der alten Stadt betrachten, die im Feuersturm unterging, und wir trauern bei einem Gang über den Nordfriedhof über die vielen, weit über 1000 Bombenopfer einer unsäglichen Epoche. Und denken dabei auch an die vielen Hildesheimer, die als gefallen oder vermißt gemeldet, irgendwo in Europa, Afrika, Rußland oder wo immer fern ihrer Heimatstadt gestorben sind.

Aber wie der tausendjährige Rosenstock an der Apsis des Domes wieder erblüht ist, hat die alte Stadt zu einem neuen Leben gefunden und ist buchstäblich aus der Asche wieder aufgestiegen – nein, nicht wie ein Phönix. Es hat harter Anstrengungen bedurft, unsäglicher Mühen mit viel Sisyphus-Arbeit dabei, sie haben gehungert, die Hildesheimer der Nachkriegszeit, hatten keine Kleidung und keine Heizung, kaum ein Dach über dem Kopf – und noch in den 50er Jahren fanden sich traurige Lager wie jenes der sogenannten Hausbergsiedlung südlich der Marienburger Höhe oder gräßliche Notunterkünfte mit Tuberkulosekranken am Pferdeanger.

Und trotzdem ist aus diesem ganzen, schrecklichen Zusammenbruch eine neue Stadt entstanden, die in ihrer Art anders als die alte, dennoch lebenswert und liebenswert ist wie sie. Und schließlich ist nach mancherlei Irrtümern und Winkelzügen der Geschichte sogar der größte Wunsch der alten (und auch vieler neuer) Hildesheimer in Erfüllung gegangen, die von der ganzen verbrannten und zerbombten Herrlichkeit der mehr als tausendjährigen Stadt neben den bedeutenden Kirchen wenigstens ihren richtigen Marktplatz wiederhaben wollten. Sie haben ihn schließlich doch bekommen, und jeder Tag zeigt, wie er gegen alle falschen Prophezeiungen bis in die 70er Jahre von den Einheimischen wie von fremden Besuchern als Sammelpunkt und als ein Kleinod angenommen worden ist.

Hildesheim 1994/95, das ist eine neue Stadt auf altem Grund, die Asche hat die Erinnerung an die Geschichte von weit mehr als 1000 Jahren und den Lebenswillen für morgen nicht zuschütten können. Es ist zugleich eine Stadt, die sich in diesen Monaten und Tagen der Ereignisse vor einem halben Jahrhundert in Trauer, Empörung, doch auch Beschämung erinnert, aber auch eine, die ganz nüchtern nach vorn blickt in das nächste Jahrtausend und wohl weiß, daß neue Herausforderungen zu bestehen sind. Die Kriegs- und Nachkriegszeit ist unglaublich hart gewesen, damit verglichen leben wir heute in paradiesischen Zuständen – aber was das Füllhorn der Geschichte in der ferneren Zukunft für uns bereithält, wissen wir nicht. Daß alles so schön und friedlich bleibt, es ist nicht ausgemacht.

Wohl aber steht zu hoffen, daß es immer wieder Hildesheimer geben wird, die mutig der Zeit ins Auge sehen und bereit sind, wenn es denn darauf ankommt, die Ärmel aufzukrempeln und zuzufassen. Für sich und ihre Stadt. So wie es unsere Mitbürger, die vielen schon verstorbenen und die, die jetzt im Seniorenalter sind, nach 1945 tatkräftig getan haben. Die geborenen Hildesheimer, die Flüchtlinge und die Vertriebenen. Trotz Hunger, Kälte und all den Schwierigkeiten jener Zeit. Ihnen hat der Dank der nachfolgenden Generationen zu gelten – die freilich kaum noch wußten, was einst geschah.

Und wenn wir nun noch einmal den Spaziergang um die Stadt herum wagen, über die alten Wallanlagen, die vor Jahrhunderten den Schutz vor anrückenden Feinden gewährleisten sollten und vor einem halben Jahrhundert als Zuflucht vor den Bomben dienten, und von hier aus die Stadt überblicken, die unterging und doch nicht starb, dann dürfen wir uns im Wissen um all die Trauer und in der Wehmut der Erinnerung trotzdem des Neuen freuen. Die Sagen um den tausendjährigen Rosenstock und seine Blüte haben sich bestätigt:

HILDESHEIM LEBT.

Die Luftangriffe auf Hildesheim

9. Oktober 1943: Eine Bombe fällt bei dem Gut Steuerwald. 4 Tote.

29. Juli 1944: Tagesangriff auf die Zuckerraffinerie. Getroffen wird auch das Lager Lademühle, außerdem VDM. 65 Tote.

12. August 1944: Nachtangriff mit Bombentreffern in der Zuckerraffinerie, im Lager Lademühle und am Hohnsen. 10 Tote.

26. November 1944: Bomben fallen an der Burgstraße, am Magdalenenkloster, am Alten Markt, Matthiaswiese. Keine Verluste an Menschenleben.

13. Februar 1945: Nachts fällt eine schwere Bombe an der Innerste (Venedig). Keine Verluste an Menschenleben.

22. Februar 1945: Schwerer Tagesangriff auf die Neustadt, die Oststadt, die Umgebung des Güterbahnhofs mit den Seitenstraßen der Schützenallee. St. Michaelis beschädigt, St. Lamberti stark getroffen, ebenso St. Bernward. 360 Tote.

3. März 1945: Tagesangriff mit Bombenteppichen quer durch die Stadt, aber auch Bomben an der Marienburger Höhe (Großer Saatner). 76 Tote.

14. März 1945: Tagesangriff mit Ziel VDM, getroffen wird Senking. Ferner Zuckerraffinerie, Milchversorgung, Rangier- und Güterbahnhof, Brauerei und benachbarte Straßen, Teile der Nordstadt, Bernward-Krankenhaus, Kalenberger Graben. 124 Tote.

22. März 1945: Die Katastrophe für Hildesheim, der Untergang der alten Stadt. Das Kerngebiet wird völlig zerstört. Mindestens 1006 Tote.

28. März 1945: Einige Bomben fallen, unter anderem auf das Haus der Barmherzigen Schwestern. Wahrscheinlich 7 Tote.

Die offiziellen Zahlen über die Bombentoten des Zweiten Weltkrieges schwanken zwischen 1645 und 1736. Die Zahl 1645 stammt aus den Totenlisten der Stadt 1957/58. Sie schließen mit dem Angriff vom 22. März 1945.

Quellen und Literatur

1. Ungedruckte Quellen

Augenzeugenberichte zu den Bombenangriffen vom 22. Februar und 22. März 1945, Stadtarchiv Hildesheim, Bestand 699, Nr. 322 u. 364; Bestand 803, Nr. 1 (bis 13. 6. 1994 Bestand 50, Nr. 473).

Behrens geb. Ringling, Eva, Meine Reise in die Vergangenheit (1945-47), private Aufzeichnungen, Maschinenschrift 1994, ein Exemplar im Archiv der Hildesheimer Allgemeinen Zeitung.

Berichte der Gewerbeaufsicht über Hildesheimer Arbeitslager (1943/44 bis Anfang 1945); Stadtarchiv Hildesheim, bisher Bestand 699, Nr. 387; jetzt Bestand 803, Nr. 6. Es handelt sich um Kopien der Originalberichte im Hauptstaatsarchiv Hannover: Hann 140, Hild, Nr. 43, 44, 389, 391, 410, 412, 413, 457, 460, 473, 474, 496, 502, 508, 513, 514, 515, 516, 517, 524, 525, 530, 592, 683.

Bericht des städt. Friedhofsamtes IX. G. vom 7. Sept. 1948 über die Öffnung des Massengrabes in der Abt. VI a. links, Reihe 9 (30. August bis 4. September 1948). - Akte beim Garten- und Friedhofsamt der Stadt Hildesheim.

Konzentrationslager Paulikirche (ein Blatt); Stadtarchiv Hildesheim, Bestand 699, Nr. 264.

Kruse, Wilhelm, Chronik, Bd 6, 1929 - 5. April 1945, Bd. 7, April 1945 - Mitte November 1948, Bd. 8, Nov. 1948 - 18. Januar 1950. Stadtarchiv Hildesheim, Bestand 104, Nr. 6 und 7, Bestand 801, Nr.8. (Handschrift mit eingeklebten Zeitungsartikeln, Bildern, Lebensmittelkarten, Geldscheinen usw.)

Lageberichte 1945 bis 1947, (Ernährungslage, Kriminalität, Stimmung der Bevölkerung), Stadtarchiv Hildesheim, Handschrift Altstadt 416 (HA 416).

Namenslisten deportierter Juden, Kopien auf der Grundlage: Gedenkbuch - Opfer der Verfolgung der Juden (Bundesarchiv Koblenz); Stadtarchiv Hildesheim, Bestand 699, Nr. 292.

Ratsprotokolle der Stadt Hildesheim: 16.1.1939 - 30.12.1940; 27.2.1941 - 29.12.1942; 24.2.1943 - 2.2.1945. Stadtarchiv Hildesheim, Bestand 102, Nr. 7396, 7397, 7398.

Ratsprotokolle der frühen Nachkriegszeit: 1) 14.11.1945 - 30.11.1948, 2) 17.12.1948 - 8.11.1952; Stadtarchiv Hildesheim, Bestand 103 - 10, Nr. 1 u. 2.

Schmieder, Otto, Tagebuch-Chronik Hildesheim 1944/45, Handschrift im Stadtarchiv Hildesheim, Bestand 803, Nr. 7. Siehe auch unter 2. Stein, Helga

2. Gedruckte Quellen und Literatur

Aden, Menno, Hartmann, Andreas, Hildesheim; Hildesheim 1992.

Arndt, Klaus, Ernst Ehrlicher; Schriftenreihe des Stadtarchivs und der Stadtbibliothek Hildesheim, Bd. 11, Hildesheim 1983.

Bacque, James, Der geplante Tod, Deutsche Kriegsgefangene in amerikanischen und französischen Lagern 1945-1946; Toronto 1989, deutsche Ausgabe Frankfurt (M) 1989; erweiterte deutsche Ausgabe Frankfurt (M), Berlin 1993/94.

Beitzen, Hans, Um uns die Sintflut; Hildesheimer Heimatkalender 1970.

Beitzen, Hans, Reeducation, Wie Verwaltung und Rat von Hildesheim im ersten Nachkriegsjahr wieder Tritt faßten; Hildesheimer Heimatkalender 1971.

Birke, Adolf M., Booms, Hans, Merker, Otto, Akten der britischen Militärregierung in Deutschland, Sachinventar 1945-1955 / Control Commission for Germany, British Element, Inventary 1945-1955; München 1993 (Schlüssel zu den britischen Aktenbeständen der Besatzungszeit im Public Record Office in Kew.)

Blaich, Walter, Das Ende von Hildesheim; Hildesheimer Heimatkalender 1970.

Del Monte, E., Hildesheim, ein Reisebericht aus dem Jahre 1883, übersetzt und eingeleitet von Walter Konrad; Hildesheim 1974.

Die Kriegsopfer der Stadt Hildesheim im II. Weltkrieg, hg. vom Statistischen Amt der Stadt Hildesheim, Nr. 26, 1958 - ohne Druckort und Verlag; teils Schreibmaschinenschrift. Darin: Namenslisten der Bomben- und Kriegsopfer, abgeschlossen 31.12.1957; Hildesheim 1958.

Engfer, Hermann, Hg., Das Bistum Hildesheim 1933-1945; darin XIII, Als die braune Diktatur ‚Recht' sprach, Prozesse gegen Diözesanpriester (von Erich Riebartsch), und Dokumente, S.530-572; Hildesheim 1971.

Feuerwehr Hildesheim, Festschrift zum 75jährigen Gründungstag 19. u. 20. Mai 1951; Hildesheim 1951.

Garbe, Fritz, Die Hauptpfarrkirche St. Andreas zu Hildesheim im Wandel der Zeiten; Hildesheim 1965.

Garbe, Fritz, St. Lamberti in Hildesheim, von der Väter Tage bis in unsere Zeit; Hildesheim 1960.

Gebauer, Johannes Heinrich, Die Stadt Hildesheim, ein Abriß ihrer Geschichte; Hildesheim 1950.

Girbig, Werner, Mit Kurs auf Leuna; Stuttgart 1980.

Gothe, A.C., Hildesheim nach dem 22. März 1945; Hildesheims Wiederaufbau in den Jahren 1950/51, ...in den Jahren 1952/53, ...in den Jahren 1953/54; Artikelfolge im Hildesheimer Heimatkalender 1951 - 1955.

Hamann, Enno (Bearbeiter im Auftrag des Oberbürgermeisters), Hildesheim 1928-1936, Verwaltungsbericht für die Zeit vom 1.4.1928 bis 31.3.1937; Hildesheim 1937.

Heinemann, Erich, Jahre zwischen gestern und morgen, Hildesheim nach dem Kriege 1945-1949; Hildesheim 1983.

Heutger, Nicolaus C., Aus Hildesheims Kirchengeschichte; Hildesheim 1984.

Heutger, Nicolaus C., 500 Jahre Hallenkirche St. Lamberti in der Hildesheimer Neustadt 1488-1988 (Festschrift); Hildesheim 1988.

Hildesheimer Volkshochschule e.V. und Museumspädagogischer Dienst des Roemer- und Pelizaeus-Museums, Hg., Die Welt hinter der Bahn, Auf Spurensuche in der Hildesheimer Nordstadt, (Veröffentlichungen der Hildesheimer Volkshochschule zur Stadtgeschichte Hildesheims, Heft 5). Darin: Kampen, Elisabeth, Die Entwicklung der Hildesheimer Nordstadt - ein kurzer Abriß der Siedlungsgeschichte, S. 18 ff.; Hildesheim 1993.

Irving, David, Die Tragödie der deutschen Luftwaffe; Frankfurt (M), Berlin, Wien 1970/1979.

von Jan, Helmut, Vor 25 Jahren verbrannte Alt-Hildesheim; Zs. Alt-Hildesheim, Jahrbuch für Stadt und Stift Hildesheim, Nr. 41, 1970.

von Jan, Helmut, Hildesheims schwerste Zeit, Aus amtlichen Lageberichten 1945-1947, Zs. Alt-Hildesheim, Nr. 44, 1973.

von Jan, Helmut, Bischof, Stadt und Bürger, Aufsätze zur Geschichte Hildesheims, Aufsatzsammlung zum 75. Geburtstag; darin: Vor 25 Jahren verbrannte Hildesheim, und, Hildesheims schwerste Zeit; Hildesheim, ohne Jahr (1985).

Karpa, Oskar, Die Kirche St. Michaelis zu Hildesheim (mit Vorwort von Hanns Lilje); Hildesheim 1961.

Kayser, Hans, Lauterbach, Gustav, Hildesheim 1945-1955, hg. vom Heimatbund Niedersachsen in Zusammenarbeit mit der Stadt Hildesheim; Hannover, ohne Jahr. - Darin Erlebnisberichte der Bombenangriffe und u.a. Beiträge von A.C. Gothe und Bernhard Haagen.

Knott, Anton Josef, Hildesheim auf dem Wege zur Großstadt, Arbeiten zur Hildesheimer Wahl- und Bevölkerungsstatistik des 19. und 20. Jahrhunderts, Quellen und Dokumentationen zur Stadtgeschichte Hildesheims (Stadtarchiv), Bd. 3; Hildesheim 1994. Darin: Wahlen in der Besatzungszeit. Erstdruck: Zs. Alt-Hildesheim 1982.

Kroker, Angelika, Drispenstedt, ein Dorf im Sog der Stadt Hildesheim, Schriftenreihe des Stadtarchivs und der Stadtbibliothek Hildesheim, Bd. 20; Hildesheim 1990. Darin im 6. Kapitel (Umbrüche und Abbrüche) Darstellungen der NS- und Kriegszeit mit Hinweisen auf den Flugplatz und die Hildesheimer Schweinemästerei.

Kusior, Heinrich, Ein Schwimmbecken auf dem Neustädter Markt, Hildesheimer Heimatkalender 1968 (betr. den Löschteich).

Lorke, Wolfgang, Zerstörung, Wiederaufbau und Neubauten des Bistums in der Bischofsstadt und dem Landkreis Hildesheim-Marienburg (1945-1984), in: Die Diözese Hildesheim, Jahrbuch des Vereins für Heimatkunde im Bistum Hildesheim, 52. Jahrgang; Hildesheim 1984

Meyer, Heinz, Damals, Der Zweite Weltkrieg zwischen Teutoburger Wald, Weser und Leine; Preußisch Oldendorf 1980.

Meyer-Hartmann, Hermann, Zielpunkt, 52092 N, 09571 O, der Raum Hildesheim im Luftkrieg 1939-1945, Schriftenreihe des Stadtarchivs und der Stadtbibliothek Hildesheim, Bd. 14; Hildesheim 1985.

Meyer-Hartmann, Hermann, Geheime Kommandosache, die Geschichte des Hildesheimer Fliegerhorsts, Quellen und Dokumentationen zur Stadtgeschichte Hildesheims (Stadtarchiv), Bd. 2; Hildesheim 1993.

Meyer-Roscher, Hans, Hoheneggelsen vor 40 Jahren. In: Unser Hildesheimer Land, Bd. V; Hildesheim 1987.

Meyer-Roscher, Hans, Vor 40 Jahren fielen Bomben auf Hoheneggelsen. In: Unser Hildesheimer Land, Bd. V; Hildesheim 1987.

Mlynek, Klaus, Röhrbein, Waldemar R., Geschichte der Stadt Hannover, Bd.2, Vom Beginn des 19. Jahrhunderts bis in die Gegenwart; Hannover 1994.

Müller, Curt Christian, Alphei, Cord, Diekholzen - eine Ortschronik; Hildesheim, Zürich, New York 1992.

Nacke, Josef, Das Kriegsende in Ahrbergen 1945, in: Unser Hildesheimer Land, Bd. V; Hildesheim 1987.

Nowak, Josef, Wenn die Steine reden, Alt-Hildesheim klagt an; Hildesheim 1948.

Nowak, Josef, Passion einer Stadt, Alt-Hildesheim klagt an; Hildesheim 1948.

Rose, Inge, Die letzten Kriegstage in Klein-Himstedt, in: Unser Hildesheimer Land Bd. V; Hildesheim 1987.

Schmeling, Hartmut, Der Aufbau des kommunalen Lebens in Hildesheim nach der Kapitulation vom 8. Mai 1945. Zwei Folgen: Zs. Alt-Hildesheim 1981 u. 1982 (Fortsetzung angekündigt, aber nicht erschienen).

Schneider, Ullrich, Niedersachsen 1945, Kriegsende, Wiederaufbau, Landesgründung; Hannover 1985.

Seeland, Hermann, Zerstörung und Untergang Alt-Hildesheims; Hildesheim 1947.

Seeland, Hermann, Galgenberg und Spitzhut bei Hildesheim im Wandel eines Jahrhunderts; Hildesheim 1950.

Siegmund, Artur, Alfeld - Kriegsende 1945, in: Unser Hildesheimer Land, Bd. V; Hildesheim 1987.

Stadt Hildesheim, Statistisches Jahrbuch 1960/61 für die Hauptstadt des Regierungsbezirks Hildesheim mit Rückblick auf die Zeit von 1945-1960, Nr. 37, zwei Bände, hg. vom Statistischen Amt der Stadt Hildesheim; Hildesheim 1961.

Stadtverwaltung Hildesheim, Die Steine reden (Erwiderung auf Nowak: Wenn die Steine reden); Hildesheim 1948.

Stein, Helga, Bearbeiterin, Otto Schmieder, Hildesheim 1944-45. Rückblick auf eine schicksalsschwere Zeit; bearbeitet von Helga Stein (Quellen und Dokumentationen zur Stadtgeschichte Hildesheims, Bd. 6); Hildesheim 1995 (im Druck).

Teich, Hans, Hildesheim und seine Antifaschisten; Hildesheim 1979.

Trees, Wolfgang, Whiting, Charles, Omansen, Thomas, Ruhl, Klaus Jörg, Thies, Jochen, von Daak, Kurt, Stunde Null in Deutschland, die westlichen Besatzungszonen 1945-1948; 1978/1979/1980 Einzelbände Düsseldorf, Sammelband 1989 Bindlach.

Vereinigung der Verfolgten des Naziregimes - Bund der Antifaschisten, Kreisvereinigung Hildesheim, Hg., Verfolgung der jüdischen Bürger/innen Hildesheims; Hildesheim 1988.

Verwaltungsbericht der Stadt Hildesheim: siehe Hamann, Enno.

Whiting, Charles, Die Schlacht um den Ruhrkessel (Battle of the Ruhr Pocket, 1970), deutsch in der Reihe Der Zweite Weltkrieg; Rastatt 1983/1994.

Zeller, Adolf, Bearbeiter, Die Kunstdenkmale der Stadt Hildesheim, Kirchliche Bauten (1911), Bürgerliche Bauten (1912), Die Geschichte der Wohnbaukunst der Stadt Hildesheim (1913). Reihe: Die Kunstdenkmäler der Provinz Hannover, Heft 11, 12 und Ergänzungsband. Neudruck, Kunstdenkmälerinventare Niedersachsens; Osnabrück 1979/80.

3. Zeitungen

Hildesheimer Zeitung (1. April 1943 bis 7. April 1945).
Nachrichtenblatt für Stadt und Land Hildesheim (26. April, 16. Mai und 5. Juni 1945).
Neuer Hannoverscher Kurier (Juli 1945 bis Juli 1946).
Hannoversche Neueste Nachrichten (Juli 1946 bis August 1949).
Hannoversche Presse (seit Juli 1946).
Norddeutsche Zeitung (seit April 1948).
Hildesheimer Allgemeine Zeitung (nach Unterbrechung seit 31. März 1943 am 1. Oktober 1949 wieder erschienen).

* * *

Der Dank des Verfassers gilt in besonderem Maße Archivdirektor Dr. Herbert Reyer vom Stadtarchiv Hildesheim und seinen Mitarbeiterinnen und Mitarbeitern, dem Leiter des Garten- und Friedhofamtes der Stadt Hildesheim, Manfred Härtel, sowie den Gesprächspartnern und Zeitzeugen Dr. phil. H. J. Adamski (Diekholzen), Herbert Adler, Eva Behrens, James W. Corson (Grand Junction, Colorado, USA), Edith Feise, Kurd Fleige, Dr. med. Heinz Gnegel, Bernhard Haagen, Herbert Harbich (Zirndorf), Ernst Kirchhoff (Fulda), Dr. h. c. Hans Kolbe, Ursel P., Erwin Reinecke, Lothar Schlingmann, Luise Stieghan (Egenstedt), Irmgard Tacke und Ilse Wittenberg.